2018
OUR FESTIVALS
A COLLECTION OF
RESEARCH ESSAYS

2018我们的节日
调研论文集

邱运华 / 主编
中国民间文艺家协会组织编写

文化藝術出版社
Culture and Art Publishing House

图书在版编目（CIP）数据

2018"我们的节日"调研论文集 / 邱运华主编. —北京：文化艺术出版社，2019.4
ISBN 978-7-5039-6627-9

Ⅰ.①2… Ⅱ.①邱… Ⅲ.①节日—风俗习惯—中国—文集 Ⅳ.①K892.1-53

中国版本图书馆CIP数据核字（2018）第288004号

2018"我们的节日"调研论文集

主　　编	邱运华
责任编辑	叶茹飞　郭丽媛
书籍设计	姚雪媛
出版发行	文化藝術出版社
地　　址	北京市东城区东四八条52号　（100700）
网　　址	www.caaph.com
电子邮箱	s@caaph.com
电　　话	（010）84057666（总编室）　84057667（办公室） （010）84057696—84057699（发行部）
传　　真	（010）84057660（总编室）　84057670（办公室） （010）84057690（发行部）
经　　销	新华书店
印　　刷	国英印务有限公司
版　　次	2019年6月第1版
印　　次	2019年6月第1次印刷
开　　本	710毫米×1000毫米　1/16
印　　张	29
字　　数	380千字
书　　号	ISBN 978-7-5039-6627-9
定　　价	78.00元

版权所有，侵权必究。如有印装错误，随时调换。

编委会名单

总 顾 问： 潘鲁生

主　　任： 邱运华

副 主 任： 周燕屏　　吕　军　　侯仰军　　黄　涛

主　　编： 邱运华

副 主 编： 周燕屏

执行主编： 李　倩　　乔　军

责任编辑： 刘　洋　　刘　丽

中国民间文艺家协会组织编写

序　言

　　传统节日是民族历史、社会制度、道德规范、文化习俗和科学思想的集中表达方式之一，既体现了民族对自然规律的掌握，又体现了民族社会治理和社会理想。中华民族共同体的传统节日很多，各个民族都有基于自身历史和社会发展模式而形成的传统节日，例如汉族、满族、纳西族、鄂温克族、土家族、仡佬族、拉祜族、朝鲜族等民族以春节为最重要的节日，汉族重大节日还有元宵节、清明节、端午节、七夕节、中秋节、重阳节，蒙古族有年节、拜火节、那达慕，回族有开斋节、古尔邦节，藏族有藏历新年、转山会等节日，苗族有年节，瑶族有盘王节，维吾尔族有古尔邦节、开斋节（肉孜节），彝族、白族、拉祜族有火把节，壮族和黎族有"三月三"等等，传统节日既然是民族长期形成、共同认同，又建立在民俗文化的基础上，那么在其深层次上就表现了一个民族共同理想、共同情感和共同遵循的规范。在这个意义上，要深入认识一个民族、理解一个民族的历史、理想、道德观、情感模式等，从认识和理解他们的传统节日入手就显得十分重要；同样，有效保护了传统节日，我们便能够传承上述观念及其表达模式；而为了在新时代最大范围凝聚人心，团结中华民族共同体完成中华民族伟大复兴中国梦，我们就必须重视各民族的传统节日。

　　党中央十分重视传统节日，把传统节日作为传承中华优秀文化的重要方式，在《关于实施中华优秀传统文化传承发展工程的意见》里，就把传统节日作为优秀传统文化的表现方式，要求予以振兴、有效传承。中央宣传部、中央文明办就每一年的传统节日活动安排都做专题部署，2019年新年伊始，就发布文件，要求各地深入落实"举旗帜、聚民心、育新人、兴文化、展形象"的使命任务，紧紧围绕"培育和弘扬社会主义核心价值观"，以庆祝中华人民共和国成立70周年为主线，在组织传统节日活动中，突出节俭、安全、祥和、大众化工作理念，精心设计、深入开展传统节日文化活动，引导广大群众在积极参与中体验节日习俗、展现中国精神、增进文化自信，焕发爱党爱国爱社会主义的巨大热情。传统节日文化活动要坚持突出培育家国情怀，引导人们把爱国和爱家统一起来，把实现个人梦、家庭梦融入国家梦、民族梦之中。坚持挖掘展现文化内涵，发挥好思想熏陶和文化教育功能，让传统节日成为爱国节、文化节、道德节、情感节、仁爱节、文明节。坚持创新理念、方法、手段，注重网上与网下、文化与科技相结合，拓展内容形式和活动方式，推动传统节日文化与现代文化相融通，与现代社会生活相协调。坚持组织群众广泛参与，搭建乐于参与、便于参与的平台载体，推动传统节日更好地走进人们生活、浸润人们心田。坚持兼顾不同地域特色、因地制宜、分类施策，尊重民族节日习俗，推动节日文化活动千姿百态、精彩纷呈、健康向上。

中国民间文艺家协会作为民间文化传承传播和研究的专门机构，自建立以来就十分重视民族传统节日，把各民族传统节日作为重要文化现象来专门研究，组织编撰了大量学术专著和普及性质的读本，向全社会传播中华民族共同体传统节日的文化、精神、道德和科学内涵。最近，既有著名学者李耀宗教授组织编撰出版《中华节日名典》（陕西师范大学出版总社2018年8月出版）之举，这是迄今为止关于中华民族统一体传统节日最齐全的词典；又有中国民间文艺家协会的程建军副主席主编的《中国传统节日文化研究·清明》（河南大学出版社2018年12月出版），辑录了中国民协与河南省民协联合主办的清明节文化活动中"清明文化大讲堂"和"清明文化论坛"的部分学术成果；此外，田兆元、桑俊教授主编的《追本溯源——凤舟竞渡暨端午文化学术研讨会论文集》（武汉大学出版社2018年5月出版），开辟了端午竞渡本源探讨的全新视野。各地专家学者系统研究传统节日的著作、论文不断问世，对传统节日的思想文化内涵挖掘日益深入。

"我们的节日"系列活动是中国民间文艺家协会的品牌活动之一，已连续举办十余年。中国民协组织传统节日活动有自己的特点，形成了协会组织、地方政府领导、社会各界参与的模式，一般有组织节日活动仪式、考察调研民俗文化和专题学术研讨三个环节，比较重视田野调查，重视"用脚作学问"。最近两年新创了网络直播的民间文化大讲堂，深受社会各界的欢迎。民间文学研究会历史上就是聚集学者和专家，共同研究学术的团队，现在则更侧重组织专家学者共同探讨和研究，发挥协会的团结联络协调服务职能。2018年，中国民协组织"我们的节日"系列民俗文化活动25次，几乎涉及中国各个大的区域文化，有河南开封、浚县、鲁山、郑州、上蔡，河北井陉、内丘，陕西凤翔、安康、韩城、蓝田，山西晋中、长治，广东番禺、汕尾，福建宁德，贵州黔东南，甘肃西和，江西新余、婺源，湖南浏阳，山东菏泽，广西武鸣等地，其中学术研讨会15次，调研活动3次，展演活动6次，大型演出1次，邀请到参与调研研讨的专家近百人次。

在"我们的节日"系列民俗文化中，我们以培育和践行社会主义核心价值观为根本，以传承中华民族共同体优秀传统文化为主旨，以中华民族传统节日、各少数民族特色节日为载体，开展主题鲜明、内容丰富、形式多样的群众性节日文化活动，突出思想性、群众性、文化性，倡导文明、健康、和谐的节日理念，认真做好宣传报道，培育特色鲜明、气氛浓郁的节日文化，活动有声有色，群众喜闻乐见，影响日益深远。同时，"我们的节日"系列民俗文化活动让各地一大批民间民族文化和习俗得以传承并重放异彩，促进了优秀传统文化遗产的保护。专家学者来自全国高等院校和科研院所，他们的调研论文从不同层面剖析了节日的文化内涵，梳理了各地的独特习俗，为传承中华文化、建设精神文明、培育和弘扬社会主义核心价值观发挥了重要作用。

2018年，我们组织的"我们的节日"活动包括四个方面的内容：一是节日庆典，丰富群众节日生活，真正体现"人民的节日人民办、人民的节日为人民"的主旨，让百姓从节日中受益，得到欢乐、获得启迪；二是举办节日论坛，提升节日品位，挖掘节日内涵；三是举办大讲堂，扩大节日影响力；四是举办节日调研活动，深入挖掘节日民俗特色、地域特点，丰富节日文化的形式和内容。为了扩大各民族传统节日的影响力，我们积极引进"互联网+"思维，采用纸媒和网络新媒体同时传播的方式，有效扩大了"我们的节日"系列活动的传播范围。我们在《中国艺术报》《河北日报》上推出了5个专版，特邀专家对春节庙会文化、清明节文化等进行了学理阐释，引起热烈反响。

收集在这本论文集里的文章，都是专家学者们在若干次传统节日论坛里发表讲演的成果，既有对传统节日历史起源和文化思想的叙述和探究，也有对传统节日与新时代精神如何更好融合的探索。我们把这些成果汇集在一起，供进一步关注传统节日的各界人士参阅，以起到相互启发的作用。

希望全社会各界人士共同努力，为繁荣发展中华优秀传统文化作出更大贡献！

愿中华民族共同体传统节日在新时代焕发出更加灿烂光彩！

邱运华

2019年3月18日

目录 | Contents

春 节
扎根五千多年中华文明史，构建中国庙会学术话语（邱运华）… 003
庙会对传承春节文化的重要价值
　　——从河南省浚县春节庙会谈起（黄　涛）… 008
浚县正月庙会：迎接新生活的仪式（林继富）… 012
庙会文化是乡村文化振兴有效途径（萧　放）… 015
村落庙会彰显官民合作的管理水平（万建中）… 018
"和"与"美"
　　——河北井陉春节民俗传承的当代价值（毛巧晖）… 021
村落庙会何以能够千年传承（侯仰军）… 023
梅山春节年俗中烟花爆竹的文化内涵初探（欧阳恩涛）… 028

清 明
清明礼俗文化的传承与创新（萧　放）… 039
建构中国寒食—清明节祭祀文化的谱系（田兆元）… 044
介子推传说叙事形态的演变（钟亚军）… 047
三月三：浸润人心的符号建构（林继富）… 050
清明节源流考（陈连山）… 053
清明中的生命意识（王　娟）… 058

古代戏曲中的清明文化与感恩意识（彭恒礼）… 061

清明寒食文化的传承与创新（田　艳）… 064

浅谈澳门清明拜山习俗的变迁（霍志钊）… 067

端　午

苗族龙舟文化在中华龙文化中的独特价值（刘亚虎）… 075

社区（生态）博物馆何为？
　　——社区（生态）博物馆建设30年的经验、成就和问题（潘守永）… 082

端午竞渡文化的"多元一体"特征（田兆元）… 098

陕西安康市端午节习俗考察报告（陈连山）… 104

作为生活传统的安康端午节（林继富）… 108

七　夕

七夕节：不因时空转换而褪色的美丽（夏挽群）… 113

传统节日层累的建构性——以内丘七夕节为例（马　兰）… 118

传统与现代文化碰撞下的七夕嬗变（吴　桐）… 123

内丘七夕文化内涵探析（张俊敏）… 129

牛郎织女传说的在地化与故事母题链接（黄景春　周　丹）… 135

牛女传说叙事要素的出现、定型和衍化（常玉荣　何石妹）… 145

从大地到天空——牛郎织女传说的文化主题（高有鹏）… 155

七夕节俗传统的传承与创新（萧　放）… 158

民间制度视野下的《牛郎织女》的传承
　　——从织女形象与习俗谈起（邢　莉）… 161

化生·乞巧·相连爱——七夕节史话（王　娟）… 173

七夕节俗与符咒文化（付海水　杜忠义）… 182

略论传统七夕节的文化内涵和传承（任　学）… 187

牛郎织女传说源于图腾婚的瓦解（田　波）… 194

保护传承节日民俗　尊重珍视生活传统（刘　华）… 206

论传统七夕节的两大主题（陈连山）… 209

七夕神话传说的文化内蕴（王宪昭）… 218

从《毛衣女》和《召树屯》的研究谈申遗（刘亚虎）… 222

仙女传说与文化信仰（陈东有）… 225

关于古代"七夕诗"的几种创作现象（赵逵夫）… 228

莫谓诗亡无正声　秦风余响正回萦

　　——赵子贤《西和乞巧歌》阅读札记（张世明）… 264

浅析西和乞巧歌中的服饰民俗及其社会观念（李凤鸣）… 276

从乞巧之演变看秦人自强不息的奋斗精神（赵文博）… 290

现代语境下的七夕文化传承意义（王贵生）… 296

陇南本土对乞巧文化研究的反思与展望（蒲向明）304

中　秋

中秋节的团圆和丰收意蕴（张　勃）… 321

从中秋兔爷看消费需求对民俗文化的推动作用（施爱东）… 324

重　阳

九九重阳　孝亲敬老（黄　涛）… 337

重阳节的起源与孝文化的弘扬（侯仰军）… 340

中国传统村落孝文化空间重构（唐孝祥　孙振亚　唐封强）… 348

孝道传说与中华民族核心价值观的传承（邹明华）… 357

传统乡规民约丰富文明乡风建设的底蕴（万建中）… 371

壮族神圣形式的"乡约"

　　——《布洛陀经诗》里的家国观念（刘亚虎）… 373

商山四皓与汉孝文化（傅功振）… 382

社会儒学视域下的《吕氏乡约》（刘学智）… 392

蓝田《吕氏乡约》的文化渊源与传承创新思考（卞寿堂）… 398

乡村社会的礼俗传统

　　——以家风家训与乡规民约为例（王素珍）… 405

其他

炎帝神农神话母题类型与代表性母题（王宪昭）… 417

从《山海经》到炎帝神话（陈连山）… 445

中国农民丰收节的设立依据与文化内涵（萧　放）… 448

中国农民丰收节的可持续发展（张　勃）… 451

春节

扎根五千多年中华文明史，构建中国庙会学术话语

邱运华[①]

今天上午聆听了各位专家关于春节庙会特别是浚县正月庙会的一系列高见，刚才河南省民协主席程建军同志在主持过程中，对各位的讲话做了很精辟的总结，我就不重复了。在这里，我想谈一谈我个人对春节庙会这种文化形式的一点感想。

第一，春节和元宵庙会作为文化现象来讨论，是在党中央、国务院关于传承和发扬中华优秀传统文化的背景下提出，并热烈地展开、热烈地推进。习近平总书记在文艺工作座谈会、文代会开幕式上的讲话，都强调了坚持文化自觉、文化自信，他讲了很重要的几句话："中华民族能够在几千年的历史长河中生生不息、薪火相传、顽强发展，很重要的一个原因就是一脉相承的精神追求、精神特质、精神脉络。"他这里说的"薪火相传""精神脉络"，都是强调一种绵延性、不间断性，强调我们中华民族文化生生不息、源源不断的发展历程。我们谈文化传统，经常用"薪火相传"这个词，而不是用别的词，这是我们日常生活中最能够切身理解的一个比喻。

习总书记在谈到文艺工作者要承担起表现新时代的英雄史诗、表现老百姓的生活的重任，他说："13亿多人民正在上演着波澜壮阔的活剧，国家蓬勃发

[①] 邱运华，中国民间文艺家协会分党组书记、驻会副主席兼秘书长。本文系作者在第八届中国鹤壁春节文化高层论坛上的发言。

展,家庭的酸甜苦辣,百姓的欢乐忧伤,构成了气象万千的生活景象,充满着感人肺腑的故事,洋溢着激昂跳动的乐章,展现出色彩斑斓的画面。"总书记强调,文艺工作者要"讲好中国故事",讲什么?既要讲国家的蓬勃发展,也要讲我们家庭的酸甜苦辣、百姓的欢乐忧伤,这些在我们现实生活中、在我们的历史长河中长时间存在,这些东西构成了我们追求美好生活的动力,构成了我们向往更丰厚的物质生活、更健康的精神生活的动力。刚才林继富教授说,浚县正月庙会表达了老百姓迎接新生活的一种状态,我觉得是非常贴切的。在中华民族文化传统中,那种超越生活的苦难、超越酸甜苦辣、奔向美好生活的动力,正是我们的英雄史诗的内容,也是讲好中国故事的内容。

  文艺工作者要承担这一使命,向世界讲好中国故事,既有国家层面的故事,又有普通老百姓日常生活的欢乐忧伤、酸甜苦辣,庙会正是历年来我们国家的老百姓表达意愿的平台。习总书记还讲到,文艺界要重视国际社会对中国的关注,国际社会关注我们什么?关注我们中国人的世界观、人生观、价值观,中国人对自然、对世界、对历史、对未来的看法,这些东西是要从最基层老百姓的日常生活中提炼,并向国际社会传播的。习总书记在强调中华优秀传统文化的弘扬和发展传承时,特别强调的这些思想,是我们探讨包括庙会在内的传统文化的指导思想。

  《中央文明办关于2017年广泛开展"我们的节日"主题活动的通知》里面提到要举办一系列的活动,包括联欢晚会、焰火晚会、迎春灯会,还包括"庙会"。在此前的文件和工作部署中,还没有"庙会"这个内容。这就意味着,庙会作为老百姓日常生活中的节俗文化中的一个很重要的内容,摆在文化界的面前,学者、文艺工作者如何理解、如何切入庙会,如何把它核心的文化内涵挖掘出来,使之发挥正能量,这是我们必须面对的一个工作,是学术界必须面对的一个课题。

  第二,谈谈关于浚县正月庙会的认识。庙会,顾名思义,有庙、有会。庙,指信仰,神灵崇拜;会指商会,集市交易。在描述庙会的信仰崇拜过程中,我们经常用"儒道释"各种宗教狂欢的节日来表达。我觉得从平面上来说,这当然是没有问题的。但是,具体到讨论浚县正月庙会这样一个传承有1600年以上的文化现象,代表着中原民众传统信仰的时候,我认为不应轻易地下结论,仅仅以起源于后赵石勒(274—333)时期、以大伾山大佛像建立作为它的起点。须知,浚县正月庙会这样一个标志着中原节日文化的"原生性"的文化形态,它的原生性在哪里?若是起源于对大佛的崇拜,那么,它岂不是次生性、派生性的文化吗?

我的看法是,浚县正月庙会这一文化现象,是远古中原民众文化原生性的表现,它的原生性就是,在以大伾山立大佛像作为标志之前,已有数千年的民间生活的历史,这期间,既有远古中原民众抵抗洪水的历史和信仰,有中原民众抵御自然威胁并生成的自然崇拜,也有人格神崇拜,还有对种族传播、家族繁衍、丰收富足、文明开化的意愿表达。因此,它不仅是表达宗教信仰的一个平台,更不仅仅是今后形成的道教、佛教、儒教和其他民间宗教性信仰共同参与建构的平台;它是我们中原民众从古到今面对自然灾害、面对社会发展、面对种族繁衍发展等一系列问题,奔向更美好生活意愿的长期表达的结晶。浚县正月庙会有它的原生性,它有效地把自然节气、农耕时令、民俗礼仪、生产生活制作、艺术武术表演、日常生活仪式等内容和宗教性与非宗教性的信仰融合在一起。

因此,大伾山时期只是一个阶段性的起点,在大伾山立佛像之前,浚县正月庙会有很长一段"史前史",仅仅是时间时令的"确定史",就值得文化研究者去挖掘。将浚县正月庙会看作是原生性的,而不是次生性或者派生性的,是不是更能够切合浚县庙会的民间性、自发性、文化原生性的定位呢?

第三,关于浚县正月庙会的核心是民间信仰问题。关于庙会,学术界对于宗教信仰、民间信仰谈得比较多,一个理解是朝向文化方面,一个是朝向宗教方面。这两种趋向可能有一个共同的思维方式,就是把界定的标准放在"宗教/非宗教"这样的分歧上面。《辞海》把"民间信仰"解释为"文化的",中国社会科学院卓新平教授则以宽泛意义的宗教性来解释；不管是哪种解释，我想它的思维方式是"宗教/非宗教"。山东大学叶涛教授提出一个折中的表述方式，就是在宗教或者文化方面毋宁模糊一点，试图超越"宗教/非宗教"这一思维模式。

其实，在中华民族文化传统中，信仰跟宗教没有关系，信仰就是信仰，有民间信仰，也有非民间的、官方的信仰。我觉得，"宗教"是西方近代以来形成的一个话语体系。所谓"宗教/非宗教"的思维模式，德里达后来把它解构了。中国20世纪特别是"五四"以来的学术发展，吸收了很多西方进步的、科学的、健康的思维方式和思维模式，来建构我们的现代性学术体系和话语体系，具有重要的意义。但是，关于庙会中的民间信仰问题，立足于中华民族五千多年文化土壤、薪火相传的民族传统，我们是不是还有必要继续沿用"宗教/非宗教"这样一种思维方式来界说呢？自盘古开天地以来，我们中华民族的文化足够丰富，是不是可以探讨一种从这一历史本身形成的思维方式、一种话语体系来更为有效地界说？在关于庙会所寄托的民间信仰的探讨过程中，我觉得很有必要。中华民族的信仰远不只有"宗教/非宗教"这样一种界定，也不仅是这一种思维方式所能够把握的，这是我的一个想法。在哲学社会科学和人文科学的方面，基于当代中国社会、当代中国特色社会主义实践，基于五千多年中华民族文化的发展历史，在描述和讲述包括庙会在内的中华传统文化的现象的时候，我们有可能、也应该有中国话语。

第四，关于如何发掘浚县庙会的文化DNA，将其发展成我们的文化实力。关于庙会的文化信息，我们谈得最多的是民间信仰；但是，一个庙会从正月到二月初二"龙抬头"的时间段里，老百姓给我们提供了丰富多彩的文化内容，既有信仰生活的内容，也有艺术生活的内容，还有很多仪式方面的内容。中原老百姓在正月庙会里给我们提供的何止是信仰？更遑论宗教信仰？这里既有精神的东西，也有伦理的东西，也有仪式性的东西，也有艺术娱乐的东西，还有很多中华民族的文化DNA，我们足以发掘出蕴含着丰富内涵的大文化世界。

我们说，节日是日常生活的浓缩和提升。那么在这里就远不止"信仰"了。应全面开发浚县正月庙会所蕴含的文化信息，把它变成像泥咕咕、高跷表演、舞蹈、戏曲、国王和小丑形象、各种地方小吃饮食、庙会中的社火等文化表象；了解从老人到小孩学习的这一套表演方式、行为礼仪、话语交际模式。这里面有中国人的精神世界、思想世界、文化世界、行为世界、道德世界，还有很多实践伦理的因素，包括礼仪、程序、规范这套仪式，其中蕴含着更多、更深厚的文化内容。不了解形式，就达不到你所要求的内容；若不了解民间行为规范、礼仪、程式，就不知道老百姓是如何思考问题、表达思想的。也许你可以从大话语中知道他在想什么，可是你不知道他为什么会这样想。所以浚县正月庙会的丰富世界还需要我们去逐一开拓挖掘，只有这样，庙会作为浚县的一个文化实力，才能全面地提升、全面地扩展。

美国国务院国策顾问约瑟夫·奈提出一个"软实力"概念，后来美国人在做战略研究的时候，针对每一个具体国家都有一套彰显自己软实力的战略体系。换句话说，"软实力"不是普遍的，它是有针对性的，美国人针对日本人的"软实力"和针对俄国人、中国人的"软实力"是不一样的。我们在阐述鹤壁浚县的文化实力的时候，也应具有针对性，针对性就是特殊性。"软实力"的建构是一套文化战略，是以文化为核心形成的，所以习惯叫"文化软实力"。浚县正月庙会绵延这么长的时间，具有这么强的典型性和延伸性，我认为它就是浚县"软实力"的一个集中表现。发掘它、弘扬它、传播它，能够为鹤壁浚县当代文化建设作出独特的贡献。

庙会对传承春节文化的重要价值
——从河南省浚县春节庙会谈起

黄 涛[①]

作为两个年之间的过渡礼仪，春节的基本意义主要是辞旧迎新。从节期来说，春节可划分为两个阶段：从腊八到除夕的前半段重在辞旧，节俗活动主要在各家各户内分别举行，特别重视家庭内部的团聚和祭祀祖先；从正月初一到十五的后半段重在迎新，节俗活动转到户外举行，主要是社区成员之间、亲戚好友之间的相互拜贺、礼仪往来，有些地方举行社区内众多成员集体参与的盛大欢庆或祭祀活动，春节庙会就是这种盛大节俗活动的代表形式。庙会一般在正月初一至十五左右。

作为中原地区最大的春节庙会，河南省浚县春节庙会足可称为中国春节文化的重要代表性品牌。它持续的时间很长，从正月初一一直到二月初二，持续时间这么长的庙会在我国是少见的，在春节庙会里更是罕见。该庙会的民俗活动有两次高潮，一个是正月初九的社火朝顶活动，另一个是正月十六的祭拜碧霞元君活动。它涉及的地域范围也很广，除了浚县当地民众广泛参与，还有周围县市的许多民众前来。参加庙会的民众有些是三三两两结伴而来，有些是社区组成社火表演队来的。参与人数最多可达十万以上，涉及周边六个省份。可见该庙会影响之大。该庙会的民俗活动也很丰富，有民间信

[①] 黄涛，中国民间文艺家协会副秘书长、温州大学教授。本文刊发于《中国艺术报》2018年3月9日。

仰、民间文艺表演、民间工艺展示、娱乐游戏活动、集市贸易等，是一个大型的综合性庙会。

浚县春节庙会是民众自发组织、自然传承的民俗活动，这是该庙会尤为可贵之处。社火朝顶活动要上山，山路和顶峰的空间相对于众多人流来说显得过于狭窄，因此周围各个街道和村落的社火队按照惯例约好分别上山的日期，避免过度拥挤。正月初九，大批社火队依次上山，边走边展演节目和才艺；路边上山和观赏的民众熙熙攘攘，人虽多，但秩序井然。为了防止意外，政府部门派了较多的警察维持秩序。

这种大型的民俗活动，发挥好民间社团的组织作用是有效的，也是必需的。一般历时较长的大型庙会都有过去传下来的组织方式和活动规律，由民间组织照老规矩遵行，一般情况下都能很好地维持庙会秩序。如果有的地方没有形成这样好的民间组织传统，政府相关部门可以组织协调各个参与庙会的民间社团，确保各个民间社团能充分发挥作用。庙会活动以民众和民间社团为主体，政府部门也应给予必要的支持和保障，比如在庙会活动的高峰日期将进行社火表演或集市贸易的街道设为专门的活动场所，禁止机动车辆通行，了解、监督、协调民间社团的组织情况，确保大型活动不会发生意外事故，等等。但政府部门不能过度干预，应充分尊重民众的传统方式，不能更改庙会活动传统的日期、地点、程序、内容、现场安排等。这样才能确保庙会作为民俗活动的本真性，也才能确保庙会能够长久传承下去。如果政府部门代替民间组织成为庙会的承办主体，就改变了民俗活动的性质而使它成为"官俗"了，在耗费大量的人力、财力的情况下，往往还不能维持好活动秩序。另外，当以后政府不出面组织时，这种庙会很可能就中断了。

谈到庙会在当代社会的价值，不可避免地遇到怎样看待其中的民间信仰的问题。毋庸讳言，庙会是以神灵崇拜为出发点、活动核心和传承动力的民俗活动。我们不能用"科学"的标尺来衡量它的存在价值，更不能以科学标准来取缔它。自古以来，科学与神话及其后续形式（宗教或民间信仰）就是人类文明发展的两条并行不悖的路径，不能用其中一个否定、排斥另一个；国际社会已形成在追求科学的同时尊重信仰文化的文明传承与保护的通行观念和准则。20世纪初期以来，我国在追求现代化的道路上在这方面是走了弯路的。五四新文化运动固然厥功甚伟，但对中国传统文化批判过度；"文革"时期对传统文化的毁坏更为严重，作为中国传统文化的一部分的民间信仰被当作"迷信"打压取缔，甚至到现在，仍然有不少人把民间信仰一概视为"迷信"。这种看法显然是不妥的，对传统文化的传承和保护是有害的。必须看到，中国民间信仰是中国传统文化的重要组成部分，打压甚至禁绝民间信仰必然严重损害中国传统文化。而且，还应认识到，有相当大比例的中国传统文化是以民间信仰为出发点、核心和传承动力的。庙会文化就是如此，由祭祀神灵发展出娱神的音乐、文学、舞蹈、绘画、雕塑、工艺、表演等艺术形式，并进一步形成礼仪、社群集会、集市贸易等社会文化活动。在后世的大型庙会中，神灵祭祀活动在庙会活动总量中只占据很小的比例，祭神的音乐、文学、舞蹈等艺术形式以娱神为主转为以娱人为主，庙会活动更多的是人际交流。虽然如此，我们不能只肯定和发展庙会中的音乐、文学、舞蹈等艺术形式，而把其中的民间信仰内容看成落后的、丑陋的进而加以禁绝，这样是违背民俗传承规律的，会使那些艺术形式和人际交流活动失去传承的源泉、依托和动力。

如果从国家文化安全的角度来看问题，就能更清晰地看到民间信仰作为中国传统文化的性质和价值。不管怎样，古老的神灵信仰传承到现代社会虽然已经很衰弱了，但在我国相当大比例的民众当中，仍然在观念和行为习惯上占据着不可或缺的一席之地。如果把中国人世代相传的民间信仰压制了、禁止了，排斥中国文化的西方宗教就会乘虚而入。如果听任这种局面蔓延，中国传统文化的传承就会受到严重阻碍，中华民族文化的根基就会动摇。

庙会是其所在地方的广大民众踊跃参与的盛大活动，是当地各种传统文化形式集中展示和有效传承的文化空间，也是增加人际交往、增强社群凝聚力的重要集会，有多方面的文化价值和社会功能。声势浩大的春节庙会更是我国春节文化的良好传承方式和繁盛标志。

浚县正月庙会：迎接新生活的仪式

林继富[①]

正月初九，我参加了浚县庙会，参加庙会的人多，活动也多，庙会展现了浚县人的生活风貌，展现了浚县人的精神追求，体现了浚县人追求生活的意义。

浚县正月庙会以大伾山、浮丘山为中心，浮丘山在县城的南面，大伾山在县城的东面。两座山上有寺庙、有神灵，并且具有久远的历史，以大伾山、浮丘山为核心构成浚县正月庙会信仰圈、文化圈，成为浚县人正月庙会期间的生活圈，传承千年，至今仍然具有强大生命力。

举办庙会的核心地点是神圣的，但又是在具有狂欢时间性质的正月，因此，浚县庙会期间的社火表演种类丰富，据说每年参加浚县正月庙会的社火有五六十家，每家社火又拥有自己的绝活。参加庙会的社火表演者没有报酬，却演得如痴如醉；庙会上人挤人，人们却乐此不疲。为何浚县正月庙会有如此大的吸引力，并且年复一年地进行着？我想，是生命的渴望、生活健康的需要，这是浚县庙会的基本精神内涵。

浚县正月庙会的力量与"正月"有密切关系。从时间上看，正月是一年的开始；从人的生活来讲，是每个人一年新的起点。因此，正月庙会具有迎接新生活、规划新生活的意义。

浚县人在庙会期间的活动有两种：一种是群体性的，庙会期间举办的各类社火表演，都是以村落、社区为单位开展的，比如，走高跷、耍狮子、舞

[①] 林继富，中央民族大学教授。本文刊发于《中国艺术报》2018 年 3 月 9 日。

龙、跑旱船、吹唢呐、抬阁、抬老四、大头舞等。它由当初单纯的祭祀娱神形式，发展成为丰富多彩的娱乐形式，成为规模宏大的民间文艺活动。这些集体性的社火表演，村落或者社区的所有人均参与其中，并且以该社区最为典型的传统文化在正月庙会期间进行展示。比如，浚县每个乡镇都有自己代表性的社火，南关的武术社火、东关的舞狮表演、东大街的秧歌表演、北大街的背阁表演、北关的小竹马表演、西大街的高跷社火等。每个村的社火传统表演套路都是祖辈口传身教延续下来的，当然，当代人也没有忘记加入今天的元素，比如正月庙会妇女唱神歌的时候，也会夹杂着唱革命歌曲等。这些区域性的社火活动，代表了村落或者社区集体性的认同，从这个角度来说，浚县正月庙会在整合村落或者社区力量方面具有强大的功能，也就是说，浚县正月庙会的社火表演不仅是传统的继承、传续，还不断建构村落或者社区民众的秩序感、关系感，从而实现人们和谐生活、友善友爱的目标。

另外一种是个体性的，主要表现为个人参与庙会活动，在正月庙会社火等集体性活动中，实现自己走向新一年的生活的愿望，或者前往大伾山、浮丘山上的庙宇朝拜神灵，祈求神灵保佑家人生活幸福和生命健康，"上山转，百病散，老奶奶（碧霞元君）显灵验"。尤其是许多人在正月庙会期间上山进庙求神赐子还愿。正月庙会期间朝拜碧霞宫、给碧霞元君进香求子是浚县正月庙会的重要内容。我们看到碧霞元君宫到处拴满红丝线，据说把红丝线拴在这里，就能得到碧霞元君的恩赐和受到金童玉女的救护，从而脱灾去难。这些个体行为以生命为中心，祈求神灵保佑生活幸福、生命健康，更为重要的是祈求新生命诞生。庙会上的"泥咕咕"造型多样，动物、人的形象栩栩如生，泥咕咕可吹出"咕咕"的响声，既是庙会灵物，也是儿童的玩具，庙会期间的香客一般都要买一些带回去，送给孩子，寄托对生活的热爱和对未来的希望。

正月庙会高潮离不开社火演出。正月初九和正月十六，社火队纷纷拥向大伾山、浮丘山顶，齐聚在碧霞宫门前酬神，唱戏的戏台下，哪怕是高跷社火，他们也会踩着高跷"朝顶"，这是怎样一种精神！社火班子轮番表演，各种节目轮换登场，社火演员们着戏装、画脸谱、戴面具，在欢闹中、在耍逗中娱乐神灵、娱乐民众。在热热闹闹中，与神灵共享浚县人的演出，与浚县人共同迎接新生活的到来。

每台节目在演历史、再现传统，却又是表达今天的生活，将历史与今天融为一体，将传统生活化，诸如"抬阁"中人扮演偶像，一群人抬着一出戏，抬阁上的人，飘飘荡荡。背阁是彩妆儿童架在精壮大汉肩膀上，许仙、白娘子、穆桂英、杨宗保等人物从历史走进现实，人们与历史对话、为未来祈福、为生活歌唱。

正月庙会的生活属性无处不在，参加庙会的人常常将随身带来的花糕、鸡蛋、糖果、糕点等放到神案上供飨敬神。这些祭品来源于民众日常生活的饮食，这些日常饮食在正月庙会的特殊时间和大伾山、浮丘山特殊地点，成为沟通人与神的中介。浚县人在神灵前祈求保佑，许下求财、求子、求健康平安的心愿，这些无不是民众生活中最普通、最需要的生活内容。

浚县正月庙会的高峰在正月初一、初九和十六，这在浚县不足为奇。初一是一年开始，也是新生活的开始。初九传说是玉皇大帝的生日，浚县人称玉皇大帝为老天爷，玉皇大帝信仰源于民众对于生老病死的担忧，因此浚县人以隆重的社火演出"朝顶"祭祀玉皇大帝。正月十六是浚县春节仪式性活动结束的日子。由此可以看到，浚县从正月初一至正月十六的这段时间，我以为属于一年之中转换时间的开端。如果说浚县人从腊月初八至大年三十进行的活动是"除旧"的话，那么，从正月初一至正月十六则是"迎新"了，正月庙会就是浚县人迎接新生活的活动，是他们以传统生活方式迎接新生活到来的仪式。

庙会文化是乡村文化振兴有效途径

萧　放[①]

庙会文化在井陉表现得非常突出，在考察过程中我有一个体会，庙会文化为井陉的乡村振兴提供了一个路径。它为什么能承担这样一个责任和任务？因为庙会具有四大要素：神、民、艺、货。

庙会的第一个要素是"神"，即信仰。信仰不是迷信，是老百姓的精神需求，是他们的精神生活。祭祀祖先不是迷信，祭祀于谦、关羽、陈馀这些历史人物也不是迷信，这里实际体现的是一种家国情怀，符合今天的正能量。在南康庄，我看到几副对联，"每思祖国金汤固，便忆英雄铁甲寒"，是对国家的情怀；还有一副是"时华新世第，古道旧家风"，强调家风传承。家和国是一体的，家、国的情怀不是抽象的，它具体到这些村民的生活之中。要对与庙会相关的，在历史上、地方上有重大影响的历史人物给予特别重视，利用历史伦理的价值来做今天的道德教育，即利用庙会来做教化，这是非常重要的。如果一个庙会没有体现民众信仰，那它是单薄的。我们在城市里看到很多庙会变成"羊肉串节"，之所以觉得没有意思，就是因为它没有信仰，信仰是非常重要的，这是庙会的第一要素。

庙会的第二个要素是"民"，就是民众。庙会是社会秩序、社会关系协调的重要载体，有很强的社会功能。所谓神就是人的信仰，最终是为了民众的内心

[①] 萧放，中国节日文化研究中心主任、北京师范大学教授。本文刊发于《中国艺术报》2018年3月14日。

安定、社会秩序的和谐；庙会的参与者、主体是普通老百姓，庙会不是被观看的，而是要参与的，庙会就是老百姓自己的文化，他们陶醉于自己所做的事情，庙会的集体性、人人参与是非常突出的。井陉的庙会可能成为吸引外来人的一种重要文化资源，但最重要的是，它是井陉人自己生活的一个满足，强调适应井陉人民自己的生活需求。

庙会的第三个要素是"艺"，可以说是审美。审美当然是大众审美，井陉拉花是很有名的，看到在庙会上面有那么多的表演，会感到强烈的艺术震撼。庙会里面应该有"艺"，有快乐、愉悦，如果一个庙会不能给参与者心灵的享受，不能满足审美的需求，庙会是不成功的。当然，"艺"不单单是艺术表演，它还有武术、武艺表演，这个武术不是竞技性的武术，而是一种庙会武术，是跟戏剧表演结合的、群众性的活动方式。我们在做庙会建设的时候，可以把"艺"的技巧性、竞技性进一步提升，设计一些项目，除了能让本地人参与，也让外地人能玩好。

庙会的第四个要素是"货"，是物资交易、消费活动。因为庙会不仅是精神性的、社会性的、艺术性的，还是一个经济性的活动。庙会经济是自古以来的一个重要方式，是我们讲的"庙市"，有庙有市，有宗教活动，又有经济活动，经济与宗教之间互动，在庙会期间开展物资的交易、交流、贸易。要利用庙会这个特殊时间，把经济诉求放进去，开展品牌的建设，比如商货的展销、本地物资的交流、外地物资的进入，把庙会变成一个大家可以得到物质享受、物质满足的地方。

庙会的四大元素"神、民、艺、货"，就是精神的、社会的、审美的、经济的这几个方面，如果这几个方面做得比较圆满，庙会就是成功的。北京庙会之所以每年办、每年都不大令人满意，最根本的一条就是没太考虑老百姓的需要，直接做"货"的方面，失去庙会的综合功能。

对井陉庙会民俗有几点建议。第一，古朴还得古雅。不是要把民俗的东西变成高雅的，民俗就是民俗，要雅也是俗雅，我们应该在古朴的基础上做得更古雅一些。第二，古老还得时尚。在 1600 年前南朝《荆楚岁时记》书中就有"撵虚耗"的记载，就是冬春交替之际，怎么把寒冷的东西赶走，这是一个非常古老的民俗，今天还能保存非常罕见。我们应该思考它怎么跟时尚结合，古老的东西怎么与现代的手段、形式结合变成一个可以观赏的对象，成为当代民众积极参与的集体活动。第三，丰富还得精练。从丰富的文化资源中提炼出几个井陉的文化品牌，让井陉一年四季都有吸引点，都有魅力展现的时间，在庙会大观园里找几朵更鲜艳的花让它更有传播的力量，在丰富的基础上提炼出品牌。第四，自足还要分享。主体的文化满足很重要，除了自足之外能不能彰显给世人，吸引外面的人来欣赏我们的文化？在文化分享方面还需要做很多工作，就我们的传播手段、传播方式、理念方面，包括跟外界的交流方面，可以借鉴浙江省松阳村落保护经验，跟台湾地区宜兰县学习乡土社区营造，在京津冀一体化的过程中分享更多东西。

村落庙会彰显官民合作的管理水平

万建中[①]

传统庙会是举办方与参与者依托某寺庙场地，怀着敬畏之心而共同建构起来的具有信仰性思想情感基础的文化活动。这种文化活动在特定时间以神灵祭祀为核心，伴有商业贸易、文艺表演、饮食娱乐等多种形式。庙会组织所构建的公共文化空间，承载着民间日常生活化的信仰形式，蕴藉着中国传统礼仪规范与和合理想，聚合了民间社会的信仰共同体，隐现着传统文化的某种理想和秩序，是非物质文化遗产保护的主体。庙会规模宏大，参与人数众多，是一种完全开放型的民间信仰活动。井陉庙会持续时间长，气氛热烈，活动高潮迭起，秩序井然，进展有条不紊，这说明井陉庙会形成了良性运行的管理机制。这一管理机制既是对庙会管理传统的继承，又充分地体现了新时代村落社会治理的水平。

"无庙不成村。"明清以来，在井陉县，每一个村庄里都有大大小小的庙宇，不同的庙里供奉着不同的神灵。财神庙、关帝庙、观音庙、龙王庙、五道庙……这些庙几乎是过去井陉每一个村庄的标配。庙会因庙而生，可以说有多少庙，就有多少会。虽然"文革"中大多数寺庙被摧毁了，但自20世纪末期以来，许多村落又复建起来。根据组办庙会的村落单元和"会""社"的组合关系，以及参与庙会的民众来源，可以把庙会分为村落庙会、乡镇庙会和地区庙

[①] 万建中，中国民间文艺家协会副主席、北京师范大学教授。本文刊发于《中国艺术报》2018年3月14日。

会等几个类型，从管理形式上可以分为官方庙会、民间庙会和宗教组织的庙会。村落庙会是井陉地区民间庙会的主体，也叫村会、亲戚会。

民间庙会，是指由民间"会""社"组织承办的庙会。自古以来，庙会主要由单一村社主办或者多个村社联办，这种民众自发、自主、自愿组办的庙会，类型多样，内涵不一。如苍岩山福庆寺庙会（市级非遗）、赵庄岭火神庙会（县级非遗）、栾庄海龙湾庙会（省级非遗）、大里岩相公崖庙会（县级非遗）、云盘山人祖祭典（省级非遗）、小寨双龙观道教祭典（县级非遗）、长岗金灯节（县级非遗）、南峪牟尼寺庙会（县级非遗）、台头邪彤祭典（省级非遗）、威州古庙祭典（市级非遗）、井陉东岳庙文化节（省级非遗）等。既有纪念祖先的，也有原始崇拜的宗教性类型，还有俗世生活类型的庙会。

民间庙会的组织机构具有传承性和稳定性的特点，庙会的组织者或核心成员多是各宗族推举出来的，由会首、德高望重者及地方文化精英组成，他们多年的社会经历和治家理财的经验为地域内民众服膺。他们的能力主要表现在协调各方利益方面，当然，老规矩和传统的做法是其处事的依据。有些庙会理事会借鉴了现代管理模式，成立了庙会管理委员会，设会务组、后勤组、治安组等分别负责各自相关职能。会首及管委会成员都是在当地有一定威望的村镇文化精英，虽然不是一个宗族的成员，但是，长期居住在村落，血缘和地缘关系凝聚而成的乡亲感情使他们以近邻意识和神缘认同心理，广纳八方来客，热心服务庙会工作。他们上承传统，下顺民意，颇具感召力。

当然，即便是村落庙会，运作过程主要由各族代表组成的理事会掌控，但也离不开政府的大力支持。随着政府加强对宗教意识形态的控制和文化旅游部门的介入，纯粹意义上的宗教组织管理的庙会形式已不多见，著名的寺庙圣地举办的庙会大都形成以官方管理为主、僧侣管理为辅、民间组织参与的庙会管理模式。2018年元宵节期间的天长镇庄旺村祭河神仪式、天长古城南门前的庄旺拉花、东关渔家乐、梁家鹦垴拳等系列民俗活动顺利开展，都是村委会、理事会、神职人员、政府职能部门共同协作的结果。为了有效预防、积极应对和控制庙会可能引发的安全事故，及时采取措施，有序、高效地组织应急救援工作，最大限度地减少突发事件对寺庙带来的危害和损失，保障香客身体健康和生命财产安全，维护正常的庙会秩序，政府都要制定突发事件预案。

庙会是农村所有活动中参与人数最多、延续时间最长，最能检验村落社会的组织管理和服务水平的。从历年井陉村落庙会的开展情况看，效果极为理想，各方力量密切配合，相互协调，已形成了严密的管理操作规程。既发挥了政府管理部门的作用，又丝毫没有影响庙会按照传统的规程正常开展。村民满意，职能部门也放心。村落庙会自发组成与政府管理相结合，尽管时效短暂，影响范围有限，但却功能显著，意义深远。

"和"与"美"

——河北井陉春节民俗传承的当代价值

毛巧晖[①]

河北井陉春节民俗活动丰富多彩，当地称为"闹新春"，祭祀仪式亦形式多样，祭祖、祭河神、接火神、撵虚耗等存续了人类较早时期的信仰因素。这些民俗事象及其文化特性蕴含了民众的生命意识与审美取向，简言之，可用"和"与"美"概括。

过年是家人团聚的重要时刻，祖先庇佑才能家业兴旺，因此过年要请亡祭祖，直到过了元宵节才送亡，这期间每天一日三餐如生人。井陉南康庄村邢氏家族在大年初一要在邢氏祠堂举行全族祭祀仪式，在老族长的带领下诵读家训："懂大礼，勤耕读；和待人，善行事；知章法，听政令；孝宗长，亲幼子。"井陉天长古城的耍火流星以及接火神等，是远古火神崇拜的遗存，民众期冀得到火神的庇佑，后世发展中才出现接神泛化。除夕夜摆香案供品，燃香迎神，保佑四季平安，一年吉祥。庄旺祭河神中有水信仰、祭天仪式的痕迹等。直到正月十六，完成了送神仪式，春节结束，民众生活回归日常。

如果说当下社会的"春运"、春节空城、摩托返乡大军是乡土中国的现代写照，井陉南横口村、大梁江村、核桃园村等古村落的乡规民约，村落中马家大院圆墙角、翠花门楼扇屏院、槐树园、于家古宅院建筑、吴家上下古宅院等，

[①] 毛巧晖，中国社会科学院民族文学研究所研究员。本文刊发于《中国艺术报》2018年3月14日。

以及南康庄古老的保护村落、村民一年幸福平安的"攥虚耗"仪式等,这些恰是乡土中国的历史言说,是呈现给社会的"乡土记忆"。在当下非物质文化遗产保护中,各区域打造本区划内的"文化记忆",古村落成为重要内容,在村落"文化记忆"的展示中,如何将传统的家训、古宅大院变为"乡土景观"则是重中之重,尤其不能忽略其所蕴含的知识性与内在的文化逻辑。

井陉拉花、红脸社火、"跑灯"等以及各种花会,既是民众合作的形式,同时也富含村落之间的文化竞争。在现代化发展与城市化进程中,井陉很多村落的民众都到石家庄、北京、天津等地外出务工,但是一般都要到正月庙会结束后才会外出。在纷繁多样的武术、拉花、晋剧表演中,时常穿插着"招工信息"的广播,恰是如此的图景,勾画出当下民众生活的场景。庙会是他们的"公共生活",他们在庙会中加强了人与人之间的合作,密切了村落的人际关系,同时也找回了日常在城市务工的"人际"之失落。

总之,闹新春,是农耕社会民众的节日狂欢,农闲时期的庆贺。随着现代化发展,农时在社会生产与社会秩序中的意义减弱,但春节仍有减压、放松、闲适的功能。井陉春节民俗内容丰富、形式多样,在向全国乃至全世界的"文化展示"中,民俗文化渐趋转换为可资利用的文化资源与文化资本,在这一发展与转换过程中一定要警惕过度的"文化消费",谨守民俗事象的"时间阈限",在把握"消费边界"的同时,发挥民俗文化、乡土景观在当下乡村振兴中的意义与价值。

村落庙会何以能够千年传承

侯仰军[1]

所谓村落庙会，系由一个或几个村庄轮流主办，民众自发、自愿、自主举办的庙会。庙会祭拜的一般是自然神、祖先神或对当地、国家做出突出贡献的英雄人物，如女登、文王、扁鹊、岳飞；也有道教、佛教人物，如关帝、财神、龙王、观音。俗话说"无庙不成村"，在过去，每一个古村落里都有大大小小的庙，不同的庙里供奉着不同的神灵。但有庙不一定有"会"，有"会"的地方也不一定有庙。既有庙，也有"会"，并且能够传承千年者，实属不易。

一、信仰的力量

在考察河北、陕西等多地村落庙会后，我们发现，村落庙会能够数百年甚至千年传承，民间信仰起到了巨大作用。河北省井陉县位于太行山东麓，人口不过三十多万，可村落庙会数不胜数。如微水镇马村，这里的百姓祭祀活动便属于人类始祖信仰，庙里供奉的主神是"无生圣母"。相传她由天地蕴化而生，无父无母，乃人类始祖，当地人便称为"无生圣母"。庙会期间，搭台唱戏，花会献艺，热闹非凡，吸引得山西、河北特别是石家庄周边地区的善男信女纷至沓来，成为远近闻名的大庙会。南峪镇台头村的邳神庙会，会期六天。祭祀的邳神，本名邳彤，系东汉光武帝刘秀云台二十八将之一，在当地民间传说中被

---

[1] 侯仰军，中国民间文艺家协会分党组成员、副秘书长。本文刊发于《光明日报》2018年4月28日。

称为"药王"。庙会期间,邻近的很多乡镇,甚至山西省娘子关、旧关、井沟等方圆百里的村民都前来参会,主要活动有请神、跳神、诵经、踩街、戏剧、马戏、歌舞、拉花、杂技、社火、旱船、武术、魔术、高跷等。庙会正日的踩街活动,尤为壮观。人们用三层木轿抬着邳神像游走,身着彩服的数十支逾两千多人的文艺队边走边舞,炮声、歌声、吹奏声震天动地,以此来祈求消灾祛病、吉祥平安、风调雨顺、人寿年丰。在陕西省凤翔县的槐原,农历正月二十五要举行一年一度的排灯会。槐原所在四个村庄的百姓,家家户户制作排灯,高举着来到槐岭村的女登祠前举办祭祀活动。民间传说,女登是炎帝之母,槐原是女登故里,槐原排灯会已有四千年的悠久历史。

这些庙会,都是集祭拜与商品交易于一体,既满足了大众的精神诉求,又满足了大众的物质需求。可以说村落庙会起于信仰、盛于集会,"会"因庙而起,庙借"会"而盛,两者结合,吸引了更多的人来到古庙会,形成风俗和习惯。

二、功能的力量

村落庙会往往具有诸多功能。这是庙会传承千年、历久弥新的另一个主要原因。

(一)感恩还愿

庙会者,先有庙,后有会,庙是会的前提。庙会上祭拜祖宗和神灵,既有敬畏自然、敬畏祖宗、敬畏神灵的成分,更有感恩自然、感恩祖宗、感恩神灵的情感表达。"无生圣母"创造了人类,邳神用医药造福一方百姓,女登是炎帝之母,还是养蜂的发明人,其恩德让百姓永志不忘,代代传承。中华民族自古以来就有浓厚的感恩意识,知恩、感恩、报恩是一代又一代的人生理念。一方面,村落庙会给人们提供了感恩自然、感恩祖宗、感恩神灵的机会和场地,他们通过祭拜感恩、还愿；另一方面，庙会上的各种活动，特别是唱大戏，又强化了人们的感恩意识。唱大戏，名义上是给"神"听的，实际上是给人听的，戏剧里有很多感恩图报的故事，如程婴救孤、一饭千金，也有很多忘恩负义受到惩罚的故事，如宋代就开始传唱的戏曲故事《清风亭》《海神庙王魁负桂英》。这是千百年来的民间信仰，不能简单地戴上"迷信"的帽子。祭祀祖先，祭祀中华民族历史上的英雄人物，都不能叫迷信，它是老百姓表达感情的方式，是凝聚人心、弘扬感恩意识和家国情怀的仪式。不弘扬感恩意识的民族是没有希望的，没有家国情怀的民族必定是一盘散沙。

（二）娱神娱人

村落庙会上的社火和各种文艺活动，过去说是为了娱神，让神得到快乐，现在是娱人，让老百姓看了高兴，让大家得到美的享受。如槐原的排灯会，老百姓举的一个个排灯绵延在山路上，夜色中宛如一条条游动的火龙，流光溢彩，格外醒目，既愉悦了他人，也愉悦了自己。第二天，人们还要在女登祠前唱大戏，让女登在天之灵好好享受戏剧的优美。大戏一般都是两台对着唱，吸引远近村民数万人前来观看，成为远近闻名的盛大集会。

（三）祈福祛邪

从古至今，老百姓到庙会祭拜的一大目的，或者说心理诉求，就是祈福祛邪，求得自己和家人吉祥平安。它可以让人获得心理上的平安，求得心理平静。

（四）求子求财

在农耕时代，人是最重要的生产力，繁衍后代是人类社会存续的必要条件；财产又是保证一个人和家庭生存下去的物质保证，给百姓提供一个求子求财的场地，是保证村落庙会香火旺盛的重要因素。当今时代，人口就是资源，求子求财依然是人们的心理诉求。

（五）健身健心

人们去庙里祭拜神灵，求得心理安慰，释放了心理压力。参加、观看社火表演或民间文艺表演，让传承者、表演者既锻炼了身体，又获得了心理上的满足。近代以来，尽管人们的"泛宗教信仰"日益削弱，但村落庙会依然红火，这与它越来越成为百姓休闲、娱乐的场所大有关联。

（六）教化传承

庙会上的各种展演和庙会信仰、庙会交易的融合，让广大民众既满足了精神需求，也满足了物质需求；既寓教于乐，又寓教于行，孩子们在耳濡目染中学习了优秀传统文化和优秀的民间文艺、手工艺，所以村落庙会在教化传承方面，在弘扬孝道方面，作用是不可估量的。反过来，又促进了村落庙会的传承。

（七）敦亲睦邻

社火表演让一个或几个村落的人联合起来，强化了乡土意识和亲缘关系。在槐原，排灯节上一盏好看的排灯是妇女心灵手巧的证明。为了给子孙做灯，妇女们常常很早就剪好狗、花瓶、石榴、蝙蝠等寓意吉祥的图案，和家人一起将五颜六色的剪纸贴在上宽下窄的梯形灯架上，其乐融融。心灵手巧的妇女不但给自家的孩子做灯，还要给乡亲们帮忙。庙会上，家人、族人、亲邻通过一起举排灯、做活动，加强了沟通，增进了感情。

（八）交际交流

村落庙会是人们同他人交往的一个很好的平台，通过参加各种活动，增加了同他人交流的机会。各种商品和民间小吃的展示、交易，又让每一个家庭获得自己生活上的必需品，获得了物质上的满足。

以上种种，让一代又一代的百姓美在其中、乐在其中、陶醉在其中，村落庙会才得以长久传承，甚至传承千年以上。

村落庙会是当地民间信仰的集中展现，体现出民间文化原生性、本真性、民间性、丰富性的特点，承载着历史上劳动人民的生存方式和生存想象等大量的历史文化信息，其中所蕴藏的感恩意识与家国情怀，是百姓在历史上创造、以活态形式传承、未经刻意修改过的原生文化，对中华民族的团结统一起到了巨大作用。在传承当代庙会文化方面，要注意处理好政府和民众在节会中的关系定位，即民众办会、民众参与，政府保驾护航、提供服务。只要有利于社会安定、民族进步、民生幸福，政府应尽量不干预庙会，让民众在活动中自我传承、自我净化、自我提升。如此，村落庙会就能继续充分发挥其凝聚人心、教化群众、淳化民风的重要作用，长久地传承下去。

梅山春节年俗中烟花爆竹的文化内涵初探

欧阳恩涛[1]

春节年俗是经过千百年历史积淀下来的传统民俗,而过年燃放烟花爆竹在我国已有两千余年的历史。北宋文学家王安石的《元日》诗云:"爆竹声中一岁除,春风送暖入屠苏。千门万户曈曈日,总把新桃换旧符。"爆竹最先是以节日或喜庆日,用火烧竹,毕剥发声,以驱除山鬼和瘟神,谓之"爆竹"。与此同时,烟花爆竹本身的喜庆色彩使得人们对烟花爆竹的象征意义有了进一步的认识,成为人们极好的辞旧迎新的文化象征符号。笔者以梅山地区的春节年俗为例,初探该地区在春节年俗中烟花爆竹这一习俗的文化内涵,并就如何传承与保护民俗中的烟花爆竹文化提出几点建议。

一、梅山文化和梅山文化中的春节年俗

湘中地区,山水隽永、民风淳朴。从远古时候开始,这里便孕育了一种神秘古朴的巫文化。在这种古朴巫文化的影响下,这里的原始遗风千姿百态,民俗事象多姿多彩,极富学术价值和可利用价值;而这种独特的巫文化就是我们今天所说的梅山文化。梅山文化,是湘中地区自远古到今保存较为完备的一种文化形态,是梅山地区人们世代创造、传承的一种具有鲜明特色的地域性民族文化。它属于中国文化两大主流之一的荆楚文化中的一个重要支流,与其他区

---

[1] 欧阳恩涛,邵阳学院湖南省魏源及湘西南文史研究基地研究员。

域的文化共同架构着中华民族的传统文化。同时，梅山文化有着丰富的内涵，集中体现在三个方面：一是宗教信仰，二是生活民俗，三是反映梅山峒民的劳动、生活，表达思想的文化方式和载体。其中，独特的民风民俗是梅山文化的一个重要方面。综观这些民俗，无一不打上鬼神的烙印。清道光年间出版的《宝庆府志》记述："楚俗尚鬼，惟郡为甚，往往信巫而轻医，医之世传者不数见。符鬼之习沿用而不变，凡有疾病，多听于巫。"足见在梅山文化区域里的先民们崇巫、敬神、信鬼而形成的民俗信仰已经根深蒂固了。

梅山人过年，并非仅指春节这一天，从农历腊月二十三到正月十五这一段时间，都称之为过年。腊月二十三到年三十，为"迎春日"，也叫"扫尘日"。这段时间，家家户户都要打扫卫生，清洗各种器具，拆洗被褥窗帘，洒扫居室庭院，掸拂尘垢蛛网，疏浚明渠暗沟。到处洋溢着欢欢喜喜搞卫生、干干净净迎新春的欢乐气氛。按民间的说法：因"尘"与"陈"谐音，新春扫尘有"除旧布新"的含义，其用意是要把一切霉运、晦气通通扫出门。这一民俗寄托着梅山人民破旧立新的愿望。打扫完卫生之后，还要挂灯笼、贴春联、窗花、"福"字等等。大红灯笼一般挂在屋檐下，一排挂二至六个，将节日装扮得红红火火。春联是对联的一种，它以工整、对偶、简洁、精巧的文字描绘时代背景，抒发美好愿望，是梅山地区突出的文学形式。

除夕之夜是全家团聚的日子。离家在外的游子必须在除夕之前赶回家来，全家人团团圆圆地吃上一顿年夜饭。在农村里面，一般富裕一点的人家，大年三十那天早上要吃一顿过年饭，叫作过小年。过小年吃年饭的时间，一般都定在十二月三十日天亮之前，要吃过饭刚好天亮为佳。过大年，就是正月初一的早餐，这是一年中最隆重的一餐饭，饭菜都是大年三十晚上准备好的，在大年初一天亮之前要吃完饭。吃饭之前，一般要放几挂鞭炮或几桶烟花，以庆贺新年开始。吃饭的时候，有很多讲究：如敬神，即在大家开餐之前，要摆好碗筷，倒酒装饭，然后燃放烟花爆竹敬请祖宗入席过年，并祈求祖宗保佑一家人兴旺发达、万事如意、财源广进；再如开锅的第一碗饭，要装给狗吃。在梅山地区吃年饭时，杯、碗、筷一定要抓牢，筷子不能轻易地掉到地上，杯、碗不能碰撞碰碎，要是发生了这样的事，就认为是不吉利，一家人都会不高兴，而且一年中都会提心吊胆地过日子。同时，吃年饭的时候，要关着大门吃，未吃完饭不得开门，因为开门吃饭，一怕撞进了晦气，二怕有叫花子上门讨饭，撞坏了"年光"，所以，全家人都吃完了饭，才能开门。开门之后，一般也要放几挂鞭炮，以庆贺一年中大吉大利。

二、梅山春节年俗中燃放烟花爆竹的传统习俗

过年燃放爆竹在梅山地区有着悠久的历史，燃放爆竹构成了过年的重要内容。小时候听老人讲述过这样一个古老的传说，至今记忆犹新。说是古代有一个叫作"年"的怪兽，每隔365天就出来伤害人畜，届时老百姓都不敢出门。偶有一年有位顽童燃烧竹子玩耍，燃竹的火光冲天、"噼啪"作响，将怪兽"年"吓得落荒而逃，人们因之而获得安宁。此后，燃放爆竹便成为人们驱魔避凶、迎神喜庆的必备之物。大年三十晚上传统的"守岁"习俗，则显示出老一辈对于一年新旧交替时刻的担忧；从另一个角度看，守岁也包含着人们对来年美好未来的强烈祈望。

爆竹声响是梅山地区辞旧迎新的标志、喜庆心情的流露。每当除夕之夜，无论是富裕家庭还是家境不好的家庭一般都会买一些鞭炮回来。家里的小孩子是最高兴的，每天都能放几个过过瘾，等到大年三十晚上，在家中大人的带领下痛痛快快地放一通。在随后的接神、祭财神、顺星、开市送神等仪式上，都会燃放爆竹。此时，不管是繁华的城镇还是僻静的山村，无论是霓虹灯闪耀的闹市还是小巷深处，"嘣嘣叭叭""毕毕剥剥"的爆竹声，此起彼落，竞相欢叫。那五彩缤纷的火花，给深沉的夜幕划出一道道彩虹，给人们增添了无穷的乐趣。商人家放爆竹还有另一番意义：他们在除夕之夜大放炮仗是为了新的一年大发大利。

在梅山地区还有"开门爆竹"一说，即在新的一年到来之际，家家户户开门的第一件事就是燃放爆竹，以毕毕剥剥的爆竹声除旧迎新。梅山地区的旧习认为，敬财神要争先，放爆竹要殿后。那么，要想发大财者，炮仗要响到最后才算心诚。旧时，从春节子夜开财门起，就有送财神的，手拿着一张纸印的财神在门外嚷着："送财神爷的来啦！"这时屋里的主人为了表示欢迎财神便拿赏钱给来人，送财神的人口中当然总免不了要说些吉利话。例如："金银财宝滚进来啦！""左边有对金狮子，右边有对金凤凰！"等等之类的口彩。另外，还有一种就是装扮成财神爷的模样，身穿红袍，头戴纱帽，嘴上挂着假胡子，身上背着一个收钱的黄布袋，后面跟着几个敲锣打鼓的，挨家挨户地去散发财神爷像，以便讨赏钱。每到人家门口，就唱起："左厢堆满金银库，右边财宝满屋堆。"一大堆讨吉利的话不绝于口，直到主人欢喜地接过那张红纸财神爷像，给他们些钱，扮财神的这些人连声道谢之后，就起劲地敲打一阵，在咚咚锵锵的锣鼓声中转到别家去了。

大家放完爆竹回到屋里后的第一件事就是拜天地、迎神、祭祀祖先。古时，这种礼俗很盛，因各地礼俗的不同，祭祖形式也各异，有的到野外瞻拜祖墓，有的到宗祠拜祖，而大多数人则在家中将祖先牌位依次摆在正厅，陈列供品，然后祭拜者按长幼的顺序上香跪拜。梅山地区的人还在祭祖之后查看历书上所载的吉利方向，燃灯笼火把、提壶挈酒、奉香鸣爆竹，开门出行，迎接喜神，称"出行"。"出行"前必须先燃放一挂爆竹后才出门，此俗为趋吉、祈求神灵保佑一年百事顺遂。

三、春节年俗中烟花爆竹的文化内涵

春节时燃放爆竹，以增添节日之喜庆气氛，是中华民族的悠久传统，而这一年俗则源于先秦时期的"爆祭"。《诗经·小雅·庭燎》中就有"庭燎晰晰，君子至上"，"庭燎"是将竹子、草或麻秆捆扎在一起燃烧。"晰晰"就是火烧竹子的声音，这可能是中国关于放爆竹雏形的最早记载。《周礼·春官》所记载的"九祭"中的第三祭，即是"爆（炮）祭"。"爆"，其实就是烧，但其与一般烧火不同的是燃烧时要发出声响，这是先秦时期流行的一种"用火"方式。《诗经·小雅·瓠叶》即称："有兔斯首，炮之燔之。"竹子在燃烧时，因受热会猛然炸裂而发出很大的响声，最能达到"爆"的效果，所以竹子成了当时最受欢迎的一种燃料，故"爆竹"流行开来。南朝梁代宗懔撰写的《荆楚岁时记》，也是保存至现在的我国最早的一部专门记载古代岁时节令的专著，其中记载："正月一日，是三元之日也，谓之端月。鸡鸣而起，先于庭前爆竹，以辟山臊恶鬼。"

过年燃放爆竹，唐代开始盛行。唐诗中爆竹有许多描述："乱骑残爆竹，争唾小旋风"（元稹《生春二十首》）、"桃枝堪辟恶，爆竹好惊眠"（张说《岳州守岁二首》）、"新历才将半纸开，小庭犹聚爆竿灰"（来鹄《早春》）。至唐代，爆竹的燃放已发展为人们将一支长竹竿点燃，或将一串串竹节挂在长竹竿上燃爆，当时又被称作"爆竿"。又据《通俗编·俳优》记载："古时爆竹，皆以真竹着火爆之，故唐人诗亦称爆竿。后人卷纸为之，称曰'爆竹'。"宋代，爆竹又演变成了"燎竹"，宋代文人袁文的《瓮牖闲评》书中有"岁旦燎竹于庭"的记载。其对"燎竹"的注释是："燎竹者，爆竹也。"过年燃放爆竹之风到宋代更为普遍，宋代文人所记比唐代更加丰富："城中爆竹已残更，朔吹翻江意未平"（陈与义《除夜二首》）、"爆竹一声乡梦破，残灯永夜客愁新"（黄公度《乙亥岁除渔梁村》……当然，最著名的还是王安石的《元日》诗："爆竹声中一岁除，春风送暖入屠苏。千门万户曈曈日，总把新桃换旧符。"其中的"爆竹声中一岁除"成了过年时最流行的名句。然而，这时广泛流行的爆竹并不是用火药制成的，而是当时流行的一种"燎竹"风俗，即烧真竹子，又叫爆竿。现代乡村仍能看到的烧"岁火"现象，便是此遗俗，岁火越旺越吉祥。

火药爆竹始于北宋并出现烟花，宋朝时，已有专门生产鞭炮的作坊。但那时使用火药的爆竹叫"爆仗"，与军事行为有关联。据宋人孟元老《东京梦华录》(卷七)"驾登宝津楼诸军呈百戏"条,此叫法源于军中一种仪仗形式的表演,"出场凡五七对,或以枪对牌,剑对牌之类"。表演开始的号令叫"爆仗","忽作一声如霹雳,谓之'爆仗'"。这种"爆仗"即是现代爆竹的雏形,如果不用火药当原料,是不可能有"霹雳"那样怕人声响的。因燃放时声响如炮,时人又称之为"炮仗"。用火药引燃的爆竹,到南宋时已很流行了。南宋人施宿于嘉泰元年(1201)编撰、陆游作序的《嘉泰会稽志》记载:"除夕爆竹相闻,亦或以硫黄作爆药,声尤震厉,谓之'爆仗'。"宋末元初,爆竹已成时人过年时必备的"年货",燃放方式也有了很大的变化。周密的《武林旧事》"岁除"条称:"至于爆仗,有为果子人物等类不一。而殿司所进屏风,外画钟馗捕鬼之类。而内藏药线,一爇连百余不绝。箫鼓迎春。""一爇连百余不绝"就是将单一爆竹编连接在一起,这种放法,时人俗称为"编炮",与现代燃放方式已无区别。因炸时如舞长鞭般响震,又被叫作"鞭炮"。《武林旧事》中这段记载最重要的地方不是燃放方式,而是引燃爆竹的方式——开始使用"药线"了。宋代使用火药的爆竹,一般用纸裹成的纸筒和麻茎装火药。这种爆竹危险性降低,燃放较为安全,又叫"纸炮",是孩子们过年时最喜欢燃放的鞭炮,南宋王铚《杂纂续》中"小儿放纸炮"一语说的就是这种现象,并诞生了一条歇后语:"小儿放纸炮——又爱又怕"。在发明鞭炮的同时,宋代还出现了烟花(烟火)。也是从宋代起,中国的"爆竹文化"丰富了起来,燃放更讲究,民俗目的更明确。过年,从除夕之夜起,一直到正月十五,不同日子要燃放不同的爆竹,不同日子所放爆竹的意义也各有不同。明清时代,中国爆竹烟花更是盛行,每逢婚丧喜庆或逢年过节,人们都要燃放烟花爆竹来祭神祭祖,以表示庆贺,并求神灵祖先庇佑。清代诗人顾太清在《乙未元旦》中所写"声声爆竹散林鸦,烟火春城千万家"之句,就展示了当时城里人过春节时大放烟花鞭炮的盛况。清代蔡云在《吴歈》诗中云:"一样过年分早晚,声声听取霸王鞭。"

  花炮文化,经唐、宋、元、明各代而逮至清朝、民国,再经新中国成立后的各个时期,续存1300多年。可见,燃放烟花爆竹是我国的传统文化习俗,其最初目的是驱邪，而后演变至为节日增添喜庆色彩。该习俗经过长年经月的累积沉淀逐渐渗透至普通民众日常生活里，成为我国普通百姓生活中，尤其是节假喜庆时，不可或缺的部分。总之，只要是为了表示庄严和喜庆，人们都习惯于用燃放鞭炮来庆贺和营造隆重的气氛。烟花爆竹以其绚丽多彩、灿烂夺目、响彻寰宇的特质，构成了中华民族一种特有的民俗景观，并且影响到整个世界。春节时燃放爆竹的风俗也随着经济、文化的交流传入了越南、朝鲜、新加坡等周边地域。绚彩的花炮散发着古朴淳厚的民族气息，而且不择时令、地域，不择种族、人群，总是天遂人愿地变幻着无穷的美丽，带给人类的也总是信心、力量、喜悦和幸福。它手牵着往昔，情系着当今，拥抱着未来，蕴含着所有人群的精神寄寓，表达着所有民族的共同期盼，是喜悦的音符，是吉祥的象征，是美丽的图画，是动人的诗篇，已成为人世间各种民俗活动和庆典活动不可或缺的特殊艺术品；烟花爆竹及其文化已经在人们心中形成了一种挥之不去的情结，情之所系，心之所求，历久弥坚。

四、传承与保护民俗中的烟花爆竹文化

为了保护环境不受硝烟和噪音的污染，许多城市早就提出无论过年还是结婚，或者其他任何时候、任何场合都不准燃放爆竹，并出台了相应的规章，可是人们却总是不肯轻易地放弃鞭炮。任何一项被人们顽固坚持的行为都是需要进行心理分析的，燃放鞭炮也不例外。

燃放鞭炮能取得的心理效果主要体现在如下三个方面：（1）鞭炮炸响声的力量。这声响和力量是我们的身体没有能力产生或者发出的，所以人们在燃放鞭炮的时候，总是喜欢和希望鞭炮越响越好，鞭炮显示了一种超人的力量。（2）鞭炮是受人把握和控制的力量。如果鞭炮的力量不受控制，就会像炸弹一样可怕，人们就不会那么喜欢它。正是因为鞭炮的燃放是受人们控制的，人们可以自由地决定什么时候点燃鞭炮、燃放什么样的鞭炮，所以才对鞭炮变得如此钟爱。

而且一串鞭炮被点燃后只有短暂的炸响，不会无穷无尽地、失去控制地响下去，这就更增强了人们控制事物的信心。（3）人们希望看到光明，哪怕是瞬间的闪光也好。人的内心深处往往是黑暗的，所以人们在选择鞭炮的时候，特别喜欢选择装有镁粉的"闪光炮"。尤为重要的是人的潜意识是经常受到压抑的，潜意识中的各种欲望就像是一束蹿动着的火苗，经常被自我或者超我所掩盖而不能顺畅地表露出来。这时如果鞭炮点燃了，它就会带着我们潜意识中的欲望和幻想，在一道闪光、一声炸响中瞬间冲破所有的压抑，驱走忧郁与恐惧，从而使我们似乎看到了生命的原始力量。

　　文化是民族的血脉，是人民的精神家园。文化自信是更基本、更深层、更持久的力量。中华文化独一无二的理念、智慧、气度、神韵，增添了中华民族内心深处的自信和自豪。中央宣传部、中央文明办、教育部、民政部、文化部于2005年6月联合发出了《关于运用传统节日弘扬民族文化的优秀传统的意见》，明确指出："中国传统节日，凝结着中华民族的民族精神和民族情感，承载着中华民族的文化血脉和思想精华，是维系国家统一、民族团结和社会和谐的重要精神纽带，是建设社会主义先进文化的宝贵资源。"我国是世界最大的烟花爆竹产销国，目前我国烟花爆竹出口增长潜力依然可观：欧美市场继续保持着较大的消费需求，东南亚、俄罗斯、中东等新兴市场发展迅速。但烟花爆竹也面临传统民俗、文化特色的弱化。烟花爆竹与民俗、文化紧密相关，具有工业产品和工艺产品的双重属性。但由于在产业调整中过于强调机械化、规模化，生产线动辄投资巨大，且多集中于某些易于规模化生产的特定产品，烟花爆竹的多样性被忽视，一些具有浓郁地域特色的传统工艺和特色产品逐渐被淘汰或消失。传统产区依靠文化和技艺传承形成的产业聚集优势被削弱，产业的文化竞争力让位于产量、物流、投资环境等因素。为实现我国烟花爆竹出口产业持续健康发展，加快推动产业调整转型，我们应保护并弘扬我国烟花爆竹的传统技艺和民俗文化，大力发掘烟花爆竹产品的文化属性，向各国宣传推广我国烟花爆竹文化内涵，培育、拓展出口市场。

烟花爆竹记载着一个民族的传统民俗文化，随着传统节日延续至今，有着根深蒂固的传承意识。烟花爆竹里寄托着人们热烈、真挚、纯洁的情感，对美好生活、纯真爱情、幸福快乐的祈愿。鞭炮是中华民族抹不去的文化情结，燃放烟花爆竹是中华民族传承几千年的传统民俗，蕴含着文化的元素、喜庆的色彩，因此弘扬这一中华民族的传统习俗是每一个公民责无旁贷的历史重任。

五、结语

众所周知，年节习俗在任何一个民族的民俗文化中，都是最能够牵动全民族人民心灵的文化要素。两千多年来，年终岁首，举国上下的人都做着"有钱没钱，回家团圆过大年"的盘算。围绕着敬天祭祖、辞旧迎新，企盼五谷丰登、欢庆国泰民安，都要用一系列民俗要素和多彩多姿的表现形式加以装点和渲染。毋庸置疑，烟花爆竹正是年俗中的文化要素，在辞旧岁的免灾祛病的祝愿中，在迎新春的狂欢喜庆中，烟花爆竹的文化色彩和文化震撼力是绝对不可缺少的，也是其他任何东西无法代替的。过去的禁放规定，在民俗文化情结上几乎等于压抑了人们的良好祝愿，伤害了人们的欢庆情感，在一定程度上也剥夺了人们欢度年节的权利。前不久，在有关禁放和限放的争论中，媒体报道里有一种提法："鞭炮是中华民族抹不去的文化情结。"这话是很有道理的，因为这种文化情结和中华民族的文化根脉血肉相连。可以预见，由春节燃放烟花爆竹而产生的有突破性的积极效应，将会对保护我国重大年节文化遗产，继承和发扬中华民族文化的优良传统，以及全面建设中国和谐社会有着十分重要的意义和推进作用。

清明

清明礼俗文化的传承与创新

萧 放[①]

清明是传统社会节气、节日合一的重要时间。节气是"天时",是纯粹的自然时间;节日是"人时",是社会文化的时间选择。清明兼具自然与人文两大内涵,既是自然节气点,也是传统社会的重大春祭节日。清明真正体现了中国天人合一的观念。

一、清明两大节俗传统

清明节俗丰富,但归纳起来有两大节俗传统:一是礼敬祖先,慎终追远;二是亲近自然、珍重生命。这两大传统礼俗主题在中国传承千年,至今不辍。

(一)礼敬祖先,慎终追远

清明虽然出现较晚,但它有着久远的历史源头,是传统春季节俗的综合与升华。中国人对于祖先的祭祀向来十分重视,上古四时祭仪中春季祭祀宗庙的大礼称为春礿(后为春祠)之礼,当时尚无墓祭的礼俗,要祭逝去的先人,就立一名为"尸"的神主在宗庙祭祀。春秋战国时期,墓祭风气渐起。汉代随着儒家学说的流行,宗族生活的扩大,人们因现实社会生活的需要,返本追宗观念日益增长,人们对于托寄祖先魂魄的坟墓愈加重视,上墓祭扫之风转盛。唐

[①] 萧放,中国节日文化研究中心主任、北京师范大学教授。

人沿袭前代祭墓风俗，并扩大到整个社会。由于寒食与清明节气相连，寒食节俗很早就与清明发生关联。寒食禁火，清明取火，扫墓亦由寒食扩展到清明。如果说唐朝时寒食与清明并列，清明地位逊于寒食的话，那么宋朝时清明已基本上完成了对寒食的置代，除禁火冷食仍为寒食特有外，清明已承担了许多原属于寒食的节俗功能。明清时期，寒食基本消亡，春季大节除新年外唯有清明了。

祭祖扫墓是清明节俗的中心。上坟祭扫，包括两项内容：一是挂纸烧钱；一是培修坟墓。唐代以前已有烧钱祭亡的习俗，但因寒食期间禁火，墓祭亦不能火化纸钱，人们将纸钱插、挂在墓地或墓树之上，有的压在坟头，表示后辈给先人送来了费用。但民间习惯一经形成，就往往成为一种特定的民俗传统，它在后世已不禁火的环境下仍然流传，挂钱成为清明墓祭的特色之一。修整坟墓、培添新土、清除杂草，是清明扫墓的又一活动。在雨水到来前的春季，人们借清明祭祀的时机，对坟墓进行清整，既保全了先人，又尽了孝心。

清明祭祖除扫墓的"山头祭"外，后世还有"祠堂祭"，有的地方径直称为"清明会"或"吃清明"。以同食共饮的形式分享祖宗福分，团聚宗族，是古已有之的传统。

清明处在生气旺盛的时节，也是阴气衰退的时节，人们一方面感念祖先亲人的恩惠，同时以培土、展墓、挂青的形式显示后代的兴旺。这样，祖先墓地不仅是生命之根，同时也是情感之结，在传统社会里，人们无论走到哪里，都牵挂着乡里庐墓。

（二）亲近自然，珍重生命

清明是踏青郊游、珍重生命的节日。踏青是清明的又一重要节俗。清明时节，杨柳青青，自然界生机一片，人们借祭墓踏青郊游。清明时节的户外运动，其原始的意义在于顺应时气，是月生气方盛，阳气发泄，万物萌生，人们以主动的姿态顺应，进而促进时气的流行。踏青、蹴鞠、秋千、拔河、放风筝、斗蛋等大都是有助于阳气发散的活动。

插柳或戴柳是清明踏青与护佑生命的仪式行为。柳树为春季应时佳木，得春气之先。除门户插柳外，清明还有戴柳的习俗。人们以结成球状的柳枝或柳叶戴于头上，民谚曰："清明不戴柳，红颜成皓首。"城居的人们很喜欢这一习俗，鬓插青柳，既吉祥又有生气。插柳与戴柳在民间还有招魂与安魂的解释，有说"插柳留春"。青柳留春，意味着人们在春季将逝的时节，用青青的柳枝来象征对青春的挽留，"留青"，也就留住了"红颜"，留住了生命。

中国人重视时令养生护生，清明的饮食与春季养生护生相关，有寒食燕、清明团、清明饭等。这些清明食品的原料来源于中草药，人们认为清明时节食用它们可清凉解毒，驱邪保健。

春天饮食中，不能不提春茶。清明茶是清明时节采摘的茶叶嫩芽，它色泽翠绿，叶质柔软，茶叶中富含多种维生素和氨基酸，香气四溢，味道醇厚，清明茶是饮食民俗中的养生佳品。"新火试新茶"曾是古代最流行的时尚。

在生命之花竞相绽放的明媚春天，中国人传承着古老的天人合一的理念，追念亡人，祭祀祖先，踏青郊野，助阳护生，践行着生命传递的意义。

二、清明在当代社会的传承与创新

清明是传承民族信仰、家庭人伦的重要载体，是人们亲近自然、珍重生命的重要时间。清明关系到民族的文化生命，是我们今天需要特别重视的节日。我们需要传承清明所蕴蓄的伦理观念与自然意识，同时也要看到当今时代变化的环境，对清明节俗作适应性的调整与更新。

（一）感念先人，进行生命传递的伦理教育

中国人受传统文化心理的影响，有着强烈的家庭观念，尤其重视家族、祖

先。几千年来，中华民族并没有绝对意义的宗教信仰，更多时候对祖先亡灵的崇拜、返本归宗的意识特别浓厚，在清明节祭扫祖先是对亡故先人的特殊的缅怀方式。古罗马哲学家西塞罗早就说过："血缘通过善意与关爱将人们紧紧地联系在一起，因为具有同一家庭的传统、同一家族祭祀的仪式、同一祖先的墓地，是非常重要的。"与此同时，每逢清明佳节，海内外华人也会共同缅怀中华民族人文祖先，让华夏儿女感受到血浓于水的殷殷情愫，从而增强了民族认同感与凝聚力。清明祭祀重在祭扫过程的严肃与真诚，祖先祭祀实际上是一次生命传递伦理的教育、感念先人功德的教育。我们尤其要提倡感恩的情怀。感恩是社会基本的伦理基础，对亡故先人怀有一颗尊重之心和深深的缅怀之情，这是我们民族文化心理的重要组成部分。这种朴素的感情有利于整个社会层面的感恩文化的培养。

慎终追远是清明节的文化精神。我们利用清明时节，追思祖先业绩，提倡家庭、社会对先辈历史的尊重，保持对先人的敬畏之心与感恩之心。在人心躁动的现代社会，清明节更有着特殊的意义，它能够给人一个理性、冷静思考人生的机会。

（二）贯彻环保理念，传承与更新祭祀方式

清明祭祀是我们的文化表达，是感恩先人、密切人情的重要方式，传统社会的一些祭祀方式，在城市化的过程中，面临调整与更新。传统的乡土祭祀是独立的家族墓地，祭祀是私人性的表达，祭品在祭祀之后由家人分享。在城市公共墓地，清明祭扫的空间较之传统发生了重大变化，人们的祭祀活动处于开放状态，因此清明祭扫不纯粹是私人活动，而是成为公共活动的组成部分。因此，在祭祀方式上必然会出现相应的变化，传统的三牲祭品让位于果品、鲜花，纸钱鞭炮也因环境问题而大大减少。我们应该倡导祭扫中的环保理念与安全理念，尽量减少祭扫过程中的环境污染与资财的耗费。

清明节是传统节日，清明节给我们预备了祭奠先人的时间与机会，这是祖先为我们留下的重要文化遗产，它让当代的人们在春天停下脚步，跟自己的先辈有一个对话的机会。如果不能回到故乡亲自叩拜，只能遥寄思念。现代技术为传统节日活动提供了新的选择与途径，人们可在网上献花、虚拟祭扫，在形式上也满足了部分人的心理需要。清明是中国人特有的情感寄托，也是民族文明的一种传承方式。

（三）踏青郊野，激扬生命

清明是厚重的，同时也是轻盈的。中国人在春天哀悼亡者，同样在春天激扬生命。人作为生命个体，因生理与社会原因，总会周期性地出现一定程度的身心疲惫与精神困顿，所谓"春困"是现象之一。要调节身心，振作精神，就需要特定的仪式与娱乐活动，以"动心劳形"。清明时节我们在与祖先对话中获得了精神力量，同时我们也通过踏青郊野与自然对话，获得身心的放松与精神的愉悦。

清明是春天的节日，是我们亲近自然、品味春天、激发生命活力的时节。踏青郊游，是清明时节与春祭并存的古老主题。在春意盎然的郊野，人与自然交融，放风筝、荡秋千、踢毽子、蹴鞠、拔河等娱乐，成为人们踏青郊游的时令娱乐。人们在生命成长、展开的季节，以户外活动的方式，娱乐身心，调节精神。

除了游春踏青之外，春天是需要品味的。清明的时令饮食值得我们总结与推广，清明的野菜饼、青团、清明茶是健康的美食时饮，我们可以利用清明尝春的口号，促成清明时令饮食风尚在城市生活中的回归，让更多的人在清明时节走出水泥森林，品味春天的美好。

清明是庄重的，我们面对先人，在祭拜的静默中，回想祖先的恩德，增强持守祖先基业、传递民族香火的责任。清明是愉悦的，我们踏青郊外，沐浴温暖的春风，让生命在自然中清新地跃动。清明常在，民族不老。

建构中国寒食—清明节祭祀文化的谱系

田兆元[①]

中国的寒食—清明节的祭祀文化很丰富，也很复杂，当然也就有点纷乱，很有文化整合的必要，进行知识谱系的建立和文化共识的达成。

中国的端午节，虽然有纪念伍子胥、曹娥等多种说法，但是纪念屈原作为主流形式大家是认同的，传播面非常广。两千多年来，从凤舟到龙舟，端午舟船竞渡也是共识。端午节从来就是正能量，几乎没有异议。

但是寒食—清明节就不同，寒食是一个良俗还是陋俗，其争议延续良久。清明上坟扫墓与否，也是极富争议，唐朝皇帝提倡，但是臣子反对，到顾炎武时代还在《日知录》里斥责扫墓行为。这种矛盾是礼俗制度的坚持和与时俱进的矛盾，也是不同价值观的矛盾，以及权利诉求带来的矛盾。直到新世纪，人们对于寒食—清明节还是态度迥异，就是到了寒食—清明节成了国家级非物质文化遗产，清明节成了国家法定节假日以后，竟然还是有人说：寒食是陋习，清明节要革除陋习，不要烧纸，不要供饭，要使用鲜花祭祀，等等。

清明节负载着强大的文化功能，我们不能在吵吵嚷嚷中忽略了清明文化传统传承的大业。应建立寒食—清明文化的知识谱系与祭祀的实践体系，让这个节日在中华民族伟大复兴的过程中承担其使命。

寒食—清明节，是中华民族拥有平等祭祀权利的重要节日。在天子七庙、诸侯五庙、大夫三庙、士一庙、庶人无庙的制度体系里，平民祭祀先祖、感恩

[①] 田兆元，华东师范大学教授。本文刊发于《中国艺术报》2018年4月18日。

前辈的权利十分有限。有权有势的人在庙里祭祀祖先，没有庙的庶人墓祭上坟是无奈的选择。唐人建立这样的制度，给了上坟和墓祭以合法性，这是大唐王朝的胸怀。国家法定节假日清明节的设立，实际上是继承了这一伟大传统。清明节对于社会道德建设、家风建设，其意义不可估量。国家层面祭祀先烈，是对为国家与民族献出生命的英雄的缅怀与感恩；国家祭祀炎帝黄帝伏羲女娲，是对于人文祖先与创世领袖的缅怀与感恩。清明祭祀的微观与宏观方面都是做得较好的。

地方政府、企业、学校等层面是民众赖以生存的机构和土壤，是一个最值得感恩的处所：单位提供了个体的生活资源，为生计所系、发展所系。这些企业、学校等，都有其开创者与牺牲者，是单位和地方的先贤、乡贤。单位与地方的参与构成了清明祭祀的强大腰身，构建了清明文化的完整谱系。这方面还有很大的空间，有很多的工作要做。建立中国寒食—清明节的国家—地方、单位—家庭的祭祀系统十分迫切。

祭祀层次与祭祀对象系统也有待完善。如黄帝祭祀，我们当下的规格还有待提高。秦汉以来，历代帝王祭祀黄帝或亲临，或委派代表、两千年来的中国最高领袖祭祀黄帝俨然是一种传统。但是，我们现在还没有达到过去的层次，这与黄帝的崇高地位及其应该享受的身份不符。

节日的传说与神话是节日必须讲述的问题。相对于屈原投江、龙舟拯救、粽子祭祀故事系统的广泛流布，介子推护卫文公隐居绵山、火焚致死故事的知名度在当下要低很多。屈原的爱国主义忠君思想传播极其广泛，龙舟、粽子两大节日符号与仪典在每年端午节辉煌上演，都在讲述屈原故事，这就是行为叙事与景观叙事。

对于清明节来说，节日的主角不是介子推，而是国家层面的黄帝、炎帝、孔子，家庭层面的列祖列宗，以及社区层面的乡贤先贤。对于山西之外的地区，寒食—清明节的故事主角的叙事分散，介子推故事怎么能够广泛传播开去呢？清明节缺乏整体性的神话传说的有效推广，缺少整体性的节日食品系统的认同，缺少一些民族整体参与的、祭祀共同对象的仪式，这是值得关注的问题。

但是清明应该祭祀的对象远比屈原更重要，怎么说，屈原的忠君爱国都不如炎黄子孙的叙事更为重要。但是，到现在为止，还有一些缺乏基本文化常识的所谓学者还在鼓吹黄帝是汉族的祖先、黄帝是中原汉族的祖先、祭祀黄帝会伤害少数民族，根本不了解中国各族人民已经祭祀黄帝为共同祖先几千年了，黄帝是人文之祖，而这些人散布的是落伍的种族论。所以一方面，各族人民在清明节祭祀黄帝，庄严神圣；另一方面，少数缺乏常识的学者出于沽名钓誉的目的，冷言冷语。黄帝是中华民族的文化代表，所以我们称自己是黄帝子孙，认同黄帝的德治文化，这是基本常识。

中国清明祭祀应该是一个系统，而不是零散的小型活动，节日的发生之灵魂人物应该得到祭祀。我们的节日——寒食—清明是一个系列。清明祭祀神灵的第一位应该是介子推，他是寒食—清明之神，忠孝之魂；其次是炎帝、黄帝、孔子，他们是民族精神的化身；然后是各地乡贤先贤与先烈，是忠孝文化的地方楷模；最后是各家各户的列祖列宗，是各家各户最需要感恩的对象。这是四个层次的祭祀对象，前二者是全体民族需要共同祭祀的，第三层次可以各地不同，第四层面各家不同。这样便形成了统一又多彩的寒食—清明文化。国之大事，在祀与戎。清明祭祀，岂可不慎焉！

介子推传说叙事形态的演变

钟亚军[1]

寒食节与清明节是山西省最隆重、最有影响力的传统节日，这一传统节日的内在核心历史人物——介子推，以及其所蕴含的精神寓意，被历史典籍、诸子经典、文学作品、民间的社会群体以及当代旅游景区共同塑造，由此形成了全社会集体参与塑造、集体参与传承、集体共享、集体向外传播的格局。

纵观介子推传说的形成与发展历程，大概分为历史典籍的文字叙事、民间口头叙事与当代景观化叙事三个阶段。三个阶段分别代表了历史的介子推、口头文学塑造的介子推，以及在当代旅游经济的带动下，相关旅游景区对介子推传说的景观化塑造。

我国记载介子推事迹的古代典籍大致分为两类：一类是历史典籍，诸如《左传》《史记》等。另一类是古代文人的著作，诸如《庄子》、《韩非子》、屈原《九章》与刘向《新序》等。前者是以历史的真实为要，而后者就有了杜撰与虚构的成分。《左传·僖公二十四年》记载："晋侯赏从亡者，介之推不言禄，禄亦弗及……遂隐而死。晋侯求之，不获，以绵上为之田，曰：'以志吾过，且旌善人。'"司马迁在《史记·晋世家》中的记载基本采用了《左传》的内容，只增加了晋文公封绵山为介山。历史典籍对介子推的记载相对谨慎，一般都不加以粉饰。但介子推进入古代文人的笔下后，其事其形就有了较大的变异。《庄子·盗跖》曰："介子推至忠也，自割其股以食文公，文公后背之，子推怒而

---

[1] 钟亚军，宁夏大学教授。本文刊发于《中国艺术报》2018年4月18日。

去，抱木而燔死。"《韩非子·用人》也有类似的记载："昔者介子推无爵禄而义随文公，不忍口腹而仁割其肌，故人主结其德，书图著其名。"与史家记载的介子推形象相比较，这些情节或许源自当时民间社会的口头流传，而被庄子借来"抨击儒家礼教规范及俗儒富贵显达的观念"，被韩非子用来宣扬忠义思想。

所以秦汉前后，介子推在屈原、刘向的笔下都有借彼抒志、以古讽今的意味。屈原的"介子忠而立枯兮，文君寤而追求"就是他自己行吟江边，悲哭楚国的写照。而刘向在《新序·节士》借介子推之口说出了"推闻君子之道，为人子而不能承其父者，则不敢当其后；为人臣而不见察于其君者，则不敢立于其朝，然推亦无索于天下矣"的话语来表达自己的心声。也许正因庄子、韩非子、屈原和刘向等人的参与塑造，才为后世留下众多的文字资料，介子推的气节、清修而淡泊名利的品格也受到了后世的文人墨客最热烈的追捧。

与历史典籍塑造出的介子推形象相比较，民间社会口耳相传的介子推传说从不拘泥于历史与精英文学的内容，民间社会更看重口头讲述的活态性、社会习俗的传承性，以及生活化与娱乐性。因此介子推传说从单纯讲述割股奉君、归隐山林与抱树被焚等情节，扩展到婚姻习俗、游艺习俗和饮食习俗，甚至是祭祀仪式等领域，由此围绕"介子推"这一传说核心，产生了众多内容丰富、体裁多样化的异文本。流传在晋中地区的"清明柳的来历"之说，讲述了介子推被焚的第二年，晋文公率领群臣登山祭奠介子推时，发现坟前那棵老柳树不仅复活了，还绿枝飘舞。于是晋文公摘取柳枝编成柳圈戴在头上，并给老柳树赐名"清明柳"。从此清明节有了戴柳、登山的习俗。除此之外，子推蒸饼、子推燕都是以介子推命名的食品。据说，燕子用山西介休方言读"念念"。人们在寒食节用面粉包着枣泥捏成燕子的模样，用柳条穿起来挂在门前祭奠介子推，表达敬意。可以说，在山西民间社会，介子推传说已不仅仅是一个民间传说，它已经演化成了一种生活观念、一个精神寓所、一种生生不息的文化血脉了。

景观化叙事的悄然兴起离不开近些年旅游文化产业快速发展的影响。景观化叙事最主要的特点是将民间传说与景观结合在一起，以传说诠释景观，以景观强化传说。当然,景观化叙事绝非要脱离历史、文学经典和民间传说,而是从它们中提炼精华、攫取营养、丰富景观化叙事的内涵。风景秀丽的绵山也称介山,据说是介子推母子隐居、被焚和成仙之所。每年寒食节,绵山旅游景区都会举行盛大的祭祀介子推的仪式大典。景区内现存有介公祠、超凡洞等与介子推相关的文化景观遗迹,且景区内配以文字说明、导游的口头解说,使听众通过空间化的景物、立体化的情景,有身临其境的感受。

景观化叙事之所以悄然兴起还有另外的因素,即各地对介子推文化资源的诉求与经济利益的驱动。据史籍记载,介子推是春秋时期晋国人,其出生、生活与归葬之处语焉不详,于是给后世留下了许多附会、想象的空间。灵石县介林有一块大石板叫作"忌板",当地流传着"忌板传说"。灵石县介子推文化研究会李树忠介绍,据说晋文公下令放火烧山后,介子推母子被困在石板上无法逃脱。等大火烧了三天三夜熄灭后,人们发现介子推母子被烧死在石板上,石板也被烧得滚热,人不能靠近。于是,村民们为了让石板快点变成寒石,就家家熄火,户户禁烟。三天三夜过后,石板果然变成了寒石,从此人们把这块石板称作"寒石"。寒食的本意为"寒石",是介子推隐居和归葬的地方。为此,当地人在介林里建造了介子推传说的大型雕塑景观,雕塑包括割股奉君、携母隐居、被焚等内容。人造景观的出现并不偶然,这其中既有强化当地历史文化与旅游文化价值的需要,更多的是经济利益的驱动。

三月三：浸润人心的符号建构

林继富[①]

"三月三"是壮族代表性的传统节日，它充分体现了壮族民众的生活方式、经济形态和信仰传统，具有悠久的历史。作为壮族民间传统知识之一，广西壮族自治区各级政府以不同方式弘扬"三月三"文化，举办"三月三"歌节，建设"三月三"文化品牌。"歌王""歌匠""歌手"以"三月三"期间的"歌圩"为舞台走向世界，成为壮乡和八桂大地鲜亮的文化标志。

壮族"三月三"文化品牌建设的基质是地方性，但是在现代生活作用下，"三月三"文化品牌建设具有世界性意义。壮族"三月三"文化品牌建设，包含了特定象征意义的符号及符号系统。首先，立足于"三月三"文化原型，结合文化原型的意义，赋予"三月三"作为文化品牌的新的意义。其次，"三月三"文化品牌生成阶段开展与"三月三"文化品牌相关的活动，最大限度扩大"三月三"文化品牌的影响力，超越广西范围之外，让更多受众了解和接受"三月三"文化品牌，如举办"三月三"相关的系列比赛或文化节庆活动等。最后，随着"三月三"作为壮族文化品牌的知名度不断提高，受众对"三月三"文化品牌的认可度也越来越高，壮族"三月三"品牌授权等策略延伸到有形产品领域，如传承、创造与"三月三"品牌相关的工艺品、食品或者其他一些物质产品推向市场。这些做法具有明显的社会效益和经济效益，具有传承"三月三"传统的重要作用，作为从民族传统文化到现代文化品牌建设的路径具有普遍性

[①] 林继富，中央民族大学教授。本文刊发于《中国艺术报》2018年4月18日。

示范意义。

壮族"三月三"积淀了丰富的历史传统，是壮族民众长时期生活行为、价值观念的表达。广西"三月三"文化品牌建设涉及地方历史、地理、人文、艺术、旅游、生活等多个方面，是综合性的文化生产、文化消费活动。也就是说，除了目前享誉国内外的"南宁国际民歌节"将"三月三"从广西乡村带到了世界舞台以外，"三月三"始终在广西各地民众生活中传承、传播和发展，各地壮族民众在继承、弘扬优秀传统"三月三"文化过程中，以不同方式推进"三月三"文化品牌建设的力度，并且将这些作为"三月三"文化创造性转化和创新性发展的重要内容，以期更好地促进"三月三"文化品牌建设，更好地将壮族民众的生活与"三月三"传统结合起来，彰显"三月三"传统的特殊力量。

广西壮族"三月三"是诸多文化符号以历史传统逻辑和民众生活逻辑构成的传统意义链。"三月三"文化品牌建设既要从关键性文化中提炼出象征符号，又要充分考虑象征符号体系的整体性，以此实现"三月三"文化品牌建设的传统性与现代性、生活性与艺术性的有机结合。

历史上"三月三"象征符号形成于特定的时间和空间，并且具有明确的地方性意义系统。但是，"三月三"的许多关键性要素常常跨越时代，并且不断累积，沉淀为"三月三"的基本结构和母题。这些跨越时代的"三月三"象征符号以及由此构成的象征符号体系在当代"三月三"文化品牌建设中仍然被沿用，成为彰显壮族"三月三"文化品牌的标志和边界。

壮族"三月三"习俗丰富多彩，每种习俗既具有独立的意义，又依附于其他习俗，这些象征符号之间的结构关系是基于生活上的有机联系，由此构成了壮族"三月三"的意义系统。"五色糯米饭"象征着吉祥如意、五谷丰登，是祭祀和宴客必不可少的食物。壮族民众认为五色糯米饭是神祖的恩赐，吃了这种饭，身体健康，生活富足。"绣球"作为象征爱情的信物，早在花山壁画上就留存有"飞砣"的记忆。宋代，广西壮族"歌以传情，球以定情"的求偶风俗盛行，宋代朱辅的《溪蛮丛笑》记曰："土俗，岁节数日，野外男女分两朋，各以五色彩囊豆粟，往来抛接，名为飞铊。"随后，绣球逐渐演变成壮族男女青年表达爱恋的媒介。壮族民众生活地区每年都有数次定期"歌圩"，《武缘县图经·卷六》记载："答歌之习，武缘仙湖、廖江二处有之，每三月初一日至十日，沿江上下，数里之内，士女如云。"每年"三月三"歌圩开始前，人们祭拜歌仙刘三姐，祈求她赐予歌才，保佑人人对歌如意。歌圩期间，壮族民众歌唱的内容涉及天文、地理、历史、动物、植物、生产、生活等方方面面。歌圩中相遇的姑娘、小伙子是否中意，碰彩蛋行动中传递出的信号寓意深刻。壮族认为生命之花由花婆赐予。"三月三"期间，人们用铜钱缠上彩带，放入土炮并点燃。铜钱花朵飞升上天，落下来时谁抢在手，就是花婆赐福子孙，赐予福禄。

"三月三"的民俗活动源于壮族民众传统生活，它们在不同时代黏合在"三月三"活动之上，这些习俗并非随意组合，也并非随意为之，而是具有穿越时代的普遍性意义和跨越地域的传统力量，因此，当代壮族"三月三"文化品牌建设中应该充分吸收和利用这些象征符号以及象征符号系统之间的结构关系。

壮族传统"三月三"的象征符号都有来源，而且有许多符号并非出现在同一个时代，这些象征符号要么是壮族民众享用的传统，要么是当下壮族民众的思想、观念和生活。即使是共时层面的"三月三"，每个象征符号也都具有特殊性，不同象征符号融合成为意义明确的传统"三月三"，构成了传统"三月三"品牌蕴含的整体意义，并且成为浸润人心、凝聚民众、整合社会的壮族优秀传统文化。

清明节源流考

陈连山[1]

清明从节气演变为节日，跟寒食节直接相关。

首先，隋代灭火寒食两天之后，于清明节取新火。隋代初年，王劭上表要求效法《周官》中"四时变火"的礼仪，于是，重新复活了改火仪式。隋代杜台卿《玉烛宝典》卷二："今世常于清明节前二日断火。"清明节前两天灭掉旧火，到清明日改生新火。

唐代统治者来自太原，宫中仍有改火仪式。《辇下岁时记》云："至清明，尚食内园官小儿于殿前钻火。先得火者进上，赐绢三匹、金碗一口。"皇上得到新火之后，派人用蜡烛传送火种给各位公卿。谢观《清明日恩赐百官新火赋》："国有禁火，应当清明。万室而寒灰寂灭……桐花始发，赐新火于公卿。"韩濬《清明日赐百僚新火》更加详尽："玉骑传红烛，天厨赐近臣。火随黄道见，烟绕白榆新。荣耀分他室，恩光共此辰。更调金鼎膳，还暖玉堂人。灼灼千门晓，辉辉万井春。应怜萤聚者，瞻望及东邻。"

这样，清明就成为寒食节结束的日子。南宋《梦粱录》卷二："寒食第三日，即清明节。"孟元老《东京梦华录》卷七也有类似说法。这证实了清明作为节日和寒食节的关系。

其次，隋唐时代出现寒食节墓祭，就是扫墓。

中国自古以来就盛行祖先崇拜，认为死者有魂灵，而且祖先的魂灵能够保

---

[1] 陈连山，北京大学教授。本文刊发于《中国艺术报》2018年4月18日。

护子孙。这是一种信仰，它跟科学与否无关，我们不必为祖先崇拜感到羞耻。"五四"以来，流行用科学观点干涉信仰，把祖先崇拜批判为迷信，这是不对的。崇拜祖先体现在行动上，就要祭祀。而祭祀祖先的方式有两种，一个是庙祭，一个是墓祭。

上古时期有无墓祭，学术界有争论。王充《论衡·四讳》云："古礼庙祭，今俗墓祀。"于是，后来一些学者认为上古时代只有庙祭，没有墓祭，墓祭到汉代才出现。这种说法太绝对了。《周礼·春官·冢人》云："凡墓祭，为尸。"证明先秦时代有墓祭。《左传·僖公二十二年》："初，平王之东迁也，辛有适伊川，见被发而祭于野者，曰：'不及百年，此其戎乎？'"清代学者赵翼认为既然辛有对"被发而祭于野者"感到诧异，表明三代以上本来无墓祭。杨琳认为，辛有感到诧异的不是"祭于野"的现象，而是"被发"。正如杜预所指出："被发而祭，有象夷狄。"先秦时代，披发左衽被看作是夷狄的装束，是野蛮人的标志。如果伊川人束发而祭，就不会诧异了。因为当时的确存在墓祭。《孟子·离娄下》齐人有一妻一妾的故事里，那个齐人就是"卒之东郭墦间，之祭者乞其余；不足，又顾而之他"，东郭墦间，就是城东的墓地。

但是，上古时代墓祭的时间跟寒食、清明无关。

隋唐时期民间开始流行寒食"上墓"，就是在寒食节的时候上坟扫墓的习俗。唐初政府是禁止的。根据北宋王溥《唐会要》记载，唐高宗龙朔二年（662），朝廷发布诏令，禁止民众"临丧嫁娶"和"送葬之时，共为欢饮"。同时，也禁止寒食节上坟，禁止在扫墓之后郊游："或寒食上墓，复为欢乐。坐对松槚，曾无戚容。既玷风猷，并宜禁断。"（《唐会要》卷二三）主要原因不是时间问题，而是寒食扫墓之时往往有其他娱乐活动，没有悲伤气氛。

但是禁令无效，民间照样。玄宗开元二十年（732），朝廷顺应民意，发布新诏令，准许寒食扫墓，并定为常式："寒食上墓，礼经无文。近世相传，浸以成俗。士庶有不合庙享，何以用展孝思？宜许上墓，用拜扫礼。于茔南门外奠祭，撤馔讫，泣辞。食馀于他处，不得作乐。仍编入礼典，永为常式。"（《唐会要》卷二三）虽然承认了寒食扫墓习俗，但是，仍然禁止在墓地用餐、禁止娱乐。开元二十九年（741）正月十五日，玄宗敕令："凡庶人之中，情礼多阙，寒食上墓便为燕乐者，见任官与不考前资，殿三年；白身人决一顿。"可是，民间扫墓仍然无法禁止就地吃祭品，顺便春游踏青。当时交通全靠步行，实在难以达到政府的要求。现代清明节扫墓，交通方便了，也就不需要在墓地吃饭了。

唐政府的节假日制度（根据日本学者仁井田升《唐令拾遗》复原的《假宁令》）："一甲诸元日、冬至并给假七日（节前三日，节后三日）。寒食通清明，给假四日。八月十五日、夏至及腊各三日……"《唐会要》卷八十二云："（开元）二十四年二月二十一敕：'寒食、清明四日为假。'"

这两个节日越来越大，至贞元六年（790），寒食与清明的节假日已经增加到7天之多。唐代王冷然的《寒食篇》中说："秋贵重阳冬贵蜡，不如寒食在春前。"

寒食扫墓如何发展为清明扫墓？

由于寒食节很长，扫墓可以随意选择其中一天。唐代熊孺登《寒食野望》诗："拜扫无过骨肉亲，一年唯此两三辰。"寒食节中两三天都可以，自然包括清明日。白居易《清明日登老君阁望洛城赠韩道士》诗云："风光烟火清明日，歌哭悲欢城市间。何事不随东洛水，谁家又葬北邙山？中桥车马长无已，下渡舟航亦不闲。冢墓累累人扰扰，辽东怅望鹤飞还。"写的就是清明上墓。

后代普遍采用清明扫墓。其具体时间也是清明前后数日均可，甚至十日之内均可。《兴化县志》："清明佩柳祀先，先后十日扫墓。"《永丰县志》："清明扫墓以前三后七为期。"今年清明期间，笔者到浙江嘉兴南湖区新丰镇调查，当地习俗也是清明节前后十天（一说七天）都可以扫墓。

这里有一个特别值得注意的细节与寒食扫墓向清明扫墓发展有着十分微妙的关系，那就是唐代普遍流行为死者烧纸钱的习俗。唐代封演《封氏闻见记》卷六云："纸钱，今代送葬为凿纸钱，积钱为山，盛加雕饰，异以引柩。按古者享祀鬼神，有圭璧币帛，事毕则埋之。后代既宝钱货，遂以钱送死。《汉书》称盗发孝文园瘗钱是也。率易从简，更用纸钱。纸乃后汉蔡伦所造，其纸钱魏晋已来始有其事。今自王公逮于匹庶，通行之矣。凡鬼神之物，其象似亦犹涂车、刍灵之类。古埋帛金钱，今纸钱皆烧之，所以示不知神之所为也。"由于寒食节禁火，所以，如果在寒食期间扫墓，实际是无法烧纸钱的。而清明日重新点火，正适合扫墓烧纸钱。这一点可能导致那些需要烧纸钱的人们逐渐选择清明扫墓了。

宋代是生活日趋都市化的时代，也是民俗向娱乐方向发展的时代。为了让人们能够在清明扫墓、踏青，宋代延续七天假期，并特地规定太学放假三日，武学放假一日。《清明上河图》反映的就是前所未有的盛世清明。孟元老《东京梦华录》卷七："寒食第三节，即清明日矣（邓之诚按语：节、日二字，疑当互易）。凡新坟皆用此日拜扫。都城人出郊。禁中前半月，发宫人车马朝陵……节日，亦禁中出车马，诣奉先寺、道者院（祭祀阵亡军阵亡殁孤魂），祀诸宫人坟……四野如市，往往就芳树之下，或园囿之间，罗列杯盘，互相劝酬。都城之歌儿舞女，遍满园亭，抵暮而归。"清明扫墓与踏青，本来是两个不同的文化主题，唐、宋时代就融为一体，并不断地被赋予肯定的文化意义。

很明显，清明节随寒食节的发展而发展，成为了节日。明代后期，寒食节开始衰亡。清明节取代寒食成为以扫墓为核心的节日。

清明节民俗有两个主要方面：祭祀祖先和踏青娱乐。

到野外坟地去扫墓祭祖是最主要的活动。修理坟墓，除草，培土。摆好供品，烧纸钱，磕头祭拜。现代有用鲜花作祭品，用冥币代替纸钱，用鞠躬代替磕头的。

1949年以后，特别是"文化大革命"期间，批判祖先崇拜，一度禁止给祖先上坟。现在政府不再干涉民众崇拜祖先，而且于2007年正式宣布：从2008年开始，清明节成为国家法定假日，放假一天。近年来，各地祭祀民族始祖活动一般也在这时进行。陕西黄帝陵、河南新郑黄帝故里、湖南炎帝陵都是清明节举行公祭。

清明时节春光最好,扫墓的同时顺便就有了踏青娱乐活动。人们常常阖家携带酒食,到郊外园地亲近自然。远足踏青中常见的活动有传统的插柳与戴柳,这是清明特有的风习时尚。柳树为春季应时佳木,得春气之先。另外还有荡秋千、拔河、扑蝶、采百草、放风筝、植树等习俗。民国时期,清明节还曾一度成为"植树节"。

清明中的生命意识

王　娟[①]

清明节由来已久，在长期的历史发展过程中，"清明"从最早的二十四节气之一，逐步融合了"寒食节"和"上巳节"的习俗，并最终发展成为一个具有代表性的传统节日。

清明期间的主要活动之一就是扫墓祭祖。唐代大诗人白居易的《寒食野望吟》就形象地描述了这种情景："乌啼鹊噪昏乔木，清明寒食谁家哭。风吹旷野纸钱飞，古墓垒垒春草绿。"宋代孟元老在他的《东京梦华录》中详细描述了人们扫墓祭祖的场景："（清明日）凡新坟皆用此日拜扫。都城人出郊。禁中前半月，发宫人、车马朝陵，宗室、南班、近亲，亦分遣诣诸陵坟享祀，从人皆紫衫、白绢三角子，青行缠，皆系官给。节日，亦禁中出车马，诣奉先寺、道者院，祀诸宫人坟。"出门上坟的人群充盈道路，摩肩接踵，而街道两旁的纸马铺也"皆于当街用纸衮叠成楼阁之状"，场面相当热闹，气氛也很严肃。

但是，扫墓并不是清明节唯一的活动，更重要的，或者说更有意义的应该是扫墓之后的踏青和游戏。对此，《东京梦华录》也有记载："四野如市，往往就芳树之下，或园囿之间，罗列杯盘，互相劝酬。都城之歌儿舞女，遍满园亭，抵暮而归。各携枣锢、炊饼、黄胖（一种泥娃娃）、掉刀、名花、异果、山亭、戏具、鸭卵、鸡雏，谓之门外土仪。轿子即以杨柳、杂花装簇顶上，四垂遮映。"由此我们看出，"清明"期间，除扫墓之外，人们的活动不仅非常丰富，

[①] 王娟，北京大学中文系教授。本文刊发于《中国艺术报》2018年4月18日。

而且气氛也相当的欢乐。

北方一些地区有"女人的清明男人的年"的说法,传言清明节这一天,妇女们忌做针线杂务,说是这一天的针线能令人"目盲",因此,女孩儿们都要结伴出外游春,并参与各种户外活动,如荡秋千、蹴鞠、放风筝等。清明的桑间野外,花红柳绿,芳草如茵,士女们艳装浓饰,金翠琛璃,接踵连肩,翩翩游赏,男女杂沓,歌声笑语,连绵不绝。有人甚至说,清明节与其说是扫墓,还不如说是为了"寻芳讨胜,极意纵游"。

清明期间的很多习俗都是以女性的参与为主,或者说为女性设计的,如"秋千戏"。早在魏晋时期就有了清明、寒食期间"为秋千戏"的记载。梁代宗懔《荆楚岁时记》注引《古今艺术图》云,每至寒食,人们要竖秋千,即"以彩绳悬木立架,女坐其上推引之"。唐代《开元天宝遗事》中也有记载,如"寒食节竞竖秋千,令宫嫔辈戏笑以为宴乐"。明清时期,山西、陕西、山东、河北、安徽等很多地区延续了古代"清明秋千戏"的习俗,如明嘉靖年间的《夏津县志》中记载"季春之月,寒食断火,祭墓,为秋千戏"。清康熙年间山西的《猗氏县志》中也有此说,如"竖秋千于空地,有架杆、车轮二式,儿女盛饰,竞攀翩翩缥缈,唐开皇以来所传半仙戏也"。关于清明期间"秋千戏"的目的,根据清雍正年间的《定襄县志》的记载,人们设"秋千",目的在于"以达阳气"。《灵石县志》则认为妇女儿童的"秋千之戏,相传为去百病"。如今的秋千已经演变成一种日常游戏活动,在一些地区甚至发展成为一种体育竞技项目。

清明节也是女孩举行成年礼的日子。《东京梦华录》中记载说"子女及笄者,多以是日上头"。笄礼,指的就是女孩儿的成年礼。早在周代,典籍中就有了有关"笄礼"的记载。一般说来,女孩到了十五岁就要举行"笄礼"。所谓的"笄"就是"簪子",在举行笄礼的时候,人们要把女孩的散发梳起来,绾成一个髻,再用簪子固定住,民间又称为"上头"。"笄礼"之后,女孩子就可以"谈婚论嫁"了。而清明节则是人们为女孩举行成年礼的节日。

如何理解"清明"期间的郊外踏青、游戏,而且女性的参与不仅不受限制,反而被鼓励的情况呢？我们以为，清明节正值初春时节，大地回春，万物生长，郊外一片生机盎然。春天是一个孕育生命的季节，而祭祖、扫墓活动的主题却是死亡与悲伤，这种情绪与春天的主题——繁衍与生命相悖。因此，为了寻求一种平衡和补偿，在完成沉重而又悲伤的祭祖仪式之后，用青年人，尤其青年男女共同参与的踏青郊游活动来淡化死亡，就成为清明节中不可或缺的一部分。清明节祭祖扫墓的意义在于祈求，这与秋冬祭祖（主要目的是答谢）正好相反。人们乞求的是祖先的保佑，希望祖先保佑人们子孙繁衍。因此看来，清明节强调女性的参与突出的是中国人的生命意识和对生命繁衍的重视。

古代戏曲中的清明文化与感恩意识

彭恒礼[①]

在古代戏曲中，清明节是个重要的存在，据不完全统计，仅元杂剧中，出现清明节的剧目就是十几部。戏曲剧本虽然是文学创作，但是，因为文学源于生活，故仍为后人提供了难得的了解古代清明习俗的材料。戏曲中提供的民俗材料远比方志中的记载详细。例如元杂剧《散家财天赐老生儿》第三折：

（张郎云）自家张郎的便是。自从父亲将家私都与了我掌把，兀的不欢喜杀我也！时遇清明节令，寒食一百五，家家上坟祭祖，我将着这春盛担子、红干腊肉，同着社长上坟去来。

（社长上云）自家社长是也。今日清明节令，张郎请我去上坟。张郎，我和你上坟去。

（张郎云）浑家，每年家先上你刘家的坟，今年先上俺张家的坟罢。

（旦儿云）张郎，先上俺家的坟。

（社长云）大嫂，你差了也。你便姓刘，你丈夫不姓刘。你先上张家的坟，才是个礼。

（张郎云）浑家，你嫁了我，百年之后，葬在俺张家坟里。还先上俺张家的坟去。

（旦儿云）依着你，先上张家坟去来。

[①] 彭恒礼，河南大学教授。本文刊发于《中国艺术报》2018年4月18日。

这出戏里反映的当是宋元时期的清明习俗。由这段表演可知，当时人们清明上墓，并非完全以家庭为单位，而是有"社"这种社会组织的参与。而且在古代，夫妻之间会因为上坟的先后次序发生争执。通常是先去夫家的坟地祭扫，然后去娘家坟地祭扫。当然，如果妻子在家中的地位高，也有倒过来的情况。这些关于古人清明祭祀的细节，古代方志文献往往不会记载得如此详细。古代戏曲在这方面弥补了方志文献的不足。古代戏曲中的清明扫墓场景，往往集中于感恩意识的表达。如明传奇《双螭璧》第九出：

（生上白）今乃禁烟佳节，你看村村拜扫，树树悬旌，我想哀哀父母，生我勤劳，欲报深恩，昊天罔极。

小生在这里已经说得非常清楚，清明为父母扫墓就是为了报答父母的养育之恩。这种恩情达到了"昊天罔极"的程度！无论怎样都报答不尽！

古人清明墓祭不仅仅是报答父母的恩情。有时也报答那些与自己没有血缘关系，但有恩于己的人。如元杂剧《张千替杀妻》，剧中张千与人结拜为异姓兄弟，平时多受义兄照顾。清明节令，恰逢义兄外出，家中无男丁祭祀，张千于是代替兄长前往祖坟尽孝。张千唱道："青盛茂竹林松坞，早来到祖宗坟院。先挂着纸钱，躬身拜从头参见。忘不了哥哥恩重，小可张千……到寒食不禁烟，正清明三月天。"可见，清明感恩并不只局限于血缘关系。

戏曲中感恩的对象有时会带有更大的普遍性。如明代戏曲《元宵闹传奇》，取材于四大名著之一的《水浒传》。戏剧开头，宋江出场道："今乃三月三日，清明佳节，又值天王生忌，欲同众兄弟致祭。"这里的祭祀对象是水泊梁山革命事业的开创者和奠基人晁盖天王，由于在曾头市中了史文恭的箭而光荣牺牲。读过《水浒传》的人都知道，晁盖在梁山事业中的地位举足轻重。在晁盖等人占据山寨之前，梁山在白衣秀士王伦手里，充其量就是草寇。正是由于晁盖等人的加入，水泊梁山的事业才实现了由江湖草寇向农民起义的转型；也正是由于晁盖等人的肇基之功，宋江等人才在走投无路之际有了安身的可靠基地，才可能以此为据点，干出一番轰轰烈烈的事业。梁山好汉在清明节祭奠晁盖天王，是出于对开创水泊梁山事业先烈的崇敬与感念。由此可见，清明感恩的意识在古代戏曲中相当突出，这种意识通过清明拜扫习俗的表演得以彰显。

戏曲的重要性在于，宋元以来的一千多年中，它一直是民间最喜闻乐见的娱乐方式，也是大字不识的农民提升道德修养的重要途径。戏曲中对传统美德的弘扬，是寓教于乐，是雅俗共赏，是润物细无声，让观众在嬉笑怒骂中不知不觉地接受了戏剧中所传达的观念。这样的剧目千百年来在民间反复上演，受其影响与教化的百姓何止千万！

当然，戏曲中的清明习俗并非只是单纯为教化而存在，还有推动故事情节发展的功能。无论是才子佳人戏，还是情节曲折的公案戏、打斗热闹的战争戏，都有赖清明节帮助营造剧情发生的动机和氛围。例如元杂剧《逞风流王焕百花亭》中，英俊书生王焕正是在清明踏青的过程中偶遇了美女贺怜怜，生发出一场荡气回肠的爱情传奇。同样，《元宵闹传奇》中宋江等人如果不是因为下山祭拜晁盖天王，就不会引发后来一连串的历险故事和戏剧冲突，就不会出现梁山好汉们劫法场、大闹大名府等连台好戏。古代的戏剧家们正是利用了清明必须墓祭的习俗，编排出一出出精彩的大戏，将生活艺术化，将艺术生活化。这些成功经验，值得今天的剧作家们学习借鉴。

清明寒食文化的传承与创新

田 艳[①]

中华优秀的传统节日文化源远流长,清明寒食文化便是其中的典型代表,其中的忠孝文化对于弘扬中华民族的优秀传统美德更是具有不可低估的重要意义。如何促进其传承与创新,一直是各界仁人志士不懈追求的目标。2018年清明寒食节期间,我们在清明寒食文化的发源地——山西,有了令人惊喜的发现。

节日文化作为群体传承的非物质文化遗产,其活态传承方式与其他类型的非物质文化遗产截然不同,它需要群体的广泛参与。在山西,清明寒食文化的核心介子推精神可谓家喻户晓,上到耄耋老人,下至学校孩童,都参与到了清明寒食文化传承的各种活动中来。以灵石县马和乡为例,通过设立"忠孝石""介公路""介子推忠孝文化主题宾馆""忠孝精神先进村""忠孝文化教育基地""忠孝文化墙"等方式践行社会主义核心价值观,打造忠孝节义特色小镇。在寒食节当天,很多老人自发到绵山祭奠先贤介子推,马和乡小学也以"弘扬传统文化,培养忠孝儿女"为主题在绵山介公像前举行表彰活动。不仅如此,马和乡各个学校都在学校隐性课程建设过程中突出了忠孝主题,增强了学生的社会责任感,校风、教风、学风均明显好转,取得了良好的效果。

清明寒食文化的内涵是多元的,在古时,清明寒食文化不仅包括祭祀祖先与英烈,还包括一系列丰富有趣的体育活动,例如荡秋千、蹴鞠、打马球等。相传这是因为清明节要寒食禁火,为了防止寒食冷餐伤身,所以大家来参加一

[①] 田艳,中央民族大学教授。本文刊发于《中国艺术报》2018年4月18日。

些体育活动以锻炼身体。因此，这个节日中既有祭祀祖先与英烈的悲酸泪，又有踏青游玩的欢笑声，是一个非常富有特色的节日。在山西的张壁古堡，就在清明寒食节恢复了荡秋千、射箭、投壶、放风筝等很多体育活动，并邀请游客一起参加，在潜移默化中以民众喜闻乐见的形式自觉地传承了清明寒食文化的精神内涵。

忠孝文化在当代有很多表现，在保持文化内涵不变的前提下，随着时代的发展，它也有许多不同的表现形式。雇佣当地劳动力是国际资源开发领域通行的惯例。在山西，很多企业在寻求企业自身发展的同时，也都在忠孝文化的影响下积极履行企业的社会责任，尽可能地雇佣当地劳动力。在张壁古堡景区，张壁村的村民200多人（占全村村民总数的近五分之一）都成为公司的员工，从事景区管理、演员、保洁、保安等工作，几乎所有有意愿到景区工作的劳动力都找到了适合自己的工作机会，景区的开发也为其他村民提供了更多的从事各种商业经营活动的机会，如餐饮业、文化产品等。无独有偶，绵山风景区也与此类似，在经营过程中雇佣的多数都是介休本地的员工。

对于清明寒食文化如何在山西更好地传承发展，特别是如何在尊重民众的主体地位的前提下营造良好的外部环境，笔者有如下几点建议：

第一，将每年的4月4日寒食节列为山西省或者晋中市的法定假日。全国的很多地区都有本地方的传统节日及法定假日，如广西的"三月三"等。由于山西地区的传统是每年4月4日过寒食节，4月5日过清明节，如果山西欲将清明寒食节进一步发扬光大，需要为民众传承节日文化创造最基本的时间条件，建议在国家法定假日的基础上增加4月4日作为地方的法定假日。如果能够列为山西全省的法定假日肯定效果最佳，如果条件不成熟，也可以先列为清明节的发源地晋中市的法定假日，待条件成熟时上升为全省的法定假日。

第二，尊重民众的主体地位，促进民众的有效参与。《实施〈保护非物质文化遗产公约〉的业务指南》（2016版）在几个条款中都明确强调尊重民众的意愿、尊重民众的主体地位，清明寒食节的传承创新也要建立在该原则的基础上。

在清明寒食节期间，我们的每一项活动都要尊重民众过节的传统，过去怎么举办的现在就怎么办，过去的仪式怎么搞现在还是怎么搞，时间、地点、流程等都遵循传统。服务型政府在此将体现得更为明确，政府的职责就是"服务"，政府要做的是为民众的文化传承创造积极必要的条件，如应急管理、消防、医疗等具体的服务。

第三，将文物保护与非遗保护紧密结合。文物与非遗在很多情况下是"形"与"神"的关系，二者密切相关。以山西的王家大院为例，其作为全国重点文物保护单位，王氏宗祠的"孝义坊"可谓是其典型代表，在文物保护的同时特别重视其所承载的忠孝文化的保护与传承，让游客在赞叹其精美绝伦的建筑艺术的同时深深感受到中华优秀传统文化的魅力，王家大院也因此成为"晋中市干部教育培训基地"。王家大院保护的成功经验值得推广。

浅谈澳门清明拜山习俗的变迁

霍志钊[①]

清明扫墓的习俗始于秦代前后,到唐玄宗定为礼节,直至宋朝更为重视,官民皆于清明前后扫墓祭祖,由于"上巳节"的郊游习俗可在上山拜祭时进行,寒食又没有固定的天数,而且三者日子相近,经过时代推移,遂由清明节气统合两节而变成追思先人的节日。

清明节其实是"清明节气""上巳节"和"寒食节"三者演变而来,其形式风俗习惯也随着时代及社会发展而产生变化。

清明原只是一年二十四节气之一,有清洁明净之意,据《历书》记载:"春分后十五日,斗(北斗星)指丁(方位)为清明,时万物皆洁齐而清明,盖时当气清景明,万物皆显,因此得名。"

"清明"在古代并非什么节日,只是环境转变的时令表述而已。而秦朝之前民俗并无扫墓之举,汉《晋书·礼志》载:"古无墓祭之礼,汉承秦皆有园陵。"

而"上巳节"则属古老节日,在春秋战国时代已十分流行,在农历三月首个巳(地支之一)日,人们会到郊外祭神;到唐代则完全变为踏青活动,并固定在三月初三日。现今在中国台湾地区及韩国仍保留有踏青春游的活动。

"寒食节"在古时是重要节日,是在农历三月清明前,源于纪念春秋名臣介之推被火烧死,所以当日禁火不食熟食,至唐玄宗时下令要求子民在寒食节期间,除要纪念先贤外,也应同时纪念自己的祖先,寒食上坟编入"五礼",所以

[①] 霍志钊,澳门中华民族文化促进会秘书长。

民间节俗才有上坟祭祖这回事。

中国传世名画之一《清明上河图》是北宋年间宫廷画家张择端的作品，描述了当时清明节的活动。与《清明上河图》同是记述汴京风物的《东京梦华录》也有关于清明踏青的描述，明朝的《帝京景物略》对清明扫墓有更多的记述。

一、澳门人早期的清明扫墓

澳门是中西文化共融之地，而许多中国传统文化习俗得到了传承，民间向来对传统节日都很重视。据历史记载，1902年培基学校的招生简章中，列出的假期表中，清明节是放假10天。放假10天的原因，是方便学生回乡扫墓。清明节在仲春与暮春之交，一般为冬至之后106天，寒食节的后一天。扫墓活动大概在节前可延续十天左右。

1949年以前，澳门与内地是自由进出，许多宗亲或同乡会等多于清明节期间结队回乡拜山；中华人民共和国成立后，澳门居民前往内地必须申领回乡介绍书。由于申请时间较长，澳门中华总商会及工会联合总会等大社团与广东省有关方面磋商，改为申请"扫墓证"的简单方式，只要居民持有由获认可的社团提早发出的回乡介绍书，即可在拱北口岸快捷过关。每当清明前的几天，出入内地的人们人山人海，两地出入境部门更会提前举行联合发布会，介绍相关注意事项，如办证时间、拜山防火，甚至在拱北售卖扫墓物品、文娱活动等讯息。当时通过拱北口岸回乡拜山，成为澳门居民过清明节的特色。

从前，澳门居民较多选择把先人送返内地安葬，主要是因为当时澳门的坟场大多是天主教、基督教坟场，其他坟地不多，故部分社团在内地开发墓园作为会员福利，同时亦提供给澳门居民奉葬先人（如合罗山公墓），更在清明时节组织会员集体祭祖。现今还存在这些活动，但拜祭场面的隆重程度与过去相差很远，其中原因是由于现在往来内地比较方便，不需要通过社团办理及安排交通。且许多在澳门定居的人亦选择将其先人奉葬在本地，不必舟车劳顿回乡扫墓了。更有很多从内地移居澳门的居民经过几代繁衍，许多已不知道祖坟坐落何方。

以往的回乡祭祖比较隆重，很多澳门居民在清明节联同港澳亲属，一大队人回乡拜山，甚或在祠堂摆设流水席宴请全村乡亲，菜肴简单但甚为隆重，拜祖之余亦联系一下乡亲父老。但随着老一辈的离去、新一代到外面创业，所以对家乡生活的亲戚渐渐疏远，过去回乡祭祖、大摆筵席的传统习惯，及规模、仪式等都缩减了。因此，传统的回乡扫墓习俗恐怕会有消失的一天。

二、习俗往往随时代变化而改变

清明节扫墓是澳门居民甚为重视的事，从20世纪80年代开始，由于社会不断地发展，不单清明节，人们对其他传统节日的重视程度都普遍降低了，主要原因是澳门由一个小城发展至今成为国际知名的城市，人们的生活发生了很大的变化。一般年轻人结婚后离开父母独自组织小家庭，社会的核心家庭结构出现变化，影响了许多传统习俗的传承，过往三代同住一屋檐下生活已不复存在，过节大多数都是各自过，没有以前那样隆重和热闹的情况了。

三、澳门坟场

澳门的坟场概况如下：

琐罗亚斯德教坟场：俗称白头坟场，位于松山岭南中学对面，建于1829年，是迁徙到澳门的印度祆教徒的墓地。18世纪70年代居住于印度孟买的祆教徒跟随葡萄牙人来到澳门，后来这些祆教徒到了香港谋生，其中包括香港大学创办人之一么地。这个坟场已荒废多年，大门一直锁着。

伊斯兰坟场：位于新口岸濠江中学对面。

狗坟场：是世界上最小的坟场，面积只有15平方米，葬了20多只狗。

旧基督教坟场（Cemitério Protestante）：位于白鸽巢公园旁，东方基金会会址之右，安葬了著名画家钱纳利，著名传教士马礼逊等人，为澳门历史城区的一部分。

圣味基坟场（可以土葬）：俗称旧西洋坟场（Comitério São Miguel Arcanjo）

坊众坟场：凼仔市政坟场（Taipa Cemetery）。

另外现有私人普通坟场九个：

望厦新坟场（俗称新西洋坟场）（澳门半岛）

回教坟场　　　　　　　（澳门半岛）

凼仔街坊坟场　　　　　（凼仔岛）

炮竹坟场　　　　　　　（凼仔岛）

孝思坟场　　　　　　　（凼仔岛）

九澳坟场　　　　　　　（路环岛）

路环信义坟场　　　　　（路环岛）

路环各业坟场　　　　　（路环岛）

路环黑沙村民会坟场　　（路环岛）

清明是澳门的法定假期，清明扫墓祭祖是澳门居民非常重视的习俗，澳门人把清明当天称为"正清"，在清明当天扫墓称为"行正清"。澳门人"行正清"有拜山的习惯，扫墓的人们除了备香烛、冥纸以外，还携带烧肉或整只乳猪、水果、糕点、白酒等来供奉先人亡灵。

旧日清明节扫墓，人们都非常重视，是名副其实的"扫墓"。后人在拜祭前，先打扫清除坟头前的野草，用锄头或镰刀整理清除，锄取一块草皮将墓纸或纸钱压在坟上墓碑顶，其用意是盖厝瓦或表示子孙已来拜祭过而非荒置的。如果墓碑上的字体已褪色，则以朱砂混红色漆油，重新加以描写，以使老祖宗的坟墓焕然一新。

四、澳门的公众假期

澳门全年公众假期，大多以传统节日及宗教节日为主，澳门法定公众节日（不含星期日）假期一年共有 25 天，大体分为五种类型：

中国传统节日：包括农历新年、清明节、端午节、中秋节、重阳节、冬至节、除夕等。

国家节日：包括国庆节、劳动节等。

西方传统节日：包括复活节、耶稣节等。

宗教节日：包括耶稣受难节、浴佛节、追思节、圣母无原罪瞻礼等。

地方节日：包括特区成立日、回归纪念日等。

澳门的节日气氛比较热闹，亦颇具民间特色，节日里政府部门会在各街道及市区主要场所安装一些节日装饰，如悬挂彩灯、彩旗、彩带，搭建彩楼、吉祥物、表演舞台等，营造出满街满城的节日气氛；而各社团、教会也大显身手，组织舞龙、舞狮、巡游及各种文艺表演节目等，甚或有送钱、派饭、施舍行善等活动，共同构建出全民同乐的喜庆氛围。

上述节庆日，不单衬托出澳门人安闲知足的生活状态，更与几千年甚至更远年代的中西文化、习俗一脉相承，这包含了澳门人对"原生态风情"的忠诚与守法，尤为弥足珍贵。

旧日清明节除了扫墓外，一般家庭门外都会插上柳枝，其用意是驱邪碎邪；出门前，先准备好聚宝盆并放上金银衣纸，祭拜祖先回到家时，在门口将金银衣纸焚烧于聚宝盆中，跨过正在燃烧衣纸的聚宝盆，阴灵便无法跟随自己进入宅内。这些习俗礼节，渐渐由于现代人生活环境的转变而改变，除了一般的拜祭俗例外，很多均已从简甚至遗忘，只作为例行形式罢了。

新一代人受外来文化影响，清明拜山习俗会比较随意，而且过去的繁文缛节也较难融入现代年轻人的生活中。尽管如此，仍应通过父辈们的言传身教，将相关事物灌输给下一代，更好地将此慎终追远的优良传统传承下去。

端午

苗族龙舟文化在中华龙文化中的独特价值

刘亚虎[①]

中华龙文化源远流长,除了华夏汉族以外,各民族也有各种形式的流传,清水江苗族独木龙舟节传说及其活动所体现的苗族龙文化,以其独特的形态和蕴涵而在中华龙文化中具有独特的价值。这里作一点分析。

一

根据早期汉文典籍中有关的记载来看,龙的原型似乎与自然现象的形象化和动物的灵性化有关,与云、电、雷、雨及各民族先民心目中有灵性的动物相连。如,自然现象的形象化,《易经·乾卦》载:"云从龙。"(龙一叫,天上的祥云就出来了)东汉王符《潜夫论·五德志》载:"大电绕枢照野,感符宝,生黄帝轩辕,……其相龙颜。"雷神也常是龙形,雷、龙俱与雨相连。

由此来看,天上云的形状、电的形迹、雷的声音等,可能对龙早期形象的形成很有影响。

又如,动物的灵性化,即某种动物的灵性提升就成了龙。《易经》称龙为"四灵之首",东汉许慎《说文解字》称龙为"鳞虫之长",等等。

正因为龙源于自然现象的形象化和动物的灵性化,与变幻无常的自然现象及形态多样的动物相对应,早期的龙似乎无固定的形象。陕西西安半坡村新石

---

① 刘亚虎,中国社会科学院民族文学研究所研究员。

器时代遗址彩陶瓶绘龙、河南安阳小屯村殷墟妇好墓玉龙以及其他商代古器龙纹等，都似水泽鱼虫之类。而内蒙古翁牛特旗新石器时代遗址出土的龙形瓶，却是兽头、虫身。早期汉文典籍所记载的龙，有像蛇的，如东汉王充《论衡·讲瑞》说："龙或时似蛇，蛇或时似龙。"《尚书大传·洪范五行传》郑玄注："蛇，龙之类也，或曰龙无角者曰蛇。"有像马的，如《周礼·夏官·司马下》称："马八尺以上为龙。"

以后，汉族逐渐形成"角似鹿，头似驼，眼似鬼，项似蛇，腹似蜃，鳞似鱼，爪似鹰，掌似虎，耳似牛"（南宋罗愿《尔雅翼》）的龙的标准形象，并向祖先崇拜发展。从伏羲、女娲，到黄帝轩辕氏，均为龙的化身。如《左传·昭公十七年》载："大昊氏以龙纪，故为龙师而龙名。"大昊即太昊，亦即伏羲。《昭明文选·鲁灵光殿赋》注引东晋郭璞《玄中记》载："伏羲龙身，女娲蛇躯。"黄帝亦为龙。《史记·天官书》载："轩辕，黄龙体。"

作为整个族群祖先崇拜的象征，龙具有奋发向上的精神，这些相关的神话传说都具有积极意义。再往后受到歪曲，到某个时期某种范围，龙成为封建帝王皇权的符号。

二

中华龙文化在各族群中有不同形式的流传。

华夏汉族与古代氐羌系统关系密切。氐羌系统的古羌人原来生活在西北，远古、上古时期多次分化、迁徙。其"九州之戎"的一支东进，经历与其他族群诸多融合、演变，创造了夏文化，形成了夏族，即西汉桓宽《盐铁论·国病》所谓"禹出西羌"、《史记·六国年表》所谓"禹兴于西羌"。古羌人还有一些支系陆续南下，与当地土著例如濮人等融合，逐渐形成"西南夷"和以后的彝、白、纳西等民族，故西南夷和以后的彝、白、纳西等民族普遍流行关于龙的信仰、神话和传说。（不排除当地土著当时也有各种形式的龙的信仰风俗）

《华阳国志·南中志》载,三国时诸葛亮平定南中后,曾为夷作图谱,"先画天地、日月、君长、城府,次画神龙、龙生夷,及牛马羊……以赐夷,夷甚重之。"这段文字通过诸葛亮的作为,表现了夷的"龙种"祖先信仰。他们对诸葛亮所作的"龙生夷"的图谱"甚重之",说明其信仰之虔诚。彝族史诗更直接表现了龙与民族始祖的诞生、民族的起源的联系。《勒俄特依》说:"远古的时候,天上生龙子,居住在地上。地上生龙子,居住在江中,……江中生龙子,居住在岩上,……岩上生龙子,居住在杉林,……山林生龙子,住在鸿雁乡。"[1]龙子的后代蒲莫列衣因身上被龙鹰滴上三滴血,而怀孕生下彝族祖先支格阿龙。

百越系统原始崇拜的对象可能主要是蛇或鳄,而尤以鳄突出。《周书》记载周成王时,瓯人(瓯越)进贡䩄蛇。据考证,"䩄"即"鼍",《现代汉语词典》解释"鼍":"爬行动物,吻短,体长2米多,背部、尾部有鳞甲。力大,性贪睡,穴居江河岸边。……也叫鼍龙或扬子鳄,统称猪婆龙。"由此可见瓯人(瓯越)早就看重"䩄蛇"(即鳄鱼)了。后来,大概受华夏民族的影响,龙也进入他们信仰的领域,共称"龙蛇",出现百越族类"为蛟龙之状"等记载。《淮南子·原道训》云:"九嶷之南,陆事寡而水事众,于是民人劗发文身,以象鳞虫。"高诱注:"文身刻画其体,内墨其中,为蛟龙之状。以入水,蛟龙不害也,故曰以象鳞虫也。"古之"九嶷山南",当为岭南广大地区,正是古越人所居之域。

而苗族的龙是另一种类型,首先,较多地保存了龙的原始形态,如展现在苗族各种民间图案中的龙,多无前爪,无角,以鱼、虾、虫为体,与考古资料、史籍记载中龙的初期形态相似,故苗族的龙多种多样,如牛龙、蛇龙、鱼龙、鸟龙、猪龙、羊龙、马龙、蚕龙、蜈蚣龙、蚯蚓龙、螺蛳龙、虾身龙、鸡头龙、双头龙、饕餮龙、狃龙、麒麟龙、穿山甲龙等等,堪称龙的初期形态的活化石。

---

[1] 冯元蔚译:《勒俄特依:彝族古典长诗》,四川民族出版社1986年版。

其次，龙的质性也呈现自然化的特点。苗族古歌《枫木歌》叙述，蝴蝶妈妈妹榜妹留从枫树里生出以后，生下12个蛋，一只大鸟以之孵出苗族或人类祖先姜央和雷公、水龙、老虎等。这样，水龙只是蝴蝶妈妈妹榜妹留生下的12个蛋中的一个，某种意义上与苗族或人类祖先姜央是兄弟。

古歌还叙述，12个蛋孵出的姜央、雷公、水龙、老虎等长大后，"个个想当哥，人人争作大"，象征性地反映了人与其他自然物争夺自然界的主宰的冲突。姜央出主意：想要当大哥，就要显本事，首先踩桥，哪个踩得响、踏得动南哈桥，"大哥他来当"。"显本事"开始了，龙"甩尾冲上桥"，南哈桥不响不动；雷"斤斗翻上桥"，南哈桥还是不响不动；而姜央"捉只喀喀鸟，藏在袖子里""一步捏一下，雀子喀喀叫"。姜央借此说自己"踩桥就响""踏桥就动"，要当大哥。但"大家都不服"，还要"斗法""比武"。于是开始了第二次较量。雷"跳到半空中""敲鼓响轰轰"，一下子就"下雨又刮风"；龙"忽溜下山冲""挥舞头上角"，一下子就"撬垮半山坡"。这样，他们都说"本事我最大，本领我最高"。而姜央不露声色，"砍来九挑柴，割来九挑草"，然后让雷、龙等在屋里看他显本事。他点起火，煽起风，火烟黑乌乌，火焰红彤彤，眼睛睁不开，四面看不清，这个心着急，那个心着慌，你也喊姜央，我也喊姜央："本事你最大，本领你最高……"① 在这最后一招中，姜央抓住了对手的致命点取得完胜。因为在人们心目中，雷、龙等都是主宰雨和水的自然灵物，具有水中生活的特性，降服它们只能让它们离开水的环境，再用水的对立面火攻烟熏。这也是人们模拟巫术的一种做法，即在久雨久涝的日子里烧柴草，用火烟象征性地驱雨驱涝。姜央就这样凭智慧、凭机灵当上了"大"。

把人与自然关系定位为兄弟而又把自己排为"大"，形象地反映了苗族先民欲支配自然又欲与自然和谐共处的思想。这样一种传统观念，规范了苗族文化中人与龙的关系的定位，也形成了清水江苗族独木龙舟节传说及其活动等的中

---

① 贵州省民间文学组整理，田兵编选：《苗族古歌》，贵州人民出版社1979年版。

心内涵。

三

现在回到我们清水江苗族独木龙舟节传说及其活动。相关传说有多种，其中据说是最原始的一个故事是：

> 很久以前，清水江边住着一位叫"保公"的苗族老人，一天他带着自己的独孙子"九保"到江上去打鱼，突然一条恶龙把九保挟进了龙洞里咬死。保公愤怒至极，把龙洞付之一炬，恶龙被烧死。人们纷纷从家里拿来刀子割下龙肉烧着吃，一条巨大的龙不久就被分食干净。当夜，龙给人们托了一个梦，说自己作恶把保公的独孙子害死了，今天用自己身躯上的肉报答了大家，希望大家记住我，用杉木做一条与我一样形状的木船，在农闲的时候在江里划上几天，让我像活着时一样。我会兴风作雨，让世间风调雨顺，让大家五谷丰登。人们试着做了，果然如龙所说。于是年年岁岁龙舟下水，延续至今。

这里龙是作为一般自然物的形象出现，作为人征服的对象出现。划龙舟带有模拟巫术的意味，即英国学者弗雷泽的《金枝》中所说的"能够仅仅通过模仿就实现任何他想做的事"[1]，通过划龙舟模仿龙兴风作雨促使风调雨顺。但实际上这表现了人通过挟持龙的做法来达到自己的目的，表现了人的力量。由此，这里无论是龙的形象还是独木龙舟文化，都在中华龙文化中具有独特的意味和价值。

澳大利亚人类学家格迪斯在他的一部描述一百多年前从中国迁徙到泰国的

---

[1] ［英］詹·乔·弗雷泽：《金枝》，徐育新、汪培基、张泽石译，中国民间文艺出版社1987年版，第19页。

泰北苗族生活的著作《山地的移民》里，说过这样的一段话：

> 世界上有两个苦难深重而又顽强不屈的民族，他们就是中国的苗人和分布于世界各地的犹太人。①

苦难深重而又顽强不屈，在我看来，是多么崇高的评价，又是多么沉重的感叹！我关注的是，有这样经历的古老民族将会留下多少珍贵的精神遗产。犹太人的祖先古希伯来人沦为"巴比伦之囚"之后在痛苦中奋起，创造出不朽的《圣经》（旧约全书），塑造了强大无比的上帝。这部经典被译成希腊文，被后来的基督教徒接受，融化进他们的《圣经》（新约全书）中，由此风行于世。

另一个"苦难深重而又顽强不屈"的民族——中国的苗人，同样历尽种种艰辛。他们的先民可以追溯到九黎，追溯到九黎由黄河流域向长江中下游的迁徙；可以追溯到三苗，追溯到三苗由"左彭蠡""右洞庭"向山区的迁徙……他们的文化遗产也体现出强大的精神力量、独特的风格。如一次接一次的迁徙留下的迁徙史诗、迁徙歌谣，展示了苗族先民长途跋涉的连环画面，凸现了先民百折不挠的精神。如同苗族芦笙鸣响宛转又悠远，先民以他们沉重的脚步谱写出一首首悲壮惨烈的迁徙曲。古歌《涉水爬山》叙述：

> 又从大路小路上移，又从大河小河上迁；长长的队伍长长的路，紧紧扭成绳缆一股。
>
> 生要生在一起，活要活成一家，女的拖儿带女上来，男的卷被卷席上来；千众相跟相随，万众相扯相拉。②

---

① ［澳］W.R.格迪斯《苗族的起源》，载《民族史译文集5》，历史研究室资料组编译，中国社会科学院民族研究所1978年版。
② 贵州省民间文学组整理，田兵编选：《苗族古歌》，贵州人民出版社1979年版。

这是一幅多么感人的图景！先民的大迁徙富于悲剧性，充满悲剧感。他们在迁徙过程中所表现出来的那种一往无前的气概，尤其令人感奋。

处于农耕文明的苗族先民，没有塑造出强大无比的上帝，却塑造出自己的英雄群体：首领格蚩尤老、格娄尤老，将领甘骚卯毕，还有起义英雄张秀眉……他们在烈火中永生！而这些，正与苗族清水江苗族独木龙舟文化在精神上一脉相承。

社区（生态）博物馆何为？
——社区（生态）博物馆建设30年的经验、成就和问题

潘守永[①]

写在前面：学术接力赛

学术如积火传薪，是一代一代传递下去的。每一代都在做着"接力棒"的工作，从总体来说，我们这一代具有更强烈的"过渡时代"的特色。与上一代相比，我们有机会接受完整的教育，并有机会跟随第一代民族学家、民俗学家学习。我的博士导师、著名民族学家（中国民族学的创始人）林耀华先生和他的同门，在40岁不到的时候已经名满乾坤了。大家知道，林先生1940年在哈佛大学拿到了人类学的博士学位，1941年回国后就是成都燕京大学教授兼社会学系主任，洛克菲勒基金给了一大笔学术经费支持他的实地调查，他早期的学术作品主要是用英文发表的，这样看，他们那一代一直都是在"主流学术圈"之内的。我跟随林先生读博士的时候他已经85岁了，那个时候费孝通、钟敬文都还在继续指导博士生，在国际上这也不是一种常见的现象。从精英教育的视角看，今天的大学与研究生教育其实很难达到他们读书时的程度。他的博士论文是研究贵州少数民族的，题目叫《贵州苗民》，论文的大部分内容在他毕业后

---

① 潘守永，上海大学特聘教授、中央民族大学教授。本文系笔者在2018年7月3日至7月8日于贵州省举办的"我们的节日——清水江龙舟节暨西南历法民俗文化学术研讨会"上的会议论文。

不久就发表在1940年的《哈佛亚洲研究》上。他在燕京大学完成本科论文《严复社会思想研究》8万多字，硕士论文《义序的宗族研究》12万字，都是在答辩后不久（也可能是同时），论文的主要部分就得到了发表。

林先生的博士论文与我们今天会议的主题"苗族文化传承发展"有关系。他主要利用哈佛燕京图书馆（当时叫汉和图书馆）的馆藏图书和文献，系统梳理了历史文献中的"苗族"，这是一个分类学的研究，属于经典历史人类学作品。如果将这个作品看作"美国历史主义"的人类学，也是有道理的，但林耀华那个时候深受"欧陆传统"的老师们的影响，最迷恋功能主义的最新"进化"理论，即"平衡论"。他在燕京大学攻读硕士学位的时候有机会跟随拉德克里夫·布朗学习，那时他就已经成为了结构功能主义的信徒。他在哈佛大学跟胡敦（E. Hooton）学习体质人类学，跟克拉克洪（Kluckhohn）学习文化人类学，这些"大师"都有显著的"欧陆风范"，若干年后才自觉创立与欧陆相区别的北美人类学。林先生读书的时代正是这个学术"变局"的开端。一次，美国加州大学伯克利分校（简称伯克利）的纳尔逊·格雷本（Nelson Graburn）很自豪地告诉笔者：他20世纪50年代初从牛津大学转到芝加哥大学时（他在牛津大学3年，感觉到已经没有什么新的东西可以继续学习了），世界人类学的中心已经是芝加哥大学了；他毕业后加盟伯克利，伯克利又成了人类学的中心。20世纪中叶以后美国已经成为人类学的中心了。国内学界对于林先生的博士论文了解较少，他自己只有少量文字回忆哈佛的读书生活，但鲜少谈论博士论文的写作过程。随着他稍后完成的《金翼》（Golden Wing）一书的大获成功，他的博士论文甚至被人们忽视了。经常有人误以为《金翼》就是林耀华的博士学位论文，这本书的影响太大了，这样一本小说题材的"中国故事"，似乎更符合当时美国等西方学术界对于中国的"知识"期待，一时成为西方大学学习中国社会文化的必读书。随着"苗族"成为美国新移民社会的学术议题后，林先生的博士论文在40年之后重新"出土"，20世纪80年代初，美国人类学家、密歇根大学教授戴梦德（Norma Diamond）追寻林耀华的学术脚步，重返贵州进行实地调查，希望完成某种"学术接续"工作。她在北京与林先生多次长谈。戴梦德也曾重返杨懋春的山东"台头"，续写了多篇有关乡村变革的学术论文。介绍这些民族学人类学的"学谊"，的确是非常幸运的，但过渡时代的学术特色注定难以产生"原创性的伟大理论"。

最近20年多来，我和我的团队一直致力于从民族学、人类学的视角介入文化遗产保护行动与博物馆实践。文化遗产保护与博物馆实践，都是大众的、社会的大事业，但从民族学、人类学学科角度进入的研究活动的确是小众的"学术领域"。用"文化遗产的人类学研究"（anthropology of heritage studies）或"博物馆人类学"（museum anthropology）来对现有学者进行分类，全世界民族学者或人类学者属于这个类别的不足百人。因此，当"批判遗产"（critical heritage，也译为反思遗产）研究逐渐成为学术主流，国内学界并没有同步进入到"后遗产学"或"后博物馆学"的阶段。时间关系这里不展开讨论。

此次，借助中国民间文艺家协会赴贵州专题考察及清水江流域学术会议的机会，将本人对社区（生态）博物馆（属于广义新博物馆学运动的组成部分）的思考，与各位分享。这个题目恰好与贵州有关，贵州作为中国露天博物馆、村寨博物馆、生态博物馆的发祥地之一，在广义的文化遗产保护（与传承）领域，有突出的重要位置，对人类学、民族学而言，也有突出的案例研究价值。

一、作为文化工具的社区（生态）博物馆及其现象

无论社区博物馆（community museum）还是生态博物馆（ecomuseum），均是20世纪70年代以后诞生的。有学者愿意将生态博物馆的起源追溯到19世纪90年代在北欧发起的新民俗学指引下的露天博物馆运动，如斯堪森露天博物馆（Skansen Open-air Museum）作为第一家露天博物馆就常被看作是第一家生态博物馆或具有生态博物馆意义的博物馆。实际上，生态博物馆最先在法国出现，随后在全球蔓延，先是欧洲如意大利，后扩展到拉美、北美地区，甚至亚洲各

地。生态博物馆被看作是国际"新博物馆学"运动最重要的组成部分，已经在我国进行了10多年的实践探索，得到社会各界的广泛关注。据国家文物局的初步统计，目前我国在贵州、广西、云南、内蒙古、浙江、江西、安徽等地已经建成40余座生态博物馆（包括不同名称，有少数民族村寨，也有汉族村寨），而筹建和拟建中的生态博物馆则多达30多个。这些博物馆绝大多数都在比较偏远的乡村，只有少数拟建中的以工业遗产为对象的生态博物馆在城市，所以与传统的博物馆在建设、管理、工作内容、功能的发挥等方面，有很大的不同。目前已建成的这些生态博物馆在投资、管理以及发展等方面也没有统一的模式，运营的状况相互之间有较大差距。

为了摸清我国生态博物馆建设的基本情况，2006—2007年，国家文物局启动专项调查《中国生态博物馆发展现状与建设发展政策研究》，基本搞清楚了当时的全国情况，2017—2018年受国家文物局委托，又启动了《国家博物馆体系调查研究》。

作为社会文明进步程度和综合国力的重要标志，博物馆一直是人类文明成果的保护者和宣传者，是一个国家与地区历史文化与现代文明的形象代表。随着时代的发展，博物馆的理念、类型也在不断丰富和发展。

20世纪70年代起，生态博物馆兴起于欧洲。1971年生态博物馆的概念诞生于法国，此后在欧洲、拉丁美洲和北美洲等许多国家和地区成为一个重要的博物馆建设模式，产生重大的影响。目前，全世界已建成生态博物馆300多座，主要分布在欧美等地。

这种博物馆更强调其与社区融为一体，主动地服务于社区，参与社区的发展，在发展中有效保护与传承本民族优秀的传统文化。

（一）不断被实践定义的全球生态博物馆

生态博物馆，英文作ecomuseum，它是一种通过科学的、教育的以及文化的手段来管理、研究和开发某一特定社区中,包括自然和文化遗产在内的所有遗产的专门性机构,是公众参与社区规划和发展的工具。

国际博物馆协会(ICOM)的定义:生态博物馆是一个文化机构,这个机构以一种永久的方式,在一块特定的土地上,伴随着人们的参与,保证研究、保护与陈列的功能,强调自然与文化遗产的整体,以展现其代表的某个区域及继承下来的生活方式。

概括而言,生态博物馆的特征就是:一是对自然环境、人文环境、有形遗产、无形遗产的整体保护;二是强调原地保护和居民自己保护;三是发展中保护,即社会文化、环境的和谐与发展。

(二)既是对传统博物馆的"反动",也是传统博物馆的新生

现代工业文明在给人类带来了方便的同时,也使现代社会中的生态危机日益加深,人们对工业文明产生厌倦,出现了回归自然、追求古朴的一种社会心态;另一方面,在经济全球化浪潮中,文化上的竞争日趋激烈,传统文化面临着生存危机,一个民族的文化如何生存与发展,如何保持其独立性、丰富性和完整性,民族文化如何参与到社区的建设,成为了摆在人类面前的重大挑战。生态博物馆正是工业社会人们环境意识和文化遗产保护意识觉醒的产物。

生态博物馆实验者均以这样的一个基本观点指导自己的实践,即文化遗产应原状地、动态地保护和保存在其所属社区和环境中。在生态博物馆中,自然的生态与人文的生态、物质形态的文化与非物质形态的文化是相依相融,并在人们的日常活动中自然传承和演绎的。相比之下,传统的博物馆是将文化遗产搬移到一个特定的博物馆建筑中,这些文化遗产远离了它们的所有者,远离了它们所处的环境,冻结在特定的时空里。而生态博物馆则是将一个特定社区里所拥有的自然遗产和文化遗产整体保护及保存在该社区内的,社区的自然风貌、建筑物、生产生活用品、风俗习惯等物质(有形文化遗产)和非物质(无形文化遗产）的所有文化因素都具有特殊的价值和意义，均在保护之列——生态博物馆保护的就是这样一个鲜活的文化整体；在全方位的保护与重视每一个传统文化因素的过程中，生态博物馆显示了其在增强社区居民的文化意识，从而使某些具有重大价值的文化得到抢救和保护的独特作用，并使之成为该社区人民追溯历史、掌握和创造未来服务的精神源泉和物质力量。因此，除作为一个文化机构之外生态博物馆明显地具备了社会功能，是联系过去、现在和未来的一条纽带，激励着人们继往开来。

从结构上看，生态博物馆具有分散性的特点，通常包括信息资料中心与生态博物馆保护范围（原状保护点）两个方面。信息资料中心是一个集当地民族文化展览、工作人员办公、研究人员住处、餐饮商店、盥洗服务空间为一体的综合性建筑，是本社区"公众记忆"的信息库、外来参观者的活动中心、本社区工作人员的工作场所、本社区社交活动和社区服务场所。原状保护点通常还保留其原有的实用功能，甚至还要恢复已经消失了的传统文化，并对参观者开放，以展示本社区文化的不同侧面。生态博物馆的实践，对于保护和延续那些处于多数或统治地位文化包围之中的少数民族及其文化精华，促进世界文化的多元性，有着特殊的意义。同时，生态博物馆并不排斥传统博物馆的存在，也不可能取代传统博物馆的地位，相反地，它可以与传统博物馆相辅相成，对传统博物馆是更为丰富的补充，在与传统博物馆的文化共享中更大范围地实现自己的任务，两者共同承担起文化保护与传承的历史重任。

二、生态博物馆在中国：实践探索、停滞与新生

（一）生态（乡村）博物馆的引入与国际合作

1995年我国开始在贵州启动生态博物馆建设项目（相关理论和概念的译介和评论则早在1985年就开始了，《中国博物馆》杂志成为主要的阵地和平台）。

1997年10月23日《中国博物馆学会与挪威合作开发署关于中国贵州省梭戛生态博物馆的协议》签署，时任中国国家主席江泽民和挪威国王哈拉尔五世出席了签字仪式。在中挪共同努力下，1998年在六枝特区梭戛长角苗地区建成中国第一座生态博物馆。该馆建成开放后引起世人的广泛关注，也在国际博物馆界产生很大影响。后续，贵州省以此项经费为"助力"（每一个具体项目中，挪威支持的合作经费所占比例都不大）先后建成了另外三个不同规模和主题的生态博物馆：隆里汉族生态博物馆、花溪镇山布依族生态博物馆和堂安侗族生态博物馆等。这四座生态博物馆均是在中国博物馆协会（一度使用中国博物馆学会之名）领导下进行，贵州省文物局具体负责的胡朝相处长在完成了四座生态博物馆建设后，参与了由当时的中国西部文化生态工作室（香港）投资建设的一家"民营"生态博物馆——地扪侗族人文生态博物馆。目前，运营较好的生态博物馆，也以这家生态博物馆为最佳。

2005年，中挪合作项目结束，为了总结建设得失，还举办了专门的国际学术研讨会，通过了生态博物馆建设的"六枝原则"。这个原则不仅对中国产生了重要影响，也是世界上生态博物馆实践的重要依据和参照。

（二）当前各地生态博物馆的建设情况及其评述

贵州省目前已经建设了8座生态博物馆。中挪合作建成第一座生态博物馆之后，相继建成花溪区镇山（布依族）、黎平堂安（侗族）、锦屏隆里（汉族）三座生态博物馆，以及正在建设中的三都怎雷水族生态博物馆。这些生态博物馆的建成是国际合作、地方政府全力支持、村民积极参与以及专家学者悉心指导等合力的结果。这也是贵州生态博物馆建设的主流模式。

除了这个主流模式外，2005年由中国西部文化生态工作室（香港）募集资金兴建的地扪侗族人文生态博物馆，走的则是企业独立投资、村民参与管理、学者技术支持的合作路线。而最大的苗寨——雷山西江千户苗寨（2005年挂牌），其建设博物馆的模式，则是中国民族博物馆旗舰下的"分馆"——中国民族博物馆西江千户苗寨馆。中国民族博物馆这种将地方民族博物馆、民族村寨博物馆纳入旗舰下的"航母模式"，已经发展了包括凯里黔东南州博物馆在内的四家博物馆，成为当今我国博物馆发展中的一种崭新模式。

早在1987年建成开放的雷山郎德（上寨）露天博物馆（苗族），也是典型的生态博物馆（虽然没有使用生态博物馆的名称）。这是贵州省文化厅与中央民族大学共同合作探索而发展出来的一种保护民族文化的模式。目前，这里的遗产保护、旅游等事务全部是由村民自主管理，收益实行"工分制"。而今，贵州计划中拟建的各类生态博物馆有十余座。

广西已建成10座生态博物馆。受贵州成功建设生态博物馆的启发和影响，广西在1999年就提出建设民族生态博物馆的工作思路。广西壮族自治区文化厅统一部署规划，采取与各地方政府合作的方式，2004年先后建成了南丹里湖怀里白裤瑶、三江侗族和靖西旧州壮族三个生态博物馆试点项目。

2005年广西明确提出广西民族生态博物馆"1+10"建设模式，"十一五"期间以广西民族博物馆为龙头带动10个生态博物馆的建设。"十一五"期间生态博物馆建设在全区全面开花，重点建设：桂东贺州市莲塘镇客家围屋生态博物馆、融水苗族自治县苗族生态博物馆、桂北灵川县灵田乡长岗岭村商道古村生态博物馆、桂南东兴京族三岛生态博物馆、桂北龙胜龙脊壮族生态博物馆、桂西那坡达文黑衣壮生态博物馆、桂中金秀瑶族自治县瑶族生态博物馆等。受这些博物馆的影响，特别是自治区政策扶持、培训与影视人类学、电影节等影响，不少县也提出了建设生态博物馆的思路，如桂西北毛南族、仫佬族都建成了生态博物馆，这些博物馆不属于"1+10工程"的范畴。

云南民族文化生态村与生态博物馆建设也较有建树。2006年1月，勐海县西定乡章朗村布朗族生态博物馆建成开放，从此，使用生态博物馆名称的保护民族文化的机构在云南落户。实际上，作为民族文化大省，云南从1998年就提出建设民族文化生态村（有时使用民族生态文化村）的重要战略。虽然没有使用生态博物馆的名称，但其性质就是生态博物馆。经过近十年的建设实践，已经陆续建成一批省级民族文化生态村。云南与贵州、广西的做法不同，是在省委宣传部统一规划和领导，而非文化文物部门牵头，省社会科学院和云南大学等院校参与指导，各地政府和村民负责建设。云南大学主持建设的民族文化生态村有6个：邱北仙人洞彝族文化生态村、新平南碱傣族文化生态村、弥勒县可邑文化生态村、腾冲和顺文化生态村、景洪的巴卡基诺族文化生态村、石林月湖彝族文化生态村。目前，红河州已经计划建设元阳梯田文化生态博物馆（箐口村）、个旧锡工业生态博物馆。

内蒙古等地的生态博物馆建设开始启动。2001年内蒙古自治区达茂旗启动敖伦苏木生态博物馆建设，2004年建成，是内蒙古的第一座生态博物馆。目前，新疆、福建、湖南、黑龙江等省区陆续提出建设生态博物馆的任务，见在"十一五"期间生态博物馆的建设是一个小的高潮。

浙江安吉生态博物馆群建设，是21世纪以来生态博物馆在中国实践的最有意义的事件，苏东海教授将安吉生态博物馆群建设称为"生态博物馆第三代模式"。此外，还有福州三坊七巷社区博物馆，也是生态博物馆的类型，是将生态博物馆实践从乡村带到了城市社区，而且是在一个具有一定建筑规模和体量的城市社区里，其意义也是值得关注的。2008年召开的全国生态（社区）博物馆建设经验座谈会上，提出了全国生态博物馆示范项目，共5个，东部地区和西部地区基本分布平衡，说明生态（社区）博物馆已经在全国范围内开花散叶了。

三、如何评价中国生态博物馆建设的效益和影响

经过十年的建设，中国生态博物馆已经取得初步的成就主要有：在文化遗产保护与传承方面起到不可替代的作用，在改善村容环境、提高生活质量和增加实际收入与保护文化遗产之间找到平衡，成为当地居民的经济增长点，在当前的社会主义新农村建设中起到重要的示范作用。具体来说，生态博物馆建设

效益和影响主要有以下几个方面：

（一）"六枝原则"的提出

"六枝原则"是基于我国第一个生态博物馆的建设经验、教训总结出来的。这些原则是：（1）村民是其文化的主人，有权认同与解释其文化；（2）文化的含义与价值必须与人联系起来，并应予以加强；（3）生态博物馆的核心是公众参与，必须以民主方式管理；（4）旅游与保护发生冲突时，保护优先，不应出售文物但鼓励以传统工艺制造纪念品出售；（5）避免短期经济行为损害长期利益；（6）对文化遗产进行整体保护，其中传统技术和物质文化资料是核心；（7）观众有义务以尊重的态度遵守一定的行为准则；（8）生态博物馆没有固定的模式，因文化及社会的不同条件而千差万别；（9）促进社区经济发展、改善居民生活。这些实践原则的产生是为了更好地在文化原生地保护文化，更好地尊重村民的主人地位。

中国的生态博物馆建设与国外生态博物馆建设的基本原则是一致的，即都遵循着文化遗产和自然遗产原地保护的原则。但是，中国生态博物馆的建设一开始就具有很强的"中国化"色彩，这是由中国的国情——中国民族文化，尤其是少数民族文化广泛根植在欠发展的广阔农村的实际所决定的。国外生态博物馆建设选择地域多在"已经现代化和人民生活富庶"的村镇、旧工业区和城市中的历史街区，中国则以民族个性鲜明、风情习俗浓郁的民族村寨为主（多在交通相对不便、经济相对落后的地方）；国外生态博物馆建设在本国雄厚的经济条件支持下，没有财力负担压力的困扰，而中国的生态博物馆资金投入有限，融资渠道较为单一，存在着较严重的资金投入不足问题；国外生态博物馆建设地居民文化素质较高，积极参与生态博物馆的建设，中国生态博物馆建设地居民文化素质由于生活在长期的封闭环境中而相对较低，还在为改变贫穷而努力，生态博物馆的建设者面临着对民众进行新意识、新观念和先进文化的灌输与启蒙问题……这些差异都决定了中国的生态博物馆建设必须是一项政府主导的文化保护与社会发展同步的社会系统工程，只有这样，生态博物馆在中国才有其生存的社会基础和条件。

（二）文化遗产保护与传承的重要作用

我国是一个历史悠久的多民族国家，各民族共同创造了光辉灿烂的民族文化，为后人留下了丰富和宝贵的文化遗产。从现状看，民族文化资源丰富的地区，同时也是交通及经济条件相对落后的地区。但是，本来在客观上为民族文化资源保存提供有利条件的相对封闭环境正在改变，并随着现代化进程不可阻挡的加速，昔日相对与世隔绝的民族地区面临着日益加剧的外来文化冲击，各种文化间的相互碰撞和融合在激烈地进行。一些珍贵的民族文化遗产（包括有形及无形文化遗产，主要有建筑、服饰、民族民间语言和艺术、民族民间工艺美术、民族民间风俗礼仪、节庆等方面）正以近乎崩溃的速度面临着消亡的严重危机。而一些国外机构和人员通过各种渠道大量采集、收购珍贵的民族民间文化遗产，进一步造成了文化资源的严重流失。从这个意义上讲，我们的民族文化已到了生存与发展、传承与消亡的最紧要关头。中国民族生态博物馆建设在保护文化遗产方面起到重要的作用。已经建成的生态博物馆首先重视对居民保护意识的培育，重视资料信息中心和"记忆工程"建设，融合"中国民间文化遗产抢救工程"，将有形遗产与无形遗产进行综合保护与传承。

生态博物馆建设对我国文化事业在民族传统文化保护领域中，贯彻党在十六届三中全会提出的"科学发展观"和四中全会提出的"构建和谐社会"要求，有着积极和深远的探索意义。

（三）给当地居民带来实际的经济收入，提高了地方知名度，带来综合效益

"在我们这样一个农民占多数人口的国家里，农民是否安居乐业，对于社会

和谐具有举足轻重的作用。广大农民日子过好了、素质提高了，广大农村形成安定祥和的局面了，和谐社会建设的基础就会更加牢固。"（胡锦涛《在省部级主要领导干部提高构建社会主义和谐社会能力专题研讨班上的讲话》）

"中国化"的生态博物馆建设在政府的主导下，集合了国家对少数民族和边远地区人民在政治、经济和文化各方面的扶助政策和措施，是精神文明建设与物质文明建设"两手都要硬"的构建社会主义和谐社会理念在少数民族地区的初级阶段实践，其成效与影响比任何一个经济发展走在前列的地区给人的感觉还要强烈——因为差距与不平衡已延续了半个多世纪！生态博物馆带来的变化尽管是刚刚开始，但今天的生态博物馆所在地的少数民族传统文化在生态博物馆理念的指导下得以有效保护，这与民族地区经济尤其是由生态博物馆的建设所带动起来的第三产业的出现与发展是分不开的，与当地人民对生态博物馆的欢迎态度和参与程度更有着密切联系。

已经建成开放的生态博物馆在基础设施、交通条件等方面有较大的资金投入，村容村貌、卫生状况和生活条件有较大的改善。已经发展起来的旅游拉动了地方的经济，给当地居民带来经济上的实惠，对促进当地社会政治、经济、文化的协调与和谐发展产生独特作用。

提高居民的文化自觉性和文化认同感。"少数民族文化的含义是超文化的，文化不仅仅是他们的特色，他们的旅游资源，更是他们安身立命之本，是他们民族的重要载体，如果这种文化没有了，连文化的载体也都没有了，传统的民居消失，民族服饰被外国人收购走了，他们的民族就会消失。"（冯骥才在全国政协第十届三次会议上的发言）生态博物馆的建设，确实为保护和保持少数民族优秀传统文化提供一个新的途径，即不是将物化的文化载体搬到传统的博物馆里面，而是将其保留在文化的原生地，从而妥善地处理了民族传统文化的传承与发展中"鱼儿离不开水"的关系的问题，使民族文化更深地根植于肥沃的生活土壤之中而得以生机勃勃地发展与延续。生态博物馆的当地居民对自身文化的自觉和文化认同得到加强，文化自豪感油然而生。

四、主要问题与批判思考

（一）文化遗产的保护意识与民主参与意识有待进一步加强

生态博物馆主要是依赖当地居民的自觉意识而建立起来的。目前由于所建设的生态博物馆多出在经济欠发达地区，改善生活条件、增加经济收入是当地的头等大事，所以文化遗产的保护意识与民主参与意识还不够。加之目前农村青壮年大多到沿海城市"打工"，向往都市文化，对自己的传统文化不屑一顾，这些对于生态博物馆的发展有非常不利的影响。

实践告诉我们：建成一座合乎理想的生态博物馆很难，而巩固它比建立它更难。因为生态博物馆的思想产生在后工业社会之中，这种思想在中国村寨中是不可能自发产生的。生态博物馆在这些村寨中的产生是政府保护文化多样性的需要和专家的思想热情的产物。实际上，在中国古老村寨中建立生态博物馆对村民来说是一种超前的行为，要巩固它，村民必须超越自己，生态博物馆必须在提高中巩固，只有提高才能巩固。因此在文化保护上向更专业的水平上发展、在文化传播上向更高水平发展就成了中国第二代生态博物馆必然要走上的道路。

（二）生态博物馆的工作对象有待进一步厘清

生态博物馆不仅是一种文化保护机构，它也是一种博物馆。它所保护与传承的文化遗产不同于一般意义上的"文物"，所以不能按照"文物法"的相关规定开展工作。如何处理传承与发展的关系，大家的认识也有一定差距。

此外，各地的工作重点有一定的差别。贵州的生态博物馆为了在社区化的基础上围绕"记忆工程"和信息中心开展工作，诸如加强对村民的专业化培训，不仅是文化的物质载体，抽象的文化、文化传承者也成为博物馆的工作对象。

广西创造了生态博物馆的"1+10模式",工作的重点是地方政府、文化部门,这些资料中心(博物馆)似乎是广西民族博物馆的"派出机构"。云南的民族文化生态村建设是由村民完全自主、专家学者指导、政府投入建设,工作对象和工作内容是另外的模式。所以,各地方政府、当地居民与专家在生态博物馆的工作对象上有不同的认识。有时,相当模糊甚至困惑。

(三)旅游开发与遗产保护之间的良性循环亟待提升

目前,生态博物馆已经带来丰富的旅游客源,旅游带来各种优异的资源。但不可否认的是,好奇心、猎奇心理与纯粹商业性的包装和宣传对生态博物馆是一种很大的伤害。

保护与生态环境的和谐与平衡之间,还没有达到最佳状态。文化遗产的流失仍然非常严重。旅游者的行为需要进一步规范和教育。旅游产品比较单一,生态博物馆普遍缺乏自己的旅游品牌产品,结果是游客数量很多,而当地居民却不能有效增加更多的收入。旅游产品需要深度开发。

(四)文化遗产保护与社会经济发展的关系有待改进

基本生活条件和设施的改善投入过多,建设一座生态博物馆要在道路、水电、村容村貌等方面有很大的投入。而村民对传统建筑的认识与生态博物馆的建设要求之间经常存在一定的矛盾。特别是在生态博物馆地区出现的"农家乐",也需要进一步扩大空间。此外,对增加居民收入有利的替代性、可持续性和环境友好能源节约型的生产力条件(如生态农业、优良品种等等)还很缺乏。

(五)政策环境有待改善

生态博物馆的建设目前还没有纳入国家公共博物馆体系,这制约了生态博物馆的发展。往往建设一个博物馆不难,而经营和管理一个博物馆很难。诸如,人员编制问题、日常维护与运营的费用、管理体制等等都还没有"明确的说法"。生态博物馆的政策环境应当如何制定,各界的意见不尽一致,但应该尽快将其纳入国家公共博物馆的体系。

(六)投入的主体相对比较单一

目前尽管有不同形式的资金和其他投入,但整体上看资金投入分散,建设博物馆的资金渠道比较单一,亟须整合各种国家和社会资源,协调政府部门,优化利用。

(七)生态博物馆的类型过于单一

拘泥于民族地区、经济落后地区,工业遗产和城镇文化遗产类型没有纳入生态博物馆的建设体系之中。

五、未来的出路

原中共中央总书记胡锦涛同志在《把科学发展观贯穿于发展的整个过程》中指出:"我们在抓发展的过程中,一定要高度重视人文自然环境的保护和优化,努力使我们今天所做的一切,能给后人留下赞叹,而不给后人造成遗憾。"生态博物馆的建设是经济全球化背景下,保护与传承民族传统文化的一种新尝试、新途径,是我们在发展文化事业中为改变城乡差别、构建社会主义和谐社会的积极探索与尝试,是一项政府主导、社会广泛参与的、符合时代潮流的系统社会工程,功在当代,利在千秋。

(1)未来的生态博物馆建设要加强与国家重大战略和中心工作的对接。特别是与中央提出的新农村建设、建设和谐社会以及西部开发等重大举措结合起来。

（2）进一步整合资源，加强宏观指导和引导。从投入上，要整合基本建设、新农村建设、文化发展项目、民间文化遗产保护等等各种资源。与传统博物馆建设不同，生态博物馆的投入包括基础设施，人们生活品质的改善等等其他投入。

（3）加强专业指导和科学引导。认真对待各地建设生态博物馆的积极性，贯彻并完善"六枝原则"，明确政府、专家和村民（社区）的责、权、利，做到建设一个成功一个，带动和辐射一个区域。

（4）鼓励和利用各种社会资源，特别是当地企业、机构的积极性。争取各种合法的资金和社会的广泛支持。

目前，全世界范围内的生态博物馆建设都还在探索过程中，各国以自己对生态博物馆的实践不断地将其理论进行深化与拓展，探索适合于本国国情的不同建设模式。我们相信，有各部门的支持和协助，有各级政府、各个民族同胞与社会有识之士的大力参与，中国生态博物馆的明天一定更加美好！

端午竞渡文化的"多元一体"特征

田兆元[①]

竞渡是端午标志性文化事象，也是中国文化中最具狂欢精神的文化项目。对于一个传统的农业大国来说，这也是中国民俗文化中最为引人注目的水上项目。现在人们说起端午竞渡，可能会不假思索地说：端午竞渡，那就是龙舟竞渡。"端午、龙舟、竞渡"在今天看来是端午节的三个关键词。这话一般听起来觉得没有问题，但是真正追根求源，真正了解端午文化的丰富形态与发展过程，就不是这么简单。端午节庆与竞渡有一个发展的过程，有一个多元的表述谱系，同时端午节庆与竞渡更有大众的认同。这个过程可谓多元一体：龙舟竞渡最终成为端午竞渡的主流形式，而爱国主义的家国情怀与健康主题则是端午节的主旋律，这就是端午竞渡的整体认同，是不可改变的文化事实。传统节庆是一个发展的概念，端午节有着悠久的历史，发展到今天这样博大丰富而又主调明确，体现了文化的积淀与传承，更体现出端午节创造性转换的历史动力。历朝历代人民的创造与传承，各族人民的创造与认同，促进了端午竞渡文化"多元一体"形态的形成。

最初，人们很少说"龙舟竞渡"这个概念。特别是宋代以前，很难听到有人说龙舟竞渡的事情。过去，端午是端午，龙舟是龙舟，竞渡是竞渡，这是三个不同的概念，它们是次第生长出来的。世界上最为古老的节日专著《荆楚岁时记》的记载是这样的："五月五日，谓之浴兰节，四民并蹋百草之戏。采艾以

[①] 田兆元，华东师范大学教授。

为人，悬门户上，以禳毒气。以菖蒲或镂或屑以泛酒。是日竞渡，采杂药。"

在这段最早的关于端午的较为完整的叙事里，端午、龙舟、竞渡三个概念没有交集。端午这个概念在书中并没有出现，这个节日在当时的主流称谓是"浴兰节"。南朝时期可能有端午这个概念了，但一定不是主流称谓。"浴兰节"才是五月五日的主调。当然，浴兰节有了后来端午节的要素：禳毒与健身。兰是一种花卉，幽香迷人，更是药物，浴兰显然为了消除吴越溽暑期间的身心不适，是典型的健康主题——为了人与自然的和谐，追求天人合一的境界。《荆楚岁时记》描述的这个节日，把"竞渡"与采药、禳毒的浴兰放到一起，显然也是强身健体的内容。虽然是浴兰节，但是艾蒿也是很重要的角色。从理论上说，当时艾的地位要低于兰的地位，否则为什么要叫"浴兰节"呢？

人们在屈原的《九歌·云中君》中找到了有关"五月五"浴兰节源头的记载："浴兰汤兮沐芳，华采衣兮若英。"这里出现了清晰的早期端午习俗的关键词的描述：浴兰。因此，后来的注家就把这一点点明了："按《大戴礼》曰：五月五日，蓄兰为沐浴。《楚辞》曰：浴兰汤兮沐芳，今谓之浴兰节，又谓之端午。"这个注文，大概是隋代人加上去的，将"浴兰节"与"端午节"合并了。

隋代的杜公瞻认为屈原的诗歌是最早的关于端午节（浴兰节）的记载，假如是这样的话，屈原就不仅是后来的端午发生的传说人物，更是最早的对于端午文化（浴兰文化）的实践者。屈原对"兰"这一端午节日圣物爱不释手，从采兰、佩兰、被兰、滋兰、饮兰到浴兰，还有使用兰旌、兰舟等等，《楚辞》中充满了对于兰花的迷恋。所以屈原生前就是浴兰节（端午前身）的"代言人"，用今天的话说，他是"浴兰节"最优秀的节日文化传承人。屈原最后成为端午节的发生主角，是其来有自的。

节日文化发展存在着新陈代谢的特点，在这种发展过程中，并不是所有的文化元素的流失都是合理的，所以今天我们提出非遗保护的概念真的非常重要。比如端午节的原初传统——浴兰节是不是一个非常美好的值得保护的传统呢？今天我们既然把端午节与屈原的爱国主义结合起来，就要继承屈原的高洁的品格，他那兰花一样的高洁人格，正是其爱国主义的基石。所以，端午节的佩兰、浴兰习俗，是值得重新弘扬的传统，是弘扬爱国主义传统的基石。端午崇尚兰花的传统，是值得复兴的。

崇兰与尚艾本来是端午节的两大香草系列，在《楚辞》时代，这两种习俗是同时存在的。以屈原为代表的崇兰派，最后让位于大众的尚艾派，是很有意思的问题。这里一方面是屈原崇兰，却不太喜欢艾草。而那时的户庭端午插艾的群体却不认同兰草。《离骚》这样写道："户服艾以盈要兮，谓幽兰其不可佩。"人们过去都是从象征的角度解释兰草与艾草之别，但是忽视了这是对于端午习俗的事实描述。每家每户插艾，还佩戴在腰间——即香囊，应该是一种芬芳气息弥漫的端午节（浴兰节）的浪漫氛围。可是这对于坚持理想主义、认为众人皆醉我独醒的屈原来说，从心理上不愿接受这一习俗，而是选择了另外的方式——佩兰、戴兰、浴兰。佩兰、浴兰，成本较高，普通人很难做到。就《九歌·云中君》看，"浴兰汤兮沐芳，华采衣兮若英"，那是一种神巫神灵才有的装束，太高高在上了，所以民众多数选择了艾草这种香草。但是浴兰传统还是一直传承，就是到了隋唐时期，端午节的主要名称还是浴兰节，说明浴兰传统至少在隋朝时期还是与尚艾习俗并存的。

艾草被选用除了容易栽培，还有很复杂的民俗意蕴。比如说，艾草有像人形的，那么佩戴者生病的话就会让这艾草替代人去接受病痛；还有艾草有像老虎形状的，可以作巫术之用，用于端午辟邪，是端午吉祥物。艾草因为有这些神话传说故事，其文化内涵反倒丰富，加上药用价值高，所以艾叶被选为端午的代表植物之一也是很自然的。端午节的名称被选择，本身就意味着浴兰习俗的衰弱。在隋朝，我们还看到帝王祭祀黑帝礼仪之《云门舞》要浴兰，也有"浴兰汤"的歌词。但在唐代的文献里，就很难见到"浴兰"一词了，说明浴兰节的称谓渐渐消失了。

对于屈原这位端午文化代表人物，人们选择了另外一个端午符号来纪念他，这就是"竞渡"。《荆楚岁时记》注文这样说："五月五日竞渡，俗为屈原投汨罗日，伤其死所，故并命舟楫以拯之。"本来竞渡是与伍子胥、勾践相关的传说，现在转为屈原的传说，使传说意蕴发生深刻变化。屈原的高洁人品、词采风流与家国意识，远远超过伍子胥与勾践，所以端午叙事中屈原故事就逐渐覆盖了伍子胥与勾践的故事。今天的端午节，龙舟竞渡，以纪念屈原为主调，但是兼顾伍子胥与勾践传说，也是一体多元，主旋律与多声部的合奏。对于屈原来说，由一个端午文化的传承者，变成了端午文化源头的传说人物，始终没有脱离与端午文化的关系。他的高洁人格演变为家国意识下的文化符号，"浴兰"高洁人格象征，转移到竞渡舟船对于其人格的怀念与传承。所以，不能因为"浴兰"习俗的失落，就忽视端午节高洁人格传承的本质特征。今天看来，"浴兰"习俗形式在理论上是应该保护的。

端午竞渡是不是都是龙舟呢？最初不是的。在《荆楚岁时记》诞生的岁月，竞渡的是"鸟舟"。注文称：舸舟取其轻利，谓之飞凫。不管这是不是比喻，首先竞渡所用的舟船不是龙舟而是鸟舟——飞凫舟，至少从先秦到隋唐，主流的竞渡舟船都是鸟舟。龙舟不能用来竞渡，它要么是皇家的歌船画舫，要么是皇家的战舰指挥船，没有用来竞渡过。有的王朝还明文规定，除了皇帝、皇子都不能拟像龙舟。两宋以前，龙舟是皇帝的专利，平民不能使用。唐人说到龙舟，大都是隋炀帝下江南的那艘龙舟，太奢侈了，被描述为腐败亡国的象征。而我们在唐诗里可以看到竞渡的时候飞凫舟大展身手的描述。所以，端午竞渡纪念屈原的是鸟舟，而不是龙舟。闻一多先生当年的《端午考》，受限于抗战期间的条件，指出龙舟是受吴越地区龙文化的影响而发生的，不是十分准确。其实，反倒是吴越地区源远流长的鸟文化与凤文化的信仰孕育了端午竞渡的舟船——鸟船。1976年，宁波鄞县出土了一个战国时期的铜钺，上面有四个羽人作划船竞渡状，这是中国最早的竞渡图像，但的确是鸟羽，色彩浓厚。直到今天，湖北荆州、四川广元、广东揭阳等地都还盛行凤舟竞渡，可谓端午竞渡文化的活化石，延续了数千年的传统。

北宋时期，皇家在金明池内部演习龙舟夺标之戏，可以视为龙舟参与竞渡的前奏。但是金明池竞渡的舟船却意外出现了很多的老虎舟、飞鱼舟。据《东京梦华录》描述：

> 有小龙船二十只，上有绯衣军士各五十余人，各设旗鼓铜锣，船头有一军校，舞旗招引，乃虎翼指挥兵级也。又有虎头船十只，上有一锦衣人，执小旗立船头上。余皆着青短衣，长顶头巾，齐舞棹，乃百姓卸在行人也。又有飞鱼船二只，彩画间金，最为精巧，上有杂彩戏衫五十余人，间列杂色小旗绯伞，左右招舞，鸣小锣鼓铙铎之类。又有鳅鱼船二只，止容一人撑划，乃独木为之也，皆进花石朱缅所进。诸小船竞诣奥屋，牵拽大龙船出诣水殿，其小龙船争先团转翔舞，迎导于前，其虎头船以绳牵引龙舟。大龙船约长三四十丈，阔三四丈，头尾鳞鬣，皆雕镂金饰……上挂以锦彩银盌之类，谓之"标竿"，插在近殿水中。又见旗招之，则两行舟鸣鼓并进，捷者得标，则山呼拜舞，并虎头船之类……

这是一场宏大的皇家竞渡夺标仪式，十分热闹。大龙船很华美，但不是竞渡的主体，似乎是观赏的豪华平台。还有那些小龙舟、参与竞渡夺标的虎头船，为何一下冒出来了呢？

假如回忆一下《荆楚岁时记》中关于艾草的记载，就知道有的艾叶是要剪成老虎状的。因为端午邪气、毒气太重，老虎可以辟邪，小孩子头上画一个"王"字，表示"山中之王"老虎，就可以保平安。由此看来，虎头舟不是为了辟邪吗？这些虎头舟在仇英版的《清明上河图》里还可以见到，所以竞渡的舟船很多元。

到了南宋，这种端午节的竞渡，一下子就变成是龙舟了。南宋词人黄公绍《端午竞渡棹歌》又将龙舟竞渡与端午连在一起："看龙舟，看龙舟，两堤未斗水悠悠。一片笙歌催闹晚，忽然鼓棹起中流。"龙舟竞渡姗姗来迟，却又强势一下子就形成了强大的认同。南宋时期，端午龙舟竞渡三者在此聚首了，这是一件大事，这与端午节在宋朝、金朝得到极大的重视有关。宋朝朝野热衷端午节，有把端午龙舟竞渡发展为战舰演练或观赏性游戏来建设的倾向。金王朝金世宗曾经这样说："朕将往上京。念本朝风俗重端午节，比及端午到上京，则燕劳乡间宗室父老。""重端午节"是女真主导的金朝廷的宣言，说明端午节已经成为中华民族广泛接受的传统节日。女真发祥之初，极为重视龙文化的传承创新，创造了著名的"坐龙"形象，金故地留下了鲜明的龙形象——坐龙，其造型独树一帜，后来坐龙还引入到京城。南宋向金称臣，南宋地区的龙舟竞渡事实上便突破了皇家主导的旧规，成为全民可以享受的民俗活动了。所以，女真族的金王朝对于端午文化、龙文化以及端午龙舟竞渡文化的开放态度，极大促进了端午文化的传承和繁荣。

此后，元、明、清各王朝都非常重视端午与龙舟竞渡文化。南宋以来，龙舟竞渡传往海外，比如明清册封使到琉球，看到那里举行各种端午龙舟竞渡活动。端午龙舟竞渡的海外传播也为端午这份人类非物质文化遗产名录项目的世界传播与传承提供了条件。

多民族民众对于端午文化的传承促进了端午龙舟竞渡共识的形成，同时多民族的端午文化传承进一步促进了端午的文化多样性，形成了博大的端午文化谱系。

对于传统文化的演变，我们要尽量保持原貌的元素，保护基本的文化基因，保持其多元要素，给未来发展作为借鉴。同时，文化传承也要加强共识建设，没有共识就没有民族文化本色。

陕西安康市端午节习俗考察报告

陈连山[①]

------◆------

2018年6月16日至19日，我随中国民间文艺家协会端午调查组在陕西省安康市汉滨区、平利县、汉阴县和石泉县进行端午节习俗考查。考查形式包括现场观察、采访民众和搜集媒体资料等。现将调查结果汇报如下。

一、安康市汉滨区的龙舟赛

我们6月16日从西安出发，乘汽车向南行驶四个小时，穿越秦岭，到达安康市。简单午餐后，在安康市民协副主席曾德强和汉滨区文化馆长蒋典军等陪同下，到汉江边观看第十八届中国安康汉江龙舟节活动。据介绍，上午市领导主持了龙舟节开幕，有龙舟点睛、祭祀屈原等仪式。每县、区一支龙舟队，加上一些单位的龙舟队共27支龙舟队参与比赛。每次两队参赛，每舟18名桨手，另一人敲锣、一人击鼓、一人掌橹、一人掌旗指挥兼撑篙。赛制为淘汰赛。两舟顺江而下，行驶如飞。呐喊声、鼓声、锣声震天。虽然比赛已经进行了半天，但观众依然踊跃，江边龙舟出发点人流拥挤。据当地媒体后来报道，他们还举行了对岸赛、环绕赛、夺标赛等。除了赛龙舟之外，还有抢鸭赛和摸鲤鱼比赛，即把鸭子或鲤鱼投入江中，所有选手下水抢夺，收获多者获胜。后边这两种比赛形式的民俗性很强（湖南地区有抢鸭子，重庆地区有摸鱼比赛），充分体现了

[①] 陈连山，北京大学教授。

端午节的娱乐性。

随后过江，参观安康市博物馆，了解该市地理与历史文化概况。

二、安康市平利县女娲庙与端午节习俗

6月17日上午，从安康市出发，冒雨前往平利县，登上女娲山，在女娲庙调查当地的女娲信仰活动；下午到平利县民协办公地听取协会主席唐进文汇报工作。作为民间组织，他们在政府支持下把民间艺人组织起来开展了很多民俗活动，包括皮影戏演出、参与民众风俗活动等等。唐进文主席对自己属下的民间艺人进行了严格的管理和整顿，改变了一些不良习气，保证了演出活动的正常进行。

18日是端午节，计划到饶峰镇考察。出发前，同行的林继富教授见到有农民上山采艾草、菖蒲。我们冒雨出发，在县政府旁的东一路菜市场参观，发现有十几个专门售卖端午用品的摊位。有多家卖粽子的小摊，所卖粽子有两种，一种是用棕竹叶包的，另一种是用笋壳包的，颜色微白，后者在其他地区罕见。当地粽子都是白粽，内部只有糯米。食用时，打开叶子，蘸蜂蜜吃——当地山区盛产蜂蜜，故有此俗，在全国其他地区一般都是蘸白糖吃。市场上也出售棕竹叶和笋壳，这是给市民自己包粽子用的。可见，县城居民还保持着自己动手包粽子的习惯。不像大城市人都是直接购买，很少自己包了。一些小摊还卖煮熟的鸡蛋和大蒜，这也是当地端午食品，与同属秦巴山区的湖北十堰地区的端午食品基本一致。

市场上卖菖蒲与艾草的小贩都是农民，不是专门的商贩。他们把这两种植物捆成一把，以两三块钱的价格出售。询问得知，市民买回去都是挂在门边辟邪的。也有出售栀子花束的，主要用于观赏，香味浓郁。

特别值得关注的是，除了菖蒲、艾草之外，他们还出售大量新采的各种药草。其中有：石菖蒲，比一般菖蒲小一些，同样具有浓烈香气，卖者说是泡水

喝，或者泡水洗澡用（这与古代端午浴兰或浴菖蒲的习俗是一致的）；鹰爪枫，熬水为儿童洗澡，可以防病；夏枯草，消炎，治拉肚子；灯芯草，消炎；鱼腥草，去火消炎；车前草，去热、明目、祛痰止咳；金银花，消炎；紫苏，为儿童消食；其他草药还包括追风藤、薄荷等等。

上述出售草药的情况基本保持了古代端午节采百药的传统。因为按照古代阴阳家学说，端午节是阳气达到极盛的时刻，药物的药性达到最好。因此，端午节上山采药在过去是普遍习俗。目前多数地区采百药已经罕见，但安康地区特殊的地理与人文环境使得端午采百药习俗得以完整保存，这是非常珍贵的文化遗产。这些药物基本都是清热消炎，或者辟邪的，这也从侧面证明，端午节是一个以巫术的方式实现公共卫生的节日。

询问同行的地方文化干部得知，当地端午节有用雄黄酒涂抹儿童口鼻耳朵眼的习惯，据说可以防止毒虫叮咬。过去还有端午节喝雄黄酒的习俗，但是听说雄黄有毒，现在已经不喝了。

端午节还会给孩子穿新衣服、戴香荷包，香荷包是用布包裹香料，缝制成孩子属相的模样挂在胸前，以辟邪祟。但是在菜市场没有卖香荷包的小摊——这也可能是因为这里是菜市场，所以不出售。

端午节，出嫁的女儿要回娘家。

一位原本居住在附近紫阳县的妇女说，她小时候，每到端午节，一大早就和几个小伙伴一起上山"打露水"：趁太阳尚未晒干露水时，手沾露水打湿自己头发，然后手扶小树，边跳边说："你长矮，我长高。"这是我第一次听说这种习俗。

到达饶峰镇胜利村，果然看到家家户户门口或墙上都挂着菖蒲和艾草。其中有一户已经移居远方，土屋基本废弃，但是邻居七十多岁的老奶奶还在替他们悬挂菖蒲和艾草，以及车前草、灯芯草等，连去年已经发黄的菖蒲、艾草、车前子等等依然挂在墙上。

不过，唐进文主席说，他自己家端午节早上吃煮大蒜和粽子；中午下河捞鱼，回家加工吃鱼。

总之，本地区的端午习俗还比较多地保存了古老传统。

中午到达汉阴县，参观该县民协办公室和各种工作成果。

三、石泉县端午挂菖蒲、艾草习俗

18日晚上，我们到达石泉县，宿锦江瑞城饭店。步行参观石泉古城，各家门口大都挂着艾草和菖蒲。

19日离开石泉。本地菜市场有各种蔬菜、鱼、肉出卖，但是已经没有粽子、菖蒲、艾草出售。

端午节结束了。

作为生活传统的安康端午节

林继富[①]

安康地处陕西南部秦巴山区,汉江横贯安康市,流域面广。巴山、秦岭、汉江,影响着安康人的生活性格、文化品格,成为安康文化的亮丽风景和基本特色。

安康端午节是中国端午节文化体系中的重要内容,保留了端午节传统的完整性、原真性和生活性作为其根本特性,这些特性显示出端午节作为安康民众生活传统的特殊意义。作为生活传统,安康端午节具有久远的历史,其源头可以追溯到原始时代。同时,这些古老的端午习俗在安康人那里始终作为核心传统保留着,今天成为了安康人端午节狂欢的品牌活动。

清朝康熙三十四年(1695)《兴安州志》记载:"端阳,官长率僚属观竞渡,谓之踏石。"这则安康兴安地区端午节"观竞渡"风俗的记载,最早出现在南宋祝穆撰、祝洙增订的《方舆胜览》之中,"观竞渡"就是"午节踏石"习俗,安康人解释为"五月五日,太守率僚属观竞渡,谓之踏石"。北宋真宗时期韩宗魏有诗:"南浦采蒲当凛冽,西溪踏石向暄妍。"这些记载表明安康的龙舟竞渡早在北宋时期已经相当盛行了,并且具有相当规模。清代安康的龙舟竞渡越来越重要,南郑县端午"汉水上设龙舟竞渡,咸往观之"[②]。民国时期龙舟竞渡分布在许多城镇,并且组织了龙舟队、龙舟会,龙舟色彩和式样也多有创新,诸如

---

① 林继富,中央民族大学教授。
② 郭凤洲、刘定铎:《续修南郑县志·礼俗》,民国十年刊本。

黄、白、青、金、混等龙舟。[①]今天，龙舟竞渡是安康端午节期间人民欢度的节庆活动，由此可见，龙舟竞渡是安康季节性重大的民俗活动，也是安康人仪式性的生活行为。

龙舟竞渡的生活传统究竟何时形成？笔者以为与安康人的生活有密切关系。

安康端午龙舟竞渡前要祭祀龙舟、拜天地、点水。祭祀龙舟是为了让龙神、汉江水神保佑平安、消除灾难。祭龙舟的地方主要在存放龙头和龙尾的寺庙，诸如东、西泗郎庙，这里也是当地祭祀汉江水神的地方。龙舟在下水的时候要祭祀，香案上蜡烛、猪头、羊头、菖蒲、粽子和时令水果样样兼具。安康有的地区跪式划龙舟据说与崇龙有关，民间传说当地官员看到划手骑坐"龙体"不合礼仪，就让划手改为跪接、跪送、跪划。这些习俗意味着安康的龙舟竞渡具有浓厚的仪式性和信仰性。龙舟竞渡前的祭祀汉江神、龙神，源于生活在汉江边上的安康人对于水患的担忧和认知，从这个角度来说，安康端午节龙舟竞渡的生活传统起源于安康人生活的需要。

至于今天将安康端午节龙舟竞渡解释成纪念屈原，我以为仍然是安康人的生活传统，这种传统解释与安康人的构成有关。秦代之前的安康地区属于楚国管辖，后来归属秦国，但是楚国的生活传统并非因为秦国统治而中断。自西晋太康元年（280）开始出现了外来的流民，尤其是明代成化以来"四方流逋蜂屯蚁聚"，如西乡县"居川边者多杂川音，邻石泉县者多杂楚音"（《西乡县志·民俗志第四·方言》），"川陕边徼，土著之民十无一二，湖广籍约有五分，安徽、河南、江西约有三四"（《三省山内风土杂识》），形成了"秦山大半楚人耕"的人文历史环境。大量的湖北、湖南人移民到安康地区，带来了楚国后人的生活传统，为了加强地缘关系，端午节及屈原成为地缘认同的极佳对象，因此，安康地区出现了楚国生活传统就不足为怪了。

---

① 紫阳县志编纂委员会：《紫阳县志·民俗志·端午》，三秦出版社1989年版。

之于楚国端午节传统来讲，屈原与端午节的关系是稳固的，因此，安康地区出现端午节中龙舟竞渡纪念屈原的说法既是安康地方传统的传承，又是移民与土著文化之间的融合。

明、清时期，汉江中上游的最大码头安康，成为"五方杂处，商贾云集，一方都会"，商人们纷纷建起黄州会馆、江西会馆、武昌会馆、西北五省会馆、旬阳杨泗庙、平利百家湾景福寺等。这些重要的商贸驿站，不仅将四方文化汇聚于此，而且对于安康人生活行为和文化传统影响尤为突出，安康端午节的楚文化传统就是例证。

端午节作为安康人的生活传统的仪式意义不仅在于集体性的龙舟竞渡，而且融入家家户户的生活之中。"端午戏龙舟悬艾虎，饮菖蒲雄黄酒。"① 端午节期间，安康人家家挂艾草、菖蒲，以各种中草药沐浴驱邪祛毒的传统是对生命关怀、尊重的习俗，这种生活习俗至今犹盛。2018 年 6 月 18 日清晨，我在平利县城郊，看到很多人割艾草，街上、自由市场上到处都在买卖艾草、菖蒲、紫苏、车前草、夏枯草、鹰爪枫等草药。用这些草药保佑人的生命健康的行为成为安康端午节的核心，其构成的生命保护系统成为端午节期间安康人生活传统的核心内容传承着。安康端午节护佑生命的传统包括：驱除身体上或者家庭的污秽、病毒为基础的草药传统；祛除生活里的邪气、晦气的文化传统。尽管安康端午节生活传统与其他地区端午节的风俗有许多相似性，但是我更愿意认为这种生活传统不是交流的结果，而是安康人生活的再现和表达。

端午节作为安康人的生活是古老的，又是鲜活的，"楚客帆樯云际落，万山环绕大江流"② 的人文景观为端午节以及龙舟竞渡传承发展提供了保障。在安康，端午节不是点缀，而是融入到民众生活之中，安康端午节保留的生活习俗不是刻意为之，而是融入到生命的血液里，安康人以自在、自然、自觉的方式传承着、丰富着它们，这也正是安康端午节作为生活的意义所在。

---

① 紫阳县志编纂委员会：《紫阳县志·民俗志·端午》，三秦出版社 1989 年版。
② （清）王志沂：《汉南游草》，道光精刻本。

七夕

七夕节：不因时空转换而褪色的美丽

夏挽群[1]

作为中国古代四大民间传说之一，"牛郎织女"从与古老星象解释有关的原始神话演变而来，其演化过程跨越了奴隶社会和封建社会。它在周代以前产生，在汉代形成了七夕节，于魏晋南北朝日臻完善和成熟。通过年复一年对七夕节的集体重温，这个传说在更加广袤的地域传播。即使我们告别了农耕时代，进入到现代化的今天，社会人文形态的重大转换也不能阻隔它的绵延赓续，最后成为国家级非物质文化遗产而被精心地加以保护。它与"梁山伯与祝英台""白蛇传""孟姜女哭长城"等传说一起，以旺盛的生命力在民众中传扬，构成了一种独特的民族文学现象和民俗现象，对我们的社会心态、道德理念、价值观念产生着影响。

七夕节与我们相伴相随了几千年，它就像是所有人艰苦奋斗历程中准时出现的驿站，抚慰着、鼓励着每一个人的心灵，校正着我们观察这个民族、观察这个社会的视距，凝聚着我们的文化情感，确定着民族的文化认同。

七夕节仿佛是一条永不中断的河流，从"过去"走来，向"未来"走去。是什么使它这般地流淌不息？主宰着这一切的是一种什么力量？

首先，纯真的爱情主题是"牛郎织女"广为传颂的不懈动力。

爱情是所有人的共同追求，圣洁的爱情是人们共同的理想。人们以极大的热情集体创造和集体传承着以爱情为主题的故事，来寄托自己的愿望和情感，

---

[1] 夏挽群，中国民间文艺家协会副主席。

这是自然而然的事情。回望中国民间传说故事，我们会发现，凡是流传广泛的故事，多与爱情有关。"梁山伯与祝英台"是如此，"白蛇传"是如此，"孟姜女哭长城"是如此，"牛郎织女"也是如此。

爱情出于人的自然天性，这既是人与生俱来的权利，也因而使它拥有了一种正义。它与功名利禄和门阀观念无关，与市场上的买卖交易截然不同，它是不计功利、不计"支出"和"收益"的。它不因时光的流逝而变异，是一种可以让人终生不渝的情感，具有深层的类似于宗教性的力量。因此，爱情的魅力是可以跨越时空、永远不死的。

也正是由于这种原因，"牛郎织女"这个凄婉的悲剧传说，才能够触发人们广泛的同情和共鸣。最早从《诗经》起，在历代诗人的品评中，他们一方面盛赞牛郎织女勤劳淳朴的美德和真挚的情感；一方面怜其天各一方不能相会的千古愁绪。比如有诗曰："纤纤擢素手，札札弄机杼。终日不成章，泣涕零如雨。"其间也有描绘星露寒天、云海秋水的银河两岸牛郎织女的相思之情："空将泪作雨滂沱，泪痕有尽愁无歇。"还有表现对无情阻断他们爱情的天帝、王母的愤愤不平的，如曹丕有诗："牵牛织女遥相望，尔独何辜限河梁？""牛郎织女"神话之所以千古传颂，其中，追求爱情幸福的诉求和追求民主自由权力的思想因素起到了决定性的作用。

对女性情感空间的表达，是七夕文化传播的另一个动因。"牛郎织女"，以及"梁山伯与祝英台""白蛇传""孟姜女哭长城"这些长盛不衰的传说还有一个共同的特征，即对女性的讴歌和赞美，她们在这些反对封建礼教的故事中担当了主要的角色。

在封建时代，被无情剥夺追求幸福婚姻权力的首先是女性，她们在婚姻的选择上只能被动地接受，而且往往成为名利场上污浊交易的"商品"。而在上述这些故事里，通过一个个反叛的情节，对女性的情感和价值做出了形象的言说，极有创造性地开辟了一个表现女性的辽阔空间。通过对封建礼教义无反顾地抗争，塑造和诠释了她们丰富的心灵世界，给她们以意义、安慰和尊严。民众的道德观、情感态度、价值立场皆蕴含在其中。它反映的不只是一己的悲欢，而是封建时代女性共同的悲苦命运和对美满婚姻的强烈渴望。从这个意义上讲，它的思想感情倾向是对女性命运的反思。在人性和情感的问题上，无论在东方还是在西方都是相通的。所以，在西方也出现了许多类似于"罗密欧与朱丽叶"这样的故事，而且也广泛传播，得到普遍的同情。

"牛郎织女"也曾受到封建礼教卫道士们的鄙夷、讥讽和斥责，表现出他们不同的价值立场。比如有诗曰："明明天上好神仙，撮合何人误凤凰。白笠青蓑还赤脚，天孙应悔嫁牛郎。"对这个传说原有的主旨加以诘难。而且，在故事情节形成的过程中，也曾出现不少贬损牛郎织女忠贞爱情的不同版本。但这些不同声音和版本最终没有成为主流，留传下来的还是对牛郎织女真挚情感的讴歌与赞颂，是对非人道的价值立场的批判和鞭挞。这是人民的选择、历史的选择，也是人民的胜利、历史的胜利。人民还把七夕节这么重要的节日送给了苦难重重的牛郎和织女，作为对他们的褒奖，足见他们的精神在人民的生活中起到如何重要的作用。这证明了牛郎织女是与人民结合着的，也保证了在未来，牛郎织女与人民还要永远结合着。

我们说七夕是女性的节日，这从由"牛郎织女"神话沿袭演化而来的"七夕乞巧""邀福"习俗看得更加分明。"七夕乞巧"习俗从秦汉以后，在历代民间和宫廷都很盛行，它是后世人们借以抒发对织女敬仰、怀念之情的。它既是农耕社会男耕女织的社会分工的写照，也反映了女性实现自我价值的社会心理。无论淳朴无华、富有劳动人民生活情趣的民间"乞巧"，还是富丽堂皇、极尽奢靡的宫廷"乞巧"，它们都具有一个共同主题：对织女的崇拜，并由此希望自己也成为心灵手巧、才艺超凡的女子，体现出女性通过"乞巧"寻求心理慰藉和自身尊严的一种精神渴望。因此，在许多地方干脆把"乞巧节"直呼为"女节"，更加突出了七夕文化的女性主体地位。

"牛郎织女"民间传说的美学价值是它得以传续不止的另外一个因素。爱情自身是美丽的，它如诗如画，是人类情感中最精彩的篇章。人们最崇尚的是忠贞不贰的爱情，它不因外部环境的变化而变异，不因时空的转换而褪色，这是一种至高、至纯的情感，因此它也是至美的。

牛郎织女在爱的路途上遭遇了太多的苦难：天帝和王母强大的压力，天上人间的重重阻隔，冷清凄寂的滔滔银河，造成了"牵牛出河西，织女处其东。万古永相望，七夕谁见同"的万古遗恨……正是因为有了这一切，方才强化了他们情感的圣洁和坚韧，完成了一种审美上最高境界——悲剧的塑造，而悲剧永远是美丽的。

牛郎织女的婚姻是不圆满的，但正是这种不圆满使它具有了一种残缺美，而残缺美是美学的重要定律之一。

中国四大爱情故事有着几乎完全相同的结构特征：至死不渝的爱的追求，来自社会的非人道势力的无情迫害，最后以悲剧而结束。正因为此，方才能够感天动地、撼人心魄。这些故事虽然是虚构的，但他们承载的情感是真实的，真挚的情感是人性中最高贵的品性，它是一种代价高昂的脱俗的风雅和纯粹。

"牛郎织女"为什么是美的？因为它自始至终让人思考：到底什么是人类超越物质和利益的真爱。这种美的情感正是这些故事能够在人世间得以传播和延续的深层原因之一。

此外，这个故事辽远而奇幻的想象也构成了审美的环境要素。夜空无垠，银河横陈；星露寒天，双星遥望；天上人间，仙凡两隔；神牛舍生，千鹊成桥……诗化的意境，让人萌生出"银汉迢迢暗度，金风玉露一相逢，便胜却人间无数"的无限遐想。这既让人感慨系之，也使我们对这个故事的创造者——人民大众无穷的想象能力赞叹不已。所以，我们说"牛郎织女"是一个唯美主义的传说，唯美主义增加了这个故事的魅力。

我们现在进入了一个西方化、现代化的时代，欧风美雨的侵袭、重商主义和物质主义的腐蚀，使我们的社会失去了诗意，我们的爱情观、婚姻观也在不断变异和扭曲。在这样的金钱世界里，我们还需要"牛郎织女"吗？

以"牛郎织女"形象为代表的七夕节日精神强调的是爱情与婚姻的自主，

而非屈从外力；注重的是人格人品，而非权势和财富；倡导的是忠诚坚贞，而非轻薄浮浪；追求的是精神高尚而非一时情欲；赞赏的是勤劳持家而非好逸浮华。而这些恰恰就是七夕节的当代价值之所在。

"牛郎织女"是中国民间文学的一个杰作，七夕节是中国传统节日中的一个经典。对于农耕时代留存下来的难以计数的文化遗产，也许我们没有力量把它们统统保护下来，但我们起码要守护好其中的经典，为我们的农耕文化留下一种历史文化记忆，也为现在和未来提供一种永恒的文化滋养。

世界上每一个国家、每一个民族都有自己的传统节日，他们都把这些节日看成是自己的历史记忆、文化认同、身份印记的重要标识，加以精心的维护和传承。作为文明古国的华夏民族更应该以足够的文化自尊和文化自信，根据现代社会的特点，深入思考和研究我国城乡不同群体的节日需求，认真发掘传统节日的文化内涵，复兴我们民族的传统节日精神，打造既富有浓郁民族特色，又适合现代文化生长的节日形式，注入当代文明元素，酝酿风雅，荟萃文明。

我们希望拥有几千年历史的七夕节永远与我们相伴相随。

传统节日层累的建构性——以内丘七夕节为例

马 兰[①]

节日民俗最能体现地域性特征,从节日饮食、信仰对象、民间艺术等诸多角度体现一个地方民众的生活方式,从而彰显其民俗文化的地方性。在现代化背景下,地方节日文化并没有全面崩溃,相反,在新时代人们不但接续以往的节日传统,同时建构着新的节俗,传统节日是一个地方社会发展的历史基础。内丘"七夕"祭祀活动、天棚地棚图、摩侯罗、乞巧等节俗不仅透视出传统七夕节俗的历史延续性、民族性,而且今日的爱情山、"中国情人节"、歌唱晚会等节日内容不断为内丘"七夕"注入新的元素,不断涌现的若干新的文化事象,持续建构新的节日象征体系。分析内丘"七夕"呈现出不同时代的民俗事象与民俗心理,有助于深刻理解节日文化层累建构的过程。

一、天棚图:观星授时与男耕女织的社会分工

内丘天棚、地棚的剪纸艺术是最具地域特色的民俗艺术,在宽约5.8尺、长约8.6尺的纸幅上,展现当地人对天地的想象。天棚图实际上是一幅七月星空图,在鹊鸟搭就的银河两岸,分别是月亮与织女星、太阳与河鼓星。

星星幻化为七夕浪漫故事的主角——牛郎与织女之前,与上古先民曾经观星授时的历法制度紧密相关。《夏小正》历来被认为是非常古老的华夏岁时文

[①] 马兰,河北大学文学院副教授。

献，书中按照一年十二个月的顺序，记载了每个月的物候、天象、节庆和农事。书中最早提到织女星"七月，汉案户……初昏，织女正东乡"，注释说"汉"即"河"，就是银河，"案户"即"正南北"，就是说银河在初昏时候于天空中形成南北走向，恰好正对着朝南开的门户，标志着七月份的来临。东汉崔寔的《四民月令》是东汉时期叙述一年例行农事活动的专书，书中记载："七月……处暑中，向秋节，浣故制新，作袷薄，以备始凉。"说七月要制备新衣，以备秋季御寒了。《诗经·豳风·七月》记载："七月流火，九月授衣……七月鸣䴗，八月载绩。载玄载黄，我朱孔阳，为公子裳。"意为七月看到大火星西流，伯劳鸣叫，八月份开始织布，九月份开始制备寒衣，一幅按岁月安排开始织绩的劳作图，显示七月份妇女即将进入繁忙的工作了。七月是属于女性的月份，七夕主要的民俗活动就是乞巧，而农耕时代，妇女巧不巧就看其女红做得怎样，所以每到此日，人间女子仰望星空，设瓜果遥祭织女星，穿针引线，梦想获得巧技。织女星原来是七月星，古人观星指导人间劳作，久而久之，赋予织女星以某种神力，竞相遥拜。

文献记载，最早牵牛星是在《诗经·小雅·大东》中记录："跂彼织女，终日七襄。虽则七襄，不成报章。睆彼牵牛，不以服箱。"这里以玩笑的口吻说天上的织女星虽然三只脚，忙忙碌碌一天移动七次，但是织不出好花样；牵牛星虽然亮晶晶，可是拉不得车马。诗文将织女星和牵牛星首度牵手。隔河而望的这对情侣看来在西周以前就已经进入了人们的视线。

内丘剪纸天棚图恰恰展示了织女与牛郎隔河而望、鹊鸟于银河上搭建鹊桥促成这对夫妻重逢的图景。织女星、三角形河鼓星与蓝月亮相伴，牵牛星、菱形织布梭星与红太阳相伴，人们想象牛郎织女跨过银河得以重逢，希望日夜相伴相守。

这幅天棚图中的织女星和牵牛星揭示了上古先民观星授时的生活实践，银河鹊桥又丰富了人们对牛郎织女重逢的无限期待与想象。

二、地棚图：鱼戏莲、摩侯罗与增殖巫术

"在中国语言中，尤其在民歌中，隐语的例子很多，以鱼来代替'匹偶'或'情侣'的隐语，不过是其间之一。"闻一多《说鱼》在讲到《江南·江南可采莲》一词的时候说："'莲'谐'怜'声，这也是隐语的一种，这里是鱼喻男，莲喻女，说鱼与莲戏，实等于说男与女戏。"用鱼来象征配偶，看重的是鱼的强大繁殖功能，华夏民族非常重视子嗣，以"鱼戏莲"来隐喻男女之事，希望人丁繁衍，正是中国人对人类繁衍意识的一种形象化表达。地棚图案上的青蛙与蝌蚪，也是生殖崇拜的意象化，青蛙也是一种繁殖能力很强的动物，这更加证实了地棚图传达的是当地民众对人的繁衍、旺盛生命力的祈愿。

内丘七夕节物中有个"摩侯罗"[①]，摩侯罗作为七夕的节物，在宋代已经出现了。《东京梦华录》记载："七月七夕，潘楼街东宋门外瓦子、州西梁门外瓦子、北门外、南朱雀门外街及马行街内，皆卖磨喝乐，乃小塑土偶耳。"时过境迁，这个小泥孩儿为什么会出现在七夕节日里呢？回到历史语境中，我们可以窥见这个小人所传递的文化意涵。唐代《岁时纪事》中记载："七夕，俗以蜡作婴儿，浮水中以为戏，为妇人生子之祥，谓之'化生'。"可以看出"弄化生"是唐代七夕节俗里的一项求子巫术。唐代既有的"弄化生"习俗，到宋代的时候跟来自西域的摩侯罗已经叠合到一起了。

"鱼戏莲"、青蛙、摩侯罗这些富有生殖崇拜意涵的象征意象，在内丘人的七夕节俗中沉淀下来，地棚图与人们对摩侯罗的崇拜，两相互证传达出人们生殖崇拜的古老信念，使我们更加坚信内丘七夕节俗蕴含着深刻的民族文化意涵。同时证明传统民俗文化作为根脉文化的持久生命力虽然在今天七夕节俗中破碎地呈现，但依然使我们窥见节俗历史传承的一条实证线索。

通过"天地棚"来祭祀，是民间曾经流行的一种普遍的祭祀天地神祇的仪式。河北多地的县志显示了这一传统仪式概貌：

[①] 关于摩侯罗的来历可以详见刘宗迪《七夕》，生活·读书·新知三联书店 2013 年版。

清雍正八年（1730）《邱县志》刻本中记载："除日易门神桃符，扫庭阶，搭祀天地棚，张挂祖先图像，检点品物，为元日祭拜之用。"①

清光绪十二年（1886）《遵化通志》刻本记载："雅俗岁除，供神马曰天地纸，村舍结棚曰天地棚，五日而撤祭。"②

民国二十二年（1933）铅印本《沧县志》记载："腊日……秫簿中置香炉，供黄纸牌位，书面燃大士，而名之曰天地棚。"③

目前没有材料显示内丘县过去是否在腊日、除夕搭天地棚祭祀神祇，但从现今七夕节的"天地棚"仪式来看，这或许是人们的"文化惯习"④，即潜存于社会有机体内的一些文化惯习，一旦外在条件适合，就会破茧重生并得到不同程度的恢复和发展。

三、天河山七夕爱情文化节：新时代婚恋观

一些节日无论我们怎么强调它的"传统"，节日之所以能传承，归根到底是由于已经融入的"现代因素"使传统再现生机。中国大多数传统节日是基于亲情的情感维系：清明的祭祖、中元节祭祖、春节、中秋合家团圆、重阳敬老。温情有余而浪漫不足，在崇尚自由的当下，婚恋自由成为一个社会开明度的表征。在中国传统节日里，与男女之情最接近的莫过于七夕了，由于七夕承载的牛郎织女的传说故事，更加拓展了人们想象的空间，这样一个原本有点悲戚的传说，在注入新时代的婚恋观后，焕发出浪漫的生机。由于封建时代受中国传统儒家道统及阶层门第观念的约束，人们的爱情表达方式含蓄，个体没有选择

---

① 《邱县志·地理志一》，清雍正八年刻本，第66页。
② 《遵化通志》卷十五上，清光绪十二年刻本，第718页。
③ 《沧县志》卷十二，民国二十二年铅印本，第1694页。
④ "惯习"是法国社会学家布迪厄提出的一个概念，所谓的"惯习"，就是"知觉、评价和行动的分类图示构成的系统，它具有一定的稳定性，又可以置换，它来自社会制度，又寄居在身体之中"。见［法］皮埃尔·布迪厄《实践与反思——反思社会学导论》，华康德译，中央编译出版社1998年版，第171页。

爱情的自由，因而催生了牛郎织女这类爱情悲剧，所以这个节日能适应传统社会生活而传承。传统节日要在当下复兴并获得生机，一定要在既有的本源文化基础上，注入现存社会制度支持且为大众认可的意识，才能实现"传统文化的再生产"。七夕节日意涵很多，唯独"牛女相会"的情节被无限放大，是由于这一浪漫的团聚想象最契合当下人们的自由美好的婚恋观。"情侣节""中国情人节""爱情文化之乡""爱情文化节""晒爱情"，这些节日主题不仅传达出当下人们美好的爱情观，而且相应的活动能够吸引节日的主体——年轻人，从而使传统七夕获得新的生命力。

传统节日民俗是层累地造成的。在不同的时代语境下，节日被添加新的元素，并被赋予新的意义，每一种节日事象都有其特有的文化含义，传统节日不但承载着过去的文化信息，也因当下的不同需求建构着新的文化含义，从而使节日的文化意涵愈来愈丰富。认识到节日层累建构的事实，使我们不仅更加尊重传统节日中的传统因素，还会更加积极地发展它适应当下需求的新意涵。

传统与现代文化碰撞下的七夕嬗变

吴 桐[1]

民俗文化是中华传统文化的重要组成部分,是普通民众生活文化的集体体现,蕴含着本民族传统文化的精神内核。它是一个民族的发展根基,是识别民族个性的独特的身份证。

随着时代的发展,信息迅猛传递,世界文化出现前所未有的交融互通,西方文化的涌入时时冲击着我们的传统文化,其中也包括对我们传统节日的影响;现代文化与传统文化也出现强烈碰撞。如何让传统节日在当下依旧受到青睐,如何让"牛郎织女"这个具有浪漫色彩的传说在当下发挥出真正的作用,让七夕传统节日弘扬传承下去,我们需要从多方面探讨和实施。

本文试从传统与现代文化碰撞产生的七夕嬗变,探讨七夕传统节日在传承发展中应做出的变革。

一、现代爱情观与七夕爱情观有冲突

现今年轻的一代受各种思潮的影响,对于爱情也有了不同于前辈的观念和表达。传统的七夕文化歌颂了忠贞不渝的婚恋观,体现了人们对理想爱情的向往和追求,人们相信的是"两情若是长久时,又岂在朝朝暮暮",是"几许欢情与离恨,年年并在此宵中"。人们是用执着坚守来对抗漫长的岁月,是用心灵

---

[1] 吴桐,原名吴翠华,张家口市民间文艺家协会主席。

的等待来完成对爱情的救赎。

而现今的年轻一代，大部分已将"两情若是长久时，又岂在朝朝暮暮"否定，他们相信"陪伴是最长情的告白，相守是最真实的幸福"，他们认为"爱她（他）就多陪陪她（他）"。他们对爱的表达更直接、更明确，对爱情的理解与追求已经异于上一代。现在交通工具的快捷、通信技术的发达，使得距离已不是问题。交友范围的多元与扩大，现实生活的艰辛与压力，让他们的爱情处于不安定的考验中，因而，他们不能忍受离别，要用两人的相守来共同对抗那些复杂的诱惑与生活的重担。

因此说，如果依然用传统的守候离别作为爱情责任心的考量来判定爱情是否忠贞，无疑是与当下爱情观有矛盾的。

二、传统七夕风俗在当代受到冷落

民俗是在稳定的传承中变异的，没有一成不变的民俗，七夕的风俗习惯也在不断演变着。七夕节日中的很多风俗源于汉代，兴盛在唐宋，唐宋文化的兴盛也体现在诸多民俗节日中。七夕产生了大量的诗词歌赋，它们赋予了七夕更美好的想象，也充分体现出汉文化的内涵。七夕的风俗习惯有很多，主要有穿针乞巧、投针验巧、种生求子、晒书晒衣、拜织女、拜魁星等等。"乞巧"是七夕的主要内容，这一习俗在民间广为流传，长久不衰。在宋元时期，七夕乞巧更是隆重，城中还设有乞巧市。到了七夕前夕，乞巧市上人山人海车水马龙，这表明古人十分重视七夕，从另一个侧面说明，当时的手工艺在社会生产活动中占有重要地位。巧手的女子及工匠是备受推崇的，因为他们担负着织造生活用品的重要任务。这一点充分说明，风俗活动与实用紧密相连。

随着社会生产力的逐步提高，生产工具越来越现代化，与生活相关的各种产业也越来越发达，社会分工越来越细。女性参与社会劳动的项目越来越丰富，已远远超出"女红"范畴。如果仅以织绣巧手等方面来判定女子是否聪慧贤淑，显然也与当下女性的智慧有了冲撞。因此，乞巧的习俗在当下的生活中，因为缺乏了实用性渐受冷落。

三、七夕神话传说在当下的影响与传播式微

中国很多的民俗节日都伴有动人的神话传说，这些传说不仅为节日带来神秘的想象，也以生动丰富的寓意，有着普及教化作用。

牛郎织女的传说为七夕赋予了浪漫的爱情宣言，多少年来成为忠贞爱情的典范代代流传，我们这一代也是听着中国传统民间故事长大的，那时候，传统历史故事、民间神话传说是主要的精神来源，那些忠勇侠义、善良仁爱的人物形象也成了我们人生的榜样。但是随着西方文化的涌入，民俗节日里的动人传说也在被忽略。孩子们的枕边多是《格林童话》《安徒生童话》，电视被日本动画片、美国动画片占领，孩子们很少再听到妈妈指着天上的星空，讲述牛郎织女、后羿嫦娥的故事。中华传统文化、传统价值观被迅速冲击，可以说，我们传统文化教育的整体弱化是从童话故事开始的。

基于这样的问题与矛盾，我们应从多方面寻求传统节日文化与当代文化的融合，顺应民俗传承发展的规律，找出对策：

（一）弘扬传统文化，文化教育界先行

民俗文化作为传统文化的重要组成部分，直接影响着中华民族文化的兴衰。继承和发扬本民族文化，代表着民族文化精神的延续。当前，继承和弘扬优秀的传统文化已成为各国人民的共识，因而，政府的文化引导有着很重要的作用。

在当前这种形势下，政府部门、文化界、教育界应率先行动起来，给予传统文化节日多方面支持，全方位形成文化影响力。七夕节蕴含着丰富的民俗事象，有着多方面的精神内涵，理应得到很好的保护。在传统文化内核的指引下，应充分拓展活动形式，首先让节日活起来。可以举办多种形式的活动吸引年轻

一代的积极参与，由政府出面，鼓励嘉奖在弘扬传统文化方面做出特殊贡献的人，尤其要发动年轻一代开展传统节日相关创意活动，并给予奖励。历史上，也是有了皇家宫廷的做法，民间才争相效仿，这些由官方启动的文化措施会更有影响力。

（二）运用网络传播力弘扬传统节日文化

网络的海量信息给传统文化知识带来丰富的储备。由于网络的便捷快速，年轻一代在遇到民俗事象的时候，很少从书本上寻找答案，而是从网上搜索，最快捷地找到自己要掌握的信息和民风民俗。《晏子春秋·问上》："百里而异习，千里而殊俗。"东西南北各地存在的风俗有大同有小异，这些风俗大多可以在网络上查找到。这给节日的风俗习惯带来信息共享，也让各地风俗出现了南北借鉴、相互交融的趋势。

我们可以做的，首先是将有关传统节日风俗，在网络上广泛发布，让年轻一代能迅速查找到。其次，运用强大的制作软件，将我们的传统节日做成系列微视频，将这些传统神话故事人物按照现代审美进行重新塑造，以精美的动画形式把优美的故事传说再次推向孩子们。这些小视频的制作可以加入七夕特有的自然现象，例如这一天喜鹊很少见，是什么原因出现了这种自然现象？难道喜鹊真的去银河搭鹊桥了？有一种解释说见不到喜鹊是因为经过一个炎热的夏天以后，喜鹊因为天气变冷要换羽毛了，所以躲在窝里换毛，羽毛没换好不漂亮不便出门飞行，造成七夕这天看不到喜鹊。当然这种说法也是没有被证实的，但是这一自然规律却几千年没有变。这些神奇的自然规律、自然现象可以给孩子们种下探索的种子，起到引导学习的作用。同时，也可以利用抖音这些软件制作小视频，扩大七夕在年轻一代中的影响力。

（三）让中华传统故事书回到孩子们的枕边

一个人儿时接受的教育，对他一生的影响是重大的。童年时读的书、受到的价值观影响，会成为文化基因植入心灵。

我们不否认那些优美的西方童话寓言是世界文学宝库的珍贵遗产，但我们在引进西方文化的同时，不应冷落了中国传统幼教故事。我曾经在亚马逊网上搜索过，中国传统神话故事书寥寥无几，版本也极少；但是《格林童话》《安徒生童话》等有各种各样的版本，许多出版社都在推出，其发行数量远远超出中华传统故事。针对这种现象，我觉得我们首先应该从孩子们的枕边书做起，按照现代的语言阅读习惯重新编辑整理优秀的中华传统故事，将牛郎织女、嫦娥奔月等美丽的传说进行再梳理，打造成适合孩童阅读的系列民间神话传说、民间寓言故事等。按照当代的审美需求进行书籍装帧设计，插图、插画不要停留在传统的人物形象上，应以孩子们喜欢的卡通动漫形象来表达传统人物，满足家长的品位要求，提高孩子们的阅读兴趣。

（四）七夕民俗活动的打造要符合当下需求

让七夕成为中国的爱情节是近年来一直提倡的，而且逐渐得到了整个社会的响应。虽然牛郎织女的爱情与如今很多年轻人的爱情观有了很大的不同，但"鹊桥会"是人类对忠贞爱情的向往与仰慕。爱情的主题依然是七夕节日的主题，所有的民俗活动围绕"爱"来打造，应是不变的方向。

让非物质的节日与物质的活动形式结合，才能使得民俗活动与日常生活不脱离。因此在打造七夕民俗活动时，不仅要以传统风俗活动为蓝本，也要与时尚活动相结合。

随着现代社会职业的细化、商品的丰富、购买的便捷，使得大多数女性不用再掌握多项生活技能也能够解决生活中的问题。女性不再负责缝缝补补的任务，制衣纹绣仅仅是小众的爱好。因而，大多数女性对于"穿针乞巧"这样的活动，只能成为看客，缺少参与度。如此，打造一些织绣体验馆，在七夕节日里重点推出为爱人亲手制作绣帕、缝香包、车饰挂件等有实用性的生活用品，可以引起年轻一代的兴趣。围绕七夕神话传说创作开发符合现代审美的生活用品，以物质的形式将七夕文化渗透到生活中去，都是将七夕节日具象化的措施。另外，吃巧果、穿汉服、走鹊桥等活动，都可以通过商业操作得到年轻人的响应。

当前，在西方节日的喧嚣过后，特色鲜明的汉民族传统节日又引起了年轻人的兴趣，因而，传统文化的宣传推广结合商家的商业运营，让节日热闹起来，是可以让中国传统节日再度复兴的。"要让民间文化获得持久生命力的唯一动力就是让民间文化融入现代生活，融入广大人民群众的文化需求、文化体验、文化消费之中，文化只有活在当代，才可能走向未来。"①

不能与当代文化相融合、整合的传统文化，是被孤立的文化；不能与当下文化接轨的传统风俗，终会远离民众，走向衰落。因而，积极做好文化宣传引导，探索民间文化产品的开发，营造民俗节日氛围，促使民间传统节日成为活态的存在，才是传统节日生存发展的保证。

---

① 汪振军：《民间文化的创造性传承与创新性发展》，《长江文艺评论》2018年第3期。

内丘七夕文化内涵探析

张俊敏 [1]

中国传统节日文化是中国传统文化的重要组成部分。中国传统节日的生成往往和神话传说、农事耕作联系在一起，逐渐形成以固定日期的民间祭祀活动为主体的民俗文化事象。节日文化中不仅蕴含着各个民族的价值观念、思维模式、生活习俗和信仰，也表现出人们对理想的追求、对美好生活的向往。冯骥才先生讲道："节日的本质是精神的。看似是一些民俗形式，实则是人们在高扬心中的生活情感与理想。这里边有民族和民间的精神传统、道德规范、审美标准和地域气质。"随着时代的发展变迁，传统节日在传承的过程中结合其"民族和民间的精神传统、道德规范、审美标准和地域气质"，不断地被赋予新的内涵和精神，呈现出不同地域节日民俗事象的多样化特点。

中国七夕民俗文化是源自星象幻想而逐渐形成的牛郎织女传说。先秦时期，我们的祖先就表现出对与农业生产息息相关的天文气象、季节更替的关注，尤其对浩瀚神秘的宇宙空间充满了好奇和敬畏，力图破解星象奥秘进而主宰自然。人们通过观测天象来判断时间、方位、节气，还将天象与人事、农事相沟通以预测吉凶，并幻化出很多与星辰相关的神话传说。上古时期，就有一些以部族中杰出人物命名的星辰名，如轩辕、造父、傅说等。《左传·昭公元年》中也记载有关于辰、参二星的传说：帝喾有两个儿子叫阏伯和实沈，阏伯与其弟实沈不和，常动干戈，相互征讨。帝喾无可奈何，将阏伯封于商丘为"火正"，封

---

[1] 张俊敏，河北大学文学院副教授。

号曰"商";差实沈到大夏,使兄弟终不得见。阏伯死后被称为商星,实沈死后被称为参星。二星在空中遥遥相对,一个落下的时候,另一个才升起,成语"兄弟参商"就比喻兄弟间不和睦。在诸多与星辰有关的神话传说中,牛郎织女的爱情传说是最为优美且流传地域最广的一则。

牵牛织女最早为星辰之名出现在《诗经·小雅·大东》中:"维天有汉,监亦有光。跂彼织女,终日七襄。虽则七襄,不成报章。睆彼牵牛,不以服箱。"仰望天上的银河,光明可见。三足鼎立的织女星,一天七次移位。虽然一天七次移位忙,但最终不能织成美丽的文章。再看那明亮的牵牛星,也不能拉车载箱。这是西周时期一首由天象定人事的政治批判诗,运用循名责实的手法,通过描写织女牵牛两星表达出对上层统治者徒具其名不具其实的嘲讽。由诗意而知,西周时期已有牵牛、织女之星辰名,并将星象与具体的人或物相对应,赋予他们社会职能。

先秦时期,由于生产力低下,人们对自然的认知相对贫乏,无法驾驭变化万千、神秘莫测的自然,因此产生对自然物和自然力的敬畏和崇拜,基于祈福禳灾的美好愿望,幻化出各种自然神,如天帝、太阳神、雷神等。人们在承认他们具有神力的同时,还将其人格化,赋予他们人的形象和人类的感情,演化出一个个优美的人与神或者神与神之间的爱情故事并用于祭祀。如屈原的《九歌》十一篇作品除《礼魂》是送神曲外,其他的各篇都是在写自然神,如天神、太阳神、河伯、山鬼、大司命、少司命等,这些作品是根据楚地民间祭歌的形式写成,说明楚地民间早已流传这些自然神的爱情神话传说。牵牛织女神话传说的形成亦是如此。先秦时期不仅确定了牵牛织女的星辰之名,并根据其职能确立了星神的形象。织女是统管纺织的星神,"主经纬丝制之事"(《开元占经》);牵牛与牛和拉车相对应,是牛的保护神,"牛星不明其常色,其岁五谷不成,牛多灾凶"(《开元占经》)。进而民间根据牵牛织女星的星位进行想象,创作出牵牛娶织女为妻且最终分离的神话传说。1975年在湖北云梦县睡虎地出土的竹简《日书》中记载:"丁丑、己酉取妻,不吉。戊申、己酉,牵牛以取织女，不果，三弃。"又"戊申、己酉，牵牛以取织女而不果，不出三岁，弃若亡"。可见，先秦时期已有牛郎织女故事的雏形，并由此占卜戊申、己酉娶妻不吉。

汉代，牵牛织女的故事初具规模。《古诗十九首》中有诗："迢迢牵牛星，皎皎河汉女。纤纤擢素手，札札弄机杼。终日不成章，泣涕零如雨。河汉清且浅，相去复几许！盈盈一水间，脉脉不得语。"此诗借牵牛星和织女星因被银河阻隔不得相会的传说，抒发了夫妻离别相思之情。西汉刘向《淮南子》中亦有"乌鹊填河成桥而渡织女"的记载。及至魏晋南北朝时期，牛郎织女的故事情节得到了进一步的丰富，南朝梁任昉《述异记》中记载了牵牛织女的完整故事："天河之东，有美丽女人，乃天帝之女，机杼女工，年年劳役，织成云雾绡缣之衣，辛苦无欢悦，容貌不暇整理。天帝怜其独处，嫁与河西牵牛之夫婿，自后竟废织纴之功，贪欢不归。帝怒，责归河东，但使一年一度相会。"

随着牛郎织女的故事流传地域的不断扩大，为满足民众的精神需求，故事情节由神话逐渐走向民间，在保留其故事原型结构的基础上不断地进行艺术加工，更加符合普通大众男耕女织、生儿育女、家庭和谐的审美愉悦。故事中织女的形象仍确立在神的地位，下凡人间。牛郎的形象由原来神话传说中的星神角色转换为人间的普通穷小子。鹊桥为连接天与地、人与神的一条纽带。七月七日牛郎织女相会之日也成为一个人神相通的特殊日子被道教所重视。例如，东汉班固《汉武故事》中记载了七月七日汉武帝与西王母相会之事："七月七日，上于承华殿斋，日正中，忽见有青鸟从西方来，集殿前。上问东方朔，朔对曰：'西王母暮必降尊像，上宜洒扫以待之。'……有顷，王母至。乘紫车，玉女夹驭，载七胜，履玄琼凤文之舄，青气如云，有二青鸟如乌，夹侍母旁。"汉武帝好神仙方术、寻仙问药，西王母是神仙，也是道教的象征。七月七日，汉武帝与西王母相会，以求长生不老之药。另有《列仙传》中记载了王子乔等几位仙人于七月七日得道飞升之事，如："王子乔者，周灵王太子晋也。好吹笙，作凤凰鸣。游伊洛之间，道士浮丘公接以上嵩高山三十余年。后求之于山上，见桓良曰：'告我家，七月七日待我于缑氏山巅。'至时，果乘白鹤驻山头，望之不得到。举手谢时人，数日而去。"又如："陶安公者，六安铸冶师也，数行火。火一旦散，上行，紫色冲天。安公伏冶下求哀。须臾，朱雀止冶上曰：'安公安公，治与天通。七月七日，迎汝以赤龙。'至期，赤龙到。大雨，而安公骑之东南，上一城邑，数万人众共送视之，皆与辞决云。"

道教是中国的本土宗教，源自古代巫术和秦汉时期的神仙方术。河北是中国道教的发祥地之一，从东汉灵帝时钜鹿（今河北平乡县）人张角创立太平道开始，道教因其庞大的神仙群和世俗化的特点有着广泛而深厚的民众基础。河北内丘民间有着浓厚的"崇神"传统，基于"万物有灵""神为我用"的思想观念，家家户户供奉神码，这是民间"崇神"的重要表现形式。内丘神码内容丰富多样，凡是纳入认知体系中的一切事物均有神灵，包括自然神、生活神和儒释道神等都在祭祀的范围之内，这种泛神论的观念源自人们对自然的崇拜敬畏以及对美好生活的期望追求。既然七月初七是道教所重视的仙凡相通、人神交会的特殊日子，自然而然地被"崇神"的内丘人所重视，也构筑了内丘具有地域特色的七夕节俗文化。

"传统节日民俗的文化主题是特定文化空间的传统文化活动和特定群体传承的民俗活动，它脱离不了物质文化载体，又表现出重要的非物质文化特性。"[1] 内丘七夕祭祀就以玉皇庙庙会为载体并相辅相成，成为庙会活动重要组成部分。众所周知，七夕是以女性为祭祀主体的节日，据典籍记载，七夕乞巧求福场所多为庭院楼阁，如葛洪《西京杂记》中的"开襟楼"，《舆地志》中的"穿针楼"以及元代陶宗仪《元氏掖庭录》中的"九引台"等等，而内丘七夕祭祀的场所为玉皇庙。玉皇庙为道教庙宇，主殿为玉皇殿，供奉玉皇大帝，另供奉有王母娘娘、三圣母、三皇姑、后土奶奶等道教神祇。玉皇庙为内丘七夕祭祀的文化空间，据《星经》记载："织女三星在天市东，常以七月一日、六、七日见东

---

[1] 王小明：《传统节日民俗与"文化空间"的整体性保护——以玉皇阁重阳节"登高"情结为例》，《天津大学学报（社会科学版）》2013年第3期。

方。"织女星第一次在天空正东方出现是在七月一日，预示夏秋的交替，夏终秋始。以七夕文化为主题的玉皇庙祭祀活动从七月初一开始起棚，香客络绎不绝，一直到主祭日七月初七的天棚地棚祭祀结束。内丘七夕祭祀以玉皇庙庙会为载体，充分体现了我国农耕社会状态下节俗与民间宗教信仰相融合的存续状态。

民谚云：十里不同风，百里不同俗。七夕民俗事象在其流变过程中与各地的民俗文化相融合，形成了不同的乞巧求福模式。内丘七夕祭祀采用独特的符号化剪纸祭祀仪式。内丘"天棚地棚"剪纸祭祀自明隆庆年间传承下来，通过制作、祭拜、焚烧剪纸祭品的形式向神灵表达崇敬的心意。玉皇庙庙会频繁，不同庙会会制作相应的剪纸祭品以祭祀，尤其以七月七庙会天棚地棚剪纸祭祀最为盛大。天棚地棚的剪纸祭品由信徒中的"师傅"独立完成，其他信徒协助粘贴。制作之前，"师傅"要净身祷告，凭借信仰渐入神境，剪裁出祭祀图案。天棚是在16张拼接黄纸上用天门、银河、日月星辰、喜鹊等剪纸图案整体构图。红日为阳，中有男人形象，代表日神；蓝月为阴，中有女人形象，代表月神。在日月辉映下，牛郎织女二星分立"S"形银河两边，隔河相望，辅以银河中的五彩鹊桥和星云等图案。地棚是在黄纸上以地门、莲花地母、摆船童子等图案整体构图。天棚地棚剪纸通过概括、抽象、神秘的符号艺术表达了中国传统阴阳相合、天人合一的文化内涵。

人神相通的祭祀模式早在先秦时期就已盛行，先民由于对自然的崇敬和对生活的美好祈愿，想象出具有各种职能的神灵，而"巫"就是沟通人与神的媒介。许慎《说文解字》解释"巫"字："巫，祝也。女能事无形，以舞降神者也。"巫以歌舞吟咏降神，具有与常人不同的与鬼神沟通的能力，在祭祀中游离于人神之间。刘永济在《屈赋通笺》中说："古者，人神之交，以巫为介。巫以歌舞迎神，且必象神之服饰器用，以致其来，及神降而附诸巫身，又必代神之语言动止，以告休咎。"这种人神相通的巫祭仪式从古至今从未间断，巫术以不同形式存在于宗教之中得以保存和延续。韦伯认为："信仰附着于所有与祭祀的发展有关的巫术里。"[①]内丘七夕天棚地棚祭祀就是通过"功"的形式以达到人神相通。玉皇庙七夕祭祀主体为玉皇庙信徒,被称为"行好的""善友"。"行好"是当地对到庙中上香跪拜行为的称呼,"行好的"因共同的道教信仰成为一个团体,被称为"一船人","一船人"的主持人称为"师傅"。玉皇庙"一船人"信仰玉皇大帝,每月初一、十五都会到玉皇庙上香、参拜,并负责玉皇庙的信仰活动。忠诚的信仰,频繁的行好,甚至使她们具有了与神沟通的能力。七月七日大祭之日,她们将剪贴好的天棚地棚平铺于玉皇殿前搭起的棚子内,信徒即兴说唱,或诠释天棚、地棚图案内容,或演绎牛郎织女的神话传说。边唱边舞为"跑功",边说边唱为"说功",边哭边诉为"罚功",边解边劝为"劝功"。通过做"功"的方式达到人神的交流,表达对神的崇敬,祈求婚姻美满、儿女双全、家庭幸福。

中国传统岁时节日起源于农耕时期的原始崇拜,被"视为人类与天地鬼神相对话,与神话传说信仰娱乐相交织的时间纽结"[②]而具有神秘性。随着时代的发展,中国传统节日的原始意义逐渐淡化甚至消失,大多演化为以娱乐为主的良辰佳节。而内丘七夕将传统七夕民俗事象与地方民间俗信相结合,以独特的天棚地棚祭祀模式构建人神相通的桥梁,也是七夕节日原始宗教信仰的回归。

---

① [德]马克斯·韦伯:《中国的宗教 宗教与世界》,康乐、简惠美译,广西师范大学出版社2004年版。
② 杨义:《中国叙事学》,中国社会科学出版社2006年版。

牛郎织女传说的在地化与故事母题链接

黄景春　周　丹[①]

民间故事具有很强的黏附性。同一母题的故事，在不同地域黏附着不一样的地方性母题，形成在地化发展，具有鲜明的地方文化特色。故事集中黏附于特定的人，造就所谓"箭垛子式人物"；集中黏附于特定地点，便成就一方名胜古迹。通过这样的黏附，单个故事从名人、胜地获得传播能量，从而推动故事的在地化。牛郎织女传说是我国四大民间传说中历史最悠久的一个。它本是星宿神话，后来逐渐落地人间，牛郎在人间有家乡，是特定村落的始祖，织女也跟一些山川湖泊有了特殊的关系。古老的故事与地方传说发生多层次的母题链接，生长出新的情节枝干，产生多姿多彩的面貌，为故事演变注入新的活力。

一、牛郎织女传说的演变

在探讨牛郎织女传说的在地化发展与故事母题链接问题时，有必要对它的起源和发展进行一番梳理。故事原本发生在天上，不存在"牛郎织女故事是从我们这开始的"这一说法，但是该传说拥有广袤的流布区域。

（一）天河、织女、牵牛

先民对星辰的观察非常之早，也非常敏感。他们仰望夜空，用自己的生活

[①] 黄景春，上海大学文学院教授；周丹，上海大学文学院博士。

体验赋予星辰人格魅力,将星宿神化是牛郎织女传说的起点。《诗经·小雅·大东》中已见萌芽:"维天有汉,监亦有光。跂彼织女,终日七襄。虽则七襄,不成报章。睆彼牵牛,不以服箱。"此处已经清晰可见"天汉""织女""牵牛",织女应该织布,牵牛应该拉车,它们分布在天河边上。此时的牵牛、织女还只是两颗星宿,但已被人化、动物化。这是产生进一步想象的开端。《毛诗正义》对此有所解释:"今织女之星,驾则有西而无东,不见倒反,是有名无成也。又睆然而明者,彼牵牛之星,虽则有牵牛之名,而不见其牵牛以用于牝服之箱也。"但是,织女星的"不成报章"和牵牛星的"不以服箱",已为后世的发展提供了联想的线索。他们首先被描述成天神。《春秋·运斗枢》载:"牵牛,神名略。"《春秋·元命苞》篇言:"织女之为言,神女也。"当他们被人化,牵牛被说成牵牛郎,织女被说成织布女子的时候,他们隔河相望,很容易被联想成一对恋人。对应于男耕女织的家庭结构,把他们说成一对恋人更符合社会生活的模式,于是,一桩美丽、动人的爱情故事就酝酿成型了。东汉末年的《古诗十九首·迢迢牵牛星》云:"迢迢牵牛星,皎皎河汉女。纤纤擢素手,札札弄机杼。终日不成章,泣涕零如雨。河汉清且浅,相去复几许。盈盈一水间,脉脉不得语。"诗中的牵牛、织女相思甚苦,出现了"泣涕零如雨"的情景。洪淑苓认为,到了《迢迢牵牛星》的时代,"银河、织女和牵牛三者的结合关系在这里已经孳乳出如此悲苦动人的情节。"曹丕的《燕歌行》重点也是感叹"牵牛织女遥相望,尔独何辜限河梁"的苦恋悲情。

(二)七月七日相会

汉代以后,牵牛和织女无一例外都是每年的七月七日夜相会。它的源头可以上溯到《大戴礼记·夏小正》:"七月,汉案户,初昏,织女正东向。"俞正燮《癸巳存稿》曾做过解释,该书《七夕考》云:"盖七月夏时,日在角,初昏汉直,则牵牛居东,织女正,则必东向。"七月里织女星自然变动,形成与牵牛正面相对的景象，这让七月成为一个时间节点，人们展开想象，说他们此时相会。至于说正好是七月初七，这跟中国节日体系的形成特点有关。中国的好几个节日都是月、日重合的。

东汉应劭《风俗通义》云："织女七夕当渡河，使鹊为桥。"（此句已佚，唐韩鄂《岁华纪丽》引）这表明，到东汉后期，牵牛、织女不仅是恋人，还是一对夫妻，他们在每年七夕之夜相会一次。为了让他们相会，喜鹊为他们搭桥。曹植《九咏》曰："牵牛为夫，织女为妇。织女、牵牛之星，各处河鼓之傍，七月七日乃得一会。"晋初傅玄《拟天问》曰："七月七日牵牛织女会于天河。"（此诗本佚，《荆楚岁时记》引）汉末魏晋时期，牛郎织女的夫妻关系已经明确，且两人每年七月七日相会一次。《荆楚岁时记》载："七月七日，为牵牛、织女聚会之夜。是夕，人家妇女结彩缕，穿七孔针……以乞巧。"在民间想象里，天上的织女掌管着纺织的重任。人间女性的首要大事也是女红，所以当七月七日织女与牵牛在天上相会的喜庆之际，妇人们便在地上乞巧，求织女保佑她们女红技艺精巧。

（三）喜鹊搭桥

上古先民很早就对鹊做了仔细观察，文献中"鹊"的出现十分悠久。《礼记·月令》记载，鹊从农历十二月开始筑巢。《诗经》中的《召南·鹊巢》《陈风·防有鹊巢》《唐风·葛生》等都以"鹊巢"象征屋宇。以新婚诗《鹊巢》为例："维鹊有巢，维鸠居之。之子于归，百两御之。"杨伯峻认为，"鸠"是聚集的意思。那么这四句诗便可直译为，喜鹊有巢了，聚集一起居住；女子出嫁了，百辆车子陪送她。李炳海认为：《鹊巢》一诗是以鹊巢暗指新房，把新婚夫妇比作同居一巢的雌雄鹊鸟，鹊巢实际已成为家庭的象征。"《风俗通义》"织女七夕当渡河，使鹊为桥"，蕴含七夕之夜在天河之上搭建鹊巢，使牛女夫妇团聚于此。

在往后的发展里，越来越多的说法把牛郎、织女和鹊桥联系起来叙述。然而，上述文本中的故事，即便有了"七月七日"的概念，也仍跟"鹊桥"相勾连，仍是天上的故事，与人间无涉。明代冯梦龙的《情史》记载的"织女婺女须女星"故事、钱希言《戏瑕》中的"牵牛织女"，还都在讲述天上的传说。迄今民间也不乏看星空讲述牛郎织女传说的习俗，但这类牛郎织女传说情节都非常简单，"文本"非常短小。只有当它落地之后，被当地人加以发挥，与他们的信仰和他们所熟悉的生活场景相结合，故事内容才变得饱含情感，情节才越发曲折丰富起来。实际上，牛郎织女来到人间，从西汉到明清时代，经历了一个漫长的过程。

二、牛郎织女传说的在地化

虽然牛郎织女的情节基干就是简单的"成亲""分离"，但后世不断依据现实注入新的想象，为原有情节链接新的母题。"民间故事的基型，可以说都非常的简陋。可是基型之中，都含藏着易于联想的'基因'，这种'基因'，经由人们的触发，便会孳乳，由是再'缘饰'、再'附会'，便会更滋长，更蔓延……"当牛郎织女故事落地到人间，与特定的地区产生黏附，生长出新的母题链，这个故事就会变得越来越具有生命力。因为，生活在当地的民众对牛郎织女的爱情故事充满兴趣，他们黏附的都是自己熟悉的生活景象、自己周边的风物，所以编造出的故事自然而生动。

刘魁立先生以28个浙江狗耕田故事为例绘制的"民间故事生命树"，极具启发意义。但是狗耕田母题已经跟两兄弟母题牢固链接，而两兄弟母题一般出现在民间故事的开端部分，于是他绘制出的"民间故事生命树"以两兄弟故事为起点，一直向上生长，而不往下蔓延。单一方向生长的生命树只是浩繁的民间故事里的特殊情况，不是普遍的规律。故事的母题链接，不仅发生在顶端，也可以发生在前部、中段。每当传说落地到某一地方，当地原本的民间故事、风物传说、历史古迹便会和原传说紧密结合,在这种情况下,生命树的生长绝不是单向的了。因此,在分析民间故事的母题链时,不可只考虑顶端的生长,还应考虑到情节在各个部分的生长情况。

(一)落地长安斗门

牵牛织女故事在长安地区的在地化突破是汉武帝时期。《汉书·武帝纪》载,元狩三年(公元前120年),汉武帝"发谪吏穿昆明池"。班固《西都赋》云:"集乎豫章之宇,临乎昆明之池。左牵牛而右织女,似云汉之无涯。"昆明池开凿于元狩三年,但正史并未记载牵牛、织女雕像是什么时间分列昆明池两岸的。"左牵牛而右织女"的描述表明,当时牵牛织女塑像确实已经在昆明池出现,且用以装饰昆明池以象天河之形。《三辅黄图》引东汉杨震《关辅古语》云:"昆明池中有二石人,立牵牛、织女于池之东西,以象天河。"昆明池在魏晋时期逐渐淤积,唐代干涸,如今的斗门镇就是汉代昆明池所在地。唐贞元之前,昆明池两岸有石爷庙和石婆庙。据北宋宋敏求《长安志》、元骆天骧编撰《类编长安志》"织女石"条(引《新说》)记载:"唐贞元十四年置石父庙(今当地谓石爷庙)……石婆庙在县西南三十五里昆明池右。""汉昆明池今为陆地,有织女石,身长丈余,土埋至膝,竖发戟手怒目,土人屋而祭之,号为石婆神庙。"

这两方塑像是我国迄今所知大型石雕中年代最久的,石婆庙也是现存最古老的织女庙。在长安县斗门一带,人们往往会说"石爷""石婆",若问二者具体是何人,他们才会讲"就是牛郎和织女"。"石爷""石婆"的概念已经深入人心,这也是传说故事在地化后,黏附地方特色的重要体现。据傅功振、樊列武的田野调查显示,流传于长安斗门的牛郎织女故事达到18种之多。其中,可以发现诸多故事母题链接,如"银河隔岸难断情,人间天上炕炕馍""老牛施法风为媒,王母化婆寻织女""粉红仙衣定缘分,触犯天规双成石""月老牵线定姻缘，触犯天规双成石""织女勤织布，机石留人间""三女下凡遇难信香求助大姐，牛郎追女借黄牛皮真情感动观音""牛郎织女相爱王母散，七月七日石婆庙上见""石爷石婆是实有其人，后人修石纪行善好人"等。斗门的牛郎织女故事在地化时间悠久，黏附的母题链也非常丰富且牢固，这些黏附的情节很有当地特色，它们多是将石婆庙里的古迹遗存和传说联系起来，编了许多有趣的故事。与其说他们在述说牛郎织女故事，不如说他们通过讲述故事表达对石爷石婆的信仰。长安县还有石炕、机石、石冠等多种遗物，有的是人们依据故事而安置的石头，也有的是依据原有的风物想象出一个故事，久而久之，在长安斗门形成了许多石爷石婆"次类型传说"。像老牛、月老、土地做媒的母题，都黏附在故事的前端。两人命定姻缘而成婚，婚后恩爱有加，再后来婚恋被阻。有说是王母娘娘嫌弃牛郎从中阻挠，也有说是触犯了天规导致两人化身为石，隔水相望。这些母题，链接的位置是故事的中部和尾部。

在斗门镇，每逢正月十七日，乡民会给石婆庙里的石炕铺上新被褥，祈祷石爷石婆可以重归于好，也祈祷自己的小家庭可以美满幸福。当地相传牛郎织女正月十七成婚、七月七鹊桥相会，于是每年石婆庙都会按时举行大型庙会活动，香客众多，影响深远。长安斗门牛郎织女传说又与西北地区的乞巧风俗相互黏附，形成了许多民间祭祀仪式。如初一、十五祭拜石婆，妇女们前来朝礼，祈祷家庭和睦。再如七月七日"耍巧娘"风俗，一位妇女带领一队年轻姑娘抬着用麦草扎成的巧娘游街，用来除秽祈福。"乞巧""赛巧"则是希望拥有高超的手工技能，能够丰衣足食。"听牛女私语""看牛女相会"更多的是一种男女娱乐相会活动。可以认为，长安斗门的石爷石婆故事，是牛郎织女传说在地化后，链接新母题的一个典范。

（二）落地南阳

类似的情况还发生在河南南阳地区。《诗经·汉广》有述："汉有游女，不可求思。"其中,"游女"有学者认为是汉水女神,但也有人认为指代的是织女。东汉张衡曾作《南都赋》来赞扬自己的家乡南阳,中有句云:"游女弄珠于汉皋之曲。"此时织女传说似已开始与南阳进行黏附。到了东晋时期,苏彦有《七月七日咏织女》诗云:"织女思北沚,牵牛叹南阳。"明确把牵牛、织女跟南阳联系起来。此时,牛郎织女已经正式落地南阳地区了。在楚地民间,常将牵牛星与河鼓三星混淆。南北朝南阳人宗懔的《荆楚岁时记》注文云:"牵牛星,荆州呼为'河鼓'。"20世纪70年代,南阳白河西岸的白滩汉墓发掘了一块"牛郎织女星座"汉画像石,便是以河鼓为牵牛。随后河南博物馆的专家周到先生撰文论曰:"图中右方有一牧童牵牛,牛上有三星连成横直线,则是以河鼓三星为牵牛星。"南朝梁殷芸《小说》云:"天河之东有织女,天帝之子也,……许嫁河西牵牛郎,嫁后遂废织纴,天帝怒,责令归河东。"南阳城西二十里确有牛家庄(又称桑林),与殷芸的记录相吻合。可见,牛郎织女故事落地南阳的年代至迟为东汉,留下的史料记载也非常丰富。

当地流传的故事情节大致是这样的:牛郎被嫂子赶出了家门,带着分得的老牛来到白河东岸住下,邂逅了采桑织锦的织女,两人谈情说爱。织女不顾父母的反对,偷偷嫁给了牛郎。织女的父母发现并拆散了他们。思妻心切的牛郎赶着老黄牛寻到这里,由于织女父母嫌牛郎太贫穷,不让他们相见。无奈之下,牛郎便在附近搭个草棚住了下来,随着时间的流逝,形成了今天的"牛郎庄"。但是,隔不断的爱情使他们悄悄地在村边的鹊桥相会,倾诉离别之情。

可以发现,此处传说的前端与"两兄弟分家"故事的母题链相连接,中部亦有"老牛的指点""父母的阻挠"等母题,牛郎庄、织女庄的传说则是南阳地区的特有情节。位于白河东岸的牛郎庄,至今遗存着牛郎的宅基地、饮牛坑、牛家冢、鹊桥等古迹。相隔一里多地的史洼村俗称"织女庄",史洼的姑娘不嫁牛郎庄,这是受到牛郎织女爱情悲剧影响而遗存至今的婚俗。当地人认为,牛郎织女虽然恩爱,但不能白头到老,所以两庄的青年不适合谈婚论嫁。每年的二月初七,在南阳城西二十里的桑林,由村民自发组织的"牛郎织女故里春会",相传已有数百年的历史。据世代操办春会的老人魏文章讲,春耕即将开始,乡亲们为了思念牛郎织女、祈求风调雨顺而举办一年一度的春会。到了七月初七前后,白河东岸的牛郎庄及周围村民都要到牛郎庄的"牛家冢"烧香祭祀、祈福求子。可见,当地的风俗信仰已经深深地与牛郎织女传说相融汇了。

有人甚至认为:"南阳的牛郎织女传说是南阳地方特产南阳绸和南阳老黄牛的说明介绍。"不论是否如此,南阳的地方特色确实和牛郎织女传说的叙述链接甚为紧密。在全国很多地方流传的版本中,其故事发生地几乎都指向了南阳,说"牛郎是南阳县桑林人……",诸多文献和资料也似乎印证了南阳作为牛郎织女传说传承地的合法性。但南阳若由此认为自己是牛郎织女传说的发源地,则是忽略了民间传说的黏附性以及由此造成的在地化效应。

(三)落地沂源

山东沂源牛郎织女传说已被列入国家级非物质文化遗产名录。在沂源燕崖乡牛郎官庄,沂河西岸是大贤山,山上有个织女洞。在这里,牛郎官庄的开山鼻祖是牛郎,原有牛郎庙。沂河音近银河,织女洞被认为是织女居住的地方。于是"在天成象,在地成形",牛郎织女传说在这里有了完整的地形学依据。据织女洞道士张守安讲述,织女洞本是道士张道通的修仙洞,因为织女托梦告诉道长自己喜欢这块风水宝地,所以他把洞天福地让给了织女仙人。由此,该洞才正式更名为"织女洞"。从建筑风格看,坐落于大贤山的织女洞也确实属于宋金风格。沿着洞口向上走,是一个九重塔。塔身有碑文,乃张道通道长之徒为其所作的小传,中有文曰:"乃游此地……山名大贤织女崖。"从小传看,张道通于金泰和六年(1206)仙去,传说他活了318岁。由此可知,至迟在金代,此处已有"织女崖"的存在了。大贤山玉皇顶上还保留了一块明正德年间"重修玉帝行祠"的碑刻,文曰:"山曰大贤,观曰迎仙。所谓山之大贤者,因织女之称也;观之迎仙者,昔仙人所居也。"迎仙观是张道通所建,所迎的仙人是织女，大贤山也因贤惠的织女而得名。明代碑刻记载，"唐人闻个中札札机声"，大抵不能让人信服，于是才附会了张道通与织女的传说来解释洞名成因。明万历七年（1579），《沂水县重修织女洞重楼记》载："志曰：唐人闻个中札札机声……对岸并起牛宫，于是乎，在天成象者而在地成形矣……公畅然曰，牛女之晤不再苍苍七夕，而在吾山间旦暮矣。"由碑记可知，牛郎庙最晚建于明万历七年。《沂水县重修织女洞记》碑刻于明万历十五年（1587）。由碑文知，明万历十五年之前，织女洞的洞口朝向东方，与传说中织女星星宿之位不符，所以当地人就把洞口加以改造，成了向北的形式。这样一来，"在天成象"与"在地成形"就更加对应起来了，道教的"天人合一"观也颇显其中。综上可知，牛郎织女传说落地沂源的过程，其时代从宋金迤逦至明后期。

燕崖乡牛郎官庄的传说在长期的历史传承中呈现出三个突出的特点：传承方式的多样性；民间传说与民间信仰的互动；传说与村落空间、家族生活的密切结合。落地沂源之后，牛郎织女传说与本地其他故事发生了诸多母题链接，产生黏附情节有很多，如"天神（天蓬元帅）戏弄仙女""谪仙（牛郎）历劫""两兄弟""神奇动物（老牛）""仙女下凡""奇树（老槐树）做媒""牛郎织女成亲、分离""划天河""道士张道通炼丹""鹊桥会""沂水之名起源"，不可尽数。其黏附位置多种多样，例如黏附在牛郎织女相遇成婚前的"天神戏弄仙女""谪仙牛郎历劫"，都是对为什么穷小子牛郎可以婚配天仙织女的解释，大体说的都是两人姻缘是天定，牛郎不是凡人，是一位谪仙，下界历劫来了。"奇树做媒"应该是村民对当地的一棵老槐树加以想象，把它黏附到牛郎织女传说上去了。再如"张道通炼丹"，黄涛认为"宗教信仰包括民间信仰是传袭力最强、影响最大的文化现象之一"。牛郎官庄最早的居民就是负责为山上道士种地而聚集于此的，可想而知，他们的思想和生活必然受到道教潜移默化的渗入。

村民认为牛郎姓孙，叫孙守义，是牛郎官庄孙氏的祖先。叶涛在牛郎官庄考察时，拍摄了全本的孙氏家谱。家谱在1931年至1934年修订完成，撰写者是民国时期的山东省议员顾石涛，他的姥姥是牛郎官庄人。家谱显示，孙氏家族最早于明末清初安定在牛郎官庄，即先建了牛郎庙，然后孙氏家族才迁居至此。牛郎本是星宿，后成为传说人物，他绝非孙氏之祖。郭俊红认为，通过对沂源县戏曲流传情况的考察，可以肯定"沂源牛郎叫孙守义得名于戏曲，这种偶然在牛郎官庄与孙氏家族的结合是那么完美无缺"。这是传说故事在地化的一个特色，即当地人用传说、风物来解释各种现象。由于这种黏附悠久而牢固，常常给人一种"确实如此"的感觉。

通过这种梳理可以发现，牛郎织女传说是基于星宿信仰、农耕生活而产生的牵牛织女的爱情故事，场景原本都在天上。当它被黏附于人间，与"毛衣女""两兄弟""谪仙历劫"等故事母题相链接，形成了牛郎织女传说的新讲法。

在特定地方，牛郎织女传说与当地的山水、家族、神祇、古迹、风俗、物产等相结合，开始了传说的在地化，用以解释地方历史和文化事象。同时，传说故事自身的情节也不断衍生，变得更加多姿多彩。然而，民间故事在地化的时间越久，与地方文化的结合程度越深，留下的文献记载也越多，也越会给人造成"该故事从当地起源"的假象。打破这种假象的途径在于，对民间文学的黏附性特征要有深刻的体认。

牛女传说叙事要素的出现、定型和衍化

常玉荣　何石妹[①]

牛女传说经历了至少两千多年的时间发展演变成现在的样子。作为一个情节丰富曲折、人物生动鲜明、内涵深厚蕴藉的神话传说，其故事形成的基本要素出现在不同的时间，并且随着时代的发展而衍化。在千年的历史衍化中，牛女传说的人物要素、情节要素、相关物等渐次出现并逐步完善。从传世文献来看，牛女传说的叙事要素，例如牵牛织女人物要素等出现的时间是在西周，整个传说人物、情节、主题完备并且定型是在两汉，经过唐、宋、明、清，牛女传说产生了很多异文或者是衍生故事，到了清末，则出现了在继承历代叙事要素的基础上有所创造、丰富，至今流传甚广的牛女传说类型，则是牛女传说在近代的重大衍化。

一、由星神到人：先秦时期牛女传说的面貌

牛郎织女传说的文字记载，最早见于《诗经·大东》：

维天有汉，监亦有光。跂彼织女，终日七襄。虽则七襄，不成报章。睆彼牵牛，不以服箱。东有启明，西有长庚。有捄天毕，载施之行。维南有箕，不可以簸扬。维北有斗，不可以挹酒浆。

[①] 常玉荣，河北工程大学教授；何石妹，河北工程大学讲师。

这首诗写的是一位征夫深夜赶路,仰望星空的感慨,诗中的"汉"即银河,还提到了七个星名:织女、牵牛、启明、长庚、天毕、箕、斗。这说明在西周时期,织女和牵牛的名字就已经存在,而且是指天上的星星。从诗句上看,对织女星和牵牛星的描写采取了拟人化手法,是把两颗星当作两个人来看待,所以才说:"跂彼织女,终日七襄。虽则七襄,不成报章。睆彼牵牛,不以服箱。"袁珂也表示:"这里的织女、牵牛,当然还只是天上的星座,但又说他们正在从事'七襄''服箱'的工作,似乎他们都在劳作,劳作而又无功,这就把星座作了初步的拟人化。"① 此时,虽不能说两颗星星就是人,未有人的外形和性格,但是已经是拟人化的存在。这应该是传世文献中关于牛女传说人物要素的雏形。其实这之前的周代,人们已经具有了较为完备的星相学知识,关于牵牛星和织女星也并不缺乏认识,甚至还有可能将其看作神进行崇拜。在史记相关记载中,二星都是具备一定职司的神。可见,二星的名称早已经存在,从文献上看,真正的人格化发展则始于《诗经·大东》。

1975年湖北云梦睡虎地11号墓中发现的《日书》竹简上有关定嫁娶日的文字中提到了牵牛织女的爱情悲剧故事,《睡虎地秦墓竹简》对其叙述文字标点作:"戊申、己酉,牵牛以取织女而不果。不出三岁,弃若亡。"② 第三简简背"牵牛"二字为合文,该书释文未注出。翻译作:"戊申日、己酉日,是牵牛星迎娶织女而失败的日子,假如在这个日子中结婚,婚后不到三年,妻子就会被丈夫休弃,或者妻子离开丈夫而逃走。"③

牛女传说的完整故事情节出现的时间并不是很晚,至迟在战国时期就应该有完整的故事出现,虽然我们现在并不能知晓故事的具体内容是什么,但是可以肯定的是,牛女传说中的牵牛和织女已经不再是星名,而是人,他们之间发

---

① 袁珂:《中国神话史》,上海文艺出版社1988年版,第316页。
② 睡虎地秦墓竹简整理小组:《睡虎地秦墓竹简》,文物出版社2001年版,第248页。
③ 吴小强:《秦简日书集释》,岳麓书社2000年版,第117页。

生了爱情并且是以悲剧告终。这就使得牛女传说的人物要素、情节要素基本完备，牵牛织女产生爱情，但是牵牛娶了织女之后，时间不长（大约是三年）就抛弃了织女，结局是悲剧。需要引起注意的是，后世研究者对二人爱情悲剧原因的理解是有争议的，焦点集中在对"弃若亡"的理解上。上文引述的吴小强对竹简文字的翻译，对这句话也给出了两种理解：一种是牵牛抛弃了织女，造成了悲剧；另一种是织女离开了牵牛，造成了悲剧。如果按照第一种理解的方式，二人悲剧的原因是男子变心，不是外力造成的；而如果是第二种理解，那么一位女子离开丈夫，更大的可能是因为某种外力。至于是什么外力，又是出于什么原因让织女离开牵牛，睡虎地秦简未作更详细的记载。赵逵夫曾对《日书》进行过详细研究，推论是因为织女的长辈——天帝，由于织女牵牛地位相差悬殊迫使二人分开。[①] 但是笔者认为这种推论显然缺乏更有力的佐证，主观揣测意图明显。要知道牵牛星，即河鼓三星，并非无名之辈。《汉书·天文志》："牵牛为牺牲，其北河鼓。河鼓大星，上将；左，左将；右，右将。"由此可以得知，河鼓星是一位将军，并不是后世流传的一个人间地位低下的放牛娃，所以所谓地位相差悬殊是不能成立的。至于外力推测是天帝，从逻辑上成立，但也只是推测。至于二人分离的原因，到后世出现了更加明确的说法。

二、传说定型：两汉时期的牛女传说

汉代以后，关于牛郎织女传说和风俗的记述就更多了。从口承流传上看，此时牛女传说的情节更加丰富，尤其是出现了分离之后的相会情节。上文所述先秦时期的牛女传说以悲剧结局，而此时我们看到的文献记载出现了乌鹊架桥

[①] 赵逵夫：《由秦简〈日书〉看牛女传说在先秦时代的面貌》，《清华大学学报（哲学社会科学版）》2012年第4期。

二人相会的情节。《淮南子》中有"乌鹊填河成桥渡织女"[①]的记载（今已佚）。《风俗通》也记有"织女七夕当渡河，使鹊为桥"[②]（今已佚）。从以上记载可以看出，此时期人们对牛女传说的关注点不是其悲剧主题，而是尽力将其改造成团圆的结局。分离后可以相聚，于是就出现了乌鹊这样的灵鸟为其搭桥的情节。由此，该传说中关键性要素乌鹊也出现了，并成为重要的情节推动力，而且在后世的民俗活动中，乌鹊也成为重要的被祭拜的灵物。另外，二人相会的时间被定在了七月七日，即七夕。至此故事发生的时间地点更加明确，而且此时以及后世的流传中，人们更加关注二人的相会，之前的悲剧主题和相关情节内容渐渐淡出，相会主题得到不断强化。在汉代相关的七月七民俗活动中，牛女传说已经融合进来，成为重要的民俗文化活动。东汉崔寔《四民月令》也载："七月七日，曝经书，设酒脯时果，散香粉于筵上，祈请于河鼓织女，言此二星神当会。"[③]

牛女传说除了口头流传的形式之外，汉代画像石也是重要的表现，反映了汉代牛女传说的形式。与口头流传的表现形式不同的是，画像石在人物形象上做出了更加具体的表现。汉代表现牛女传说的代表性画像石主要有：河南南阳白滩汉墓出土的牛郎织女画像（图1）、山东长清县孝里镇孝堂山石祠隔梁底面星象图（图2）、1973年四川郫县新胜乡出土石棺棺盖顶部画像（图3）。

[①] 此则佚文不见于今本《淮南子》，但该佚文不仅在《白氏六帖》中有引，在王观国《学林》卷四"牛女"条、陈元靓《岁时广记》卷二六"填河乌"条、《草堂诗笺》卷二、《九家集注杜诗》和《坚瓠集》二集卷二都有所引，皆载引自《淮南子》。

[②] 该佚文首见于（唐）韩鄂的《岁华纪丽》卷三引。

[③] （唐）欧阳询：《艺文类聚》，上海古籍出版社1982年版，第75页。

图1　河南南阳白滩汉墓出土的牛郎织女画像

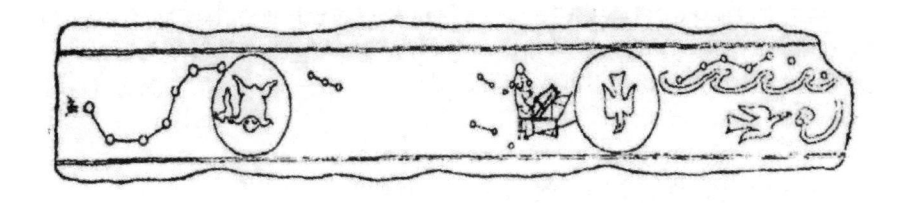

图2　山东长清县孝里镇孝堂山石祠隔梁底面星象图

图3　1973年四川郫县新胜乡出土石棺棺盖顶部画像

图1河南南阳汉画石中的牵牛星已经化为具体的两个形象，即牛郎和牛。牛呈奔跑状，而牛郎左手牵牛、右手扬鞭、头梳高髻、两腿叉开，是典型的农夫形象，画面意在表现牵牛这一动作；织女形象为高髻，拱手踞坐。此时牛的形象开始出现，虽然牛参与牛女传说故事情节发展的时间很晚，但在汉代已出现牛的形象了。图2山东长清县汉画像石织女形象有所不同，表现的是织女坐在织机上，这一动作着力表现的是织女典型的劳动场面。图3四川郫县出土画像石中，织女虽然不是坐在织机上，却手举着纺线的锤，左手向外张开、衣袖

飘扬；而牛郎手牵着牛，正奔向织女。汉画像石内容相较于秦简记载内容而言，人物形象反映的是汉代人们的服饰发型特点，画面表现的内容不是强调二人分离的悲剧情境或者鹊桥相会的团圆场面，而是突出牵牛织女的社会身份：一个是牵牛耕作的农夫，一个是织机纺线的农妇。两位星神不再是高高在上的神灵，而是田间农舍中普通的劳动者。这种世俗化的形象转变反映了汉代劳动人民基于自身劳动生活对传说人物和主题的改造。

另外，《西都赋》中写到的汉武帝立牵牛织女雕像于昆明池边："集乎豫章之宇，临乎昆明之池。左牵牛而右织女，似云汉之无涯。"① 其雕像的服饰发型同样也是汉代特点。此处不再展开论述。

三、传说情节的丰富：魏晋南北朝时期的牛女传说

魏晋南北朝时期，牛女传说故事主要增加的叙事要素是二人分离的原因。原因主要有两个，一是任昉《述异记》、殷芸《小说》和宗懔的《荆楚岁时记》记载的"废织纴"。《述异记》载："天河之东有美女，天帝之女孙也。机杼劳役，织成云雾天衣，容貌不暇整理，帝怜之。嫁与河西牵牛，自后竟废织纴，帝怒，责归河东，使一年一度与牵牛相会。"②《小说》载："天河之东有织女，天帝之子也。年年机杼劳役，织成云锦天衣，容貌不暇整理。天帝怜其独处，许嫁河西牵牛郎，嫁后遂废织纴。天帝怒焉，责令归河东，但使一年一度相会。"③《荆楚岁时记》载："天河之东有织女，天帝之子也。年年机杼劳役，织成云锦天衣。天帝怜其独处，许嫁河西牵牛郎。嫁后遂废织纴。天帝怒，责令归河东，但使其一年一度相会。"④

宗懔的《荆楚岁时记》还记载了另一个原因："借天帝二万钱备礼，久而

---

① 萧统编，李善注：《文选》，中华书局1977年版，第29页。
② 今本《述异记》中无此记载。
③ 不见于今本《殷芸小说》。
④ 此亦不载于今本《荆楚岁时记》。

不还。""尝见道书云：牵牛娶织女，借天帝二万钱备礼，久而不还，被驱在营室。"①《太平御览》卷三十一引《日纬书》："牵牛星，荆州呼为河鼓，主关梁。织女星主瓜果，尝见道书云：'牵牛娶织女，取天帝钱二万备礼，久而不还，被驱在营室是也。'"②

与两汉时期记载的牛女传说相比较，不论是其因为织女的"废织纴"，还是因为牵牛的"借天帝二万钱备礼，久而不还"，这一时期的记载都是在加入牵牛织女的分离原因。这一关于原因的叙事要素不仅仅是在丰富故事内容，从叙事的意义上讲，也使得整个故事的叙事要素更加完备。当人物、基本事件定型之后，其时间、地点、结局和原因等叙事要素不断丰富。

这一时期随着道教神仙思想的盛行，出现了将道教仙话故事与牛女传说套合的情况。这类传说有乘槎传说、寻仙传说和支机石传说。例如张华的《博物志》载：

> 旧说云天河与海通。近世有人居海渚者，年年八月浮槎去来，不失期，人有奇志，立飞阁于槎上，多赍粮，乘槎而去。十余日中犹观星月日辰，自后茫茫忽忽亦不觉昼夜。去十余日，奄至一处，有城郭状，屋舍甚严。遥望宫中多织妇，见一丈夫牵牛渚次饮之。牵牛人乃惊问曰："何由至此？"此人具说来意，并问此是何处，答曰："君还至蜀郡访严君平则知之。"竟不上岸，因还如期。后至蜀，问严君平，曰："某年月日有客星犯牵牛宿。"计年月，正此人到天河时也。③

非常明显，此类故事不再关心牛女传说的婚姻爱情悲剧等世俗意义，而是将其看作仙界的神仙，在人们试图求仙得道的追寻中遇到牵牛织女，有效证明

---

① 《丛书集成初编·荆楚岁时记》第3025册，中华书局1983年版，第13页。
② （宋）李昉等：《太平御览》卷三十一，中华书局1960年版，第149页。
③ （晋）张华撰，范宁校证：《博物志校证》，中华书局1980年版，第111页。

了仙界的存在。此类故事严格地说已经不能算是牛女传说了，可以看作是由牛女传说衍生的传说。

四、传说的衍化：明清时期的牛女传说

牛女传说历经唐宋，因为七夕节而广为传播，到了明清时期，则出现许多由文人创作的牛女传说，其作品中的情节不断丰富完善。具体作品有：朱名世的《新刻全像牛郎织女传》、邹山的《双星图》、洪昇的《长生殿·鹊桥密誓》、舒位的《博望访星》、李文瀚的《银河槎》、无名氏的《牛郎织女传》等。这一时期是牛女传说产生丰富变异的时期，牛女故事情节丰富起来，例如《新刻全像牛郎织女传》增加了月老说媒情节，成婚原因增加了一见钟情。

清末，之前定型的牛女传说产生了较大变化。两汉时期定型的牛女传说的人物和情节、主题等叙事要素并非是近代以来广为流传的牛女传说。从主题上讲，两汉定型的牛女传说是一个神神恋爱的故事，而清末则衍化为人神恋爱。人物形象、情节内容等都发生了较大的变化。具体而言，王母形象出现并成为主要角色，牛进入到故事中并成为推动情节的重要力量。另外，与其他民间故事类型的融合，在丰富故事内容的同时，也影响了整个传说的主题倾向。

在现世流传的牛女传说中，还有一个重要的反面形象，即王母。从传世文献看，这一形象最早出现是在清道光十五年刊刻、蓬蒿子著的《新史奇观》中。在这部小说中，玉帝和王母娘娘成为二星遭遇人间之难的起因，事件的起因是二星酒后失言触怒王母。大概这个时候，王母娘娘就在牛郎织女故事中扮演了反面的角色，以至于演化成后来那个用银簪划天河，迫使牛女分离的反面形象。所以，到了清末民初的《牛郎织女传》中，王母已经成为牛女爱情悲剧的制造者，宫里如果出现了人间有情男女，哪怕他们只是在心里想一想，王母都会感应到，然后就会毫不留情地按照天律进行惩罚。这与近代民间牛郎织女故事中的王母娘娘阻止织女下凡，强迫牛女相隔天河两岸不能团聚的情节高度相似。

王母形象的出现，与魏晋以来盛行的道教神话有关，在这之前本来就出现了道教神仙故事与牛女二星的套合，而这一时期作为道教神仙系统的最高统治者也加入牛女传说中。其实，在之前对于牛女爱情悲剧的阐释中，是有"天帝"这一形象出现的，因为某种原因，天帝将二人分开。但从原因上讲，显然是因为织女或者牵牛犯了错误接受惩罚。天帝这一形象只是法规的执行者，还不能说是二人悲剧的直接制造者。《新史奇观》中，天帝被换成玉帝，玉帝和王母夫妻二人成为道教神仙世界的最高统治者，堪比人间的皇帝和皇后，而且王母成为二人悲剧的直接制造者。第十五回"紫薇垣诸神见帝，清虚殿二宿还宫"中，因为牛女二星对人间夫妻朝朝暮暮聚首的欣羡，"一日牛女二星各思想道，我本是天宫星曜，又不若人世夫妻朝朝暮暮聚首，夜夜同裳，何等欢娱。偏是我蒙受这般离别凄凉之苦……"而想下凡。二星酒后失言触怒了王母娘娘，玉帝于是贬谪二星降生人间投入皇宫，"一以遂其思凡之念，一以警其触犯上仙"。结果让牛女二星在人世间遭受了一场大难，玉帝道："牛女二星向因微谴，谪下尘寰，托生王宫，尊为人主，不意中界人民，向来作孽深重，大数劫临。"

牛的形象在汉代画像石上已经出现，但是仅仅是作为表现牵牛星牵牛这一劳动场面的一部分而存在，整幅画重在表现牵牛之人，故事的重点也重在突出牵牛人，所以汉代口头流传的牛女传说中并没有牛的形象。及至清末的《牛郎织女传》中才出现了牛的形象，并且充满了神力，是推动情节发展的重要因素：是牛指点牛郎偷走了织女的衣服，织女被王母带走后，牛郎又是披着牛皮追赶织女。两汉时期的牛女传说中，二人在一起的原因是天帝赐婚；明代牛女传说也有因一见钟情或者月老为媒致二人成婚的；清末《牛郎织女传》中，天帝、王母已经成为二人在一起的阻力，牵牛也已经由一个星神蜕变为人间一个毫无神力的放牛娃，而织女仍然是天上的仙女。人神之间的恋爱总需要通灵角色的出现，成为人间和天上的媒介，而本是牵牛星宿一部分的牛，就被分化并凸显出来，成为通灵神兽，沟通了人神二界，与王母构成了一正一邪两种力量，共同推动故事情节的发展。

清末的《牛郎织女传》是情节最为丰富的牛女传说，它继承了以往的情节要素，并且将民间故事的诸多故事类型进行融合，形成了近代流行的故事版本。二人成婚的原因是兄弟分家，牛郎受虐待，情节增加了织女天河沐浴、牛郎盗衣，保留了被罚分离的情节，增加了老牛指点牛郎追赶织女，之后因王母被迫分离，鹊桥七夕相会。在近代牛女民间故事中，牛女受罚的主题渐渐淡化减弱，而弱弟遭受兄嫂折磨的故事得到强化。兄弟分家的"两兄弟型故事"和天河沐浴的"毛衣女型故事"的情节因素都是在《牛郎织女传》中首次出现的，而这两个情节又是近代民间牛郎织女故事的重要情节。所以，我们可以说，《牛郎织女传》是牛女故事从古典走向现代的关键，是一部兼具传承性和创新性的作品。

五、余论

牛女传说在世俗化的演变过程中，出现了与董永故事的融合。受到董永故事的影响，人物形象和故事主题发生较大改变。

董永遇仙女成就美好姻缘的故事在汉代即有记载。而最具代表性的是《搜神记》中的董永遇神女的故事。两个故事因为有着许多共同的特征，而容易被混在一起。两个故事的基本类型都是高贵女子下嫁处于困境的男子，男子因此脱困，成就美满姻缘。这是民间故事中经常出现的故事原型。另外，董永和牵牛的妻子的身份都是织女，都是擅长织工。有时候两个女子的名字都一样，都叫织女，所以很容易被看作是一个人物。事实上，牵牛的妻子织女乃是织女星的织女，是天帝的女儿；而董永的妻子织女只是天界的一个普通仙女，也有的作品中董永妻子是玉皇的七仙女。总之，两者的身份是不同的。但是因为人物和故事原型的高度相似，使得牛女传说在世俗化的过程中，逐渐向董永七仙女的故事靠拢。星辰神话中威武的牵牛星（即河鼓星）不再是威武的大将军，到了近代变成了无依无靠的受尽欺凌的放牛娃。

从大地到天空——牛郎织女传说的文化主题

高有鹏[①]

牛郎织女是关于人间与天上的传说，其实，它有两个主题，一个是牛郎的牛，织女从属于牛郎，集中了大地上的农耕生活与文化；另一个主题是天河的天，集中了天上的众神。牛郎织女传说的结局，是人间转换到了天上，完成了生活方式与精神方式的超越，是一个永恒的梦想。

牛郎织女的家乡是大地，即男耕女织的生活范式。牛，是传说转换主题的媒介。牛郎不是孤儿，他有一个哥哥，有嫂子。哥哥与嫂子容不下牛郎，要分家，分家的主持人是他们的舅舅。这是乡村社会的秩序与规则，舅舅的权利意味着女性社会的尊严。在乡村社会的伦理构造中，财富是一个孵化器，许多事情都由此展开。诸如孝道，养活失去劳动能力的父母，其实是生命的可持续发展。民以食为天，财富是重要的基础，也是尊严，是人生权利的必要存在。牛郎因为他的父母不存在而被抛弃，这是乡村世界的残酷现实，嫂子的恶人角色由此构成。嫂子的角色很值得人思索，一方面她要体现夫权，一方面她要体现女权，但是，她始终不居于主体地位，但她要争取权利，所以，她要克服现实中的一切亲情，实现自己的意志。牛郎的嫂子割断了牛郎兄弟的情谊，把牛郎驱逐出家庭，在事实上形成牛郎的人生社会化。与此对比，可以想见五世其昌的乡村社会梦想有多么不容易。牛郎离开家庭，出门远行，事实上是漂泊。他唯一的财富是一头牛，一头不寻常的牛。这头牛预见牛郎的人生，告诉他有天

[①] 高有鹏，中国神话学会副会长，上海交通大学教授。

上的仙女会与他结合为夫妻。而其中的理由是一个禁忌，就是织女的衣服被牛郎拿去，她的身体被牛郎看到，同时也就被拥有。没有衣服，就失去回到天上的能力，这是法力的象征，也是巫术文化的普遍性意义。织女为什么要来到人间的池塘洗澡？这里暗含着一种文化主题，即天上的世界充满孤独，有太多的清规戒律，人间则充满自由。这里存在着礼失求诸野的契机。总之，牛郎织女的相遇，是乡村世界的又一次组合与构建。牛郎织女生儿育女，完成了农耕文明的第一个梦想，即男耕女织与生儿育女。

当然，人生的基本意义从财富出发，却不仅仅限制在财富层面上。人生的诉求是多种多样的，很多劳动技能都是围绕吃饭这个主题展开的，形成丰富多彩的工匠精神。牛郎织女的劳动技能是低级的，也是乡村世界普遍的，耕种是获得食物的方式，纺织是获得衣服的方式，相对食物而言，纺织与衣服就形成了人生的升华。织女走进牛郎的世界，在事实上形成了他们人生世界的一次超越。

牛郎织女的世界是稳定的，自然是幸福快乐的。而超越自己的生活，就意味着必须经受生活的痛苦。改变牛郎织女命运的是织女要回到天上，不论织女是否情愿，都是一种改变现状的事实。在许多传说故事中，仙女离开的原因多是自愿的，这就意味着门第观念的差异，与财富和尊严相关。织女已经有了儿女，完全融入乡村世界，因为外力形成人生的痛苦。

人生的超越，意味着痛苦的选择。织女回到天上，牛郎不愿意接受这种事实，便改变自己的生活方式，带着孩子一起赶往天庭。同样，牛郎分家时得到的那头老牛又一次帮助牛郎获得飞天的法力。这里包含着古老的牛崇拜，包含着牛图腾等信仰内容。生活的意义不仅仅是追求幸福快乐，而且充满希望，通过遗憾与缺失形成人生的思索。人生的经验是可贵的，而教训更有价值。牛郎织女的结合遭遇新的阻碍，这就是天河。有许多传说故事描述，是天上的王母娘娘用簪子划出天河，这里的意义更丰富，涉及西王母崇拜与天体崇拜等内容。牛郎织女的世界被改变，就不能简单停留在眼前的现状。如何超越现实，这就成为一个新的主题。鹊桥相会，完成了牛郎织女的梦想，也形成人生意义的启迪。超越，从牛郎织女的传说故事中可以看到中国文化的哲学精神。没有超越，就会失去发展的机会。这是中国的道理，不仅仅属于乡村社会。

七夕节俗传统的传承与创新

萧　放[①]

七夕是一个有着悠久历史的传统节日，它萌芽于春秋战国，成型于汉魏，兴盛于唐宋，到明清时成为一般性节日。今天七夕节的兴盛，既有传统节日复兴的大势催动，也有直接针对社会文化变化的需要。它对应于两性生活的开放程度，它与社会对人际交往的包容度有关。

七夕节俗的主题经历了星辰祭祀、幸福乞求、人间竞巧等历史变化。从总体上看，七夕是一个女性节日，它关联着女性的心灵与身体。在当代社会传统节日复兴过程中，人们对七夕节重新发生兴趣，七夕节再次得到社会重视。不可否认近年来七夕节的重新活跃大约与两种因素有关系：第一是直接因素，是为了应对外来节日的挑战；第二是深层的社会原因，在平等、开放的社会里，人们希望有自由表达情感的社会时间，需要这样的人际交往的节日。

七夕节是全球化过程中中国节日重振的典型之一，它直接应对的是西方的情人节。中国本来没有情人的概念，中国重视的是家族社会关系，节日是服务于这种家族文化需要的。七夕节是中国传统的女性节日，女性庭院乞巧是主要节日习俗，伴随七夕节日的是中国四大传说之一"牛郎织女传说"。明清以来，七夕是一般性节日，在传统社会生活中地位并不突出。20世纪末叶以来，西方节庆文化进入中国，对追新慕异的年轻人很有吸引力，情人节受到年轻人的追

[①] 萧放，中国节日文化研究中心主任，北京师范大学教授。

捧。受到西方节日的启发，或者是为了应对这种情况，人们发现中国传统的七夕节中有两情相悦的节日元素，于是对七夕进行改造，有意识地遗忘乞巧节俗，而扩张男女相会的节俗传说，提出七夕为中国情人节或爱情节的说法。2005年，有全国政协委员提议将七夕定为中国的情侣节。这些看法反映了人们利用传统节日倡导民族文化、服务当代社会的态度。同时一些热衷传统文化的年轻人，以牛郎织女的爱情故事印证他们爱情的忠贞，以七夕作为他们表达情爱的机会。

但是这些以两性交往为七夕主题的节日改造，对于纯正的传统七夕节来说是有偏差的，因为在传统七夕中是以乞巧为主的，所有活动围绕女性之"巧"及对未来美好生活的祈求展开，这些传统节日习俗在汉魏六朝之后是七夕的主题。在一些地区七夕还成为成人节，在七夕举行标准的或类似成年礼的通过仪式。如浙江石塘的小人节、甘肃陇南西和的乞巧节，分别代表了南北两个地区在传统七夕举行的男女成年仪礼。

七夕作为传统的女性节日，在当代社会要适应时代变化的需要，既要传承历史文化传统，也要更新、变革部分节俗内容。具体建议如下：

第一，复兴传统乞巧内涵、重视手工实践。乞巧是传统七夕的重要内容，七夕乞巧活动主要强调人们的心灵手巧，传统的方式是对月穿针、水上漂针、撒花瓣、种巧芽、镂花瓜、做巧果、结彩楼，以种种手工活动显示人们的聪慧与智巧。当代社会虽然在乞巧形式上不一定追求古制，但我们可效法古意，利用七夕节日调动人们对手工技艺的兴趣，以巧艺展示与巧技竞赛的方式激发青少年的创造欲望与创造动力，同时也是心智的磨炼，人们在技巧的比试过程中锻炼自己的思维能力与动手能力。在人人都想当科学家的时代，我们不妨提倡具体而微的手工技艺的学习，以适应社会经济文化建设的实践需要。将七夕节作为传承技艺传统、倡导重视技艺实践的民俗节日，结合中小学教学中的手工课与课外兴趣教学活动开展七夕乞巧的展示与竞赛，如手工小制作、美术作品、小的技术发明、电脑动画、程序设计等等。

第二，传扬牛郎织女传说，强调爱情忠贞。将七夕作为两性交往的时机与两性伦理、情感教育的特别时间。七夕节因为有牛郎织女鹊桥相会的传说，被认为是中国的爱情节，两情相悦与相互守望是七夕的主题之一。七夕节俗中强调男女的彼此欣赏，为青年男女的正常交往提供时机与空间，比如在河南鲁山七夕举办男女联谊的游园会等就是传统民俗的新表现。同时，七夕也强调人们对感情的忠贞，这种忠贞经受着时间流逝与空间分隔的考验。在社会急剧变化、人口广泛流动的今天，人们的情感生活面临着比传统社会更大的挑战，一方面两性交往合作的机会增多，人们面临的情感困扰也随之增长；另一方面由于学习与工作的原因，情侣常常分隔两地。在这样的社会境遇面前，七夕所承载的牛郎织女矢志不渝的爱情传说有着重要的现实意义。我们可以依托七夕节作适当的两性伦理与两性情感的社会教育，同时在社会上倡导男女情感忠贞、家庭和美的社会风气。

第三，传承七夕成年礼俗，增强社会团结，活跃与丰富地方民俗生活。传统七夕在一些地方具有女性成年礼的意涵，作为少女到成年女性的通过仪式，它是道德、情感、心智、技艺获得增进与提升的重要时机，也是女性身份认同与角色意识增强的特殊阶段。同时，人们通过七夕节会的特定年龄，组织内部的密切交流与相互走访，在女性面对面的情感交流与技艺比试中，实现地方社会女性之间的社会团结。在当今社会，女性成长过程中也同样需要这样一个成年仪式。女性的情感与技艺智慧同样需要集体生活的养育与催化，七夕成年礼就是一个完整的、可以借鉴的集体通过仪式。我们借助这样的民俗传统，自然而然地将年轻女性纳入我们的社会生活之中。当代陇南西和的七夕乞巧活动的主力是中学生，在成年女性的指导帮助下，她们完成坐巧、迎巧、祭巧、拜巧、娱巧、送巧各项仪式，这对于十几岁的女孩子来说，就是一个人生成长的重要过程。我们只要有意识地将成年规训、成年的责任义务、成年的生活技能贯彻在仪式与演唱活动之中，我们就能很好地实现传统仪式的现代转换，从而达到传统文化遗产与当代社会生活的和谐传承。

民间制度视野下的《牛郎织女》的传承
——从织女形象与习俗谈起

邢 莉[①]

我国家喻户晓的口头传说《牛郎织女》被评为国家级非物质文化遗产，它不仅在汉族传播，而且在少数民族区域传播。《牛郎织女》传播的范围有多大、区域有多广，真的很难统计。关于《牛郎织女》传说产生的年代学术界尚有争论，但是最晚也在建安以后到南北朝之间形成（约226—563）。[②]悠悠近两千载，它是如何传承的？其传承的秩序和传承的机制是什么？

学术界开展了对制度的研究。制度中存在国家厘定在法规和条理中的制度，并且由国家的权威机构来严格执行，以此厘定社会大传统的秩序。而同时还存在着一种民间社会的制度系统，西方制度学家将之称为"内在的制度"。内在制度是靠人类的长期经验形成的，通过一种渐进式的反馈和演进过程而发展起来的，并且多数持有的内容都将渐进地遵循着一条稳定的路径演变。[③]民间文化的传承规律就属于这种内在的制度。

一、民间信仰：传承的内在动因

我们的祖先善于观察天象，早就精于占星术，我们的祖先又擅长想象的驰

[①] 邢莉，中央民族大学教授。本文原载于《民俗研究》2008年第4期。
[②] 参见王孝廉《牵牛织女的传说》，载叶涛、韩国祥主编《中国牛郎织女传说·研究卷》，广西师范大学出版社2008年版，第102页。
[③] ［德］柯武刚：《制度经济学》，史漫飞译，商务印书馆2000年版，第37页。

骋，他们把自己对星宿的观察投射、编织到美丽的神话传说之中，他们往往通过观察星象来占卜人间诸事。据《诗经·小雅·大东》记载，牵牛织女两个星座名在西周以前就已经有了："很可能产生在商代，顾名思义"，牵牛"指牵牛，服牛者"，织女"指织布帛者"。① 反过来，他们又把人间的诸事折射到天上，把自己对星宿的观察投射到美丽的神话传说之中，把相对于河汉的两颗星系化作了勤劳美丽的一对夫妻。关于牛郎织女的夫妻相配母题，文本繁多，散韵兼备。但是无论如何变化，都可以归纳为两种说法：其一，牛郎和织女都来自天上，人们把星宿人格化而配为夫妻。歌谣有，传说亦有。② 其二，牛郎在民间，织女为天女，天女下凡结为夫妻。③

牛郎织女的传说家喻户晓。钟敬文先生在20世纪30年代研究该故事谈到，赵景深先生所记叙的《牛郎》④就是民间的牛郎与天上的织女婚配。所以学术界认为是"人神相恋"的母题。随着时代的演变和在民间的广泛传播，牛郎为民、织女为神（仙）的传说在众多的异文中成为一种较固定的形态。学术界普遍认为，在《牛郎织女》传说的不同的性别角色中，民间对于织女的关注大于牛郎，牛郎织女传说的传承与织女的关系更大。所以我们从织女的性别角色谈其传承的民间制度。口头非物质文化遗产也被称作"民间记忆"，或者叫"群体记忆"，这种记忆的传播与民间信仰存在着密切的关系，而《牛郎织女》传说传承的原因是对织女的信仰。

对织女的最初信仰起源于星辰崇拜。从历史文献看，在《夏小正》里有

---

① 叶涛、韩国祥主编：《中国牛郎织女传说·研究卷》，广西师范大学出版社2008年版，第196页。
② 歌谣有："什么星宿娘家去？什么星宿紧跟着？织女星宿娘家去，牛郎星宿紧跟着。"传说里也有织女在河东，牛郎在河西，两人婚配为夫妻。
③ 民谣有："天上有颗紫薇星，天上有个织女娘。地下有个唱歌人，地下有个牵牛郎。"参见叶涛、韩国祥主编《中国牛郎织女传说·民间文学卷》，广西师范大学出版社2008年版，第16、423、495页。
④ 叶涛、韩国祥主编：《中国牛郎织女传说·研究卷》，广西师范大学出版社2008年版，第19页。

"是月织女向东"的记载。《夏小正》到底是什么时候的著作,史学界尚有争论,但是至少在三四千年前就有"织女星"的名称和记载。《史记·秦本纪》:"秦之先,帝颛顼之苗裔孙曰女修。女修织,玄鸟陨卵,女修吞之,生子大业。"织女作为星名,应该是根据因织而闻名的女修。

《初学记》卷二引纬书《春秋元命苞》说:"织女之为言,神女也。"唐代《开元占经》谓织女为"天之贵女"。其身世高贵到什么程度呢?《史记·天官书》载:"织女,天女孙也。"《汉书·天文志》重复了这个记载:"织女,天帝孙也。"《后汉书》的记载可能融入了道教的因素,谓"天之真女"。《晋书》的记载与《史记》同:"织女三星在天纪东端,天女也。"《星纪》又云:"织女三星,在天纪东端,天女也。"开始并非夫妻。连晋杜预也说:"星占之女,处女也。"学术界认定牛郎织女成婚、喜鹊架桥、相会七七是后来的演化。人类经历过氏族社会,氏族社会存在万物有灵的信仰。在夏商时期,天神有"天""皇天""昊天"之称,"迳称天神为天,似乎是夏后氏时事"。《甘誓》曰:"有扈氏威侮五行,怠弃三正,天用剿绝其命,予共行天之罚。"《禹誓》曰:"非惟小子敢行称乱,蠢兹有苗,用天之罚。"[1]此处天即为天神。商代虽保留了"天为天神"之称,但更多地用"帝""上帝""皇天"代替。商代卜辞有"帝"字,甲骨文字学家认为在早期卜辞中的"上帝"是天神的专称。《说文解字》言:"天神,引出万物者也。"在民间信仰里,举凡饥馑、战事、安危、征战都要询问天神,向天神求告。[2]与天神有血缘关系的织女当然位至尊位——织女原型为神。

织女的神性之一是桑树之神。《山海经》载:"又东五十里曰宣山,沦水出焉,东南流注于视水,其中多蛟,其上有桑焉,大五十尺,其枝四衢,其叶大尺余,赤理黄华青柎,名曰帝女之桑。"帝女就是织女,织女是一位什么样的神?"依郭璞注此桑所以名为帝女之桑是由于'帝女主桑'的缘故,也就是说司

---

[1] 丁山:《中国古代宗教与神话考》,上海文艺出版社1988年版,第142页。
[2] 参看邢莉《天神之谜》第1章第2节,学苑出版社1994年版。

桑的女神是帝女。"① 织女是桑神兼纺织神。

　　民间社会是民间文化赖以生存的基础，也是民间信仰产生的源泉。织女名称的出现，与纺织业有关。我国是农业文明古国，耕与织是农耕文明的文化基础。我国原始社会最早的纺轮是在距今七千多年以前在河北磁山遗址发现的，另外在浙江河姆渡遗址、陕西西安半坡遗址和姜寨遗址中都有发现。在江苏吴县草鞋山遗址中，出土的罗纹葛布织物证明在六七千年前就有了织布机。在距今五千年前，在山西西阴村新石器时代遗址中发现了蚕茧。《荀子·蚕赋》中有"三俯三起，事乃大已"，就是讲的养蚕的过程，这说明我们的祖先已经掌握了蚕茧的运用。在浙江钱山漾遗址中，出土了一批四千七百年前的家蚕丝织品。春秋时代，我国的养蚕业已经非常发达。根据《禹贡》等书记载，纺织工艺分布在冀州、青州、兖州、扬州、荆州、豫州等广大的地区。《后汉书·公孙述传》有"蜀地沃野千里……女工之业，覆衣天下"的记载。"一夫不耕或受之饥，一女不织或受之寒"是当时中国农村的生动写照，所以学术界认为牛郎织女的传说成熟于汉代是有道理的。

　　织女的神性之二是主丰收之神。主稼果、生计、财货。如晋周处《风土记》载：时人于七夕向织女"乞富"。织女怎么可以带来富足？《荆楚岁时记》注文云："织女星则主瓜果。"《史记·天官书》中，张守节注：织女"主瓜果丝帛珍宝"。又，楚人早在战国时期即已将织女与少司命的形象、神性相糅合，而少司命又为咸池星神，《春秋元命苞》云："咸池主五谷……咸池，言谷生于水，含秀含实，主秋垂。"这样，综合了少司命神性的织女星神，也就成了植物、生产和收获女神。七夕时值孟秋，收获在望，为了祈求天遂人愿，大获丰收，早在周代以前即以新黄之穗荐田祖"尝新"之礼，织女即是收获之神。农业收获与水息息相关，又有人认为织女为水神。《开元占经》卷六十五引巫咸之说，传说织女是天上的水官。在传统的民间观念里，女性与水联系，属阴；男性与火

---

① 王孝廉：《牵牛织女的传说》，载叶涛、韩国祥主编《中国牛郎织女传说·研究卷》，广西师范大学出版社2008年版，第95页。

联系，属阳。

织女的神性之三：女祖先神及儿童的保护之神。法国学者列维·布留尔在《原始思维》中说："七这个数首先是在中国人或者亚述巴比伦人的信仰发生影响的地方带上了特别神秘的性质。"[1]《汉书·律历志》说："天地，四时人之始生也。"《荆楚岁时记》记载正月七日的民俗活动："正月七日为人日，以七种菜为羹。翦彩为人，或镂金箔为人，以贴屏风，亦戴之头鬓，又造华胜以相遗。"隋杜公瞻注晋人董勋《问礼俗》也记载了人日的礼俗："正月一日为鸡，二日为狗，三日为猪，四日为羊，五日为牛，六日为马，七日为人。正旦画鸡于门，七日贴人于帐。"这里叙述了几项民俗活动。其一，七是一个特殊的日子，是人的生命体诞生的日子，"充分说明了七字所具有的生殖文化意义"[2]。其二，在民俗活动中认织女为祖先。织女在民间又称"七娘妈""七星娘""七星奶""七姑"。广东《琼州府志》载，在七夕的时候，有"备牲醴，祀祖先"的习俗。旧时在浙江台州一带，少女16岁成年的时候，要搭七星亭举行成年礼，并举行"礼七姑"的仪式。[3]其三，形成了有关七夕的一系列习俗。如广东《揭阳县志》载："七月七日，晒衣，祭房中神，报产育功。晚乞巧，具酒集饭。"等等。

在我们研究《牛郎织女》的传承机制的时候，不能不谈到民间信仰。虽然随着社会的发展，人们的崇拜已经淡化，但是《牛郎织女》传说附着于深刻的民间信仰上，具有深刻的信仰内涵。《牛郎织女》的产生，说明我们的祖先把事物不仅想象为知识对象，而且带有一定的感情色彩。他们创造了与自己生活密切相关的神，其目的不是为了来世的需求，而是为了维持自己在现世中的生活。民间信仰："是沿着人们的生活脉络而编织的宗教……就是说它是扎根于生活上的禁忌、神话、传说以及乡土之中的民俗性的世界观。按照生活的节律即年中

---

[1] ［法］列维·布留尔：《原始思维》，丁由译，商务印书馆1981年版，第213—214页。
[2] 杨琳：《中国传统节日文化》，宗教文化出版社2000年版，第286页。
[3] 叶大兵、乌丙安主编：《中国风俗辞典》，上海辞书出版社1990年版，第6页。

行事和人生礼仪的过程，惯性地举行人生宗教礼仪的一系列过程。"①织女信仰是传说传承的基础，由于民间信仰的支撑，"作为社会活动的民间叙事审视的是民间叙事的社会属性——即意识形态属性"②。牛郎织女的传说反映了一种被规定的意识形态和心理诉求。

二、七夕节日：传承的行为基础

节日庆典是民间传统文化的重要载体和传承方式，是民间口头文学产生的主要空间和途径，也是口承文学制度的最重要的一环。节日凝聚着社会的共同记忆，体现着社会的广泛认同和诉求。"要在我们中国民间中找出几个足以代表民众思想、生活、风俗等的节候，七夕不能不算是很重要的一个。"③

牛郎织女的传承往往通过仪式表现出来。"所谓仪式，从功能方面来说，可被看作一个社会特定的'公共空间'的浓缩。这个公共空间既指称一个确认的时间、地点、器具、规章、程序等，还指称由一个特定的人群所网络的人际关系。"④仪式是民族文化传统的重要载体，是牛郎织女社会价值得以维持和再生产的内在机制。仪式成了社会组织的一种描述和社会总体结构的象征性叙事，与牛郎织女的传说互诠互释的是在民间存在的仪式，民间仪式的时间是一个民众根据天象而对应人间人事的特定日子。在中国古代，一月一、二月二、三月三、五月五、七月七、九月九多被认为是天地交感、天地相通的日子。《淮南子·天文训》："阳生于子，阴生于午。"从子至午刚好以七为一个变化周期，所以选择七月七日为一个民俗节日的时间，这个变化的日子维系着生命体的一切。"数字七通过隐含的功能维系着生命体的一切，它施与生命和运动，它甚至

---

① ［日］渡边欣雄：《汉族的民俗宗教》，周星译，天津人民出版社1998年版，第234页。
② 柯玲：《民间叙事界定》，《上海文化》2007年第2期。
③ 叶涛、韩国祥主编：《中国牛郎织女传说·研究卷》，广西师范大学出版社2008年版，第8页。
④ 彭兆荣：《人类学仪式研究评述》，《民族研究》2002年第2期。

影响到天上的神。"①对于民俗节日时间的选择,"我们不可以深入研究,只可直觉和体验"②。这个特定时间的选择是民众根据天象而直觉体验的结果。

在七月七日这个特定的节日里,尽管各地域、各民族的民俗不同,但是都普遍存在着仪式展演。其中主要包括:

(一)乞巧仪式

《荆楚岁时记》记载:"七月七日为牵牛织女聚会之夜,是夕人家妇女结彩缕,穿七孔针,或以金银、鍮石为针,陈瓜果于庭中以乞巧,有喜子网于瓜上,则以为符应。"唐刘言史《七夕歌》云:"碧空露重彩盘湿,花上乞得蜘蛛丝。"在中国的民间信仰里,称蜘蛛为"喜子""喜蜘蛛"。穿针乞巧的习俗一直沿袭至近代。在山东济南、惠民、高青等地,陈列瓜果乞巧,如有蜘蛛在瓜果上结网,就意味着已乞得巧;在鄄城、曹县等地有在七夕吃巧饭乞巧的风俗:一般是七个要好的姑娘聚集在一起包饺子,她们把一枚铜钱、一根针和一个红枣分别包到三个水饺里,传说吃到钱的有福,吃到针的手巧,吃到枣的早婚。有些地方的乞巧活动还带有"斗巧"的意思,如穿针引线、蒸巧饽饽、烙巧果子、做巧芽等,带有竞赛的性质。乞巧的活动丰富多彩,各地不一。

为什么向织女乞巧?柳宗元做《乞巧文》:"柳子夜归自外庭,有设祠者,馔饵馨香,蔬果交罗,插竹垂绥,剖瓜犬牙,且拜且祈,怪而问焉。女隶进曰:'今兹秋孟七夕,天女之孙将嫔于河鼓。邀而祠者,幸而与之巧,驱去蹇拙,手目开利,组紃缝制,将无滞于心焉。为是祷也。'"在传统社会,对于广大劳动妇女来说,"巧"成为社会评价女性的标准,也逐渐成为妇女自我认知的标准。与《女诫》对妇女的评价不同,此时已经跳出了封建的礼规模式,是农业社会群体生活对妇女价值的评估。

---

① 《世界文化象征辞典》编写组编:《世界文化象征辞典》条目七,湖南文艺出版社1994年版。
② 吴国盛:《时间的观念》,中国社会科学出版社1996年版,第32页。

（二）占卜年成仪式

《清嘉录》卷七载："七夕后看天河显晦，卜米价之低昂，谓晦则米贵，显则米贱。"此种习俗也源于以织女为收获女神的古老信仰。七夕时值孟秋，收获在望，为了祈求天遂人愿、大获丰收，早在周代以前即有以新黄之穗荐田祖"尝新"之礼。织女既是收获之神，那么，很自然地便有向她荐尝、祈求和致酬的仪式，而这一仪式也就是早期七夕节的构成内容之一。后世于七夕盛陈"酒、脯、瓜果、菜于庭中"向织女乞巧，以及种"巧菜"、做"巧花"、塑"谷板"等习俗，便均含有向织女荐尝、致以酬谢和祈求丰收的遗意。

（三）化生仪式

织女具有女祖先神的神性，当然是妇女求子的对象。人们有在七夕时求子的习俗。在唐代人们制作一种婴儿的偶像，叫"化生"。唐《岁时纪事》记载："七夕，俗以蜡作婴儿形，浮水中以为戏，为妇人生子之祥，谓之化生。"宋代延续了此俗：《古今图书集成·历象汇编·岁功典》卷65引山西《朔州志》："七月七日乞巧，作泥美人，高尺许，名暮和乐，无此则女儿不喜。"有意思的是，在求子的过程中，民间还认为嗣子的数目是有限的，在《中华民俗志》下篇卷七《广州岁时记》载，七月初六夜要焚香燃烛，向空叩礼。在这个礼仪的过程中，未婚和新嫁的女子优先，并且在礼神时"加具牲礼，红蛋、酸枣等，取得子之兆"。这里"化生"和"暮和乐"都是指人制作的婴孩像，为什么冠以这样两个不同而中国人又感到生僻的名称呢？详见学者的考证。[1]

以上所述的七夕节的仪式都是与织女信仰有关的，同时也是女性在七夕节的操作行为。这不是一种个人的行为，而是一种集体的行为，一种不假思索的从众行为："当仪式真正不落言筌，不激发思索的时候，它才是最强有力

---

[1] 杨琳：《中国传统节日文化》，宗教文化出版社2000年，第272—285页。

的。……仪式是所做的，而不是所想的和所感的。"①这种普遍和特殊的社会叙事，成为"惯制"，成为"传统"，民间不断重复的展演仪式成为民间社会生活秩序的建构者和维护者。仪式的"普遍性、恒定性及其展开的逻辑赋予它一种优于足以强迫人们遵守的法定习俗的权威的必然性"②。

祭祀织女的仪式在现代社会里仍旧是"活形态"的存在。在山东沂源县燕崖乡大贤山有织女洞。织女洞主洞高8米、宽7米、深10米许，现为二层楼阁式。内建有用来烧香焚纸的小火池一座，石门楣上镌有"织女仙洞"四字。洞中有织女、王母娘娘彩色塑像端坐洞中。前面立《大宋国碑》，为宋元丰四年（1081）四月十五立；洞南并立两块石碑，右碑横刻"云洞天开"于明万历（1587）秋立，碑文曰"……又重修天孙神像，并置屏风于神之前，复造暖阁于神之后……"这里每年举行四次庙会（正月十五、正月十三、七月七、七月十五），还流传着种种灵验的传说。③

"小传统"表达的是民众的思想方式和在生活世界中的处世方式。其一，它给予每个文化个体以"展演"的机遇；其二，这种表达关系到民众的切实生活，满足他们最基本的生活愿望。"身体行为不仅仅是生物性的，更是文化的，不仅仅是自然的，更是建构的。""身体不是天生的，而是被制造成的。"④这是一种文化建构，正是通过这种文化建构，仪式才被认知。仪式的展演以民间信仰为内驱力，而仪式同时又为口承《牛郎织女》传说做了活脱的阐述。

三、口承模式：传承的制度形式

如果说民间信仰是《牛郎织女》传承的内在动因，七夕的仪式是《牛郎织

---

① 高丙中：《民俗文化与民俗生活》，中国社会科学出版社1994年版，第79页。
② ［法］马塞尔·毛斯：《社会学与人类学》，余碧平译，上海译文出版社2003年版，第104页。
③ 叶涛、韩国祥主编：《中国牛郎织女传说·研究卷》，广西师范大学出版社2008年版，第8页。
④ 何林军：《身体的叙事逻辑》，《理论与创作》2007年第1期。

女》传承的行为记忆，那么口承传统就是其传承的制度形式。西方的制度学家对制度进行了重新界定和分类，使制度研究从单纯的成文规则的研究转向了对更为广阔的观念、符号、资本等隐性制度的研究。这是"文学制度"概念合法性和有效性的学理基础。[①] 那么《牛郎织女》的传承是一种什么样的规制呢？

正如生物基因信息的生殖遗传是生物群落得以不断延续的根本条件一样，人类文化信息的传承是靠思维和语言。语言是一种符号。瑞士心理学家索绪尔被公认为是符号学的创始人之一，他的《普通语言学教程》被看作是现代符号的奠基之作。在各种符号系统中，语言是最重要、最基本，也是最复杂的符号系统。在传统社会里，以《牛郎织女》等为代表的传说是以口头语言的形式传承的，被称为"民间叙事"。民间叙事虽然对于表演的个体来说是"一首歌"，但是研究其传承的轨迹是有模式的。我们分析一下被国家级非物质文化遗产所认定的《牛郎织女》传说的地点之一，山东沂源县燕崖乡大贤山织女洞和牛郎官村一带流传的《牛郎织女》的传说具有鲜明的地方特色，他们给牛郎一个确定的名字叫孙守义，与哥嫂在一起以放牛为生，他们认为织女回到天上是王母娘娘为了维护天上的秩序，天上不如人间好，后来王母与织女一起回到了人间。牛郎织女传说的重要传承人——韩凤祥、解明泉、孙启文、张宝祥、张守安的讲述存在一个基本的模式：

（1）牛郎过着放牛的生活，哥嫂与其分家，牛郎听老牛的话，分到一头牛；（2）牛郎见仙女洗澡，与仙女成婚，生了一对儿女；（3）王母令织女返回天上，牛郎追赶，王母划出天河隔开；（4）七月七日喜鹊搭桥，牛郎织女会面。尽管一个文化个体在不同的语境下可以讲述不同的文本，例如给予织女与王母的关系就有织女是其三女儿、七女儿、九女儿、外甥女等不同的说法。[②] 变异是民

---

① 参见黄晓娟《民间秩序与文学传承——制度视野下的中国少数民族口传文学》，《民族艺术》2008 年第 2 期。
② 参见叶涛、韩国祥主编《中国牛郎织女传说·沂源卷》，广西师范大学出版社 2008 年版，第 20—84 页。

间文学的重要规律，但变异是有所遵循的，每个民间传说都有其相对稳定的情节单元。在此，我们把现代人讲述的文本与1500年前宗懔（500—563）的《荆楚岁时记》中出现的牛郎织女故事相对照："天河之东有织女，天帝之子也，年年机杼劳役，织成云锦天衣，天帝怜其独处，许嫁河西牵牛郎，嫁后遂废织纴，天帝怒，责令归河东，唯每年七月七日夜，渡河一会。"

这里的基本情节单元为：（1）织女嫁与牛郎；（2）织女与牛郎分离；（3）织女与牛郎七七相会。在这漫长的历时中，牛郎织女的传说不管流传到哪个区域、哪个民族，不管有多少讲述人，都离不开其基本的情节单元。每个民间讲述者虽然唱的是"这一首歌"，但是他的"传演"是在传统限定中的一次传演，也就是说，他的传演不能离开"传统"本身。"每一次表演的文本，都和其他表演过的文本或潜在的文本形成'互文'的表演。"[1]它代表的是一个集体的口述传统。理查德·鲍曼认为这是"一种说话的方式""一种交流的模式"。

口承文学与作家文学的一个重要的不同，就是口承文学的传承是民众生活中"不可以须臾没有的精神布帛"，其传承的过程往往就是传播的过程。传播学家提出了构成传播过程的五种基本要素，即谁说、说什么、通过什么渠道、对谁、产生什么效果。[2]但是大众传播的机制不能代替民间口承文化的机制。民间口承文化的机制强调语境，尽管对于语境有各种不同的解释，但是其核心强调的是人与人、民与民面对面的交流。这里民间的"间"字具有社会性空间的含义。这里的"民"字也不是抽象的，而是建构了空间含义的"民"，这样就构成了传承人与民间相辅相依的关系。没有相应的语境和民众，民间口头传统就不能传承："当民俗从一代传给下一代的时候，有关民俗的传统态度和解释，也以类似的方式得以交流，即使它们总是并非得到正式的表述。"[3]人与人、民与民面对面的传承不同于大众媒体的传播，一个眼神、一个手势，连同表述的语言

---

[1] 朝戈金：《关于口头传唱诗歌的研究——口头诗学问题》，《文艺研究》2002年第4期。
[2] 陈道德主编：《传播学教程》，武汉测绘科技大学出版社1996年版，第41页。
[3] ［美］阿兰·邓迪斯：《民俗解析》，户晓辉编译，广西师范大学出版社2005年版，第41页。

构成立体的交流方式，双方在互相激励的机制中，他们同时都是民间文学的生产者、享用者和传播者。山西和顺县南天池村和牛郎峪村是牛郎织女传说在现实生活中附会的地方，此外还有村落语境。牛郎峪村在松烟镇东南五里许的天河梁下，有青、曹、刘、张、崔几大姓氏，村民说牛郎的舅舅姓青，叫青似海。在这个传承特定的文化空间中，人们把当地的牛郎沟、天河池、天河梁、晒衣台、天女池、哪吒塔、喜鹊山等系列景物都说成是牛郎织女在该村生活中的现影。正是在这种特殊的语境下，《牛郎织女》才呈现出"活形态"，这是民众对于自身生活的文化表征。法国认知人类学家丹·司波博提出了自然主义的文化解释，1996年出版了《解释文化：一种自然主义的研究方法》。他认为：表征就像流行病学的病毒一样在一个特定的人群中传播，但这显然不是病态的传播，而是文化的传播。他将文化区分为心理表征和公共表征，心理表征包括信仰、意向和意愿之类个体认知的要素，而公共表征则包括符号、言语、文本以及图片之类具有物质性的存在。[①] 通过《牛郎织女》阐释信仰层面、仪式层面和口头传递的层面的传承，为口头非物质文化遗产的保护提供一份思考。

[①] 赵旭东：《论民俗的易感染性》，《民俗研究》2005年第2期。

化生·乞巧·相连爱——七夕节史话

王 娟[1]

七夕节历史悠久，千百年来一直长盛不衰。根据古籍中的记载，七夕节最早见于汉代，唐代日渐繁荣，宋代进入鼎盛时期。明清时期，七夕虽然依然广泛流传，但是从内容上看，远不如之前的丰富多彩，许多节日习俗如搭建"乞巧楼""乞巧棚"，"种谷板"，供奉"磨喝乐"等几乎消失殆尽。当代，由于西方文化的冲击，尤其是西方的情人节对人们的日常生活产生了很大的影响，七夕节又重新回到人们的视野中，人们甚至将七夕看作是中国的"情人节"。那么，从历史的角度看，七夕节经历了一个怎样的流变过程呢？

一、相连爱

七夕节，早在汉代就已经初具形态了，根据《西京杂记》的记载："汉彩女常以七月七日夜穿七孔针于开襟楼，俱以习之。"[2] 宋高承在他的《事物纪原》里提到："今七夕望月穿针，以彩缕过者为得巧之候，其事盖始于汉。"[3] 由此我们可以判断，较早在汉代就有了七夕乞巧的习俗，而且还相当隆重，尤其是在宫中。汉代七夕节的一个重要内容就是"相连爱"，如《西京杂记》中有戚夫

---

[1] 王娟，北京大学中文系教授。本文原载于《中国艺术报》2017年8月25日。
[2] （汉）刘歆、（晋）葛洪：《西京杂记》卷一，《汉魏六朝笔记小说大观》，上海古籍出版社1999年版，第81页。
[3] （宋）高承撰，许沛藻点校：《事物纪原》卷八，中华书局1989年版，第437页。

人"七月七日临百子池，作于阗乐。乐毕，以五色缕相羁，谓为'相连爱'"①的记载。可见在当时，七月七日是一个相当重要的日子。尤其是对于女性而言，带有祝愿夫妻恩爱、爱情圆满的因素。明彭大翼《山堂肆考》也记有"杨妃私誓"的传说：

> 唐玄宗与杨贵妃避暑骊山宫。七夕夜半，妃独侍上，凭肩密语，相誓愿世世为夫妇。故白乐天《长恨歌》："七月七日长生殿，夜半无人私语时。在天愿为比翼鸟，在地愿为连理枝。"②

如果一定要说古代的七夕节带有些许"情人节"内涵的话，那这两处记载便是最有力的材料支撑。

二、弄化生

唐代及以后，有七夕"弄化生"的习俗。据《渊鉴类函》引唐《岁时纪事》云："七夕，俗以蜡作婴儿，浮水中以为戏，为妇人生子之祥，谓之化生。本出于西域，谓之摩睺罗。唐诗曰'水拍银盘弄化生'。"③可见到了唐代，"相连爱"之外，以"求子"为目的的"弄化生"，即将蜡制的莲花娃娃浮于水中，逐渐成为节日的主要内容之一。钱锺书认为，"化生"一词在唐代使用很普遍，最初并非专指七夕节的"蜡制婴儿"，早期的化生不仅可以是孩子玩的"戏具"娃娃，而且还可以指称寺庙里的女神塑像。④但是后来，"化生"成为七夕"求子"的代称。唐代弄化生的习俗与佛教有关。例如，《法苑珠林》引《杂宝藏经》讲述

---

① （汉）刘歆、（晋）葛洪：《西京杂记》卷三，《汉魏六朝笔记小说大观》，上海古籍出版社1999年版，第98页。
② （明）彭大翼：《山堂肆考》卷十二，清文渊阁四库全书本。
③ （明）陈耀文：《天中记》卷五，清文渊阁四库全书本。
④ 钱锺书：《管锥编·全陈文》卷四，生活·读书·新知三联书店2007年版，第2280页。

过一个"鹿女生莲"的故事,说的是山林中有一只雌鹿,感神而孕,生下一位女子,脚似鹿,迹有莲花。相师见过女子后,预言此女子"当生千子"。后女子嫁为王妃,产下"千叶莲华,叶叶有一小儿"。此千叶莲华,顺水而下,与唐代七夕节的弄化生习俗,即将蜡制的莲花娃娃放置在水上、随水而来的习俗基本吻合,当为同源的关系。由此,我们可以解释唐代七夕弄化生为什么一定是要蜡制的,目的就是为了能够浮在水上。根据这则故事后面的交代,其中的鹿母即"摩耶夫人是也",其在轮回过程中曾经是佛祖释迦牟尼的母亲。因此,"弄化生"带有"佛送子"的寓意,与中国传统"多子多福"的观念相一致,迎合了中国民众的审美需求。宋代及以后,化生也有了相对固定的造型。宋李诫《营造法式·石作制度》中有"或于华文之内,间以龙凤狮兽及化生之类者,随其所宜,分布用之"[1]。从《营造法式》中的附图来看,化生或者为脚踩莲花、嗔眉笑眼的童子形象;或者为与鹅、羊戏耍的童子形象。[2] 宋代七夕节"水上浮"的习俗即为唐化生习俗的变化。《武林旧事》有"并以蜡印凫雁、水禽之类浮之水上"的记载,宋陈元靓《岁时广记》引《东京梦华录》:"七夕,以黄蜡铸为牛女人物及凫雁、鸳鸯、䴔䴖、鱼龟、莲荷之类,彩绘金缕,谓之'水上浮',以供牛女。"[3] 弄化生的习俗在清代依然存在,只不过在材料上又增加了金属锡,如"熔锡倾水中,有鸟兽花草形为得巧,有婴儿形者为宜男之祥,亦以蜡作婴儿,盆中浴之,谓之弄化生"[4]。无论如何,唐代及其以后的"弄化生"都与求子有关。

---

[1] (宋)李诫撰,邹其昌点校:《营造法式》卷三,人民出版社2011年版,第22页。
[2] 附图见(宋)李诫撰,邹其昌点校:《营造法式》卷三,人民出版社2011年版,第343、374、375页。
[3] (宋)陈元靓:《岁时广记》卷二六,清十万卷楼丛书本。
[4] (清)孔尚任:《节序同风录》,清抄本。

三、磨喝乐

磨喝乐，又名摩睺罗、摩睺罗孩儿、摩喉孩儿、摩猴罗、魔合罗、摩诃罗巧神等等。购买和供奉磨喝乐是宋代七夕节最主要的活动之一。磨喝乐，较早见于宋代孟元老的《东京梦华录》：

> 七月七夕，潘楼街东宋门外瓦子、州西梁门外瓦子、北门外、南朱雀门外街及马行街内，皆卖磨喝乐，乃小塑土偶耳。悉以雕木彩装栏座，或用红纱碧笼，或饰以金珠牙翠，有一对直数千者。禁中及贵家与士庶为时物追陪。①

这里所谓的磨喝乐，实际上就是一种泥塑的娃娃，或者说泥孩儿，具体形象为莲花、荷叶童子造型。关于磨喝乐的称谓和来历，一般认为磨喝乐源于异域，与唐代的"弄化生"关系密切，或者可以说是唐代弄化生的变体和延续。宋祝穆《古今事文类聚》引《梦华录》中有"磨喝乐，本佛经摩睺罗，今通俗而书之"的记载，可以验证此说。②因此，许多人将磨喝乐的称谓和来源归于佛教，认为磨喝乐疑为佛教中的摩睺罗，即释迦牟尼独子的译音。清顾炎武在他的《日知录之余》中就有"佛氏娶妻曰耶输佗，生子摩侯罗，出家十二年，归与妻子复完聚"③。

唐代的蜡作婴儿到了宋代一变而为泥孩儿磨喝乐，一个重要的原因是到了宋代，随着七夕节的日渐普遍和繁荣，人们生活、娱乐方式的丰富多彩，简单的蜡作婴儿已经不能满足更多人们节日期间对磨喝乐的使用、收藏、馈赠和审美需求了。因此，才出现了泥孩，造型更加多样，装饰更加精致，可以满足

---

① （宋）孟元老著，尹永文笺注：《东京梦华录》卷八，中华书局2006年版，第780—781页。
② （宋）祝穆：《古今事文类聚》前集卷十，清文渊阁四库全书本。
③ （清）顾炎武：《日知录之余》卷三，清宣统二年吴中刻本。

不同阶层人们的需要。磨喝乐名称的出现，一是可以区别于唐代含义和指向并不十分明确的化生，即蜡作婴儿；二是将泥孩儿直接命名为佛的独子，明确了"佛送子"的含义；三是为磨喝乐的制作、加工和销售提供了更多方便，出现了许多著名的磨喝乐工匠和产地。尽管后世七夕供奉磨喝乐的习俗日渐衰落，但从各地七夕习俗来看，泥塑人物、动物造型依然普遍，而且被看成是宋代磨喝乐的残余。例如，清于敏中《日下旧闻考》引元《析津志》记载："市中卖摩诃罗巧神，泥塑人物，大小不等。"[1]清孔尚任《节序同风录》中也有关于成套的泥塑人、物的描述，如（七夕）泥作十二支生肖：鼠、牛、虎、兔、龙、蛇、马、羊、猴、鸡、狗、猪。作十二流人类：官、吏、士、农、工、商、渔、樵、军、僧、道、丐。又作一家团圆十二口：翁、婆、夫、妻、妾，五男二女。陈之庭中，谓之排巧。相传为泥孩儿磨喝乐，亦曰摩睺罗。贵家用龙涎香料，雕牙镂犀，或穿珠翠金宝为之，笼以纱橱。[2]这些都是宋代磨喝乐的延续。

从唐代七夕的弄化生到宋代七夕的磨喝乐，一直到后来流传各地拴娃娃的习俗，以及广泛流传的泥人手工制作，其目的大都不外乎求子。正所谓"摩睺罗，泥孩儿也。有极巧饰以金珠者，七夕用以馈送，以作天仙送子之祥"[3]。如今民间常见的莲花娃娃、鱼穿莲、莲（连）年有鱼、莲（连）生贵子等年画、刺绣、泥塑玩具等，相信都是宋代磨喝乐的变体和延续。

四、乞巧

七夕乞巧由来已久，早在汉代，就有了穿针乞巧、蛛网乞巧等习俗。到了宋代，乞巧内容日渐丰富，主要包括如下一些活动。

---

[1]（清）于敏中：《日下旧闻考》卷一四八，北京古籍出版社1983年版，第2360页。
[2]（清）孔尚任：《节序同风录》，清抄本。
[3]（清）张岱著，刘耀林校注：《夜航船》卷一，浙江古籍出版社2012年版，第49页。

（一）乞巧楼

乞巧节到来之前，宫中和富家都要花费巨资搭建乞巧楼，唐代就有搭建乞巧楼的习俗，尤其是在宫中，"宫中以锦结成楼殿，高百尺，上可以胜数十人，陈以瓜果、酒炙，设坐具，以祀牛、女二星"①。宋代则更加普遍，"至初六日七日晚，贵家多结彩楼于庭，谓之'乞巧楼'"②，"夫乞巧楼多以采帛为之"③。《提要录》："世俗七夕，取五彩结为小楼、小舫，以乞巧。"④贫穷人家则要搭建乞巧棚。宋代的乞巧楼非常普遍，以至于画师笔下的七夕乞巧图"皆为穿针缕、采绮楼、绣阁。又为美女错立，谓织女善女工而求者得巧"⑤。

（二）穿针乞巧

七夕的晚上，女孩们最重要的活动之一便是穿针乞巧。"妇人女子至夜对月穿针，饤饾杯盘，饮酒为乐，谓之乞巧。"⑥乞巧用的针是特制的针，是专为七夕而用的，"其实此针不可用也，针褊而孔大"⑦，宋陈元靓《岁时广记》引《吕氏岁时记》记载说："今人月下穿针，实不可用，其状扁如箆子，为七孔，特欲度线尔。"⑧乞巧用的针则有鍮石针、金针、银针等，从形制上看则有双眼针、五孔针、七孔针、九孔针等等。宋朱胜非《绀珠集》中就有"七夕，宫人向月，以九孔针穿五色线"的记载。⑨元陶宗仪《元氏掖庭录》也有"九引台，七夕乞巧之所。至夕，宫女登台，以五采丝穿九孔针，先完者为得巧，迟完者谓之输

---

① （五代）王仁裕：《开元天宝遗事》卷下，中华书局1985年版，第24页。
② （宋）孟元老著，尹永文笺注：《东京梦华录》卷八，中华书局2006年版，第780—781页。
③ （宋）金盈之：《醉翁谈录》卷四，清嘉庆宛委别藏本。
④ （宋）陈元靓：《岁时广记》卷二六，清十万卷楼丛书本。
⑤ （宋）董逌：《广川画跋》卷一，清十万卷楼丛书本。
⑥ （宋）周密：《武林旧事》卷三，清文渊阁四库全书本。
⑦ （宋）金盈之：《醉翁谈录》卷四，清嘉庆宛委别藏本，江苏古籍出版社1988年版，第39页。
⑧ （宋）陈元靓：《岁时广记》卷二六，清十万卷楼丛书本。
⑨ （宋）朱胜非：《绀珠集》卷一，清文渊阁四库全书本。

巧，各出资以赠得巧者"的记载。[1]

除了穿针乞巧，民间后来还有"浮针试巧"的习俗，又称"丢巧针""投花针"等。"七月七日之午，妇女曝水日中，水膜生，投以绣针则浮，视水底针影，巧则喜，拙则叹矣。"[2]针的影子"有成云物、花头、鸟兽影者，有成鞋及剪刀、水茄影者，谓乞得巧。其影粗如槌，细如丝，直如轴蜡，此拙征矣"[3]。如果看到的影子为"得巧"，女孩们会高兴不已，如果看到的影子为"拙"影，女孩们则会叹息不已。

（三）种生乞巧

种生又称"生花盆儿""种五生"，所用的器皿叫五生盆，宋代非常普遍。民众在七夕期间，"以绿豆、小豆、小麦于磁器内，以水浸之，生芽数寸，以红蓝彩缕束之，谓之'种生'。皆于街心彩幕帐设，出络货卖"[4]。元代，五生盆的习俗依然普遍，宋褧《燕石集》有诗："晓凉门巷柳阴蝉，九陌晴泥着锦鞯。到处帘栊尽相似，巧棚人静五生蔫。"描述的就是这个习俗。作者曾经注曰："七夕前数日种麦于小瓦器为牵牛星之神，谓'五生盆'。"[5]人们将这种行为称之为"种生"，很显然带有"求子求育"的意思。妇女们希望借助于种子发芽来为自己未来的婚姻家庭生活讨一个好彩头。此习俗一直延续到明清时期，后世民间许多地方仍有七夕"处女用瓦器生五谷芽，供牛（郎）、（织）女，乞巧"[6]。

此外，宋代民间还有"种谷板"的习俗，即"又以小板上傅土，旋种粟令生苗，置小茅屋花木，作田舍家小人物，皆村落之态，谓之'谷板'"[7]。"种谷

---

[1] （清）于敏中：《日下旧闻考》卷一四八引，北京古籍出版社1983年版，第2360页。
[2] 李家瑞编：《北平风俗类征》引《舆地记》，北京出版社2010年版，第131—132页。
[3] （明）刘侗、于奕正：《帝京景物略》，上海古籍出版社2001年版，第104页。
[4] （宋）孟元老著，尹永文笺注：《东京梦华录》卷八，中华书局2006年版，第781页。
[5] 《御定月令辑要》卷一四，清文渊阁四库全书本。
[6] （清）黄玉衡：《重修和顺县志》卷八，清乾隆三十三年刻本。
[7] （宋）孟元老著，尹永文笺注：《东京梦华录》卷八，中华书局2006年版，第781页。

板"兼具祝愿丰收和生育的双重含义。清末仍有一些地区保留有此习俗，据胡朴安《中华全国风俗志》的记载："广州风俗……其陈设之品，又能聚米粘成小器皿，以胡麻粘成龙眼、荔枝、莲藕之属，极精致，然皆艺事，巧者能之。惟家家皆具有秧针一盂，陈于几，植以薄土，蓄以清泉，青葱可爱，乃女伴兼旬浸谷，昕夕量水，凭炎热天时酝酿而成者。"[1]

（四）蛛网乞巧

七夕节的另一种广为流传的习俗是"蛛网乞巧"。早在《荆楚岁时记》中就有了蛛网乞巧的记载，到了宋代，这一习俗依然风行。"或以小蜘蛛安合子内，次日看之，若网圆正，谓之'得巧'。"[2]"或取小蜘蛛，以金银小盒儿盛之，次早观其网丝圆正，名曰'得巧'。"[3]"及以小蜘蛛贮合内，以候结网之疏密，为得巧之多少。"[4] 蜘蛛，古代又称喜蛛、蟢子等，为瑞应之象。北齐《刘子》有"今野人昼见蟢子者，以为有喜乐之瑞"[5]。《太平御览》引《西京杂记》言："蜘蛛集，百事喜。"[6] 蜘蛛结网而下的图画常被民众看作是"喜从天降"的吉兆，正如明杨慎诗"结网喜蛛垂藻井"所言。[7]《梦书》曰："梦蜘蛛者，其日遂有喜事。"[8] 因此，七夕节捉蜘蛛进行占卜寄托着人们美好的愿望和对未来的期许。

---

[1] 胡朴安：《中国风俗》（原名《中华全国风俗志》）上编，九州出版社2007年版，第281页。
[2] （宋）孟元老：《东京梦华录》卷八，尹永文笺注，中华书局2006年版，第781页。
[3] （宋）吴自牧：《梦粱录》卷四，清文渊阁四库全书本。
[4] （宋）周密：《武林旧事》卷三，清文渊阁四库全书本。
[5] （南北朝）刘昼撰，王叔岷集证：《刘子》卷四《鄙名第十七》，中华书局2007年版，第79页。
[6] （宋）李昉：《太平御览》卷九四八，清文渊阁四库全书本。
[7] （明）杨慎：《升庵集》卷一四，清文渊阁四库全书本。
[8] （清）《渊鉴类函》卷四四九，清文渊阁四库全书本。

（五）乞巧果

七夕吃巧果较早见于唐代，根据宋庞元英《文昌杂录》的记载："唐岁时节物……七月七日则有金针、织女台、乞巧果子。"[1] 宋代七夕节期间的特制食物被称为"巧果"，或者"乞巧果子""果食"等。按照《岁时广记》的记载，这里所谓的"果食将军"就是七夕期间和糖面做成人形的食品，邻里之间可以相互馈赠。"此外，又于数日前，以红焾鸡、果食、时新果子互相馈送。禁中意思蜜煎局亦以鹊桥仙故事，先以水蜜木瓜进入。"[2] 宋代以后，一直到明清时期，甚至到当代，民间仍有七夕吃"巧果"的习俗。清顾禄《清嘉录》中有《巧果》条，描述了巧果制作的材料和方法："七夕前，市上已卖巧果，有以面白和糖，绾作苎结之形，油氽令脆者，俗呼为'苎结'。"[3]

从历史的角度看，作为人们日常生活的一个重要组成部分，传统节日是活态的，会随着文化的交流和人们生产生活方式的改变而改变，以适应人们的不同需求。从某种意义上讲，没有一成不变的节日，也不存在标准的节日内容，一旦人们的需求发生了改变，传统节日也会相应随之而变，传统节日的生命力也就体现在这里。

---

[1] （宋）庞元英：《文昌杂录》卷三，清文渊阁四库全书本。
[2] （宋）吴自牧：《梦粱录》卷四，清文渊阁四库全书本。
[3] （清）顾禄：《清嘉录》卷七，中华书局2008年版，第149页。

七夕节俗与符咒文化

付海水　杜忠义[①]

农历七月初七，称七夕，又叫乞巧节、少女节。传说这天是牛郎织女鹊桥相会之日。就七夕风俗来看，各地不大一样。特别是民间七夕节"南瓜棚下或葡萄架下听悄悄话""用脸盆接露水"等习俗带有明显的巫术性质，与中国传统的符咒文化有着相似的发展轨迹。这与七夕节乞巧活动和对织女牛郎崇拜或祈求吉祥的思维迥然不同。

民间七夕节"南瓜棚下或葡萄架下听悄悄话"是一种被大家公认的习俗，在农历七月初七这一夜，会有许多男女身披蓑衣或黑衣，在夜深人静之时一个人偷偷躲在生长茂盛的南瓜棚或葡萄架下，头顶尿盆，屏息静气地听织女牛郎的悄悄话。如果谁能听到牛郎织女相会时的悄悄话，就证明自己有了神通、有了福气。在河南周口部分农村，七月七有用脸盆接露水的习俗。每到七夕节晚上，许多人家准备好干净的瓦盆或盘子，放在空旷的场地，任露水去露。第二天日出之前，把收集的露水集中到一个特制的瓶子中，以治疗眼病之用。传说七夕节时的露水是牛郎织女相会时的眼泪，如抹在眼上和手上，可使人眼明手快。

要想探究七夕节"南瓜棚下或葡萄架下听悄悄话""用脸盆接露水"等习俗的文化内涵或者缘起，需要从七夕节的来历说起。七夕节的来历与民间流传的

[①] 付海水，河南省周口市民间文艺家协会理事；杜忠义，河南省周口市民间文艺家协会主席，周口市华威民俗文化博物苑馆长。

牛郎与织女的故事有关。《诗经·大东》中有"跂彼织女，终日七襄。虽则七襄，不成报章；睆彼牵牛，不以服箱"的记载。东汉应劭《风俗通》载："织女七夕当渡河，使鹊为桥。"《西京杂记》载："汉彩女常以七月七日穿七孔针于开襟楼，俱以习之。"《史记·天官书》和《汉书·天文志》中，也都有牵牛、织女双星的记载。南朝梁宗懔《荆楚岁时记》里，说织女是天帝的外孙女，七月七日夜晚与牵牛在银河相会，已经为这个恋爱的故事勾勒出一个鲜明的轮廓。到了南北朝时，任昉在《述异记》中记载："大河之东，有美女丽人，乃天帝之子，机杼女工，年年劳役，织成云雾绢缣之衣，辛苦殊无欢悦，容貌不暇整理，天帝怜其独处，嫁与河西牵牛为妻，自此即废织纴之功，贪欢不归。帝怒，责归河东，一年一度相会。"这项记载应该是从《古诗十九首》中获得灵感，《迢迢牵牛星》有"迢迢牵牛星，皎皎河汉女。纤纤擢素手，札札弄机杼。终日不成章，泣涕零如雨。河汉清且浅，相去复几许？盈盈一水间，脉脉不得语。"此外，干宝的《搜神记》把天上的牛郎与织女双星，说成是汉代孝子董永夫妇的故事。南朝时吴均的《续齐谐记》里记载："桂阳成武丁，有仙道，谓其弟曰：'七月七日织女当渡河。'弟曰：'何事渡河？'答曰：'暂诣牛郎。'至今云：'织女嫁牛郎也。'"唐代白居易的《长恨歌》中有："七月七日长生殿，夜半无人私语时。在天愿作比翼鸟，在地愿为连理枝。"记述唐玄宗与杨玉环以牛郎织女为例，共誓白头之约。北宋秦观专门写过一首《鹊桥仙》："纤云弄巧，飞星传恨，银汉迢迢暗度。金风玉露一相逢，便胜却人间无数。柔情似水，佳期如梦，忍顾鹊桥归路？两情若是久长时，又岂在朝朝暮暮。"从史料记载来看，牛郎和织女的传说故事，起源较早，流传广泛，并且在流传的过程中逐步地丰满，逐步地扩大了内涵和外延。

传说虽是如此，但这个故事为什么会发生在农历七月七日呢？在《夏小正》的古农事历中有记载："七月……初昏，织女正东向。"在当时的七月黄昏，织女星正好升上一年中的最高点，也在人们的头顶上清晰可见。而织女星旁两颗较暗星星的位置，正好形成一个朝东方开口的样子，朝东方望去，正好可见牛郎星。织女星名称的由来，可以从《诗经·豳风·七月》的"七月流火，九月授衣"来推敲得知，由于九月是气候较为凉爽的晚秋，也是穿着寒衣的时节。九月授衣，则必须八月裁制，七月当然就是织妇们织布的时间。牛郎星名为牵牛，则有着"牺牲"的意思。《史记·天官书》载"牵牛为牺牲"，此指在祭典上宰杀的牛、羊之牲畜。古代在六月夏秋交接之时，正好是草木丰茂，用以贡献牧草给牲畜的时节；到八月则依据牲畜体格，观察哪些适合用以祭祀；九月则宰杀牲畜用以祭拜神明。《礼记·月令》称八月为"循行牺牲"，而此时织女星正好往西滑落，而牛郎星则升上天顶，宛若在追逐织女星般。因此七夕时牛郎织女的传说故事，背后应该有着配合时令与天文景象的缘由。因此，织女牛郎的传说故事和民俗活动，承载着传统的民众思维、民众信仰和巫术技法。

所谓符咒，其实是两个东西：符箓与咒语，虽然有时符中有咒，咒中伴随着符。符咒是中国文化史上最重要的巫术之一。中国古代修道者认为，符咒作为山、医、卜、命、相五术的根本，是修道者与上天（灵界）对话的媒介和渠道，通过这一渠道，可以让九天神煞为我所用，役神驱鬼以达到祈福禳灾、祛病救人的目的。

符本身是"符号"的意思，它有"符信""符瑞"及"符合"之意，具有象征事物之意。行使这个"符命"的形象文字是一种文化象征，一种意义象征。从古代来说，上古时期伏羲氏人文始祖，远取诸物，近取诸身，画卦作易，这个八卦就是最早的一种符号。而后来由原始的巫觋在长期与自然生活的搏斗中，观察天地雷云、鸟兽足迹、自然现象，用意念结合象形文字创造了很多符号。这也就是符图最早的来源。

一道灵符的形成及其是否灵验，需要体现画符者所修炼的精气神，是画符者对宗教信奉修持和感悟的综合体现。所以，画符者画符前，先要净心——聚精会神，诚心诚意，清除杂念，思想专注，还要净身、净面、净手、漱口，并要预备好水果、米酒、香烛等祭物，还有笔墨、朱砂、黄纸等。对这些用品，画符者先用神咒来敕，以使其具有神威。画符最好选择子时或亥时，据说此时是阳消阴长、阴阳交接之时，灵气最重，其次午、卯、酉时亦可。

在道教经典《灵宝无量度人上经大法》中记载，演法有三大要素："一则是行咒，二则是行符，三则是行法。"咒是咒语，是上天给予我们的一种神语。符则是上天给我们的一种信物，能召唤鬼神而来。在道教科仪斋醮、炼养修持当中，都能见到符咒的身影。可以说符箓在整个道法的修持中是一个重要的组成部分。符咒的灵验性不在于样子的千变万化，而在于画符者修持的功力。可以说，符图文字是天地的一种真性，承载着天地造化的阴阳信息。笔墨图章画出来的样子是假借形式，在符咒里面起作用的是这个符形中蕴藏的精气神。"符无正形，以炁而灵"就是说符要用炁，这个炁是修炼出来的。

民间七夕节"南瓜棚下或葡萄架下听悄悄话""用脸盆接露水"等习俗，也是民众的一种自我修炼，通过修炼以达到通灵的目的。他们所通的灵界，就是天上的织女牛郎，或者说天上的两个星宿。通的途径就是偷听。为了达到这个目的，民众在偷听时选择了一个特殊的地方——葡萄架或者南瓜棚子下；采用一种特殊的方式——头顶尿盆或尿罐子，屏息静气，精力高度集中，认真探听。民众之所以选择在葡萄架或者南瓜棚子下，因为那个地方阴凉，树荫下阴气重，更容易与灵界沟通。民众之所以头顶尿盆或尿罐子，俗信认为尿盆为阴晦之物，容易招惹邪气，易于通灵。有些地方习俗，在偷听时不仅头顶尿盆，还要身披蓑衣、黑衣，都是这个道理，求其极阴之意。也只有在这种特殊的环境和特殊的装束下，才可以偷听到天上织女牛郎的对话，窥知天机。至于用脸盆接露水之俗，民众一是把这种露水当成牛郎织女的眼泪，有灵异的效果；二是这种露水属于无根之水，具有神秘的作用。这是民众对特殊的自然物质所赋予的一种神秘的能量，和传统的符咒的性质和功能相似。

民间俗信是民俗学研究领域的重要组成部分，符咒作为民间俗信的事象得到越来越多的关注。符咒体现了深厚的中国文化底蕴，是淹没在浩渺历史烟波中的文化化石，是考究中国古文化的一支探针。超越自身的局限，是古代中国人的一个梦想，而方术则是实现这个梦想的虚幻依凭。民间七夕节"南瓜棚下或葡萄架下听悄悄话""用脸盆接露水"等习俗，体现的是民众对神秘世界的一种探究和渴望，一种自我修炼和提高，带有明显的巫术性质，承载着古老符咒文化的发展痕迹。

略论传统七夕节的文化内涵和传承

任 学[①]

七夕节,又名乞巧节、七巧节,是中国的传统节日。这个节日来自于牛郎与织女的传说,在农历七月初七庆祝。传统上,在这一天参与活动的主要是少女,而节日活动的内容又是以乞巧为主,所以人们称这天为"乞巧节"或"女儿节"。七夕节以牛郎织女的民间传说为载体,表达的是已婚男女之间不离不弃、白头偕老的情感,恪守的是双方对爱的承诺。随着时间演变,七夕现已成为表达爱情的中国传统节日。2006年5月20日,七夕被国务院列入第一批国家非物质文化遗产名录。

一、传统七夕节的文化内涵和意义

七夕节是中国几千年来一个重要的民俗节日,有着丰富的文化内涵。

(一)牛郎织女的传说

牛郎织女传说是两千多年农耕文明时期劳动人民理想和感情的反映,体现的是人们对自给自足的农耕生活的向往,对男耕女织的家庭生活理想的追求。据说,牛郎是鲁山县辛集乡孙义村人,在牛郎七八岁时,父母相继去世,留下他与哥哥相依为命,艰难度日。哥哥成婚后,嫂子为人刻薄,经常虐待他,故

[①] 任学,河南省平顶山市民间文艺家协会副主席。

而分家另过，靠一头老牛自耕自食。这条老牛很通灵性，有一天，织女和诸仙女下凡游戏，在河里洗澡，老牛劝牛郎去取织女的衣服，织女便做了牛郎的妻子。婚后，他们男耕女织，生了一儿一女，生活十分美满幸福。不料玉皇大帝查知此事，派王母娘娘押解织女回天庭受审。老牛不忍他们妻离子散，于是触断头上的角，变成一只小船，让牛郎挑着儿女乘船追赶。眼看就要追上织女了，王母娘娘忽然拔下头上的金钗，在天空划出了一条波涛滚滚的银河。牛郎无法过河，只能在河边与织女遥望对泣。他们坚贞的爱情感动了喜鹊，无数喜鹊飞来，用身体搭成一道跨越天河的彩桥，让牛郎织女在天河上相会。王母娘娘无奈，只好允许牛郎织女每年七月七日在鹊桥上会面一次。传说中，牛郎织女每年七夕相会时，人间的女子在葡萄架下可以听到两个人的私语。而鲁山、宝丰民俗，七夕乞巧，就是在这天向织女乞求赐授巧技，得如意郎君。辛集乡每年的七月初七还不间断地举行大型庙会，是日唱大戏、敲锣鼓、放鞭炮，百姓称其为"迎接仙女"或"接牛郎织女回家"。正因为牛郎织女的故事深深植根于社会的土壤中，所以由民间口耳相传，经久不衰。

（二）七夕节的内容、形式和习俗

七夕节的文化内涵主要体现在七夕节风俗的内容和形式上，有以下几个方面：

1.穿针乞巧
有文献记载古代女子在七夕夜的"闺中秘戏"："七月七日，为牵牛织女聚会之夜。是夕，人家妇女结彩缕，穿七孔针，或陈几筵酒脯瓜果于庭中以乞巧"。这也就是"乞巧"名称的来源。妇女亦会结彩缕，预备黄铜制成的细针（七孔针），以五色细线对月迎风穿针，穿进了谓之得巧。

2.投针验巧
这是七夕穿针乞巧风俗的变体，源于穿针，又不同于穿针，是明清两代盛行的七夕节俗。明刘侗、于奕正的《帝京景物略》说："七月七日之午丢巧针。妇女曝碗水日中，顷之，水膜生面，绣针投之则浮，看水底针影。有成云物花头鸟兽影者，有成鞋及剪刀水茄影者，谓乞得巧；其影粗如槌、细如丝、直如轴蜡，此拙征矣。"

3.喜蛛应巧

也是较早的一种乞巧方式，其俗稍晚于穿针乞巧，大致起于南北朝之时。南朝梁宗懔《荆楚岁时记》说："是夕，陈瓜果于庭中以乞巧。有喜子网于瓜上则以为符应。"五代王仁裕《开元天宝遗事》说："七月七日，各捉蜘蛛于小盒中，至晓开；视蛛网稀密以为得巧之候。密者言巧多，稀者言巧少。民间亦效之。"宋朝孟元老《东京梦华录》说，七月七夕"以小蜘蛛安合子内，次日看之，若网圆正谓之得巧"。由此可见，历代验巧之法不同，南北朝视网之有无、唐视网之稀密、宋视网之圆正，后世多遵唐俗。

4.种生求子

旧时习俗，在七夕前几天，先在小木板上敷一层土，播下粟米的种子，让它生出绿油油的嫩苗，再摆一些小茅屋、花木在上面，做成田舍人家小村落的模样，称为"壳板"，或将绿豆、小豆、小麦等浸于磁碗中，等它长出数寸的芽，再以红、蓝丝绳扎成一束，称为"种生"，又叫"五生盆"或"生花盆"。

5.拜织女

此习俗纯粹是少女、少妇们的事。她们大都是预先和自己的朋友或邻里们约好五六人，多至十来人，联合举办。举行的仪式，是于月光下摆一张桌子，桌子上置茶、酒、水果、五子（桂圆、红枣、榛子、花生、瓜子）等祭品；又有鲜花几朵，束红纸，插瓶子里，花前置一个小香炉。约好参加拜织女的少妇、少女们，斋戒一天，沐浴停当，准时都到主办人的家里来，于案前焚香礼拜后，大家一起围坐在桌前，一面吃花生、瓜子，一面朝着织女星座，默念自己的心事。如少女们希望长得漂亮或嫁个如意郎、少妇们希望早生贵子等，都可以向织女星默祷，到半夜始散。

6.拜魁星

俗传七月七日是魁星的生日。魁星主文事，想求取功名的读书人特别崇敬魁星，所以一定要在七夕这天祭拜，祈求他保佑自己考运亨通。魁星爷就是魁斗星，廿八宿中的奎星，为北斗七星的第一颗星，也称魁首。古代士子中状元时称"大魁天下士"或"一举夺魁"，都是因为魁星主掌考运的缘故。其他，还有为牛庆生、晒书晒衣、供奉"磨喝乐"、吃巧果等风俗。

鲁山县作为"中国牛郎织女之乡"，除了以上那些传统民俗，还有具有本地特色的七夕节习俗。鲁山孙义村尊牛郎为老祖爷、织女为老祖奶，称玉皇大帝为老天外爷，每逢农历正月十五、二月初二、七月初七和腊月初八等节日，都会举行隆重的纪念活动。孙义村中现保留三间清代建筑"牛郎祠"，对牛郎的祭祀活动是孙氏后裔一直保留的民风民俗。每次祭祀活动规模宏大、场面庄严、祭品丰盛、操持周密，借此显示牛郎后代家族的兴旺。每当举行祭祀时，先鸣炮奏乐，后敬献五谷，由族中长者沐手上香，众人施拜祖礼、敬酒、宣读祭拜词等。祭词曰："天地玄黄，神人开疆。吾祖根深，天子文王。讳言守义，开辟鲁阳。初居岩穴，鲁山南岗。龙潭显灵，九天姑娘。男耕女织，邻里相帮。辟地万亩，养蚕植桑。五谷丰登，满山牛羊。耕读传家，儿孙炽昌。今开盛世，和谐八方。诚告吾祖，伏维尚飨。"有时，祭祖前还要先从牛郎洞和九女庙请祖，祭祀后又要敲锣打鼓地送祖。不但本乡本土祭祀牛郎，有时迁移他县他乡的同族一脉亦回孙义村祭祖。

孙氏后裔的祭祖时间，最初是在牛郎生日这天进行，但后代子孙们认为，每年的农历七月初七是牛郎升天会见织女的日子，这一天最悲壮、最感人、最具纪念意义，遂改在七月初七祭祀，并在牛郎洞前筑台唱戏。后来，由于七月初七是在夏季，天气过于炎热，经族人商议，这天不再做大型集中的祭祖安排，而改在二月初二或腊月初八等日子举行。为什么选在二月初二呢？在中原，有二月初二祭祖上坟的民俗。

孙义村还有忌讳民俗，这在其他地方可能不多见。概括起来，主要有以下几个方面：一是该村自古至今不演《天河记》。孙氏后裔认为，牛郎是自己的老祖，叫演员扮作自己的老祖在舞台上偷看天女洗澡，偷走织女仙衣，又在鹊桥上缠绵，有辱颜面，有辱斯文。二是内外七夕会，所谓外七夕会，是由社会成员在邻近的辛集举办的七夕会，唱大戏、演戏、放鞭炮等；内七夕会，是由牛郎后人在九女潭九女庙举行，不唱戏，不搞物资交流，纯粹是牛郎族人祀祖祭神活动，是正宗的七夕会。

（三）对坚贞爱情的歌颂

不论是口头民间传说，还是文人诗词歌赋，都对牛郎织女的爱情给予极大的同情和赞誉，这是一种值得推崇的忠贞不渝的婚姻爱情观，体现了人们对理想爱情的向往和追求。在农耕社会中，家庭不但是一个基本的生产、生活单元，而且是社会构成的细胞，夫妻恩爱、家庭和睦直接影响着社会的稳定和发展。所以，牛郎织女故事表达的是已婚男女之间"白头偕老"的情感。这种"长相望，不相弃，送上一份承诺，恪守一份责任"的爱情观，体现的是一种强烈的责任心，不同于西方文化具有更多的浪漫色彩的爱情观。这对今天人们的婚姻观、爱情观也有重要的现实观照意义。弘扬牛郎织女传说中倡导的坚贞婚姻爱情观，在当前西方文化的冲击下，具有重要的现实意义。

二、传统七夕节文化的传承

七夕节文化是对女性社会性别的一种确认，其中包含了维护家庭稳定、宣泄女性情感的功能，同时也弘扬了恒久的爱情主题。传承七夕节传统文化，应从以下方面着手：

第一，弘扬七夕节永恒、人性化的爱情主题。这不仅契合牛郎织女传说的本源，也符合中国传统的价值观。在每年的七夕节到来之际，可以组织一系列的活动来加强夫妻之间、年轻人之间的感情。比如：可以以"牛郎织女鹊桥相会"为主题举办活动，让年轻的夫妻来体会一下牛郎织女相会的情形，在浪漫的情境中增加二人的感情；同时，也可以以"七夕相会"为主题，举办相亲类的活动，让未婚的年轻人有更多的机会接触到同龄人，增加彼此的了解。不仅能够增进人们之间的情感，也能够让人们对七夕节的来历、牛郎织女故事有大致的了解，在轻松愉悦的环境中既收获了感情又促进了传统节日的传承。

第二，对烦琐的乞巧形式进行改造，增强其适应性与娱乐性。中国地大物博，历史源远流长，不同的地区有着不同形式的七夕节习俗。总体看来，大致可以概括为乞巧、乞愿、乞子三大类。七夕节传统活动大多是在乡村进行的，如祈祷祭拜、穿针引线，这些都难以适应城市男女青年的生活方式和生活节奏。因而要适当地对乞巧的形式进行转型、改造，使之简洁而不失趣味。七夕节可以开发一些轻松浪漫的娱乐方式与有趣浪漫的节日产品。如七夕这一天在大型娱乐活动中，男女双方可以对歌、跳舞，可以互赠具有中国特色的节日礼物，如女送男情人结或荷包等，情人结代表有情人之间永结连理，荷包则是古代女子送给男子的定情信物；男子则可以送给女子百合花，代表爱情长久。

第三，通过国家立法的介入，提高民众节日文化意识。民俗节日文化本是民间传承的传统文化，但在现代中国，政府在民俗节日的传承与保护问题上处于一种特定的状态。在这样的背景下，有专家、学者、人大代表等呼吁，在把春节、清明、端午、中秋等定为民俗节日基础上，通过国家立法把"七夕"定为法定节日。七夕节具有深厚历史传统，且被民众广泛认可，政府立法确定其为法定节日，易于被人民群众接受。政府立法的介入是传统七夕节民俗文化保护的最后一步，也是必要的措施。

第四，采取官方民间合作的方式，合理提取商业价值。传统节日的商业化是适应现代生活的必经之路，但如果缺乏官方或民间组织的合理监管，传统节日就会沦为商家促销的工具。对七夕来说，乞巧工具与仪式展演、相亲派对、手工制品，甚至是应节食品巧果，都是值得合理开发的商业元素。在进行商业活动的同时，也应当将七夕文化元素附着于商品或商业形象之上，向顾客宣传七夕文化。传承与发展传统七夕节日，离不开节日消费，只有将七夕节日文化与消费相结合，让七夕节日在消费中实现节日与消费的双赢。

第五，弘扬、传承古老的爱情元素，在传承中塑造中国人的文化性格。节日是文化的缩影，在节日中应该将华夏优良传统文化传承下去，并在潜移默化中塑造中国人的性格。通过"七夕节"这一载体，传承古老节日蕴含的美好爱情元素，使其重新焕发出生机与活力。这不仅是对美好爱情的歌颂、赞扬，更是对传统文化的传承、弘扬和复兴。但是我们也应看到七夕节经过一些商家的包装，商业化和空心化严重，导致了节味儿淡薄乃至过节走形式。对此应该端正认识传承节日，就是传承文化。

第六，政府及相关部门要因势利导，研究如何更好地保护和发扬七夕的内涵，进一步挖掘、传承优秀的传统文化。这就要求在七夕节期间，政府和相关部门要开展一些民俗活动，如编织竞赛、女红比赛、诗文比赛以及各种联谊活动等，尤其是要加强活动的仪式感，让它彰显出更多的"中国味""民族味""文化味"，并积极引导城市广大市民更好地了解我国七夕节民俗文化；新闻媒体要坚持正确的舆论宣传导向，进一步增强人民对七夕节的认同感。

弘扬、传承七夕节文化，完成文化转型、再造是一种必然的趋势，这既是保护我国非物质文化遗产、实现民族文化传承的需要，也是社会主义文化建设的需要。传统节日的文化变迁，有时是在一种不动声色的过程中完成的，但是具有特殊意蕴和文化根由的七夕节却无法在一种自然的演变中完成其内涵的转换，没有积极主动的干预，七夕节就可能完全退出我们的生活，成为一种没有"呼吸"和"心跳"的文化遗产。让七夕节保有传统文化层面的内涵和意义，穿越文化的断层危机，焕发新生的力量，我们还有很多事情要做。

牛郎织女传说源于图腾婚的瓦解

田 波[①]

引 言

《牛郎叹》诗云:"飞星传恨载《诗经》[②],结为夫妇见曹《注》[③]。老牛相助得织女,郎耕田来女织布。牛郎遇上恶嫂子,织女有个凶王母。单身之时遭分家,婚后又被银河断去路。天上人间都在愁,一年只一晤。所幸喜鹊把桥搭[④],银河变通途。"

从周朝,到魏晋南北朝,牛郎织女传说在文献记载里趋于定型,演绎成了礼赞爱情、故事凄美的七夕节。在这个故事里,有许多地方跟特定的动物有关:为何是牛郎,而不是虎郎、马郎?帮助牛郎的为何是神通广大的老牛,而不是老虎?织女的衣服,为何被牛郎拿走后就飞不了,而穿上后,又可以飞,岂不跟翅膀无异?为何是喜鹊来相助,而不是其他走兽?牛郎、织女、王母娘娘,

---

① 田波,四川省民间文艺家协会会员。
② "维天有汉,监亦有光。跂彼织女,终日七襄。虽则七襄,不成报章。睆彼牵牛,不以服箱。"(《诗经·小雅·大东》)
③ "对于两人成为一对夫妇的关系,最早的记载是李善注《文选·洛神赋》引曹植《九咏注》,注称:'牵牛为夫,织女为妇,织女牵牛之星,各处河鼓之旁,七月七日乃得一会。'"参见刘秋娟《中华传统节日·七夕节》,东北师范大学出版社2011年版,第11页。
④ "涉秋七日,鹊首无故皆髡。相传以为,是日河鼓与织女会于汉东,役乌鹊为梁以渡,故毛皆脱去。"(《尔雅翼》)"七夕织女当渡河,使鹊为桥。相传,七夕鹊首无故皆髡,因为梁以渡织女故也。"(《风俗通》)

代表的是怎样的三方？……

同为民间文学，与神话相比，传说具有相当大的真实性；因此，传说时代被视为历史的开始，《史记》便以炎黄传说开篇，因此大家讲到中国史，就说"有史自炎黄始"，很多汉族自称"炎黄子孙"，甚至可以通过姓氏将家族、族谱直接追溯到炎黄二帝。可见，世界上没有无缘无故的传说，尤其是被誉为中国四大传说①之首的牛郎织女传说，恐怕也非纯属虚构，它应当或多或少地遗存着一些真实的远古信息。

本文以拙著《春节考源》首创的昆仑三族之说阐释七夕节。牛郎织女传说跟图腾崇拜有关，即牛郎代表龙族，织女代表凤族，王母娘娘代表虎族。当黄帝虎族战胜炎帝龙族、蚩尤凤族之后，虎族坐镇中原，与龙族联姻巩固了华夏族，中断了龙凤二族的世代联姻，从而在战后孑遗三苗那里，渐渐演绎出各种版本的牛郎织女传说。即言，牛郎织女传说，起源于先秦图腾婚的瓦解，表达了龙凤二族对龙凤呈祥的祈盼。

一、图腾婚，姓氏婚

图腾婚，即图腾外婚。图腾制度，对内划分氏族，对外划分姻族。同一图腾，即同一部族；因此，不能通婚。比如，关于女娲的神话传说很多，但说到她的婚配，多以"伏羲女娲"并提，从未听说女娲与太昊的结合。因为，女娲、太昊都属龙族，按"同图不婚"的古规，他俩禁止婚配。图腾制是族外婚的最初规则，图腾（外）婚是族外婚的最初形式。同一氏族禁婚，同一氏族的胞族之间也禁婚，又叫氏族外婚。

先秦（公元前221年之前），图腾是划分族属、确认姻族的标志，不仅"龙凤呈祥""龙腾虎跃""龙飞凤舞""嫁鸡随鸡，嫁狗随狗，嫁给老蛇坐地守"是

---

① 中国四大传说：中国古代民间四大传说，指《牛郎织女》《孟姜女哭长城》《梁山伯与祝英台》《白蛇传》。

真的，连俗语所说的"龙虎凤"也是真的，它们反映了图腾部族及其联姻。图腾部族的世婚，后来演变为"合二姓之好"的异姓通婚。比如，黄帝部与炎帝部的姬姜世婚，周朝的周王室与齐国的姬姜世婚，以及黄帝族（虎族）与蜀山氏（龙族）的世婚，黄帝娶西陵氏之女，是为嫘祖；所以，蜀人自言为"黄帝之后"，是以父系而言。

姓氏婚，即姓氏外婚。姓氏是族外婚的第二规则，姓氏外婚是族外婚的第二形式。"男女同姓，其生不蕃。男女辨姓，礼之大司也。"（《左传》）中华姓氏的主源之一，是图腾化姓。母系社会，同姓则是同一个老祖母的后代、同一个图腾的氏族。拉祜族神话说，一场洪水后，只有一对男女在葫芦里得生，他们从葫芦中走了出来，生了十三对孩子，于是厄莎叫来虎、兔、龙、蛇、马、羊、猴、鸡、狗、猪、鼠、牛十二个动物，让它们各自领一对去抚养。厄莎规定："谁养大的孩子，就取谁的名。"云南杨武鲁魁山的彝族传说，方姓是由獐子变来的，杨姓是由绵羊变来的，张姓是由绿斑鸠变来的。在湖南等地少数民族中，至今阳与羊相通，阳姓为大姓，羊、杨、扬、梁、欧阳等十二姓都源于阳性，总称"十二王阳"。

父系社会的姓氏外婚，最典型的是"周公之礼"。"三代之礼，莫备于周。"（《明史》）周公，即周公旦，本名姬旦，西周初年的政治家、思想家、教育家，周文王的第四子、周武王之弟。因其采邑在周地（今陕西凤翔），故称"周"；又因其为太傅，系三公之一，故尊称周公。西周初年，婚姻混乱，于是周公作了改革，史称周公制礼。因此，中华传统婚礼俗称"周公之礼"，《礼记》便是周礼的法典。

同姓不婚之俗，并非创自西周；广义的同姓不婚，源于原始社会的母系族外婚，那时候子女随母姓。西周的同姓不婚，应指已经父系化、成熟化、制度化、成文化的同姓不婚。"周公之礼"的一个重要基础，是神话时代母系社会传下来的姓氏。因此，尽管周公是信史时代的人物，但"周公之礼"的根，却在神话时代。

因此，先秦的族外婚，以"女娲之礼→伏羲之礼→周公之礼"为主线。传说，女娲"置昏姻"(《风俗通》)，伏羲"制嫁娶之礼"(《帝王世纪》)，周公"制礼作乐"(《礼记》)。女娲之礼，标志着图腾外婚、母系外婚的兴盛，代表母系氏族社会；伏羲之礼，标志着姓氏外婚、父系外婚的萌芽，代表父系氏族社会；周公之礼，标志着子承父姓、异姓相婚的定型，是对部落文明的最后整合。姻族是民族的缩影，民族是姻族的放大；因此，健康的婚姻制度有利于中华民族的生生不息、茁壮强大。

图腾时代尽管过去了，但是图腾崇拜还在人们的潜意识里影响着民间文学的创作。这是一种自发的、接力的群体创作，或多或少地凝聚着老百姓对过往岁月的回味，以及对未来的希望与憧憬。因此，牛郎织女传说就跟特定的动物产生了联系，不管其异文如何变化，高明的创作者一般不会轻易改变这些东西。

二、讲战争，说三苗

昆仑三族之说，认为在先秦曾有结盟的三大姻族，即昆仑三族：（1）龙族，奉女娲、太昊、神农、蚕丛、炎帝、尧帝、鲧、大禹为祖。（2）虎族，奉西王母、伏羲、黄帝、颛顼、廪君为祖。（3）凤族，奉帝俊、少昊、蚩尤、帝喾、舜帝为祖。

昆仑三族是中华民族的前身，中华民族以昆仑三族为基础。昆仑三族，存在于伏羲到大禹之间，这是古羌的兴盛期。伏羲东迁，定都于中原的"陈"（河南淮阳），标志着昆仑三族的形成；其间，伏羲族途经陕西宝鸡，孕育出崇龙的炎帝族、崇虎的黄帝族。炎帝族沿黄河东迁，再次到达太昊（东夷龙系）故都——陈，其中一支融入东夷凤系，以蚩尤最著名，遂有"蚩尤是炎帝后裔"之说。东夷，由蚩尤凤系、太昊龙系组成，是最早定居中原的人。

云南南华哀牢山彝村摩哈苴李、罗两姓各户都以葫芦作为祖先灵位，每家供奉三个葫芦，每个祖灵葫芦象征一对男女祖先：曾祖父母、祖父母、父母三代。供奉祖灵葫芦的龛壁上，左右各书彝文虎字、龙字。龙象征葫芦里的女祖先女娲，虎象征男祖先伏羲。祭祖大典时，巫师在葫芦瓢凸面绘一个红底版的黑虎头，悬挂于门楣。①

范三畏《旷古逸史——陇右神话与古史传说》，突破常说，认为：伏羲属于虎氏族。女娲是凤族之父与龙族之母所生，属于黾（即龟或蛙）氏族。伏羲与女娲结合，故下一代当属龙氏族或凤氏族，而辈分不明的太昊属于龙氏族、少昊属于凤氏族正说明了这一点。②

龟、蛙，都是龙的原型。

从中华民族角度讲，在远古时代，伏羲氏是虎族，女娲氏是龙族，双方结成了婚姻关系，出现了虎龙结合的部族。《周易参同契》："龙呼于虎，虎吸龙精，两相饮食，俱相贪。"学者认为，这是古籍中最露骨的描写男女交欢的文字。其背景是伏羲女娲婚媾，并以此为例，来描写人世间的婚姻关系。③

炎帝八世姜榆罔、黄帝姬轩辕、蚩尤，合称"三雄"，分别是龙族之王、虎族之王、凤族之王。在中华起源史上，最重大的战争是三雄之战，以黄帝与炎帝的阪泉之战、黄帝与蚩尤的涿鹿之战为主。

三雄是昆仑三族的首领，联姻是昆仑三族的基础，龙虎凤三族互称姻族，而炎帝与黄帝的战争主要是龙虎二族之战，黄帝与蚩尤的战争主要是虎凤二族之战。因此，三雄之战及其在五帝时代的余波，统称"姻族之战"，是昆仑三族

---

① 参见刘尧汉《中国文明源头新探——道家与彝族虎宇宙观》，云南人民出版社1993年版，第226页。
② 陈连山：《1998—1999年神话研究综述》，转自刘锡诚的博客——民俗学博客——http://www.chinesefolklore.org.cn/blog/?7681/viewspace-16148。
③ 和士华：《三皇五帝与纳西祖先》，云南人民出版社2007年版，第173—174页。

的内战，是中华起源史的转折点，中断了昆仑三族的结盟、联姻、禅让制，导致了昆仑三族的分裂。于是，虎族盘踞中原，凤族流徙他乡，龙开始帝王化，炎黄二部自称华夏族，而把三雄之战的失败者贬为"蛮夷"。

只有最惨痛的经历（对失败者而言），或者只有最辉煌的胜利（对胜利者而言），才会清晰地、顽强地存在于世代相传的记忆中。因此，《史记》以胜利者的姿态起笔于三雄之战；而对昆仑三族之间的图腾婚的深切怀念，则以失败者的角度，演绎成牛郎织女传说。

身为虎族之王的黄帝，定都新郑时卜择的好日子是三月三，即西王母诞辰。西王母是虎族的神祖，择其诞辰而定都，旨在祈盼她的佑助。河南新郑的神话《黄帝城》说：黄帝平定天下之后，经多次选择城址，最后找到"轩辕丘"，与天象的中宫轩辕星对应，天人合一。黄帝就在这里立下"天心石"，作为标记。在修城的过程中，一天夜里，王母向天帝建议让天宫神仙下凡帮助黄帝修城。半夜，群仙化为八条龙下凡修城。王母亲自追来为群仙做饭，也是一条龙。九条龙相助，修城进行得很快。可是，原来曾经是蚩尤族头领的岁星，心中气愤，派勾芒下凡报复。在城快修成的时候，勾芒在鸡公山（太白岭）学鸡叫。结果，城墙的西南角未修完，群仙便回天宫去了。修城的地方，就叫"九龙滩"。当时，王母娘娘很生气，就把一锅饭抛到地上，也回天宫去了。从此，王母抛饭的地方，饭滚了一地，变成了"列疆坡"（县城南关一带），也叫"列疆沟"。由于鸡叫破坏了修城，人们气恨；所以，这里过年时家家户户都说"二十七杀只鸡"。因为这城是祖先黄帝修的，所以就叫"黄帝城"。

黄帝是三皇与五帝的分水岭，故被列入三皇，或者推为五帝之首；三雄之战，是母权制与父权制、禅让制与世袭制的第一次较量。代表父系文化、崇拜虎熊的黄帝神话兴起后，代表母系文化、崇拜凤鸟的帝俊神话湮灭了。于是，虎族的黄帝被美化成"真龙天子"，开启了把龙图腾帝王化的先河，而自称"黄帝子孙"的人，便以"龙的传人""华人"自居。对三雄之战的胜利者，《史记》竭力美化。所以，华夷之辨，实为黄帝与帝俊之辨、龙族与凤族之辨；因此，龙凤和好，则天下大安。所以，"龙凤呈祥"是中华史上最意味深长、最深入人心、流传最广的吉祥语。

女娲造人，开启了华人的族源记忆。伏羲女娲成亲，开创了华夏族。尧舜禹之世，以古羌为基础的昆仑三族，完成了最后的结盟联姻。大禹之后，昆仑三族走向过渡。周朝，华夏族定型。汉代，以华夏族为主干，形成汉族。以汉族为主干，形成中华民族。

> 汉族胚胎于夏、商之前虎、龙两部落的大融合，是我国历史上的第一次各族先民大融合。到春秋战国时期，经吴、越、徐、荆、巴、蜀、戎各族大融合，则是我国历史上的第二次民族大融合，并由此而产生出秦、汉统一政权，汉族也随之形成。①

因此，三苗指昆仑三族的战后孑遗。这个"战"，指以三雄之战为代表的昆仑三族内战，从炎黄二帝持续到大禹，如此漫长、如此规模的内战，对中华民族来说，怎能不留下凄美的传说？凄者，悲剧也；美者，知其不可，而心向往之。这便是文学的基本功能——圆梦，即现实满足不了，便通过文学的虚构来弥补。于是，老百姓创作了牛郎织女传说。

三、舜传说，已成梦

> 舜生于诸冯，迁于负夏，卒于鸣条，东夷之人也。(《孟子》)

舜是东夷之人，东夷由太昊龙族、蚩尤凤族的联姻通婚而形成；因此，舜是龙凤二族的后代，他的生平事迹往往跟凤鸟有关。当龙族的尧帝将自己的女

---

① 刘尧汉：《中国文明源头新探——道家与彝族虎宇宙观》，云南人民出版社1993年版，第263页。

儿娥皇、女英嫁给舜之后，因其政治地位，使得这门婚事对昆仑三族而言，具有垂范天下的意义，从而恢复了因三雄之战而中断的龙虎二族联姻的风俗。

舜受终，凤凰仪，黄龙感。(《洛书》)

舜即位，蓂荚生于阶，凤凰巢于庭。(《宋书》)

舜葬苍梧之野，有鸟如雀，丹州而来，吐五色之气，氤氲如云，名曰凭霄雀，能群飞衔土成邱坟，此鸟能反形变色，集于俊林之上，在木则为禽，行地则为兽，变化无常。(《拾遗记》)

先贤说："舜在古神话中，和帝俊、帝喾一样，都是玄鸟即凤凰的化身。凤凰鸡属，故刘向《孝子传》说：'舜父夜卧，梦见一凤凰，自名为鸡。'实即舜。"①

舜父母憎舜，使其涂廪，自下焚之，舜服鸟工衣服飞去。又使浚井，自上填之以石，舜服龙工衣自傍而出。(《宋书》)

帝舜有虞氏，龙颜大口，圆天日角，出额重鼻，足履龟文，目重瞳子，身长九尺一寸，常梦击天鼓。母曰握登，早终。瞽叟更娶，生象。象傲，瞽叟顽，后母嚚。咸欲杀舜，使舜入井，凿井旁行二十里。以孝闻。三十而帝尧问可用者，四岳咸举舜。尧于是降以女娥皇女英配之，妻舜，以观其内。使九男与处以观其外。二女不敢以贵骄事舜亲戚，甚有妇道。……《箫韶》九成，凤凰来仪。(《金楼子》)

汉代以后采取神话材料来做小说的，始于刘向辑校的《列女传》中的《有虞二妃》……"瞽叟与象谋杀舜，使涂廪。舜告二女。二女曰：'时唯其戕汝，时唯其焚汝，鹊汝裳，衣鸟工往。'舜既治廪，戕旋阶（应作：旋捐阶），瞽叟焚廪，舜往飞（去）。复使浚井。舜告二女，二女曰：'时亦唯其戕汝，时其掩汝，汝去裳，衣龙工往。'舜往浚井，格其出入，从掩，舜

---

① 袁珂选译：《神话选译百题》，上海古籍出版社1982年版，第130页。

潜出。"这段神话不见于今本《列女传》，今本《列女传》记叙涂廪、浚井两件事已全无神话性。①

变文是寺院僧侣向听众作通俗宣传的文体，一说是把经文转变为通俗易懂的文体。它是唐代一种韵散结合的通俗文体。《舜子至孝变文》，着重写了舜历经磨难而终成正果的故事，宣扬的是因果报应。第一磨难：舜父瞽叟外出回来，见妻卧地不起，问之，其妻说，她上树摘桃时，舜在树下埋恶刺，下来时被刺伤。瞽叟呼舜弟象找来大杖，把舜吊打一顿，流血遍地。因舜是孝顺之男，帝释"化一老人，便往下界来至，方便与舜，犹如不打相似"。第二磨难：后母又设一计，她告诉瞽叟，让舜去修理后院的仓库。舜拿了两个笠子刚上到仓库上，他们在四周放起了火。火势熊熊。舜用两个笠子作翼飞下仓库。地神暗中护送，平稳着地。第三磨难：后母告诉瞽叟，让舜去庭前的枯井里去淘井。舜下井前，脱衣井边，跪拜入井淘泥。帝释密降银钱五百文入于井中。舜把银钱放在罐中让后母取出。等钱取尽，他们用大石头填塞井口。帝释化一黄龙，引舜通穴，进到东邻家井里。恰逢一老太取水，把舜拉出，给其衣服穿，并让舜去他亲娘坟上见娘。②

舜是三苗的祖神，他的婚姻是龙凤二族联姻的典型，而他又位列三皇五帝，成为中华共祖。所以，舜传说对于战后子遗的三苗而言，具有正面的教化意义。对于被迫在战乱中背井离乡、四散逃命的战败者三苗而言，舜传说是他们心中的一种精神支撑、一种神话般的梦。他们在残酷的现实生活里，非常渴望那样的美好爱情，于是怀着悲愤的心情，创作了凄美的牛郎织女传说。显然，牛郎是龙族，织女是凤族。

由此，不难理解"牛郎织女传说"为何在三苗故地最多，"龙凤呈祥"为

---

① 袁珂：《中国神话史》，上海文艺出版社1988年版，第474页。
② 闫德亮：《中国古代神话的文化观照》，人民出版社2008年版，第222—224页。

何是三苗故地最受认同的吉祥语,这个传说以及这句吉祥语为何备受三苗后裔的喜爱。所以,过好以牛郎织女传说为基础的七夕节,也就有了促进民族团结、有利祖国统一的崇高价值。

牛郎是龙族:(1)他的名字,突出了牛。牛是龙的原型,因此古代有铁牛镇水之俗,认为牛跟龙一样,能主水。(2)他在故事里养了头牛,一头神通广大(能讲人话、未卜先知、牛皮能飞)的神牛,体现了图腾作为守护神的特点。

织女是凤族:(1)她的天衣,具有翅膀的功能,因此是翅膀的化身或隐喻,舜帝故事可以帮助理解。(2)织女是天女,是天帝之女。在凤族的创世神话里,《山海经》里的"日月之父"帝俊便是他们的祖神,而帝俊的身形,则是鸟的样子。甲骨文的"夋"字,便是帝俊的"俊"的古字,字形就是一只鸟。(3)喜鹊是凤凰的原型,它在天空飞翔与织女飞天的区别就在于一个是真的翅膀,一个是翅膀的化身。

王母娘娘是虎族:(1)她是道教神祇,道教以虎族的西王母为最高神祇,《山海经》说她的形象兼具虎豹的特征。因此,很多人将王母娘娘、西王母混成一人。(2)其实,她是玉皇大帝的配偶。玉皇大帝简称玉帝,是后起的道教最高神祇,因其很晚才被造神者造出来,比起西王母、黄帝等道教神祇,在辈分上要小得多,当属虎族神祇。(3)在牛郎织女传说里,她是婚姻规矩的制定者,而民间有"虎为媒"之说:

> 彝语中,和属于彝语支部的纳西语中,老虎就是女阴的意思。在古代,老虎称"於菟"(wū tú),彝语称女阴为"wū tú"。虎为女阴,已不是隐喻,而是明说明示。纳西语称虾子为"於菟"(wū tú),隐喻也,河虾卷曲垂须之状如成人之女阴也。纳西族称媒人为"米拉媄",意为"虎为媒"。"拉媄"乃古汉语"皋禖"。"皋"者,虎也;"禖"者,媒人。传说女娲抟

黄土做人，又言女娲始置婚姻，被祀为高禖之神。①

皋禖，即"高禖"。"皋禖，古祀女娲。"(《路史》)

结　语

牛郎织女传说，最早载于成书于周朝的《诗经·小雅·大东》，明确提到二人："跂彼织女""睆彼牵牛"。周朝，是中华的部落文明的终结，是神话时代、图腾时代的终结。因此，部落时代、神话时代盛行的图腾婚在周朝随之终结，昔日的图腾婚盛况成了古老的传说。

传说：女娲成亲，百日之后，女娲生一肉团，伏羲看后很不自在，拿刀乱砍，哪知肉块一个个变成了人。肉块变成人，到处乱跑，伏羲一数，正好一百个。那些孩子落到啥地方就姓啥，这就是百家姓的由来。这个故事，为何以百家姓的由来为结尾？女娲属龙族，伏羲属虎族，他俩的后代是图腾外婚的后代，比同一氏族内的同图相婚的后代更利于种族的兴旺，这便是"女娲成亲"的深意。从汉代到唐代，是民族大融合的时代，在这一雄浑的背景下，女娲成亲之说，以华人的族源神话的代表作而大行天下，甚至夫妇的形象都从人首蛇躯变成了完全的人形，图腾崇拜被淡化了。

汉代，已有七夕相会、喜鹊搭桥之说，比如：

织女七夕当渡河，使鹊为桥。(《风俗通义》)

乌鹊填河成桥，而渡织女。(《淮南子》)

迢迢牵牛星，皎皎河汉女。纤纤擢素手，札札弄机杼。终日不成章，涕泣零如雨。河汉清且浅，相去复几许？盈盈一水间，脉脉不得语。(《古诗十九首·迢迢牵牛星》)

---

① 和士华：《三皇五帝与纳西祖先》，云南人民出版社2007年版，第178页。

七月七日，织女渡银河，诸仙齐还宫……织女暂谒牵牛……桂阳成武丁，有仙道，常在人间。忽谓其弟曰："七月七日，织女当渡河，诸仙悉还宫；吾向已被召，不得停，与尔别矣。"弟问曰："织女何事渡河？兄当何还？"答曰："织女暂诣牵牛。吾去后三十年当还耳。"明旦，失武丁所在。世人至今犹云，七月七日织女嫁牵牛。(《续齐谐记》)

蔡州丁氏女，精于女红，每七夕祷以酒果，忽见流星堕筵中，明日瓜上有金梭，自是巧思益进。(《诚斋杂记》)

经过漫长的演变，以牛郎织女传说为基础的七夕节如今成了广受华人喜爱的爱情节、情侣节。不过，这是"情侣"而非"情人"的节日。在国人的价值观里，只有"情侣"才是爱情的拥有者，而"情人"则是为道德法律所不容的贬义词。在全球化的浪潮中，在国家施行"一带一路"倡议之际，如果不分清这两个词语的褒贬，以及使用场合，则不利于讲好中国故事，有损国家的文化形象。

保护传承节日民俗　尊重珍视生活传统

刘　华[①]

我国传统节日的民俗事象，有着丰富的精神文化蕴藏，是中国乡村文明中敬畏天地为求得风调雨顺、礼拜神明来祈望辟邪纳吉、崇宗敬祖并睦族友邻以凝聚人心、庆贺添丁及教化子孙以光宗耀祖等思想观念最集中、最生动、最绚丽的反映，譬如春节、元宵节等，也是民间对生活理想和精神追求最艺术、最浪漫、最热烈的表达，譬如又称作乞巧节的七夕节等。

明天就是这个美好的节日，我们在这里举办中国（新余）七夕民俗文化学术研讨会，共同为传承和弘扬七夕文化交流思想、碰撞智慧、分享成果。受中国民协分党组委托，我谨代表中国民间文艺家协会对研讨会的举办表示热烈祝贺，并向各位领导、来自海内外的各位专家学者和朋友们致以诚挚的问候。

新余是中国民协命名的"中国七仙女传说之乡"。2018年6月，《中国艺术报》发表了回顾中国民间文艺之乡建设的文章，文中把新余作为地方政府充分利用民间文艺之乡品牌、助推区域经济社会协调发展的范例，较为详细地介绍了新余着力打造名副其实的"七仙女传说之乡"所做的卓有成效的工作。比如，关注毛衣女传说的活态状况，持续进行搜集整理，并全面采集传说传承人的口述史；在中小学开展相关讲述活动；连年举办七夕民俗文化高峰论坛，加强毛衣女传说的研究，扩大其影响力；开展毛衣女传说申遗的项目保护并制定了一

---

① 刘华，中国民间文艺家协会副主席。本文系笔者在"我们的节日——2018中国（新余）七夕民俗文化学术研讨会"上的致辞。

系列保护政策和措施；多年来坚持举办仙女湖七夕爱情文化节，中央电视台连续两年在新余录制七夕特别节目《天下有情人》、2018年《中国诗词大会》又在新余录制，等等。这些工作充分发挥了民间文化的社会功用，有力地促进了新余市经济社会的和谐发展。可以说，七夕文化在新余大放异彩，成为城市的新名片。

传统节日是老百姓抒写心志、寄寓理想的最好载体和美妙形式，它可以塑造一个地域的历史形象，显示出令人自豪的独特文化风度，并经营着凝聚人心、催人进取的精神氛围。传统节日还是播种道德、催生良好风习的最好时节。每个传统节日几乎都有恒定的道德主题，每种民俗事象几乎都是传统道德的表达；而七夕文化，作为中华传统节日文化的一部分，它不仅蕴含着向往自然和谐、爱情美满、家庭幸福的价值理念，还凝聚着渴望智慧、追求工巧、激励创造等精神崇尚。

因此，保护并传承节日民俗，就是尊重和珍视老百姓的生活传统和内心诉求，就是守护中华民族的文明之根，就是传承和发展深深扎根于民俗大地上的文化精神。这正是传统节日民俗事象的当代价值之所在。毋庸讳言，节日民俗正在大面积消亡，或者因为丢失仪式而变得枯燥无趣。殊不知，仪式就是文化，仪式有时就是内容，甚至就是精神！因此，我们万万不可抽空传统节日的精神内核，合理继承传统节日的文化精神，才是现代转化的意义所在。

习近平总书记在十九大报告中指出，要"深入挖掘中华优秀传统文化蕴含的思想观念、人文精神、道德规范，结合时代要求继承创新，让中华文化展现出永久魅力和时代风采"。节日民俗所蕴含的精神文化内涵，关乎历史记忆、文化认同和情感归属，有助于人们坚定文化自信，有助于人们对传统文化资源再认识再发展，从而实现中华文化的当代振兴。深入研究和阐释七夕文化的历史渊源、发展脉络，探讨如何坚持保护为主、合理利用方针以推进文化和旅游的有机融合，探索七夕文化的国际传播与交流的新模式，充分运用七夕文化讲好中国故事、传播好中国声音，正是我们七夕民俗文化研究的应有之义。

最美的情缘，不在天上在人间。一千六百多年前，新余因干宝《搜神记》与毛衣女结缘，今天，我们因七夕民俗文化高峰论坛与新余结缘。继承和弘扬七夕文化，促进民间文化资源的创造性转化和创新性发展，从而推动中华文化的繁荣复兴，是我们的责任和使命，让我们为此贡献出自己的力量和智慧。

论传统七夕节的两大主题

陈连山[1]

七夕节是从先秦时代的牵牛（牛郎）织女爱情传说逐步发展，并在西汉时形成的。这个节日遍及全国，各个地区的七夕节形式虽有差异，但基本主题是一致的。现在由于西方情人节传入中国，有一些人主张用七夕节抵制西方情人节，并做了一些示范，像河北有一个旅游区——天河山，就把七夕节当作中国情人节。这引起一部分学者的反对，他们认为七夕节的主题是乞巧，跟爱情无关。今天，我就谈谈传统七夕节的两大主题——爱情和乞巧。

一、爱情、婚姻和求子主题

先秦时代牵牛、织女的爱情传说没有具体时间。为什么这个节日却定在七月初七？

跟七月初七发生联系是有原因的，七这个数字跟人类创造与繁衍关系很大。古代正月初七为人日节。《荆楚岁时记》云："正月七日为人日，以七种菜为羹，翦彩为人，或镂金箔为人，以贴屏风，亦戴之头鬓，又造华胜以相遗。"隋代杜公瞻注引晋人董勋《问礼俗》云："正月一日为鸡，二日为狗，三日为猪，四日为羊，五日为牛，六日为马，七日为人。正旦画鸡于门，七日贴人于帐。"叶舒宪认为这是中国古代天神创造万物神话的残迹[2]。有人怀疑这只是古

---

[1] 陈连山，北京大学教授。
[2] 叶舒宪：《人日之谜：中国上古创世神话发掘》，《中国文化》1989年第1期。

人用当日天气来预测未来一年中各种动物生长情况的巫术，不是神话。可是，怀疑者忘了，这种巫术的思想依据恰恰就是创世神话。《汉书·律历志上》云："七者，天地、四时、人之始生也。"《太平御览》卷三十引北齐阳松玠《谈薮》曰："一说云：'天地初开，以一日作鸡，七日作人也。'"可见叶舒宪的挖掘有根据。

《淮南子·天文训》云："阳生于子，阴生于午。"从子到午，从午到子都是七天。阳气代表生，阴气代表死。所以七不仅跟生有关，也跟死有关。传统有为死者七天一祭祀的习俗，即"做七"。清人钱泳《履园丛话·考索·七七》云："丧家七七之期见于《北史》《魏书》《北齐书》及韩琦《君臣相遇传》，又顾亭林《日知录》、徐复祚《村老委谈》、郎瑛《七修类稿》皆载之。要皆佛氏之说，无足深考。惟《临淮新语》谓始死七日，冀其一阳来复也。祭于来复之期，即古者招魂之义，以生者之精神招死者之灵爽。至七七四十九日不复，即不复矣，生者亦无可如何也。此说最通。"可见，七是生死之数。

《太平御览》卷三十引《杂五行书》云："正月七日男吞赤豆一七，女吞二七，令人毕岁无病。"《太平御览》卷三十一引《龙鱼河图》的类似活动，但时间是七月七日："七月七日取赤小豆，男吞一七，女吞二七，令人毕岁无病。"说明，正月初七与七月七日有共同民俗信念。《淮南子》逸文（《太平御览》卷三十一引）云："七月七日午时取生瓜叶七枚，直入北堂中，向南立，以拭面靥（黑痣），即当灭也。"① 治疗黑痣，是有利于健康。由于"七日"具有特殊意义，所以，重复的"七七""七月七日"就更加有意义。所以，七月七日跟人类创造与繁衍关系很大。所以，这一天最有可能与牵牛织女联系起来。

---

① 杨琳认为这条材料与所引《淮南万毕术》同，大误。第一，《淮南万毕术》云："七月七日采守宫阴干之，（治）合，以井华水和，涂女身，有文章。即以丹涂之，不去者不淫，去者有奸。"讲的是测试女子贞操的方法。跟所引《淮南子》治疗黑痣完全无关。第二，杨琳认为所引《淮南子》当为《淮南万毕术》，而且此书不见于《汉书·艺文志》，则大约为六朝人编纂。此论也不妥。因为《太平御览》既然同时引用了《淮南子》和《淮南万毕术》，则一定不会把同一本书错误地当作两本书来引用。

西汉时代，牵牛织女关系如何呢？《汉书·武帝纪》：汉武帝元狩三年（前120）在长安开凿昆明池。当时在两岸各设一个石像，即牵牛、织女。班固《西都赋》云："……临乎昆明之池。左牵牛而右织女，似云汉之无涯。"这石像保存下来了，相隔三公里。①

一对孤零零的男女老这么互相遥望，人们设想他们最终可以相见。

《淮南子》逸文《白氏六帖》卷九十五《白帖·鸟部·鹊》"填河"注文引述："乌鹊填河成桥，渡织女。"可惜没有日期。②我推测可能是七夕。因为这个传说在后来的记录中更加完整，都是讲七夕渡河相会。虽然三国以后依然有很多诗歌说他们还是各自孤单，但是，这跟一年一见并不构成截然对立的矛盾，不能用后者否定西汉的材料③。何况先秦《日书》已经表明他们结婚之后又分离！

以上是传说，还有与传说相关的风俗。

西汉时代，除了《淮南子》逸文所记录的七月七日采瓜叶治疗黑痣以外，西汉还出现了七月七日表达爱情和祈求子嗣的习俗。晋葛洪《西京杂记》卷三云："戚夫人侍儿贾佩兰后为扶风人段儒妻。说在宫内时，见戚夫人侍高帝，……至七月七日，临百子池，作于阗乐。乐毕，以五色彩相羁，谓为相连爱。"（《笔记小说大观》本。"彩""连"，《岁时广记》引其文为"缕""怜"）葛洪时代虽晚，但是近来的史学界认为其史料基本可信。

这种习俗后来一直流传。陈元靓《岁时广记》卷二六引唐代《天宝遗事》

---

① 图见叶涛、韩国祥主编《中国牛郎织女传说·研究卷》，广西师范大学出版社2008年版，第120页。
② 杨琳认为此注是宋人所加。但即使是宋人所加，也不影响出自《淮南子》。王孝廉认为这内容跟《淮南子·俶真训》真人"妻织女"有矛盾。（见叶涛、韩国祥主编：《中国牛郎织女传说·研究卷》，广西师范大学出版社2008年版，第97—98页）但是《淮南子》是集体创作的议论文，有矛盾是可能的。
③ 杨琳认为东汉到三国时代诗文只说牵牛织女分离，没有提及相会，"若当时有相会的情节，他们不至于都只字不提"。此说不对。毕竟天河中二星相隔，所以诗人多观星而感伤，自然强调相隔。更加重要的是曹植《九咏》明确说"交际兮会有期"。详后。

云："唐宫中七夕，嫔妃各执九孔针、五色线向月穿之。过者为得巧。古诗云：金刀细切同心鲙，玉线争穿九孔针。"又引唐《金门岁节》云："七夕装同心鲙。"这个"同心鲙"，就是表达爱情的食物。唐陈鸿《长恨歌传》云：杨贵妃与唐玄宗于天宝十年避暑骊山宫。"秋七月，牵牛织女相见之夕，秦人风俗夜张锦绣，陈饮食，树花。燔香于庭，号为乞巧。宫掖间尤尚之。时夜始半，休侍卫于东西厢。独侍上。上凭肩而立。因仰天，感牛女事，密相誓心。愿世世为夫妇。"（陈元靓《岁时广记》卷二七）

唐代七夕求子用蜡制婴儿像——化生。宋周弼编《三体唐诗》卷一薛能《吴姬》"水拍银盘弄化生"。元释圆至注解："《唐岁时纪事》曰：'七夕俗以蜡作婴儿形，浮水中以为戏，为妇人生子之祥，谓之化生。'"宋代吴自牧《梦粱录》卷四《七夕》云："七月七日谓之七夕节。……内庭与贵宅皆塑卖磨喝乐，又名摩睺罗孩儿。悉以土木雕塑，更以造彩装襕座……市井儿童手执新荷叶，效摩睺罗之状。此东都流传，至今不改，不知出何文记也。"民国时代的《中华全国风俗志》下篇卷七《广州岁时记》："初六夜初更时焚香燃烛，向空叩礼，曰迎仙。自三鼓以至五鼓，凡礼拜七次，因仙女凡七也，曰拜仙。……拜仙之举，已嫁之女子不与会。惟新嫁之初或明年，必行辞仙礼一次，即于初六夜间礼神时，加具牺礼、红蛋、酸枣等，取得子之兆。"这些后代材料印证了《西京杂记》记录的含义。

所以，西汉开始，人们转变了先秦时代的牵牛织女婚姻无果的观念。[①] 从此，七夕跟婚姻爱情关系更加密切了，不再是分离，而是强调重逢。七月七日从先秦时代的凶日，逐渐演变为吉日良辰。

东汉牛郎织女传说的记录更加完整，鹊桥相会的时间明确为七夕。

《艺文类聚》卷四引崔寔《四民月令》云："七月七日曝经书，设酒脯时果，散香粉于筵上，祈请于河鼓织女。言此二星神当会，守夜者咸怀私愿。或

[①] 萧放：《岁时——传统中国民众的时间生活》，中华书局2002年版，第171页。

云见天汉中有奕奕之正白气,如地河之波,辉辉有光曜五色,以此为征应,见者便拜乞愿,三年乃得。"杨琳认为"时果"以下文字在其他类书所引中均无,当是来自周处《风土记》的类似文字。不过,杜台卿《玉烛宝典》(成书约在北周)卷七之所以不引,是因为他先引了《风土记》有此文,紧接着就是《四民月令》,可能是避免相互重复。

但是,韩鄂《岁华纪丽》卷三《七夕》:"鹊桥已成,织女将渡。"原注:"《风俗通》云:'织女七夕当渡河,使鹊为桥。相传七日鹊首无故皆髡,因为梁以渡织女也。'"[1] 清钱大昕辑《风俗通义逸文》有此文。不能都是假的吧?杨琳认为鹊桥情节最早是梁代庾肩吾《七夕》诗"倩语雕陵鹊,填河未可飞。"这个雕陵鹊是神话中的大鹊,不是乌鹊,所以杨琳认为现实化的乌鹊一定是后出的变异说法[2]。——这个推论不可靠。文人喜欢雕饰,很可能把原来的民间传说的喜鹊改为雕陵鹊。我相信《白氏六帖》转引的《淮南子》和《岁华纪丽》转引的《风俗通》。

这里分析一下为什么是鹊桥,而不是其它鸟架桥。杨振良认为是因为喜鹊是阳鸟,是报喜讯的鸟,所以用它[3]。还说古人崇拜候鸟。其实,喜鹊是留鸟,不是候鸟。喜鹊传喜讯,与架桥不矛盾,但是也没有多大关系。用它的关键在于喜鹊七月的时候头毛消失,就是《风俗通》所说的"相传七日鹊首无故皆髡,因为梁以渡织女也"。为什么喜鹊七月秃头?武当山老农讲这个传说的时候告诉我,这是事实。我观察了,果然。这是喜鹊在七月更换羽毛造成的,要随着秋季到来换上更厚的羽毛准备过冬。农民熟悉物候,所以创造了喜鹊由于搭桥而

---

[1] 杨琳根据《渊鉴类函》转录《唐类函》同样的文字为出自《风俗记》,不是《风俗通》,而判断韩鄂失误。杨琳的判断根据不足。第一,可能是《渊鉴类函》有误。第二,今本《风俗通》无此文,是因为《风俗通》原书三十卷,今仅存十卷。用这个不完整的本子无法判断韩鄂征引有误。

[2] 杨琳:《中国传统节日文化》,宗教文化出版社2000年版,第288页。

[3] 杨振良:《"桥"在七夕传说中的民俗意义》,见《名家谈牛郎织女》,文化艺术出版社2006年版,第288—289页。

头秃,这是一个基于现实而创造的艺术想象。搭桥就头秃,有人解释是被踩秃的。大误!织女一个人过桥,只是一个往返,织女脚上又没有牙齿,至于如此吗?《风俗通》原文是"相传七日鹊首无故皆髡,因为梁以渡织女也"。意思是拔了头上羽毛作桥。现代民间传说也是拔了羽毛做桥造成的!我们这些读书人太不了解民众生活以及他们在那种生活中积累的知识,所以闹出如此笑话。所以,从事民间文学、民俗学研究一定要倍加小心。现实的条件只是一种可能,那么,喜鹊自己有什么理由去充当这个角色?萧放根据《淮南王万毕术》[①]记载:"鹊脑令人相思。""取雌雄各一,燔之四通道,丙寅日与人共饮酒,置脑酒中,则相思也。"(不知从何书转引)推论汉朝人有此巫术。但,此书可能是六朝人做。当然即使如此,也可能反映汉朝内容。我只从思想看,这个巫术说明,喜鹊被古人看作喜欢做媒人的鸟。所以,在现实和思想双重作用下,喜鹊成为架桥者。

二、乞巧主题

西汉还有乞巧活动。

其一是穿七孔针。《西京杂记》又云:"汉彩女(低级嫔妃)常以七月七日穿七孔针于开襟楼,俱以习之。"这个穿针习俗,就是后来普遍流传的乞巧习俗之一。这应该是与牛郎织女七月七日相会有关。宋孝武帝《七夕诗》:"沿风披弱缕,迎晖贯玄针。"《太平御览》卷三十一引梁顾野王《舆地志》云:"齐武帝起层城观,七月七日宫人多登之穿针,世谓之穿针楼。"后代有穿双孔针、五孔针、九孔针等等(见陈元靓《岁时广记》卷二六)其中引《天宝遗事》最完整,先祭祀牛郎织女星,然后乞巧:"宫中七夕以锦彩结成楼殿,高百丈,可容数十人。陈瓜果、酒炙,设坐具,以祀牛女二星。嫔妃穿针乞巧。动清商之曲,宴乐达旦。士民皆效之。"

[①] 《旧唐书·经籍志下》记载《淮南王万毕术》为刘安做,不大可靠,因为《汉书·艺文志》无。

其二是水浮针：杜台卿《玉烛宝典》（成书约在北周）引《淮南子》："丰水十仞，金针投之，即见其形，乃有旧事。"

总之，西汉时代七月七日已经有了表达爱情、祈求子嗣、求健康美丽和乞巧的习俗，这个节日正式出现了。（杨琳认为东汉才流行，可能觉得《西京杂记》不够可靠）

梁代宗懔《荆楚岁时记》是现存最早的岁时记，在传统节日研究中颇有权威性。其中所记录的牛郎织女传说和七夕风俗也是兼有爱情和乞巧两种主题："天河之东有织女，天帝之子也。年年机杼劳役，织成云锦天衣。天帝怜其独处，许嫁河西牵牛郎。嫁后遂废织纴，天帝怒，责令归河东。唯每年七月七日夜，渡河一会。"（梁代殷芸《小说》与此基本相同[①]。）又记录了穿针乞巧和蜘蛛网乞巧的风俗："七月七日为牵牛织女聚会之夜。是夕，人家妇女结彩缕穿七孔针。或以金银、鍮（tóu）石（黄铜）为针，陈瓜果于庭中以乞巧。有喜子（蜘蛛）网于瓜上则以为符应。"

三、两大主题产生的原因

七夕民俗有很多。晒书，晒衣，制曲，祈富，祈寿，乞巧，祈爱，求子。最突出的就是乞巧和求子两大主题。为什么？

第一，乞巧是古代妇女第一需要。

为什么七夕乞巧？祭祀礼仪有什么思想背景？我以柳宗元《乞巧文》作为个案来展开分析。

七夕乞巧，一般都是由女性在晚上举行。柳宗元《乞巧文》云："柳子夜归自外。庭[②]有设祠者，饘（zhān，厚粥）饵（黍稻豆屑合蒸）馨香，蔬果交罗。

[①] 殷芸《小说》云："天河之东有织女，天帝之子也。年年机杼劳役，织成云锦天衣，容貌不暇整。帝怜其独处，许嫁河西牵牛郎。嫁后遂废织纴，天帝怒，责令归河东。许一年一度相会。"

[②] 见《柳河东集》上册，上海古籍出版社1974年版，第314页。但原书"庭"字属上句。

插竹垂绥（旌旗），剖瓜犬牙，且拜且祈。怪而问焉。女隶（女仆）进曰：'今兹秋孟（应为孟秋）七夕，天女之孙（即天之女孙）将嫔于河鼓。邀而祠者，幸而与之巧，驱去蹇拙，手目开利。组纴缝制，将无滞于心焉。为是祷也。"柳宗元自称不懂，描述的是女仆对乞巧的解说。

祭祀是夜晚进行的，那是因为只有夜晚人们才能看见牵牛织女星。按照传说，织女七夕即将与丈夫牵牛相会，自然十分高兴。民众趁机祭祀她，向她祷告。这个时间选择很有道理。祭祀对象是织女，不是牵牛。因为她是天之女孙，而且只有她才掌握"巧"，跟牵牛无关（牵牛星是掌管水陆交通要道的）。古代妇女主要目的是乞巧，正是柳宗元女仆所说"组纴缝制，将无滞于心焉。为是祷也"。这当然跟妇女的社会分工直接相关——所谓男耕女织是也。

古代妇女有所谓"四德"。《礼记·昏义》云："教以妇德、妇言、妇容、妇功。"这个"妇功"就是纺织、刺绣、缝纫之事。当然，《后汉书》班昭《女诫》所说"妇功"云："专心纺绩，不好戏笑，洁齐酒食，以奉宾客。是谓妇功。"在纺织之外，增加了做饭。总之，纺织缝纫是古代妇女的主要社会职责。因此，妇女乞巧，充分反映了她们的生活需要。这是女性的第一需要。因此，这个习俗得到普遍流传。织女这个传说人物实际是古代天下妇女的典型代表。

当代女性不大做缝纫工作了，对这个民俗的需要就弱化了。

下边分析乞巧仪式。柳宗元家举行的七夕祭祀，祭品是面食和蔬果。尤其是其中的瓜还剖成犬牙交错的形状。第一，没有肉食。表明这个祭祀不是大型祭祀。第二，主要是水果，跟织女的职掌有关。陈元靓《岁时广记》卷二六《主瓜果》："纬书：'何鼓（河鼓）星主关梁，织女星主瓜果。'《晋（书）·天文志》云：'织女三星，天女也。主果蓏（luǒ，草的果实）、丝帛、珍宝。王者至孝，神祇咸喜，则织女星俱明。'"这是从信仰方面的解说。现实层面，则是七月初是瓜果成熟的季节。

第二，古代妇女除了需要心灵手巧之外，实际还需要可靠的爱情婚姻。因为，妇女再心灵手巧，她主要是主内的，"巧妇难为无米之炊"。这个"米"，就是家庭主要生活资料要依靠丈夫的劳动所得。因此，七夕除了乞巧，还要祈求爱情。这就是本文第二点、西汉部分所讲的七夕求爱情、求子嗣的习俗的根本原因。同时，社会也需要女性为社会生育下一代。

如果说生活技巧是妇女第一需要，那么求爱情、求子嗣则是妇女的第二需要。

七夕神话传说的文化内蕴

王宪昭[1]

七夕文化以"天女"或"仙女"下凡与人间男子婚配为主线，描绘出一个家喻户晓的美丽爱情故事，并由此为基础，在我国各地形成了一个传统节日。这一民俗文化现象，为什么得到世人的世代关注与普遍接受，究竟有什么文化价值，隐藏着什么时代精神？是一个值得深思的问题。

七夕文化的核心内容是与之相关的神话传说。习近平总书记在论述中华民族伟大复兴的中国梦时，多次谈及神话的意义和作用，并在讲话中提出"盘古开天、女娲补天、伏羲画卦、神农尝草、夸父追日、精卫填海、愚公移山等我国古代神话深刻反映了中国人民勇于追求和实现梦想的执着精神"。人不能没有梦，无论是个体，还是群体，都需要有梦作为生存与发展的动力。马克思认为，神话是人类童年的梦。关于七夕的神话传说，很好地表达出人们追求爱情与理想的"梦"，这个梦显然是积极向上的，充满了热爱生活的憧憬与希望。神话传说所描绘的"七夕"梦，并不是表面意义上被动产生的"日有所思，夜有所梦"，也不是一些人从表面意义上所认为的"胡思乱想"，而是表达出一个群体的心声与向往。神话传说是关于"神"或"神性人物"的话，但它的产生本质是严肃的、认真的，是实实在在的"人"话，而不是"瞎话""假话"。神话故事只不过是借助于"神"或"神奇神圣的叙事"所表达的心里话。从一定程度上说，它就是一种记载和传达人类智慧、人生理想的文化手段，其中往往孕

---

[1] 王宪昭，中国社会科学院民族文学研究所研究员。

育着优秀的大众文化和民间信仰。许多神话传说之所以世代相传经久不衰，一个重要原因就是它体现了中国各民族优秀的文化传统、历史记忆和集体智慧，深刻影响着人们的价值观念和精神信仰。

七夕文化的源头可以追溯到更为久远的古老神话，是一个不争的事实。早在1600多年前，东晋文学家干宝的《搜神记》中记载了一则《毛衣女》神话。该神话说，豫章新喻县男子，见田中有六七女，皆衣毛衣，不知是鸟，匍匐往，得其一女所解毛衣，取藏之，即往就诸鸟。诸鸟各飞去，一鸟独不得去。男子取以为妇，生三女。其母后使女问父，知衣在积稻下，得之，衣飞去，去后复以迎三女，女亦得飞去。这寥寥数语却很好地描绘出关于七夕来历的古老神话传说。至今在江西新余一带，仍广泛传诵着有关仙女下凡的各类母题，还有仙女湖、织女洞、羽仙岛、银雀桥等风物古迹。当然，人们开始使用文字的历史只有三千多年，而神话作为口头传统要比文字的产生早得多，在民间的影响力也大得多，所以，有人把神话传说看作是人类的最早的文化和历史，作为人类史前文明的百科全书绝非罔顾事实。从神话学的角度考察，干宝采集的《毛衣女》，时代远早于东晋，同样隐含着人类追求婚姻家庭更为久远的历史印记。大家通过阅读原文会注意到，该神话有近一半的篇幅介绍了毛衣女与新余男子生了3个女儿，找到鸟衣逃回天上后，又返回带走了自己的3个女儿。有人觉得这个事件游离主题不知所云，有人认为这是一桩爱情悲剧。其实，它反映出早期母系氏族时期的婚姻制度遗迹，即女儿国现象。当时社会形态之下还没有形成真正的婚姻，甚至男子通过偷取女子的衣物而娶之，还带有抢婚的意味，但无疑记录了更古老的婚姻产生与发展的艰难历程，直到晚近时期，我国的一些社会形态滞后的少数民族还保留着女子结婚后"不落夫家"习俗，也说明了这种史实。

为什么这个本来不是专门表达爱情的神话传说，会成为七夕文化中人与仙女婚的文献实证呢？原因是神话生于民间，兴于民间，其强大的生命力延续在民间。与文献中记载的文本不同，如果我们把各种各样的神话比作大海里数不清的鱼，那么进入文献的只能算是寥寥几个鱼的标本，有时甚至会存其形而失其神，需要后人更多地去标记、解释。相反，民间的神话就像水中生活着的鱼，充满生命力，会变化，会生长，诸如当下广泛流传又众所周知的《牛郎织女》《天女下凡》《天仙配》等神话传说，已经与时俱进地优化或改造了《毛衣女》所描述的特定社会形态背景下的"爱情"故事，虽然不少都保留了"偷羽衣"情节，但后来的织女已不似毛衣女那样，而是积极地表达出对勤劳男子的爱情，生的孩子也不全是女孩，而变成一男一女儿女双全，结局也不像毛衣女那样主动背离丈夫，而是在不可抗拒的外力或恶势力干扰下，与夫君依依不舍，悲凉地飞回天上。正是这种感天地泣鬼神的爱情，才造就了鹊桥相会，道出"两情若是久长时，又岂在朝朝暮暮"的爱情真谛。

神话传承中所蕴含的民间记忆对保存人类的智慧和经验非常重要。这是一个知识体系，也是人类的一种集体文化行为。从七夕神话引发的一系列民间传说、民间故事来看，都无一例外地表达出积极向上的价值观和爱情理想。一是这个文化现象体现出世代流传的大众审美，表达了人们追逐美好爱情的内心情结，特别是作为叙事中渲染的男子与"女神"之间不分地位悬殊、不讲门第高低的爱情平等意识，千百年来都成为无数人不懈的努力和追求。二是表达出人们对美好生活积极向上的愿望。虽然作为七夕注脚的神话传说或故事中，男人偷女子的羽衣似乎不合乎礼貌规范，但在特定婚姻叙事语境下，它并没有建立在危害他人的恶意目的之上，而是表达出真心想拥有一个美好的家的想法。这一点在婚后生活的描述中，也能得到证明，多多少少透露出关爱女性的意识和家庭和谐的观念。三是中国本土特色七夕文化的积淀与发展，与当今核心价值观的内在要求相契合。特别是通过科学引导人们对中国七夕文化的再思考，有助于从历史的、现实的角度深入理解婚姻爱情的本质，进而确立正确的爱情观、人生观等。

七夕神话的产生，充分体现出传统文化的实践功能，也反映了"艺术创造源于生活，又高于生活"的文化创作特色。正如马克思在评价希腊神话时所说，希腊神话至今仍具有"永久的魅力",是一种"仍然能够给我们以艺术享受,而且就某方面说还是一种规范和高不可及的范本"。用这句话评价七夕神话也是非常恰当的。

从《毛衣女》和《召树屯》的研究谈申遗

刘亚虎[1]

申遗现在是一个大热门，市级项目想进省省级名录，省级项目想进入国家级名录，国家级项目又想进入联合国教科文组织名录。最近笔者作为专家参与了文化部非物质文化遗产保护中心的活动，有点启发，想谈谈《毛衣女》的申遗。

我们注意到一种情况是我国不少非遗具有与邻国共享的特点，如蒙古族长调民歌，2005年通过中国、蒙古国联合申报，就成功地列入了联合国教科文组织第三批"人类口头和非物质遗产代表作"名录。我就在想，如果一个项目起源于中国、形成中国特点而又具有某种世界意义，是不是更容易受到重视。《毛衣女》是这样的项目吗？那就从《毛衣女》的研究谈起。

我们都知道，早期研究《毛衣女》最有影响的是钟敬文1933年发表的文章《中国的天鹅处女型故事》，文章认为晋代《搜神记》所载的《毛衣女》故事，"不但在文献的'时代观'上占着极早的位置，从故事的情节看来，也是'最原形的'、至少'较近原形的'"中国天鹅处女型故事。这一结论已为学界公认。论据就是，《毛衣女》全文虽然仅仅九十余字，却包含了天鹅处女型故事的三个重要母题：仙女或飞鸟脱下羽衣变形为美女到人间洗浴，男子通过窃走羽衣而与美女成婚，美女设法寻得羽衣后返回故地。

此后的天鹅处女型故事在这些母题基础上补充新的母题，不断丰富。1994

---

[1] 刘亚虎，中国社会科学院民族文学研究所研究员。

年陈建宪的《论中国天鹅仙女故事的类型》总结，是渐次发展出"鸟子寻母型""难题求婚型""妻美遇害型""族源传说型""动物报恩型"等。其中，《牛郎织女》是重要的演变故事。

还有一个重要的演变故事是傣族叙事诗《召树屯》，它的知名度甚至大大超过《毛衣女》。1986年刘守华《孔雀公主故事的流传和演变》认为，《召树屯》是"古代越人带着《毛衣女》这样的故事种子向南迁徙、传播演变的结果"。佛教传入后，佛教徒改编成本生故事。

但1987年蒋述卓《〈召树屯〉与〈诺桑王子〉同源新证》认为，《召树屯》故事原型主要源于三国时西域康居国僧人康僧会所译《六度集经》里一个王子与神女的故事。这个故事说，尼呵通国王想升天，听说用香山神女的血作阶梯当可升天，国王就派二道士去捉神女。二道士到了香山见有大湖，就在湖中结草为蛊。神女下湖洗澡受蛊所迷，不能飞升，被二道士捆了送到宫里。国王的孙子不忍神女被杀，求以为妃。大臣乘皇孙不在，把神女关了起来。神女愤怒飞还第八山，临走时留下金指环。皇孙返国不见神女，在护宫神指引下去了第八山上，见到侍女出来打水就将神女留下的金指环投入水桶内，神女见指环两人重新相聚。

但这里的问题是，如2004年王青《天鹅处女型故事渊源再探——兼谈〈召树屯〉的情节来源及其流播渠道》所指出的，无论在梵文原典、汉译佛经还是泰国本生故事中，都没有"羽衣"这件道具的出现，所以，《召树屯》长诗无疑也受到了汉族传说的影响。而汉族传说最早出现羽衣的，是《毛衣女》。

天鹅处女型故事具有世界意义，这点毋庸置疑。而《毛衣女》是起源于中国、形成中国特点而又具有某种世界意义的天鹅处女型故事代表性作品，当也毋庸置疑吧？

联合国教科文组织颁布的《保护非物质文化遗产公约》（以下简称《公约》）是我们申遗的指南。其中第一章第二条"定义"说："在本公约中，只考虑符合现有的国际人权文件，各社区、群体和个人之间相互尊重的需要和顺应可持续发展的非物质文化遗产。"这里阐述了非遗三个原则：普遍人权，民族间的相互尊重即平等的原则，可持续发展原则。

第五章第十九条"合作"说："在不违背国家法律规定及其习惯法和习俗的情况下，缔约国承认保护非物质文化遗产符合人类的整体利益。"

《公约》这些条款支不支持我们的《毛衣女》申遗？我们怎样运作才能更符合《公约》的精神？这是我们新余的同志接下来的课题。

仙女传说与文化信仰

陈东有[①]

一、仙女传说的特征

豫章新喻县的传说《搜神记·毛衣女》是一个十分美丽的充满爱意的故事,这个仙女的传说内容有这么几个很有意思的特点:一是社会指向的善良追求,为了娶妻生子;二是自然指向的人兽共性,鸟具有人的特性;三是叙事指向的断绝后事,不给后人有迹可循。于是人们不仅感受到传说故事的美妙动人,而且给人一种前瞻式的向往和追求,还给了后代叙事者增添更多细节和情感的余地。

人是需要精神寄托的,需要有一个可以让自己的灵魂休息自省的机会和地方,几乎全世界各个国家和民族无一例外,只是表现方式不同。无论是上古早期文明时期,还是今天科学发达时期,人的精神需要无时不在。我们现在已经可以看到,很多的民族和国家建设了自己的宗教来满足精神的需要,其民众在宗教的信仰过程中寻找精神的抚慰、充实、解脱和平衡。宗教是人类精神不可或缺的家园。但是人类的精神寄托又不只是宗教,还有其他可用的方式。精神寄托和精神追求是由信仰来解决的,但信仰不只是宗教一种,民间的信仰也不仅是民间宗教的一种,在中国,它更多的是民众自己文化的信仰,既不是官方

---

① 陈东有,江西省委宣传部原常务副部长。

规定的信仰,也不是制度(如宗教)规定的信仰,而是民众对自己意念中产生、传承的对象、事物、人物、故事的信奉和尊重。仙女的传说就是这样的一种信仰。所以,我们不能简单地把仙女的传说只说成是一种偶然形成并传播的故事,而应该看作是一种民间信仰的表现。

当然,做出这样的判断,是因为仙女的故事不仅是中国民间传播很广的传说故事,也是世界不少地区早已出现过,而且传播很广的动人故事,这是神话传说中的一种大题材。

二、仙女传说中的民众文化认知

仙女传说表现出来的文化意义如下:

第一,中国数千年的文明发展过程中,普通的民众没有严格意义上的宗教信仰或者说理论意义上的信仰,但都有十分执着的神灵崇拜,这种神灵崇拜左右着民众的精神追求。

第二,民间传说不是某一位特定的人物创造的,而是由民众创造出来的;不是一时突然出现的,而是经历过一个比较长的时期,通过流传,并在流传中由相信它的民众不断地丰富它、神化它形成的。

这种文化意义体现出来的民众文化认知又是什么呢?

民间对待神灵崇拜、年节制度、伦理教化的态度十分庄严神圣,而且信仰的神灵与配套的魔鬼在历史的长河中逐渐自成体系,这个体系就是人类社会的投影。所有的神魔,上至玉皇大帝、如来佛祖,下至小仙小魔,都与人间相等人物般配不二,天庭、地府也都充满了人间社会的烟火气,神仙魔鬼也都带着各式各样的人性,带着人的欲望、追求,也带着人的缺点和问题。仙女的传说——七仙女的故事正是如此在千余年的传播中得到了成体系、人性化的修改。在仙女的故事中,中国的民间信仰往往就是人间的关怀,是民众寻找自己的理想生活、消除人间灾难的一种创造。这首先是民众对文化信仰的认知,是民众生活的需要，也是民众精神家园的需要。这种创造，在不同的时代，因现实问题不同，被一代接一代的民众不断地改编、完善。

三、仙女传说的文化传承意义

仙女的故事流传了一千多年，传到今天，无论遇到了什么样的狂风暴雨，仍然存在于人们的心底；"文化大革命"批斗过它，反唯心主义批判过它，批虽批了，它似乎也没有受到什么伤害，还是那么美丽动人。文化的信仰看来不是那么容易否定的。

仙女的传说中最让人们熟记的是仙女的美丽和善良、朴实、勤劳，这是人类对女性的最高褒奖，也是男性对女性的最高理想，如果有一位天仙成为自己的妻子，那是最幸福、最快乐的事。所以牛郎、董永是文艺作品中最幸运的男人和丈夫。

优秀文化口口相传、千年不绝，是生活给传播者和接受者提供了源源不断的动力。民众在自己传播的文化信仰中，当然也分得清哪些是现实和真实，哪些是理想和虚拟，但是自人类有了文明以来，从未停止过对梦想的设计、对生活的憧憬，从未停止过与现实世界灾难、邪恶的斗争。流传千年的仙女故事从美和善的角度展现出了民众对生活的执着、对未来的期待，这种文化的力量正是人类文明得以不断前进的内在动力。

关于古代"七夕诗"的几种创作现象

赵逵夫 ①

七夕之夜不仅妇女相聚有穿针乞巧、投芽乞巧、唱歌、摆会等活动，文人间也形成相聚吟诗、同题共赋、相互唱和，及借题发挥、连作数首的情况。每逢七夕之时抒发思家或怀念意想中人的情怀，以及借说"乞巧"抒发对个人遭际和社会现实的感慨，或相聚作诗互相唱和，成了汉魏以来诗人创作活动中的一个重要现象。吟咏七夕之作反映出来的，不仅是节俗、社会生活和不同层次、不同遭遇的文人的思想感情，还包括节俗的发展变化和不同阶层的人审美趣味的差异，同时也反映出一些文学现象和文学创作中的文化现象。

南北朝以后，七夕风俗的普及更为广泛，很多诗人的作品中反映出不同地方的七夕节俗，而且宦游做官在外的人这一天也会触景生情。七夕节主要是妇女儿童乞巧的节日，但夫妻分离这一点又同很多文人有关，而"巧""拙"的话题中，也会引起文人对个人身世的感慨及对于当时政治环境、官场状况的不满，写作中用借此说彼或模棱两可的手法表现不满情绪都比较方便，所以历来以"七夕"为题材或当七夕之时感怀成诗的很多。

当然，每一时期的当权者也会借这一天组织大臣一起写诗，但这些诗大部分亡佚了，有的今天只能知道谁作过这类诗，最多是存有诗题，存下来的作品中以写牛女之事者为多。

对历代咏七夕之作中反映的一些现象加以考察，我们不仅对历代"七夕风

---

① 赵逵夫，西北师范大学文学院教授。

俗"和"牛女传说"的传播会有更多的认识，而且对古代不同层次，不同处境中的文人、官吏的思想状况，对不同历史时期意识形态深层的问题也会有较深入的理解。当然，从文学史的角度，还可以看到七夕节对历代诗歌创作的巨大影响。明代以后仍有不少脍炙人口之作，不过总的说来难以超越此前的类型与表现范围。故本文主要就元代以前诗词中写七夕者分为几类加以论述，以见七夕风俗在宋元以前的流行状况及其对文人思想和创作的影响。拙文《论牛女传说在古代诗歌中的反映》中已论及者，一般不再引录。

一、同题共作

"同题共作"，是指诗人们在一起确定同一诗题后，在同一时间内分别写成的诗词作品。自然，这种创作程式可以训练参与写作各人的文思，并在相互切磋、相互学习中，开拓思路、提高诗艺。哪些社会生活容易作为文人们同题共作的题材，同丰富复杂的社会生活中哪些主题更引起当时文人们的关注有关，也同当时的创作环境有关。

同题共作是汉末以来一种诗歌创作的现象。东汉末年由于很多文人聚在邺下曹丕、曹植的周围，且都是能诗之士，故同题共作的现象较多。就咏七夕诗的创作而言，目前所存同题共作的作品最早产生于刘宋之初，南方诗人之中。这反映了产生于汉代宫廷中的乞巧风俗在上层社会传开，又随着汉末、西晋末两次世族豪门的南迁而带到南方，在南方流传开来。故整体来说，南方七夕风俗同北方民间的差异，除因自然条件形成的一些节俗之外，南方乞巧较为讲排场，如串珠、摆贡等活动；除供织女像、供献水果、油炸干果、焚香唱乞巧歌外，同北方差异也只是投芽乞巧、穿针乞巧之类。至今南北乞巧活动有较大差异。因北方乞巧活动主要在下层社会，存在于民间，这同文人、官宦之间尚有一定距离，尤其从东汉以后，西北地区远离政治中心，人口比较稀少、疏散，文人活动不是很活跃，思想上相对保守，故文人以乞巧为题材写诗的现象较少，也产生较迟。

刘宋时代的诗人谢灵运、谢惠连、刘铄都有《七夕咏牛女诗》，谢庄有《七夕夜咏牛女应制诗》。下面我们看看这几个人的诗作。

七夕咏牛女诗

谢灵运

火逝首秋节，新明弦月夕。

月弦光照户，秋首风入隙。

凌峰步曾崖，凭云肆遥脉。

徙倚西北庭，竦踊东南觌。

纨绮无报章，河汉有骏轭。

"首秋节"即七夕节。"新明弦月"即每月上旬之月，此处指初七之月。此诗是从织女方面写的，故言"徙倚西北庭，竦踊东南觌"，写织女渡河之前焦急等待的状况：在天河之西北来去徘徊，有时也抬起脚跟向东南翘望。因牵牛、织女二星在天河两岸，织女星在西北（偏西）、牵牛星在东南（偏东），故如此说。"无报章"是说织女，"有骏轭"是说牵牛，都用《诗经·大东》一诗之意。"凌峰步曾崖"一句与《诗经·秦风·蒹葭》一诗所写甚为契合。此诗写牛女相会前的情态，十分生动。

七夕咏牛女诗

谢惠连

落日隐櫩楹，升月照帘栊；团团满叶露，浙浙振条风。

蹀足循广除，瞬目曬曾穹；云汉有灵匹，弥年阙相从。

遐川阻昵爱，修渚旷清容；弄杼不成藻，耸辔骛前踪。

昔离秋已两，今聚夕无双；倾河易回斡，款情难久惊。

沃若灵驾旋，寂寥云幄空；留情顾华寝，遥心逐奔龙。

沉吟为尔感，情深意弥重。

一二句写时当晚夕，三四句写节至初秋。"蹀足循广除"言沿着宽台阶蹀步（"除"为宫殿的台阶），此写织女。以下三句是说其隔层云而远望，因云汉的另一边有其仙侣，已满一年未能在一起。后面写二人相思及一夕相会的情况。从"曬（音'洗'，远望）曾（通'层'）穹"三字来看，织女所处位置高，牵牛所处位置低，是透层云而向下看牵牛，不仅是东西之隔离。这似乎透露出一在天上，一在人间的意思。由此二谢同题之作可以看出东晋至刘宋之时有关牛女传说的大体情节。

谢灵运（385—433）、谢惠连（397—433）之作如果是同题共作，则应作于元嘉七年（430）。因为谢灵运在元嘉七年因事入都自陈，宋文帝不令返里，任之为临川内史，有机会在都逗留；谢惠连前因殷景仁谏说之事，宋文帝不计其小节之失，元嘉七年任之为司徒彭城王刘义康法曹参军，兼记室，此年也有可能在都逗留。谢惠连为谢灵运之族弟，今存谢灵运诗中有《酬从弟惠连诗》五章及《答谢惠连诗》，二人关系密切。诗题完全一样，则此二诗应为同题共作。

谢庄的是应制之作。国君往往是一次命多人赋诗，故谢庄、刘铄之作应为同时之作；还会有其他人，只是别人的没有存下来。

七夕咏牛女应制诗

谢 庄

辍机起春暮，停箱动秋衿。璇居照汉右，芝驾肃河阴。

容裔泛星道，逶迤济烟浔。陆离迎宵佩，倏烁望昏簪。

俱倾环气怨，共歇浃年心。珠殿釭未沫，瑶庭露已深。

夕清岂淹拂？弦辉无久临。

"辍机"就织女而言,言织女至春暮时思念牵牛,织机往往停下来。此据古人所谓"思春"之说而言之。"停箱"是就牵牛而言,言常怀七夕相会之思,停下牵牛赶车之事。"秋衿"即秋天之心思。"璇居"指织女所居之处。"照"为辉映之义。"芝驾肃河阴"言织女的车驾将前往停留于河之东南。"肃"为儆戒之意,此用为动词。水之南为阴。以下写织女会牵牛的情节。南平王刘铄的《七夕咏牛女诗》:

七夕咏牛女诗

刘 铄

秋动清风扇,火移炎气歇。广檐含夜荫,高轩通夕月。
安步巡芳林,倾望极云阙。组幕萦汉陈,龙驾凌霄发。
谁云长河遥,颇剧促筵越。沈情未申写,飞光已飘忽。
来对眇难期,今欢自兹没。

"广檐""高轩"皆就织女之所居而言。"组幕""龙驾"之句,实启此后很多诗中写织女渡河时排场仪仗之构思。刘铄(431—453),为宋文帝第四子,比谢庄(421—466)小十岁,二人都在元嘉十七年(440)任职,谢庄又几次供职于始兴王刘浚、庐陵王刘绍、随王刘诞府中,又曾为太子舍人,同众王子接触机会多。谢庄亦常有上书,孝文帝曾赐之以宝剑。元嘉二十九年(452)与朝臣以《赤鹦鹉赋》之题共作之,谢庄之作为冠。故得与诸王子、大臣应命共作《七夕咏牛女诗》,今所存者唯刘、谢二人之作而已。

梁朝诗人萧纲(503—551)、柳恽(465—517)、刘遵(488—535)、刘孝威(496—549)四人俱有《七夕穿针》诗,萧纲为梁君,柳与二刘均为梁臣,同时在朝,诗题完全一样。刘孝威之诗题下注:"和简文",说明是和简文帝萧纲。则柳与二刘应为萧纲之作一出,三人同时写和诗以奉上,为三人同时共作。以已成之诗为题,这是同题共作的一种特殊形式,有点像后面说的应制同题共作。

萧纲与三人之作是一组咏七夕风俗的较早的作品，今并录之如下，一以见各自特征，二以见当时的社会风气。萧纲之作云：

> 怜从帐里出，相见夜窗开。针欹疑月暗，缕散恨风来。

"怜"是对情侣的昵称。前两句带有宫体诗与当时市井情歌的情调。后二句写女子穿针乞巧。此诗见于《文艺类聚》卷四和《初学记》卷四，似是节录了其中的四句。柳恽之作云：

> 代马秋不归，缁纨无复绪。迎寒理衣缝，映月抽纤缕。
> 的皪愁睇光，连娟思眉聚。清露下罗衣，秋风吹玉柱。
> 流阴稍已多，余光欲谁与？

写秋节已至，少妇穿针缝衣之时想到行役在外的丈夫，诗中透出一种深深的忧伤。"玉柱"指女子的身体。江南之地初秋当正热之时，故有"清露下罗衣"之句（"罗"是稀疏轻软的丝织品）。这里表现出一种孤身自怜的情调。李白的《子夜吴歌》"长安一片月，万户捣衣声。秋风吹不尽，总是玉关情。何日平胡虏，良人罢远征"，宋代夏竦的《鹧鸪天》"镇日无心扫黛眉，临行愁见理征衣"，似乎都是受此诗启发。刘遵之作（或误作徐勉）为：

> 步月如有意，情来不自禁。向光抽一缕，举袖弄双针。

刘孝威之作：

> 缕乱恐风来，衫轻羞指现。故穿双眼针，特缝合欢扇。

两诗写少女在七夕佳节穿针乞巧的情态，所写女子表现出一种单纯的思想和愉悦的心情。此两诗同样见于《艺文类聚》卷四和《初学记》卷四，也当是只节录了前四句。今存三人之作中唯柳恽之作是五韵。但参看下面所列陈后主之作五题，篇题中都有"五韵"二字，则梁陈之际五韵十句是比较流行的体式，显得正式和庄重，故君臣共赋，多为五韵。萧纲同三首和诗应均为五韵十句。编类书者或全录，或节录，看其内容而定。当然，萧纲之作本只四句，柳恽之作非和萧纲的可能性也有。和诗应不止这几首，其余未存留下来。

陈后主叔宝有《七夕宴重咏牛女各为五韵诗》，下注"座有刘眗等十三人上"。由题中"各为"二字看是君臣各有咏牛女五韵之诗一首，但另十三人之作，都未流传下来。陈叔宝又有《七夕宴玄圃各赋五韵诗》，下注"座有顾野王、陆琢、姚察等四人上"。又其《七夕宴宣猷堂各赋一韵咏五物，自足为十，并牛女一首五韵》题下注"座有陆琼、傅纬、陆瑜、姚察等四人"，《七夕宴乐修殿各赋六韵诗》题下注座有张式等七人。以上各题中言"各赋""各为"，均为多人同题共作。而此三次同题共作，陈叔宝之外十五人之作无一存世。又有《同管记陆琛七夕五韵诗》《同管记陆瑜七夕四韵诗》，为君臣同题各为一首，二陆之作也未见存世。只这些同题共作之诗，至少有三十多首。今只有王褒、江总、张文恭各存《七夕诗》一首，王眘《七夕诗》二首，应皆此类作品。这些人生活上、思想上远离广大劳动人民，只不过作为文人雅兴和君臣同乐的活动，因而大部分作品被历史的长河冲刷而去，这也是文学传播中的必然现象。陈叔宝那些以宫廷活动为题材借以写女色之思的东西，这里也就不录了。而且，其中如"星连可作桥"，完全误解了庾信《七夕诗》"星桥通汉使"一句"星桥"之意。庾信所谓"星桥"是指星河上的桥（由其父庾肩吾《七夕》中"倩语雕陵鹊，填河未可飞"二句可证），陈叔宝却误解为以星为桥。这也就反映出他只知玩弄词句而少读书的浅薄无知。

初唐沈叔安、何仲宣、陆敬、许敬宗（592—672）并有《七夕赋咏成篇》。沈叔安之作云：

皎皎宵月丽秋光，耿耿天津横复长。

停梭且复留残纬，拂镜及早更新妆。

彩凤齐驾初成辇，雕鹊填河已作梁。

虽喜得同今夜枕，还愁重空明日床。

"天津"即天河渡口。颈联写织女行前喜悦的情态很生动。"彩凤齐驾初成辇"二句是说很多彩凤组成辇，载织女从鹊桥上过去。上句的想象，应是受屈原《离骚》中"驷玉虬以桀鹥兮，溘埃风余上征"的影响。王逸注："鹥，凤皇别名也。"诗中写成群的鹥鸟组成一辆车，由玉虬（白色无角的龙，即龙马）载着诗人上至天空。① 下句中"雕鹊"即雕陵鹊，《庄子·山木》中所说的巨鹊。"雕陵填河已作梁"是说巨大的乌鹊布于河上形成桥梁。何仲宣诗云：

日日思归勤理鬓，朝朝伫望懒调梭。

凌风宝扇遥临月，映水仙车远渡河。

历历珠星疑拖佩，冉冉云衣似曳罗。

通宵道意终无尽，向晓离愁已复多。

"伫望"之"伫"是"眝"字之借，远望之意。② 这同样从织女的方面说。第二句写其天天站定远远地张望牵牛，而懒于调梭织锦。许敬宗之作也同样以牛女相会为中心，写二人之爱情故事。可以看出，三首诗均写织女的思念之情及鹊桥相会的情节，立意构思各有所长。而四首诗都对织女的境遇表示了极大的同情。四首都是七言律诗之体。

---

① 赵逵夫：《连接神话与现实的桥梁——论牛女故事中乌鹊架桥情节的形成及其美学意义》，《北方社会科学》1990年第1期。
② 赵逵夫：《屈骚探幽》，巴蜀书社2004年版，第334页。

唐代的同题现象较多，但很多题目较特别的未能存留下来。如李峤（645—714）有《同赋山居七夕》，但其他的同赋之作今不见。

唐代还有些应制同题共作。所谓"应制"，就是应诏，应皇帝之命。唐有杜审言（645—708）、刘宪（655—711）、李峤、赵彦昭、李乂（657—716）、苏颋（670—727）六人奉和应制之作，形式都是五律。杜审言之《奉和七夕侍宴两仪殿应制》云：

一年衔别怨，七夕始言归。敛泪开星靥，微步动云衣。
天回兔欲落，河旷鹊停飞。那堪尽此夜，复往弄残机。

写织女同牵牛相会前后情景，细腻感人。"兔欲落"的"兔"指玉兔。颔联言月亮将落，天将亮，宽阔的天河上乌鹊又架起桥来等她回到银河西。"鹊停飞"言架起桥，只扇动翅膀而不飞行。另五人之作不具引。

此后的同题共作首先要提到的是宋初薛映（951—1024）、张秉（952—1016）、钱惟演（977—1034）、刘筠（971—1031）、杨亿（974—1020）五人的《戊申年七夕五绝》。题中的"五绝"是"五首绝句"的意思，诗的格式都是七言绝句。皆戊申年（大中祥符元年，1008）七夕所作，时薛映58岁，张秉57岁，钱惟演32岁，刘筠38岁，杨亿35岁，五人都是西昆体诗人。杨亿、刘筠、钱惟演为西昆体的领袖与代表作家，他们在一起同题共作为自然之事。每人的五首诗都是想到宫廷中庆七夕的情况，并就人生仕途抒发感慨。共七绝二十五首。

薛映第二首前两句云："碧天如水月如钩，金露盘高玉殿秋。"显然写七夕时宫廷中景致。其第三首云：

汉殿初呈楚舞时，月台风榭镇相随。
如何牛女佳期夕，又待銮舆百子池。

这是据晋葛洪《西京杂记》所载，指出了七夕节俗的来源。其第四首：

月露庭中锦绣筵，神光五色一何鲜。
世间工巧如求得，四至卿曹亦偶然。

这实际上是表现出一种做人的态度，与对乞巧风俗的看法无关。第五首云：

银河耿耿露溥溥，彩缕金针玉佩环。
天嫒贪忙为灵匹，几时留巧与人间。

这里看来是直接说对乞巧灵验与否的看法，实际上仍是从人如何处世方面言之，因而显得更为含蓄不露。这首诗最典型地表现出一些官宦诗人七夕诗的特征。

张秉之作第二首借西王母与汉武帝故事说当时宫中乞巧，有"楚王台榭空山丘"（李白《江上吟》）的意思。其第三首后二句说："若把离情今夕说，世间生死最伤神。"也是寓意深刻。

钱惟演之作有几首也很好。如第五首：

骊阜凌云对玉钩，千门高切绛河秋。
欲闻天语犹嫌远，更结三层乞巧楼。

"绛河"即天河。这首诗想象奇特，带有很强的夸张性。写人间乞巧写得气象壮阔，还写出当时民间有在七夕夜于高处听牛郎织女说话声的风俗。

刘筠的第二首云：

华寝星陈夜未央，明河奕奕度神光。

一年暂得停机杼，不柰秋虫促织忙。

此是写人间乞巧妇女。"华寝"二句言入夜之后，夜合花等花朵都合起来了，满天星辰，而尚未至天明之时（"未央"即"未尽"）。后二句言一年一度七夕，想在此夜停一停织布之事以乞巧，但秋虫却连声叫，似不让停织。写得很有意趣。其第五首云：

琥车芝驾俨清秋，微雨侵宵助涕流。

人世莫嗟离恨苦，却应天上更悠悠。

写出当地以牛女相见会流泪，当日大雨是雨神同情而陪其流泪，也是各有新意。其第一首后二句云："天帝聘钱还得否，晋人求富是虚辞。"更对晋南北朝时向天帝借钱未还之说提出批判，表现出作者深刻的见解。

杨亿的第三首：

兰夜沉沉鹊漏移，羽车云幄有佳期。

应将机上回文缕，分作人间乞巧丝。

"回文缕"是联系前秦时才女苏蕙的《回文璇玑图》而说。末两句言不如将在织机上寄托思念之情的做法，变为对人间姑娘们女红之事的关心点拨。其第五首的"神光奕奕云容薄，谁见凌波袜起尘？"不是否定牛女传说，而是言无人见其渡天河，只是以诙谐语气出之。杨亿的其他四首也同样各出机杼，精致而不落他人窠臼。

这些诗有些看来主要写牛女相会，实都借以抒发个人情怀。薛映第四首末二句"世间工巧如求得，四至卿曹亦偶然"，张秉第五首末二句"堪伤乞巧年年事，未识君王已白头"等，就十分明显。

上面论述的同题共作之作品，有诗人骚客自己相聚赋诗、探讨诗艺的，也有受国君之命而同题共赋的。这似乎只关乎相聚共赋的原因，与创作本身无关，其实不然。前一种情况下作者可以自由发挥创作才能，表现自己的思想感情，在后种情况下就会有所顾忌，而且要迎合国君的心意，甚至会带进颂扬君王之意。当然就整个诗人群体而言，主要是自己相聚赋诗。历代以"七夕""七夕诗"为题的作品特别多，其中肯定有不少同题共作的作品，今难以一一考定，此处不再论述。总之，这种创作活动推动了文人阶层对七夕风俗的普遍关注，也开拓、深化了七夕节俗的文化内涵。这是我们应该看到的。

应制之类奉命同题共作是从组织形式与创作动机方面来说的一种特殊同题共作，同韵与分韵同题共作是从诗的形式要求方面说的一种特殊同题共作，二者不是同一逻辑层面上的分类。我们这里是对一些特殊现象加以考察，不是对古代咏七夕之诗作严格分类，故特别提出加以论说。

同韵是数人同时作诗，限定都用某一韵。如唐末卢纶的《七夕诗（同用期字）》：

良宵惊曙早，闰岁怨秋迟。何事金闺子，空传得网丝。

写闺女们的乞巧以取到蛛网为得巧。因蜘蛛会织网，故寓有能织巧手之意。因七月之前有一个闰月，都急切盼望七夕能早一天到。又其《七夕诗（同用秋字）》：

祥光若可求，闺女夜登楼。月露浩方下，河云凝不流。
铅华潜警曙，机杼暗传秋。回想敛馀眷，人天俱是愁。

这显然都是诗友相聚限韵共咏所成，但其他的或未能留下来，或诗题中所附用韵说明之语被删，现在难以弄清了。

分韵同题共作即数人相约赋诗，选择若干字为韵，各人分拈，依拈得之韵作诗，称"分韵"。宋末姚勉（1216—1262）有《七夕分韵得丝字》一首诗云：

柳子中庭乞巧时，始知抱拙不污卑。

向令早似愚溪日，未必缁尘涅素丝。

诗中用说反话的方式表示对社会，尤其对官场、政治的不满。凡"分韵"当时肯定有多人分头作，诗题相同。只是其他人的今已难以看到了。

古代每一时期以"七夕""七夕诗"之类为题的诗都特别多，其中有些可能是同题共作，但今天已无法考定。同题共作的咏七夕之作，宋元以后同样不少。我们由之可以看出"七夕"这个题材使很多诗人相聚而同题共赋、互相学习、探讨诗艺，同时也推动了七夕节在文人阶层的影响。

二、拟古与赠答

拟古是所思与古人同，心有与古人相通者，因而模拟，咏唱其意之未尽。赠则为两情相通，或以为知言者，书之使其心领而神会，答则或为同调相鸣，或为言其所未备，以求中正透彻，俱为知音之言。拟古是后人以古人为典范，自认为同调，赠答则是同时之人互为知己，二者有相同之处。

（一）拟古

拟作不用说是在读了原作之后引动诗情而写。诗人所拟多是流传既久，人们熟知的名篇。由七夕题材中拟古的现象也可以看出七夕诗的传播情况、社会影响及经典化过程。拟作中也有拟时代不太久作者之诗的情况，也附带论及。

作者虽云"拟"，实也表现自己的思想情感与文学创作能力。晋代陆机的拟作其实都具有新意。文人拟前人七夕之作、就"七夕"之作唱和，反映出文人阶层对七夕节的关注和七夕诗作的继承与发展情况。

第一个就牛女题材拟前代之作者，是陆机。看他的《拟迢迢牵牛星诗》：

> 昭昭清汉晖，粲粲光天步。牵牛西北回，织女东南顾。
> 华容一何冶，挥手如振素。怨彼河无梁，悲此年岁暮。
> 跂彼无良缘，睆焉不得度。引领望大川，双涕如沾露。

"汉晖"即天汉的星光；从星河的方面说，指波光。同后来很多以牵牛、织女为题材的诗作不同，此诗是写织女不能相会中的悲苦。这同《古诗十九首》中《迢迢牵牛星》一诗的着眼点是一致的。因为牵牛织女一年中大部分时间中分隔天汉两侧，所以在汉魏以至晋初，诗人大都着眼于这一方面，借以比喻有情人不能相聚，或个人远离家乡、夫妻长期分离。陆机这首诗中的"悲此年岁暮"实是借以抒发作者自己的情感，"跂彼无良缘"一句表现得更为清楚。所以，"拟古"只是一个形式而已，是给供叙牛女之事以抒怀更增加了一层表达上的含蓄特征和间接性。

乞巧活动从西汉初年在宫廷中兴起以后，大约在魏晋以后才扩散至上层社会，因而上层文人诗作中才多有咏牛女相会之作，同题共作、互相唱和的现象也多起来。但写织女的衣饰、仪仗都极尽豪华铺排，在相当程度上也是反映了上层社会的意识特点。乞巧风俗传于民间，应是在西晋灭亡以后。产生于东晋时代的《七夕女郎歌》和《七月歌》可以证明这一点。这大概是由于西晋灭亡、豪门士族之家向南方迁播和败落融入平民之中有关。深入地研究七夕文化的形成也可揭示出古代社会历史的变化。

李白（701—762）的《拟古十二首》之一：

> 青天何历历，明星如白石。黄姑与织女，相去不盈尺。

银河无鹊桥，非时安将适？闺人理纨素，游子悲行役。
瓶冰知冬寒，霜露欺远客。客似秋叶飞，飘飘不言归。
别后罗带长，愁宽去时衣。乘月托宵梦，因之寄金徽。

这是拟《玉台新咏》卷九《古词二首》之一（《艺文类聚》卷四十三作《古东飞伯劳歌》，《乐府诗集》卷六十八作《古辞》，《文苑英华》与《古诗纪》作梁武帝《东飞伯劳歌》）的。这首歌中即有"黄姑织女时相见"一句。隋辛德源有拟此一首，即题作《拟古》。诗中有"黄姑与织女"之句也因此。李白的另一首诗五绝《白微时募县小吏入令卧内尝驱牛经堂下令妻怒将加诘责白亟以诗谢云》中说："若非是织女，何得问牵牛。"由此可知他自己是清楚的。牵牛星和织女星因为亮度高，在上古时列入观察日月和金、木、水、火、土五星的坐标中，后因其距赤道较远，便另选距赤道较近的二星来代替此二星，名为"牛星""女星"，列入二十八宿。后来因为"牵牛星"名称易与"牛星"相混，故改称牵牛星为"河鼓"。"河鼓"之称传到江南以后，因音而误作"黄姑"。梁武帝这类不学无术只热衷于宫体诗的所谓诗人，便出此类笑话。

弘文馆学士任希古有《和李公七夕谢惠连体》。李之所谓"谢惠连体"，实际也是一种拟古之作。任希古之和诗同样要拟古。又孟郊（751—814）有《古意》：

河边织女星，河畔牵牛郎。未得渡清浅，相对遥相望。

此也是拟古代五言之作。盛唐诗人孟浩然（689—740）有五律《他乡七夕》，中唐诗人杨衡（贞元四年前后登进士第）也有五律《他乡七夕》，而且同韵。这实际上也属于一种拟古。

以七夕和牛女传说为题材的拟古诗反映出古代诗人对七夕风俗和牛女传说的关注及对这方面诗歌创作的关注，并且开启了借写七夕风俗与牛女故事反映现实，抒发个人情感的传统。

(二) 赠答

当七夕时写诗赠人，说明七夕节易于引起人的感想，尤其是易于引起对亲友的思念、关怀，产生沟通、联系的想法。梁朝徐勉之子徐悱（494—524）有《答唐娘七夕所穿针》，其夫人刘令娴也有《答唐娘七夕所穿针诗》。这唐娘应属富贵之家。看来七夕之时上层社会妇女中赠答奉和的情形也有。中唐诗人李郢的七绝《七夕寄张氏兄弟》即赠寄之作。

北宋释德洪（1071—1128）有《七月七日晚步至齐云楼走笔赠吴邦直》。谢薖（1074—1116）有《定风波·七夕莫莫堂席上呈陈虚中》，呈也即赠，唯对长者用，敬语而已。王安中（1076—1134）有《七夕日送泥儿与彭少逸代简》，以诗代简，显然为赠，只是措辞不同而已。北宋末欧阳澈（1097—1127）有七古《七夕后一日寄陈巨济》，开头说："高楼昨夜西风转，耿耿银河云叶卷。"下面说："遥知天外鹊桥成，织女牛郎会佳燕。凭高翻忆凤楼人，殷勤乞巧陈芳奠。可堪目断心旌摇，砌成幽恨无人展。"悬想家中妻子乞巧状况，抒发个人情怀，激情澎湃。然后联想及同当年好友在一起的一些事，如"清狂举白话平生，午夜香燃残宝篆"等，字里行间，一往深情。

南宋姜特立（1125—?）有《闰七夕呈谯内知舍人》：

佳期有尽情无尽，一再相逢意若何？
正使长年成会合，临分依旧黯情多。

似在借闰七夕而抒自己的情怀，但只从咏牛女相会的角度读之，也很有韵味。

项安世（1129—1208）《七夕谢孟漕品味》云：

金井琅玕戒女功，木桃瓜李奏民风。

天河夜酌尊罍满，帝子秋盘饼饵丰。

戢戢玉莲参藕梃，忻忻火枣会梨宫。

星轺著意来看客，不与寻常乞巧同。

写了朋友于七夕招待自己的丰盛，而又不离七夕节俗。

释居简（1164—1246）有七古《酬子寿谢宫使七夕见寄》、七律《酬盘隐别驾七夕》，均是酬谢他人赠诗的。前一首末尾说："不须赋解嘲，且复歌闲情。"后一首末尾说："拙不可分安用巧，听他乞得巧人忙。"

元代乔吉（1280—1345）有《双调·折桂令·七夕赠歌者》，元明之间郑潜有五绝《七夕答王诜》，明初汤显祖有《七夕醉答东君》，均可见七夕之时文人间思想交流的情况。

七夕写拟古赠答之诗，说明这一天易引起诗人的兴致，引起一些回忆与联想。

三、唱和

唱和也叫"奉和"，是同题不共作。一般说的"同题共作"，即出一个题目之后几个人同时作，每个人的构思、语言、表现的思想都不受共作之其他作者的影响；"唱和"则是读了他人之作以后，自己也写一首同题之作或相应补充，进一步发挥附和，或表现不同的看法与思想感情。有些是在一起大体同时写成，有些则稍后或相隔一段时间。总之，唱和是在关注到已成之作的内容与形式的情况下表现自己思想情感，发挥自己的诗才的。

（一）诗的一般唱和之作

我们这里所说"一般的唱和"，是排除了和韵、次韵两种特殊的唱和形式。

诗歌有关七夕题材的一般唱和之作，最早有鲍照的《和王义兴七夕诗》。这是写朋友临别时心情的。"寒机思孀妇，秋堂泣征客。""暂交金石心，须臾云雨隔。"感情真挚。同七夕牛女相会能联系起来的，一是夫妻分于两地，二是双方均有金石之心。写七夕的诗中也有借以喻朋友之分隔或即将离别的。此后的七夕奉和之作，或是在这些方面发挥表现，或借以对当时社会抒发个人感慨。因为二人奉和，多少带有讨论的意思，作者总要表现个人的认识或感受，希望较前作更为深刻，或提出不同看法，手法上力求独出机杼。

隋代以前文人在七夕相互奉和之诗不是很多，魏晋南北朝时期森严的门阀制度使知识阶层一直局限在较小的生活范围之中，这是一个重要的原因。

在前面"同题共作"部分所谈初唐杜审言、刘宪、李峤、苏颋的《奉和七夕侍宴两仪殿应制》均为奉和之作。和诗中也有应命，其特征已见前所论。

唐高宗李治有五律《七夕宴悬圃二首》。虽为帝王无聊中一时兴起之作，其中也有些好的句子，如第二首后四句："促欢今夕促，长离别后长。轻梭聊驻织，掩泪独悲伤。"其余多侧重写织女容貌之美，多少有些玩弄字句的意思。许敬宗有《奉和七夕宴悬圃应制二首》。其第一首云：

牛闺临浅汉，鸾驷涉秋河。两怀萦别绪，一宿庆停梭。
星模铅里靥，月写黛中蛾。奈何今宵度，长婴离恨多。

"牛闺"指牛郎的居室。前四句写牛女相会。颔联是用比喻的手法写织女的美貌。"铅"指铅粉，古代妇女的化妆品；"蛾"指蛾眉。上句写闪动的星星就好像她化妆后美好的笑靥，下句说月初的细月牙就像她的眉黛。联系当时天上的自然景象写织女之美，独出机杼。"长婴"指长久牵挂，缠绕在心。虽有些较生动的描写，但缺乏深厚的情味。第二首不再录。

李治有五律《七夕》，也是写牛女相会中因为"促欢今夕促，长离别后长"而产生的悲伤。许敬宗、何仲宣都有《奉和七夕应制》。任希古有除前面提到的，还有《和东观群贤七夕临泛昆明池》《和长孙秘监七夕》。由第一题可以看出当时达官学士同题共作《七夕泛昆明池》甚多，任希古是以一而和其众。

五代入宋的徐铉（916—991）有七律《奉和七夕应命》，也是在字句上面下功夫多，而缺乏真情抒发。宋代宋祁（998—1061）的七律《和王龙图七夕直宿》云：

> 二星秋早驾云车，此夕闻君寓直庐。
> 月在宫中穿线处，香传楼下曝衣馀。
> 桥乌径度明河近，巢凤归翻暝阁虚。
> 寂寞潜郎谁晤语，只应藜烛伴雠书。

前面四句就僚友直宿及当时七夕风俗言之，末二句写织女离去后牛郎独处暝阁无人与之言语，只是点燃藜枝（荒野农家的照明物），看织女平时所寄书信。想象奇特，为他人所未道。

司马光（1019—1086）有五古《和公达过潘楼观七夕市》，其中说"无巧可乞汝，世人空自狂"，自是针对一些人的投机取巧而言。稍迟的李之仪（约1035—1117）《和子椿七夕》也是抒发个人感情之作。虞俦（南宋孝宗隆兴前后人）七律《和汤倅七夕》，其中说"稚子唤人占蟢网，老妻怜我泣牛衣"，抒发情感中也反映了七夕节俗的内容。曾协（？—1173）的《和粹伯七夕韵》七绝二首也是借题发挥，说世情之不厚。其第二首云："天上相逢绝点尘，莫将世态测高真。深闺儿女传闻误，见说秋期便妒人。"关键在末句"见说秋期便妒人"上。这里"秋期"应是一语双关，表面指七月七，实指秋闱（选拔举人的考试）。这种借此言彼、一语双关的手法，在七夕诗中最为常见。

（二）词的一般唱和之作

词中也有奉和之作。并且也有和韵、次韵。这两种特殊的奉和之作我们放在后面谈，这里只说一般的唱和。赵以夫（1189—1256）的《永遇乐·七夕和刘随如》，写七夕节儿女乞巧，充满感情。

云雁将秋，露萤照夜，凉透窗户。星网珠疏，月奁金小，清绝无点暑。天孙河鼓，东西相望，隐隐光流华渚。妆楼上，青瓜玉果，多少骇儿痴女。

金针暗度，珠丝密结，便有系人心处。经岁离思，霎时欢爱，愁绪空万缕。人间天上，一般情味，枉了锦笺嘱付。又何似，吹笙仙子，跨黄鹤去。

写南方乞巧风俗，也细致而生动，且用意深至。唯其上阕第七句为押韵称牵牛为"河鼓"，为一小憾（称星名为别于二十八宿中的"牛星"可如此叫，叙"牛女故事"则当称"牵牛"或"牛郎"）。下阕中"枉了锦笺嘱付"或者被明代写《牛郎织女》小说的作家所接受。赵以夫虽为宋宗室之后，而居长乐（今属福建），故其中的"珠丝密结"反映了南迁贵族（即早期客家人）的乞巧风习。

四、和韵与次韵

（一）和韵

和韵是用别人某一诗词之韵，写一首体式、词牌也与前一作品相同的作品。和韵、次韵有他人之作写成不久即和其韵而成者，这又同一般奉和而作的情形相类；一种是他人之作在早，作者看到后才和其韵而作，和拟作、拟古的情形相类。大多从诗题上看不出属于哪一类，故我们放在一起讨论。因我们主要在于观察七夕节之时历代文人们的创作状况，所以诗、词中的和韵、次韵放在一起讨论。

先看和韵之例。

北宋强至（1022—1076）有七律《依韵奉和司徒侍中辛亥七夕末伏》，其颔联"金盘瓜果随时俗，玉盏笙歌劝相君"，说明是借七夕和诗以谈心。颈联二句"月下巧心空自竞，天边私语复谁闻"，完全是联系现实言之，其下句表面上看是指民间所言牛女相见后说悄悄话的情节，其实是语意双关，言朝中君主与亲近大臣的议论，他人难以知晓，而很多官吏的命运正在这上面，与乞巧及巧不巧毫无关系。

苏轼（1037—1101）《鹊桥仙·七夕和苏坚韵》中有"人生何处不儿嬉，看乞巧、朱楼彩舫"之句，是借以抒写个人情怀。苏轼又有五古《元日次韵张先子野见和七夕寄莘老之作》，是对别人和诗的次韵之作，以"得句牛女夕"开篇，是写朋友交谊。

北宋末年李復（1052—？）的《七夕和韵》篇幅较长，其前半写牛女故事，不录。后半写七夕风俗：

世间共传牛女喜，绮楼百尺排空起。
垂绥插竹动云阴，玉豆珠盘罗飱饵。
……
儿童不眠看星会，白光奕奕摇飞斾。
整衣低首祝深心，未祝焚香先再拜。
……

李復本籍开封，后徙家京兆，遂为长安人。所写也可以使我们了解到西北一带乞巧的情况。诗中所说"儿童"应主要指女孩子。低首祝心、焚香再拜，正是写女孩子乞巧中的状况。当然男孩子也会跟上看热闹。抬头看天上云彩，有从天河上飘过者，即认为是牛郎织女去相会。写得很有情趣。

南宋赵以夫的《夜飞鹊·七夕和方时父韵》：

微云拂斜月，万籁声沈。凉露暗坠桐阴。蛾眉乞得天孙巧，悄悄楼上穿针。佳期鹊相误，到年时此夕，欢浅愁深。人间儿女，说风流、直到如今。

河汉几曾风浪，因景物牵情，自是人心。长记秋庭往事，钿花翦翠，钗股分金。道人无著，正萧然、竹枕练衾。梦回时，天淡星稀，闲弄一曲瑶琴。

作者对有关传说的看法是对的。作者记忆中也保留了很多七夕往事的情节，因为它已经成了一种民俗文化，与科学的验证无关。正如词上阕末尾所说："人间儿女，说风流、直到如今。"值得注意的是赵以夫所用"永遇乐""夜鹊飞"这两个词牌，从字面上看均可与牵牛织女的传说联系起来。这在其他词人的相关作品中也可以看出来。

金元好问（1190—1257）的七律《和人七夕韵》表面上是对牛女相会的真实性有所怀疑，也认为即使有，也比人间男女婚姻方面存在的间阻要少。关键是末两句："不须更乞蛛丝巧，久矣人生百巧穷。"借以抒发个人遭遇中长久积聚的感慨。

元代白朴（1226—？）有《摸鱼子·七夕用严柔济韵》，词云：

问双星、有情几许？消磨不尽今古。年年此夕风流会，香暖月窗云户。听笑语，知几处、彩楼瓜果祈牛女。蛛丝暗度，似抛掷金梭，萦回锦字，织就旧时句。

愁云暮、漠漠苍烟挂树，人间心更谁诉。擘钗分钿蓬山远，一样绛河银浦，乌鹊渡，离别苦，啼妆洒尽新秋雨。云屏且驻，算犹胜姮娥，仓皇奔月，只有去时路。

真是字字珠玑，余味无穷。作者将牛女相会与人间乞巧放在一起写，纯朴渗透，句句含情。

（二）次韵

次韵，或曰步韵，则不仅同韵，而是用别人诗作、词作的韵脚之字写一首，每一韵脚之字相同。次韵是和韵中的一种特殊形式。次韵或称"元和体"，因始于白居易与元稹的互相唱和，故至中唐以后才有。这两种形式似乎同拟古之作相近：拟古是就形式、内容言，步韵是就形式、押韵言。

李光（1078—1159）的《次韵七夕》就江浙一带七夕节俗中的一些现象，引发出诗人的一番议论：

犊鼻长挑竹杖头，未能免俗想清流。
西来谁遣青禽至，仙去还乘白鹤游。
天上欢娱才瞬息，人间恩爱漫绸缪。
穿针乞巧真儿戏，曝腹庭中更可羞。

这是批评、抨击那些没有真才实学的庸人的。首句用晋阮咸事。七月七日富家皆晒锦绮，阮咸时总角年少，以竿挂大布犊鼻裈亦晒之（事见《竹林七贤论》及《世说新语·任诞》）。全诗言自己不富，但也有真情悬想牛女之事；至于穿针乞巧，是女孩子们玩的事，不可当真。最可羞是有的文人在七月七卷起衣襟晒肚皮，以为这样就可以有学问。

南宋王之道（1093—1169）的五律《次韵鲁如晦七夕》是借以叙朋友之情，而首句"今夕知何夕，相逢莫漫愁"，尾联"明朝河汉隔，西向望牵牛"。同七夕相联系，由之引起，又借以结篇。唯言牛女所处方位东西颠倒，见学之欠高。

范浚（1102—1150）的七律《次韵任端臣七夕》，前两联讲牛女相会事："万古东西隔牛女，停梭期会岂悠悠。虾蟆轮破青天暮，乌鹊桥横碧汉秋。"后两联借以抒发自己的感慨。尾联言："举瓢更取天浆酌，一洗胸中万斛愁。"很有气势。又李吕（1122—1198）《七夕次韵》：

> 天上佳期岁一来，人间急管莫相催。
> 鹊桥成后天孙度，雨泣悬知飚驭回。
> 儿女欢呼争乞巧，楼台罗列媵传杯。
> 欲搜好句陪年少，病士惭无工部才。

写福建一带上层社会的乞巧活动。看来七夕下雨可能是天孙泪的说法，宋代在南方已流传起来。南方雨多，七夕下雨的概率较高，故有此说，以后很多地方有此说。后两句诙谐有趣。

喻良能（绍兴二十七年进士）有七律《次韵林参议七月七日晚见示新作》，末句作"净洗胸中万斛愁"，有取于范浚之作。"银河此夕渡痴牛"一句，"痴牛"之喻，是取于程俱之作（见后"组诗"部分）。也多少反映出和诗仓促中搜索词句，非高手难免语意重复之嫌。

同时的许及之有七律《次韵酬张岩卿七夕》《次韵才叔和陈大用七夕绝句》，后一题是对和诗的和诗。前一首都是对牛女传说的内容与流传有所评说，反映出作者的卓见；后一首是借以论亲友之情。许及之又有《仲归以结局丁字韵二诗七夕乃连和四篇至如数奉酬》，前三首为诗社成员各抒己见、随意发挥之作。第四首由牛女传说而表达"随缘乐事从心赏，妄想佳期莫耳听"之人生哲学，颇含哲理性。

韩淲（1159—1224）有七律《七夕次韵仲至》，应是兄弟之间唱和。诗中表现了南宋之时对京城一些无能官宦掌权的感慨。"从教冠盖填京国，得似儿童绕市桥""政须百巧从天乞"几句语意甚明。

洪咨夔（1176—1236）五律《次韵七夕》"弄巧拙逾甚，合欢愁转多"，李曾伯有七律《甲午七夕在京和朱子木韵》"销磨长恨诗难尽""借我天槎试相问，拙人还与巧同不"，也是借以抒发个人感慨。

南宋叶茵（1200—？）的《次七夕游松江韵》论李白、苏轼、柳宗元之作，下及友朋，唯"云軿驾双星，银潢几经历"及于与七夕相关话题。陈著（1214—1297）的七律《用长孺七夕韵》属借题发挥一类，由其"巧如可乞岂为天"一句即可看出。

宋末杨公远《次宋省斋七夕雨》三首也是一样。其前二首云：

自笑生来作么为，百无一解太痴愚。
今宵欲觅天孙巧，未审天孙乞我无？
织女河边渡鹊桥，风吹仙袂举飘飘。
洗车一夜滂沱雨，图得人间起旱苗。

虽然语言诙谐，未必真正有乞巧之意，但反映出当时很多文人有乞巧举动的原因。七夕当天下雨，有的地方说是伤心之泪，有的说是洗车雨（也有的地方以第二天所下雨为洗车雨）。此诗不但写出了当地洗车雨的说法，还表现出一种对农民、对农田丰收的关心。立意好，又有韵味。其第三首之末云："学织学耕非我事，何如牛角自横经。"用《新唐书·李密传》牛角挂书的典故，言自己既未从事耕织之事，不如抽时间读经书的好。

我们由晋南北朝至元代不同历史阶段关于七夕节的拟古和几种形式的唱和之作，可以看出七夕风俗渐次由上层社会向民间传播，在更广的地域范围中流传的过程。这些诗人中有北方的，也有南方的；有西部的，也有东部的；既有当道权臣，也有一般文人。其中既反映了不同地域不同社会阶层中七夕风俗的具体内容和特点，也反映出关于"牛郎织女"传说在某些细节上的差异。同时，从一些文人抒发的个人情感中，也可以看出当时社会的状况。因为每首诗都体现着一个具体时代和具体社会环境中人的思想状况，因而具有全息的性质。

唱和本来是对别人诗作的一种响应，但高明的和诗往往在思想上、艺术上超越原诗，不但表现了深刻的思想，有时还会提出一些前人没有提出过的看法。这就同一些骚人雅士借以表现诗才，只知堆砌词句、搜索典故的情形大不相同。

五、组诗

组诗指同一诗题、互相联系的几首诗。一组诗一般为同一作者所作，并统摄于同一诗题之下，我们将套曲也归于此类。可以根据作者与作品的体裁分作四类。

（一）民歌中唱七夕的组诗（组歌）

说到古代民歌中七夕题材的组诗，人们会想到《乐府诗集·清商曲辞》的《七日夜女郎》。今本诗题下有"九首"二字，为题下附注误入题中。毛晋宋刊本《乐府诗集》作"女郎歌"，无"九首"二字可证。第二段与第一段之间用顶真手法连起，也说明九段是一个整体。其实它是一首诗而分为九段。从内容看它也是按情节先后写的，是一个整体。这首诗表现牛女相会的情节和牵牛、织女的心情，生动感人，又带有民间文学的特征。这里不多说。

与此相近的有产生于唐五代时期的一组曲子词《喜秋天》。这是一组民歌，有些像后代民歌中的《唱五更》，是一更一首（或曰一节）。有些句子很有意思。如：

一更每年七月七，此时寿夫日。在处敷陈结交伴，供献数千般。今晨连天暮，一心待织女。忽若今夜降凡间，乞取一教言。

二更仰面碧霄天，参差众星前。……月落西山觌星流。将谓是牵牛。

……

四更缓步出门厅，直是到街庭。今夜斗未见流星，奔逐向前迎。此时难将见，发却千般愿。无福之人莫怨天，皆是少因缘。

五更敷设了，取分总交收。五个姮娥结高楼，那边见牵牛。看看东方动，来把秦筝弄。黄针拨镜再梳头，看看到来秋。

这一组诗写一个青年妇人在七夕节时的心情，表现了妇女对于婚姻生活的美好愿望与乞求的心情，也反映出了当时、当地的一些民俗。应该说这是最早的乞巧歌，如同至今陇南、天水一带尚保留的女孩子在七月初一至初七几天中唱的乞巧歌，很值得重视。

这一组歌中说到女儿们乞巧"结交伴"，并且向织女"供献数千般"，也同今陇南、天水一带乞巧的情形一样。这一组歌虽然产生很早，但毕竟是民间作品，反映了下层社会乞巧的状况。其中说看到流星便认为是看到了要去相会的织女，也很有意思，反映了当时民间有关牛女传说的一些印证性说法。

（二）文人咏七夕的组诗

我们这里说的组诗以三首以上为限。一题之下成三首以上，作者在构思时会考虑到各首在内容与结构上的关系，虽非一整体，但有连带性，也具有一定的系统性，故我们单独加以讨论。

我们这里所说的"组诗"的"诗"，是用其广义，词、曲也包括在内。

下面先说狭义的诗。

上面"同题共作"部分提到的宋代薛映、张秉、钱惟演、刘筠、杨亿五人的《戊申年七夕五绝》，就每个人之作而言，也是组诗。五人在自己的一组诗中，各有内容、结构上的层次安排，各出新意，各有架构，因而各成整体，也各有所长。这里不再论述。杨亿有七律《七夕》三首，但不一定是组诗，也不论。

宋庠（996—1066）有七绝《七夕三首》，都诗味浓厚，且有深意。其前二首云：

一夕欢娱凤帐秋，晓天归驾待琼辀。
银潢便是东西水，不独人间有御沟。
紫宙风轻敛夕霏，露华应湿六铢衣。
鹊桥贪问经年恨，不觉蛛丝减旧机。

第一首是说天上同人间一样有不平处，有伤心事，立意同屈原《离骚》一样，实是借天上说人间，表面上重在说天上，实际上是肯定人间有此类不平、伤心之事。第二首是说牛女在鹊桥上互问一年中所经愁苦哀怨，织女以织布来消愁，反而较去年上机操作更多，织机上蜘蛛布网的事倒少了一些。表现出一种顽强的生活态度。

沈遘（1028—1067）有绝句《七夕四首》（七律一、五律一、七绝二）。其第二首云：

人事不相兼，公违爱与嫌。送穷贫自若，乞巧拙弥添。
世态规求甚，天孙讨与廉。得多惟宦路，赃贿奉权阉。[①]

对当时的政治予以有力抨击。其他三首也是借以表现他的某些想法与情绪。

两宋之间的陈渊（？—1145）有《七夕三首》，也是借以抒发个人情感，由

[①] 沈遘《七夕四首》，《全宋诗》《全宋诗订补》均未收。此据林阳华《补〈全宋诗〉沈遘诗六十四首》，《古籍整理研究学刊》2011年第3期。

第一首后两句"收藏犊鼻何须挂，不与人间斗独清"即可看出。特别值得注意的是其第二首后二句云："从来世事俱儿戏，不独秦娥乞巧楼。"以"秦娥"指秦地的姑娘，反映了在宋代秦地姑娘们的乞巧已经有些名气，受到一些文人的关注。陈渊还有《七夕闺意戏范济美三首》，不再说论。

稍迟有程俱（1078—1144）的七绝《七夕》六首，借有关典故以抒发个人怀才不遇的情怀。如第五首云：

> 织女机边天汉流，盈盈脉脉望痴牛。
> 未应乞巧能如愿，咫尺星桥不自由。

这首以牵牛织女为题材。诗中称牵牛为"痴牛"，是言其老实。在中国几千年男权社会中，"三从四德"的一套要求女子只知道服从，男子决定一切，甚至决定婚姻的存与断。所以，古代的几个著名爱情传说故事，如《梁山伯与祝英台》《孟姜女》《白蛇传》，其中男的都很老实，甚至有点傻。如梁山伯，一起很长时间竟看不出祝英台是女的，而且祝英台几次启发他也启发不起来。"痴牛"正是言其痴心相爱。但这里显然是作者自喻，言在官场不善钻营。第六首云：

> 乘槎吾欲问天孙，荣悴宁当巧拙论。
> 富贵可求难自强，五穷那肯置迷魂。

乘槎至天河是由张华《博物志》中《八月槎》而来。这个典故很多咏"七夕"的诗中都用到。诗人认为有些事不是巧拙的问题，而是是否为之操心用力。另外，人生富贵，可以努力追求，但也不是个人追求就一定能得到的。这是从人生哲理方面论事，也引人思考。当中也表现出对于社会不公正的不满，只是较为含蓄。第三首的"自笑尘容滞穷骨，不如鸡犬上青天"二句，就表现得很直率明朗。六首诗的风格不完全一样。

宋末陈普（1244—1315）有《七夕》五首，全是借以表达对人生巧拙的看法，均很有意趣。其第一首云：

玉果金盘开九州，人间无处匿蛛蟊。
天孙今夜鹊桥畔，百亿化身难得周。

后两句言无数妇女、小孩乞巧、取蛛网等，织女有多少化身也实难照应得过来。前二句中也含有消除蟊贼之意。第二首之后二句："女郎恋别泪如雨，遑托金针度与人？"第四首云：

木牛流马无人会，元是自家心孔开。
却恐如簧谗佞口，曾向天孙乞巧来。

对使心计能说会道者以极大讽刺。

宋末杨公远《次宋省斋七夕雨》三首，则宋省斋原作本为三首，是组诗，杨公远和诗三首，也是组诗。

明代初年崇德人（今浙江桐乡）贝琼（1314—1378）有七绝《辛亥七夕五首》，借以抒发个人情怀，也韵味深长。

（三）词作中的"组诗"

在前面论述的同题共作和唱和之作中，已看出有些词本是一组。宋代欧阳修的《渔家傲》词四首。其第一首是由七夕节新妆起舞的姑娘而写起。其下阕云：

乌鹊桥边新雨霁，长河清水冰无地。

此夕有人千里外，经年岁，犹嗟不及牵牛会。

前二句悬想鹊桥相会的环境很有诗意，后三句联系自身，诙谐而感叹自在其中。第二首下阕云："脉脉横波珠泪满，归心乱，离肠便逐星桥断。"表现离情可谓淋漓尽致，由"鹊桥"而引出"星桥"之说，也耐人寻味。第三首云：

喜鹊填河仙浪浅，云䡱早在星桥畔。街鼓黄昏霞尾暗，炎光敛，金钩侧倒天西面。

一别经年今始见，新欢往恨知何限。天上佳期贪眷恋，良宵短，人间不合催银箭。

想象丰富，也很有韵味。其第四首是写乞巧的情景，也很精彩。

陈师道（1053—1101）有《菩萨蛮·七夕》四首，也都写得很可玩味：语言明畅清新，立意别出心裁，而很合于节日中亲人分于两地时一般人的心理。如第一首：

行云过尽星河烂，炉烟未断蛛丝满。想得两眉颦，停针忆远人。
河桥知有路，不解留郎住。天上隔年期，人间长别离。

前二句是悬想家中妻子抬头看天上星河上星光灿烂。她自身虽常在家中（炉烟未断），但因孤身一人，懒得打扫，室中一定满是蛛丝。诗中以天上比人间，认为天上的牛女分离隔年可以一会，而人间的离别则往往长久不得相会。

第二首：

绮楼小小穿针女，秋光点点蛛丝雨。今夕是何宵？龙车乌鹊桥。
经年谋一笑，岂解令人巧。不用问如何，人间巧更多。

写妇女的乞巧活动，轻松愉快。第三首：

东飞乌鹊西飞燕，盈盈一水经年见。急雨洗香车，天回河汉斜。
离愁千载上，相远长相望。终不似人间，回头万里山。

由牛女的一水相隔和数千载中一年七夕一会的离愁与人间隔离相会之不易比较，人间要见面得长途跋涉的辛苦，以此表现人间夫妻分离的痛苦，真挚动人。

（四）套曲

套曲也叫"套数"，是用几个曲牌互相连贯、有首有尾成一套的曲子。元代咏唱七夕的套曲较多，但多借以写个人情怀。我们录时代早、内容以写乞巧风俗为主者。金末元初杰出曲作家杜仁杰（1198—1277）的《商调·集贤宾北·七夕》，这是采用南北合套写成，由六个曲子和尾声组成。[①] 全曲如下：

暑才消大火即渐西，斗柄往坎宫移。一叶梧桐飘坠，万方秋意皆知。暮云闲聒聒蝉鸣，晚风轻点点萤飞。天阶夜凉清似水，鹊桥图高挂偏宜。金盆内种五生，琼楼上设筵席。

【集贤宾南】今宵两星相会期，正乞巧投机。沉李浮瓜肴馔美，把几个摩诃罗儿摆起，齐拜礼。端的是塑得来可嬉。

【凤鸾吟北】月色辉，夜将阑、银汉低。斗穿针、逞艳质。喜蛛儿奇，

---

① 很多学者据钟嗣成《录鬼簿》"南北腔合调"，自和甫始之说，以为此套曲非杜仁杰之作。实际上金末元初的诸宫调作家和艺人在创作上已能根据场景入曲联套。所以没有理由否定杜仁杰对这一组曲作的著作权。参见周维培：《曲谱研究》，江苏古籍出版社1999年版，第303页。

一丝丝往下垂。结罗成巧样势。酒斟着绿蚁,香焚着麝脐。引杯觞大家沉醉。樱桃妒水底红,葱指剖冰瓜脆,更胜似爱月夜眠迟。

【斗双鸡南】金钗坠、金钗坠、玑瑁整齐,蟠桃宴、蟠桃宴、众仙聚会。彩衣、彩衣、轻纱织翠。禁步摇绣带垂,但愿得同欢宴团圆到底。

【节节高北】玉葱纤细,粉腮娇腻。争妍斗巧,笑声举,欢天喜地。我则见管弦齐动,商音夷则。遥天外斗渐移,喜阴晴今宵七夕。

【耍鲍老南】团圈笑令心尽喜,食品愈稀奇。新摘的葡萄紫,旋剥的鸡头美,珍珠般嫩实,欢坐间、夜凉人静已。笑声接青霄内,风淅淅,雨霏霏,露湿了弓鞋底。纱笼罩、仕女随,灯影下人扶起,尚留恋懒心回。

【四门子北】画堂深、寂寂重门闭,照金荷红蜡辉。斗柄又横,月色又西。醉乡中不知更漏迟。士庶每安,烽燧又息。愿吾皇万岁。

【尾】人生愿得同欢会,把四季良辰须记,乞巧年年庆七夕。①

我们由之可以看出在金、元少数民族政权统治下,北方上层社会七夕风俗的情况。乞巧时悬挂的鹊桥相会图,应该上面主要是织女在鹊桥上经过的图像。有种五生盆、赛穿针、取蛛网等,也写到供摩诃罗之俗。供品丰盛,十分排场,"笑声接青霄内",至聚会散后,参加的妇女"尚留恋懒心回"。既写出当时景况,也写出气氛与参加者的心情。这是金元时期七夕套曲的代表作。

明代施绍莘(1581—1640)有套曲《七夕》,由四个曲牌和尾文组成:

【南宫调·二郎神】秋风起,人在西堂西复西,见淡月鹅黄才半缕。高楼笑语,共唤取穿针来去。恰好葡萄酒熟时,觞牛女,幕天席地,今宵里,自一夜长生,做万古佳期。

【集贤宾】银筝换谱翻新词,更箫管随之。盘进蓴鲈秋味美,看词人

---

① 隋树森编:《全元散曲》,中华书局1964年版,第34—35页。

坐影参差。征欢索醉，供奉妓月中更替。凉彻髓，但茉莉暗香铺地。

【黄莺儿】渐渐月西飞，料天孙凤驾回。人间欢会还无已，靠庭梧放几，傍池鹤斗棋。一声一刻莺喉脆，可人的，新萤嫩火，舞袖点微微。

【猫儿坠】夜深瓜果，一缕带蛛丝，得巧偷分赠所私，抽笺纪事客题诗。风致，觉冉冉金风，泛泛罗衣。

【尾文】欢娱夜短拼沉醉，此夜如今不负矣，须晓得天把新秋看顾你。

他又有《七夕闺词》，由六个曲子和"尾文"组成。末有跋语"闺词作梁加序，如以旦脚扮旦，终是雄爽有余，柔韵不足"云云。则套曲也可以扮演，所以套曲实际是由诗、词、曲向戏曲的过渡。

其他如梁梦昭的《七夕感怀》、无名氏的《七夕》《庆七夕》等套曲，由于篇幅的关系，不再引述。

七夕为题材的组诗多，说明了在这一天诗人要表达的话题多，诗兴高，提起笔便一发不可收拾。由之可以看出，七夕节同古代诗人的创作有密切的关系。因为，组诗表现诗人思想、情感较为充分、全面、具体，它也为我们了解七夕风俗对文人心理、思想的影响提供了可贵的第一手资料。

由上述有关七夕诗词创作中的同题共作、拟古、唱和、赠答、步韵，及一着笔而不可收拾等现象可以看出，两千多年中七夕风俗不仅是妇女儿童的节日，也是诗人骚客、文人雅士的节日，他们或一起吟诵、商榷、论艺，或因七夕、乞巧而感事抒怀、借题发挥，使七夕节成了激发诗情的一个重要日子，诗人们借"乞巧"和通过"巧"与"拙"的联系而感叹身世，或表达平时不敢正面表达的对社会和官场的看法，留下了很多优秀之作。

在我国古代，诗赋一直是文学的正宗体裁，产生时间也最早；小说和戏剧产生较迟，在古代又是不登大雅之堂的东西。但作赋往往要精心构思、反复修改而成，只有诗在古代文人差不多人人能之，而且题壁口占，赠答奉和，随机可成。但是，中国古代并无诗人节。虽然我国第一位伟大诗人屈原于农历五月五日投江而死，但诗人在端午所作的诗数量赶不上七夕①。在这里值得关注的有两点：

第一，一些诗人常于七夕聚会作诗。如南宋中期诗人郭应祥作《鹊桥仙》四首，分别题《甲子七夕》《乙丑七夕》《丙寅七夕》《丁卯七夕》，是连续四年，一年一首。其第一首云：

金风淅淅，银河耿耿，七夕如今又至。人间唤作隔年期，但只似、屈伸指臂。罗花列果，拈针弄线，等是纷纷儿戏。巧人自少拙人多，那牛女、何曾管你？

其第三首云：

两情相向，一年厮睚，等得佳期又到。休言夜半悄无人，那喜鹊、也须知道。来今往古，吟诗度曲，总漫萦牵怀抱。不如乞取巧些些，待见了、分明祷告。

第一首是写妇女的乞巧活动，第三首写文人在七夕节的感受。语言诙谐，从文人的角度有新的理解。"来今往古，吟诗度曲，总漫萦牵怀抱"，是对文人们在七夕节活动的一个高度概括。又如韩琦（1008—1075）《七夕同末伏会众春园》《七夕会关亭观莲》《癸丑七夕会北第》等诗所写，一些诗人于七夕聚会已成惯例。本文前面所论"同题共作"和相互唱和之作，其实也是聚会赋诗，区别只在规模大小而已。杜仁杰《商调·集贤宾北·七夕》说："人生愿得同欢会，

---

① 宋初李昉编纂《文苑英华》卷一五七收上起萧梁，下迄晚唐有关节令诗作。《端午》部分只收两篇，《七夕》部分收 18 首；北宋宋绶编、南宋蒲积中增编，收从汉魏至宋有关岁时节令之作卷二十、二十一《端午》部分收诗 153 首，且多宫廷应景之作；卷二四、二五、二六《七夕》部分收诗 160 首，且多篇幅较长的抒情之作。这同时也反映出七夕节在古代诗词经典化过程中的作用。古代诗词曲作品中以七夕为题材的作品有 1000 多首。

把四季良辰须记,乞巧年年庆七夕。"说明文人于七夕相会赋诗,诗会也是年年庆七夕。

第二,诗人在七夕这一天作诗以记事或抒情。韩琦除以上几首诗标明何年七夕所作之外,还有《辛亥七夕末伏》为另一年七夕所作。唐李商隐也有《辛未七夕》《壬申七夕》等诗。有的诗人虽未标明何年七夕,但在七夕之日所作之诗很不少。如北宋杨亿除前面提到的《戊申年七夕五绝》五首外,还有以"七夕"为题的七律四首。钱塘诗人沈遘,除上面提到的《七夕四首》之外,还有七律《七夕有感》《七夕暮雨后小霁》《七夕暮雨》,五律《七夕卧病》(二首)、《七夕罢后作》(二首)等。南宋诗人吴潜有《鹊桥仙·己未七夕》,另有同词牌之词无题,是否原有而失去,或其他年七夕所作"鹊桥仙"词均散佚,不得而知。南宋末刘镇有《蝶恋花·丁丑七夕》,明代贝琼有七绝《辛亥七夕五首》。很多诗人是到七夕必有诗。

另外,诗人在个别交际中互相唱和、次韵的情况也多。如前述苏轼《鹊桥仙·七夕和苏坚韵》,是前人在七夕之时有《鹊桥仙》之词,他和了一首,而黄庭坚又作《鹊桥仙·次东坡七夕韵》,韵脚四字同样为"漾""上""放""舫"。由此可以看出七夕节对古代文人创作的带动情况。因此,七夕节实际上成了中国古代的诗人节。这是以往学者们未能关注到的。

我以为历代咏七夕之作及七夕节的一些创作现象有很多值得研究的地方,无论从我国古代社会史、文化史,还是文学史的方面,都是很值得关注的课题。

莫谓诗亡无正声　秦风余响正回萦
——赵子贤《西和乞巧歌》阅读札记

张世明[①]

2007年西和县被中国民间文艺家协会命名为"中国乞巧文化之乡",2008年西和县乞巧节被增列入第一批国家级非物质文化遗产名录。赵子贤先生于20世纪30年代搜录整理的《西和乞巧歌》由赵逵夫先生整理编订出版以来,由于它高度的思想性、民俗价值和卓越的艺术成就,得到乌丙安、杨亮才、刘锡诚、陶立璠、刘魁立、柯杨等众多民俗学和民间文学学术大家的高度评价和认可。[②]笔者试从《西和乞巧歌》的诗史性质、民歌特质和对整理民俗文化资料的借鉴三个方面略陈固陋。

一、诗史性质

好的民歌应该能形象地反映一个时代的面貌,具有一定的历史意义。赵子贤在《西和乞巧歌》序录云:"既反映老百姓之心声,也是存史,同《诗经》中的诗有同样的价值。"[③]《西和乞巧歌》既存乞巧民俗之史,又存政治文化之史;既有历史的维度,又蕴蓄着光扬文化、服务地方社会经济的现实意义。正如刘

---

① 张世明,陇南师专文学与传媒学院讲师。
② 西和县文学艺术联合会主编:《中国(西和)乞巧文化高峰论坛学术论文集》,华夏出版社2014年版。
③ 赵子贤编,赵逵夫注:《西和乞巧歌》,上海远东出版社2014年版,第2页。下文中所引乞巧歌俱出自本书,不再一一注明。

锡诚先生在《西和乞巧歌·序言一》中所说:"西和的七夕乞巧风俗历史久远,风格与形态独特,乞巧歌的历史文化底蕴丰厚,对于我们认识中国封建社会发展的历史细节,特别是妇女的地位和命运,认识农耕文明和家族人伦社会制度对中国传统文化形成发展的制约和影响,以及追溯七夕节和乞巧歌的源流和意涵,具有不可替代的意义。"

《西和乞巧歌》仿《诗经》体例,按风、雅、颂三体排布。卷一为"风",分为三部分:家庭婚姻篇、生活习俗篇和劳动技能篇。"风者,风(讽)也"(《毛诗序》),可以"观风俗,知薄厚"(《汉书·艺文志》)。乞巧歌是西和当时未婚和已婚平民女性的社会生活地位史的再现:缠脚,做童养媳,当成劳动的工具、生娃的机器和出气筒,无条件顺从等等,挨打受骂、饥寒交迫是常事。在封建礼法、族法、家法和男权笼罩的社会里绝大多数下层女性毫无自尊和自由自主之权。

《北山里下雨南山里晴》:"北山里下雨南山里晴,世成的女子不如人。四岁五岁穿耳环,七岁八岁把脚缠。十一二上不出门,媒人登门问行情。六尺花布一瓶酒,打发女儿跟着走。侍候阿家把花扎,挨打受骂养娃娃。只让喝汤不给饭,一点不对让滚蛋。"女子从小被施以桎梏,继之父母之命、媒妁之言,婚后更是受尽虐待。《热头出来一盆火》:"男人过来脸上打,阿公过来拔头发。阿家把我的嘴撕破,小叔子过来揪耳朵。"全家上下都是自觉的施虐者。怨女真是满腹血泪情,但申诉无门,只能承受。《装了半笼子苜蓿花》:"做到八双拿着来,做不到八双鞭子挨。"尤其是《死板姐》中秉性耿直、勤劳任怨的"死板姐"在婚后一年四季蒙受着非人的待遇,无奈"一根麻绳梁上拴……死板姐含泪到九泉",可怜可痛以生命的代价,做出了强烈却又微弱的抗争。

《金蹄子花,银蹄子花》:"不嫁高门大户家,要嫁七尺汉子家。不想喝油穿绸缎,宁愿跟上种庄稼。"在苦情诉怨的同时又怀着对理想生活的憧憬。《我娘把我心上疼》:"我娘把我心上疼,把我放在口里噙。我达为我挣下病,叫我穿好长精神。"表现父母宠爱有加,对父母感恩又无法供养尽孝的遗憾。

还有些篇章是展现自由恋爱，婚姻和谐的。如《竹子砍了划篾条》："人人都说拐下的，男人回说银子买下的。妇人一听牙一龇，男人说是骗他的。妇人睡下要撒泼，赶快跪下把头磕：'只要我两个有姻缘，管他掏钱没掏钱！'"这是当时难得的男女相悦，妇女在家中地位高的个例，充满诙谐幽默的生活情趣。

此外还涉及晚清民初时读书经历和兵役制度。《正月十五提起话》："头年念的《百家姓》，二年念的《三字经》，上《论》下《论》都读遍，十五岁上是童生。"再现的是当时蒙书求学的内容及进度过程。《朝里文书连夜来》："正月里点兵百花开，朝里文书连夜来，家有三人选一个，家有五子二当兵。"抽丁强征，征夫临行前对阖家老小全部殷殷嘱托，交织着思念牵挂和悲壮无奈的情愫，这是关于战争和徭役的历史。

再现当时少女生活技能，习女红、学厨艺的历史。如《草青花红艳阳天》《我敬巧娘娘心最诚》《巧娘娘教我绣一针》《十条手巾》等，不再赘述。

卷二为"雅"，分为两部分：时政新闻篇和传说故事篇，是当时时政的历史反映和再现。其中有反映农事和农民受剥削、受压迫的悲惨生活的。如《十二月种田》叙写农民从新春正月忙到寒冬腊月，到头来却是吃糠咽菜，挨冻受饿，可怜为富人作嫁衣裳。在内容、写法和底层人民的遭遇方面和《诗经·豳风·七月》何其相似。数千年来底层劳动人民的命运竟毫无改观，这是历史的沉重和悲哀。

《七月十五起红煞》唱诉的是清末乱世，地方官巧立名目，横征暴敛，激起民变。《光绪逃西安》唱诉的是八国联军侵华时慈禧带光绪西逃西安，庚子巨额赔款摊在广大民众身上的不堪重负，既是家事，也是国事。《孔司令要倒沙儿钱》《冬至过后第七天》《北关的狮子南关的龙》和《老鸹钻到鸡窝里》等唱诉的是民国军阀混战、土匪横行对陇南西和的生灵涂炭。《难忘民国十八年》《立秋以前地动哩》《五黄六月起黑风》等是20世纪二三十年代包括西和在内的西北抗旱、地震、雹灾等灾害致难的形象记录和描写。《蒋旅长进了西和县》是赞唱蒋云台在西和剪辫子、禁缠足、设纱厂、振教育、禁鸦片的革故鼎新。

卷三为"颂",分为四部分:坐神迎巧篇、礼神乞巧篇、看影卜巧篇和转饭送巧篇,属于典型的礼仪歌,是关于乞巧程式的历史。从中可以窥见西和乞巧的历史传承和演变。这是历史的厚重与传承。

《七月初一天门开》《枣儿树上结枣哩》和《金香炉,银灯台》传唱的是迎巧坐巧的准备过程和供馔陈设:"八仙桌子正中摆,四个板凳两面排。上坡里挂的古人的字,门上贴的新对子。大花瓶里菊花黄,桌上的贡品满屋香。文县的柿饼大又软,兰州的枣儿味道甜。天水的桃儿一包水,成县的郁黄红又圆……"(《枣儿树上结枣哩》)《一盆水,清涟涟》和《一碗油,两碗油》是巧娘娘纸像形貌的历史特征:"头上青丝如墨染,两股子眉毛弯又弯。……两只耳朵赛牡丹,耳坠子吊在两脸边。鸭蛋白脸真稀罕,脖子上戴着银项圈。"(《一盆水,清涟涟》)《今儿个坝里去行情》《点黄蜡来烧长香》《横岭山上九眼泉》是行情取水的情状。《转饭歌》《姊妹的手襻都解开》《七月七节满了》是转饭送巧的历史状况。

二、民歌特质

(一)诗乐舞为一

《礼记·乐记》:"诗,言其志也;歌,咏其声也;舞,动其容也。"[①]乞巧不是单一的"徒歌",而是"诗、乐、舞"三者合一的典型,有唱词,有舞蹈,有音乐,带有文学起源时的根性,具有浓郁的民歌色彩。旧社会的姑娘们绝大多数不识字,更不懂谱,但她们却用口口相传的方式编唱自己的歌曲,传袭千年而不衰。《西和乞巧歌》具有简明朴实、平易近人、生动灵活的特点。如《温温水,新麦面》是一个年轻媳妇和面、揉面、擀面、切面、下面,展现高超的做

---

① 陈成国:《礼记校注》,岳麓书社2004年版,第270页。

面技巧、信心满满时的唱词;《装了半笼子苜蓿花》是一个装好苜蓿花渴望回娘家,但被阿家所阻时的怨词。也有的唱词陈陈相因,主体内容和框架基本不变,主要集中在《颂》这一部分的坐神迎巧唱词、礼神乞巧唱词、看影卜巧唱词和转饭送巧唱词中。如《七月初一天门开》《三刀表纸一对蜡》《泼又泼》《姊妹的手襻都解开》等乞巧歌,20世纪30年代的唱词和今天的变化不大。

乞巧舞蹈是典型的礼俗仪式舞蹈,兼具自娱和娱神的功能。在迎巧、拜巧、卜巧、转饭、泼又泼、跳麻姐姐和送巧时因主题的差异配有不同的舞蹈,主要以下肢的扭动配合上肢的摆动来展现。如跳《泼又泼》时,"前一跳,后一摆,尽着身子放心载",是放开手脚自娱的集体舞蹈,动作简单,节奏感强,带有欢快娱乐的特点。而《麻姐姐》是典型的祭祀招神曲,跳《麻姐姐》时往往是独舞,动作夸张幅度大,以显示麻姐姐附体后的身不由己,带有歇斯底里的特点。跳其他的乞巧歌时也都有固定的动作和旋律。

(二)地域特色

流传民间是民歌的最基本条件。《诗经》中的国风,汉魏乐府,南北朝民歌中的陇头歌词、吴歌和西曲等都带有鲜明的地域特征。乞巧风习在历史上难登大雅之堂,为方志旧书所不载,是典型的"下里巴人"。但在西和民间有着广泛的群众基础,近两千年来为西和一带少女所传承,加以西和地僻落后,这也是乞巧得以绵延至今的主要原因。一方水土养育一方人,培植一方风习;一方风习也反映一方水土。乞巧歌烙有深深的"西和色彩",充溢着浓郁的西和腔。《西和乞巧歌》有些篇章涉及西和20世纪之前的地名、特产和风习等。如《石榴子开花叶叶青》东门下的铁货,水沟下的粉条,老庄里的炮仗,叶家大路上的挂面,王家磨的豆腐,姜席川的羊毛毡,晚家峡的笋儿,晒经寺的竹席等西和各地的特产,从中可以窥见西和历史经济图谱的分布和变迁。"姐姐今年十七八,男人是个碎娃娃"(《红心柳,权对权》)、"七岁八岁把脚(方音 jue)

缠"(《我娘生我一场空》)、"都怪缠成小脚了，这一辈子没说了"(《眼看就要乞巧哩》)、《热头出来一盆火》等篇章中童养媳、缠脚和全家对媳妇成为常态的打骂虐待等恶习，是西和旧时代妇女悲惨命运的体现，更是旧中国旧礼俗对广大妇女身心摧残的缩影。

我国的民歌之所以多姿多彩，其最大特点就是方言的差异。诸如陕北民歌，河湟、洮岷花儿，湘西民歌，云南民歌等等地方民歌都是用地道的方言来演绎。《西和乞巧歌》用地道的西和方言来演唱和传承，带有浓郁的西和腔。乞巧时唯一的祀神，方音读作巧娘（niá）娘。《金蹄子花，银蹄子花》中"商户"（意为富户），"难撑"（困蹇），"大大娘娘"（爸爸妈妈），"锤头"（拳头），其他篇章中的"世成"（生成）、"掌柜的"（丈夫）、"挣命"（哭泣）、"冷子"（冰雹）、"地动（方音tòng）"（地震）、"勤顾"（勤快）、"心疼"（漂亮）、"照"（看）、"脸（方音niǎn）势"（脸面）、"出门"（出嫁）等等方言词语的大量使用，方音流啭，韵味十足。结合汉语音韵学、文字学和民俗学的知识对研究北方方言西和次方言区的言语的演变也具有借鉴意义。

（三）女性的性别特色

西和乞巧独特之处在于它是未婚少女的专属节日，是名副其实的女儿节。旧时代的女性地位低下，承受各种礼俗的制约，乞巧是女儿们难得的展露脸面、表露心声的机会，甚至是唯一契机。乞巧虽是少女的狂欢，但乞巧歌的内容涉及面却要广泛得多，还包含了已婚妇女对生活的体认和心理的宣泄。它以女性的视角和女性的口吻，吟唱女性的心理和心愿，是"我口唱我心"。姑娘们借乞巧的方式来表达自己的喜、怒、哀、惧、爱、恨、恶、欲，是"感于哀乐，缘事而发"的生成品。乞巧歌或表达对理想爱情的渴慕和愉悦，"不嫁高门大户家，要嫁七尺汉子""只要我两个有姻缘，管他掏钱没掏钱"（《竹子砍了划篾条》）；或表达对婚姻不由己的憎怨无奈心酸，"北山里下雨南山里晴，世成的女子不如人"（《北山里下雨南山里晴》），"只怪爹娘过世早，大姐的婚事看哥嫂"（《热头出来落四方》）；或表达对父母生计的担忧，"达达娘娘没人管，常叫女儿心不甘"（《我娘生我一场空》）；或表达对灵巧贤惠、女红娴熟的祈愿，"清清水，端一盆，巧娘娘教我变聪明"（《豆芽芽，麦芽芽》），"一对鸳鸯一对鹅，姊妹四人织绫罗……先织莲花四五朵，再织月亮照水波"（《一对鸳鸯一对鹅》），"我敬巧娘娘心最诚，巧娘娘教我绣桌裙"（《我敬巧娘娘心最诚》）；或表达对鸦片赌博流毒的憎恶，"富人吸成穷光蛋，穷人吸烟拿命换"（《鸦片烟，花好看》），"先卖庄窠后卖房，揣着色子上赌场"（《槐树槐，搭戏台》）；或表达对巧娘娘的崇拜与祝福，如《野鹊哥，野鹊哥》；或借以学习和展现厨艺，"五姐娃转饭把头磕，佛手千层香油果。六姐娃转饭上清茶，献上酥糖和麻花。……八姐娃转饭上长面，大小姊妹站一院"（《转饭歌》）；或表达巧娘娘能满足自己愿景的期望，"我给巧娘娘把愿许，巧娘娘给我要做主"（《姊妹的手襻都解开》），连父母和亲密伙伴都不能或不愿诉说的心事，虔诚地向巧娘娘诉唱。

乞巧歌除去涉及时政一类的之外，都是关乎女性的吟唱。词语既温柔敦厚（集中于颂诗），又朴鄙质实（集中于风和雅）；曲调和婉，多齐声合唱，使得它的风格整体呈现出婉约的风格。乞巧是女儿的组织，女儿的狂欢，它歌唱女性的活计（相夫教子，女红，厨艺，舞蹈，歌唱），女性的传播（乞巧聚会编词练歌练舞，相互行情拜巧，代代相传），充分体现了乞巧和乞巧歌兴、观、群、怨的功用。

（四）句式结构

标题方面。民歌往往以首句作为标题，标题往往是采编者临时加上去的，约定俗成，久而沿袭。《诗经》如此，汉乐府，尤其是被誉为"五言之冠冕"的《古诗十九首》如此；现代民歌，如陕北信天游，西北花儿，陇东南山歌等也多如此。《西和乞巧歌》六十六篇中，有五十四篇是以首章首句作为标题。剩下的十二篇中,《我娘生我一场空》《朝里文书连夜来》《姊妹几个打秋千》《孔司令要倒沙儿钱》四篇以第二句为标题,有贯穿主题的作用;《十二个月种田》《二十四节气》《光绪逃西安》《月英放羊》《死板姐》《三国歌》《牛郎织女》《十条手巾》八篇是以月令更替或序数贯穿全篇,综合内容,以其中词语为标题。这些都是典型的民歌标题的特征。

句式方面。《西和乞巧歌》中除去《泼又泼》和《麻姐姐,快些来》两篇,其他各篇的篇尾都有一个副歌。副歌都与唱赞巧娘娘有关,《豆芽芽,麦芽芽》《转饭歌》《我给巧娘娘许心愿》三篇的副歌是"七月里,七月七,天上牛郎会织女",是歌唱七夕当天牛郎和织女天上相会时的唱词。以上三篇之前的副歌是"巧娘娘,下云端。我把巧娘娘请下凡",是乞巧女儿乞巧,准备并迎接巧娘娘时的唱词。三篇之后的副歌是"巧娘娘,上云端。我把巧娘娘送上天",是乞巧女儿乞巧尾声恋恋不舍送别并祝福巧娘娘时的唱词。不同乞巧歌的不同副歌,正是西和乞巧"七天八夜"不同阶段的完整流程的体现。

《西和乞巧歌》歌词往往以四句为一章,每句以七言为主,八言的次之,还有少数的三言和九言。三言的,如"巧娘娘,下云端""红心柳,权对权""提银刀,切细面"。四言的,如"金蹄子花,银蹄子花"。九言的,如"北关的狮子南关的龙,老庄的老虎跳进城""按住的牛头强扭的瓜,女子娃婚事由不得她"。七言的,往往是"前四后三"的节奏,如"五黄六月起黑风,飞沙走石天地昏""正月里来是新春,桃园结义三兄弟""三刀表纸一对蜡,我用手襻把桥搭""彩云多高雁多高,头雁上面有月亮"。还有七言"二二三"的节奏,"七岁八岁把脚缠,九岁十岁学纺线""干垄上面刨一把,说声亲哥你坐下"。还有八言"二三三"节奏的,如"装了半笼子苜蓿花,阿家准姐姐转娘家";八言"三二三"式的,如"女娃娃挑菜一笼笼""五月的艾蒿治百病""卢家的大姐会扎花,扎了个老鼠啃西瓜"。

《西和乞巧歌》七言为主,间或杂言,相对整齐的句式形成了韵律和谐流畅又灵活多变的风格。其篇幅有长有短,短的除去副歌外,仅有一节。如《七月十五起红煞》《立秋以前地动哩》。长的多以十二月令为结撰结构，如《二十四节气》（十一节），《朝里文书连夜来》（十二节），《孔司令要倒沙儿钱》（十二节），《月英放羊》（十二节），《死板姐》（十二节），《三国歌》（十三节），《光绪逃西安》（十二节），《牛郎织女》（十四节）。

（五）艺术风格

艺术特色方面。《西和乞巧歌》以叙事为主，叙事之中饱含着抒情，广泛采用了赋比兴的艺术表现手法和对仗、顶真、谐音、排比等辞格。《北山里下雨南山里晴》《一样的戥子十样的银》都是以比兴领起全篇，接下来叙述婚后遭受夫家非人的虐待："北山里下雨南山里晴，世成的女子不如人。……侍候阿家把花扎，挨打受骂养娃娃。只让喝汤不给饭，一点不对让滚蛋。"（《北山里下雨南山里晴》）女子地位低贱，在夫家过着奴隶样的生活，苦不堪言。"一样的戥子十样的银，女子不如儿子疼。十二三上卖给人，心不情愿不甘嗯。"（《一样的戥子十样的银》）父母重男轻女，不考虑女儿的终身幸福，少女的婚姻不可能自由自主。

比喻。如《金蹄子花，银蹄子花》："那家的儿子锤头大"是暗喻，锤头意为"拳头"，喻丈夫的年龄小和个子矮；"想拖上哩够不着，想抱上哩像个娃"，又气又好笑，多么心酸的诙谐！"一盆水，清涟涟。身材端得像竹竿。"（《一盆水，清涟涟》）是明喻，喻乞巧少女身材的端庄苗条。《姊妹几个打秋千》："大姐力猛虎生风，二姐高起龙翻身，三姐轻飘鹰点水，四姐长裙龙摆尾。"暗喻和排比兼用，以龙、虎、鹰的姿态来暗喻四姊妹打秋千时动作的或迅猛，或高扬，或轻盈，是一幅欢快的充满浓郁生活气息的游戏图。

夸张。如《温温水，新麦面》中媳妇擀面"擀杖一滚月儿圆，提起一口吹上天……下到锅里莲花转，夹到嘴里咬不断"。前两句是写擀面技艺的娴熟，后两句是夸张所擀的面的筋道。《月英放羊》："十一月里大雪扬，月英姐姐眼泪长。初一淌着到月底,年初淌到年三十。"眼泪何其多,泪流成河;童养媳无休止放羊命苦,人生实难!

排比。有章节内部的排比,有章节之间的排比;有句首排比,还有句尾排比。章节内部的排比,如"大姐力猛虎生风,二姐高起龙翻身,三姐轻飘鹰点水,四姐长裙龙摆尾",同时也是句首排比。更多的是章节之间的排比,如《一对鸳鸯一对鹅》中从"大姐上机夸巧手"一直排比夸赞到"四姐上机夸巧手"。《我敬巧娘娘心最诚》从第二节"巧娘娘教我绣一针"排比到第九节"巧娘娘教我绣八针"。《大姐娃成给南门下》中从首节"大姐娃成给南门下"直排比到第十节"十姐娃成给对门子",女子嫁鸡随鸡,嫁狗随狗,十个少女所嫁不同,命运也不同。这些是以数字为次序之间的排比。也有以一年十二个月令为编次排比叙事的,如《十二个月种田》《光绪逃西安》《月英放羊》等。句尾排比,如《麻姐姐,快些来》:"麻姐姐,快些来,香蜡表纸接你来。麻姐姐,隔山来,腰里别的红毡来。……麻姐姐,神来了。黑天半夜寻来了。黑天半夜走来了,给神端的酒来了"。

层递。如《正月十五提起话》:"正月十五提起话,二月十五把媒发。三月十五送彩礼,四月十五给人家。……十五岁上是童生。二十岁上成秀才,三十岁上成举人。四十岁上上京城……"前半部分叙写女子出嫁的步骤及紧凑,后半部分是渴望儿子不断读书仕进光耀门庭的美丽想象。《我娘生我一场空》:"一岁两岁吃娘奶,三岁四岁离娘怀。五岁六岁穿耳环,七岁八岁把脚缠。九岁十岁学纺线,十一二上学茶饭。"简明扼要地归纳了女子生活成长的轨迹。

顶真。如《牛郎织女》:"牛郎织女有姻缘。好姻缘来多磨难""织女纺线把布织,织的布匹光又细"。《罐罐里煮的白胡麻》里是上节的尾句和下一节的首句之间顶真:"……我和巧娘娘踢毽子。毽子踢到房上了……巧娘娘帮我缝膝裤。留下膝裤自己扎……挣下银钱扯布哩。扯布要扯桃红哩。"

重叠。如"豆芽芽,麦芽芽……根根豆芽根根线"(《豆芽芽,麦芽芽》),"桑木扁担闪溜溜,担上担担走秦州"(《竹子砍了划篾条》),"梦里醒来泪汪汪""揉了个活闪闪""一攒一攒像丝线""一盆水，清涟涟。……窝窝小嘴一点点"(《一盆水，清涟涟》)，"逼着赶出一双鞋，咯噔咯噔扭来了"(《眼看就要乞巧哩》)。

反复。如"泼又泼呀，泼又泼呀，姊妹乞巧乐又乐"(《泼又泼》)。《一对鸳鸯一对鹅》每两节重复一次"巧娘娘，下云端。我把巧娘娘请下凡"，连续重复五次。

对仗。"金香炉，银香炉，……烧长香，点明灯。……点黄蜡，烧黄表"(《金香炉，银香炉》)，"端着走，提着走"(《横岭山上九眼泉》)，"豆芽芽，麦芽芽。……金芽芽，银芽芽"(《豆芽芽，麦芽芽》)，"前一跳，后一摆"(《泼又泼》)，"杏核儿眼睛圆又圆，线杆儿鼻子端又端。……上穿红，下穿蓝"(《一盆水，清涟涟》)。

回环。如《横岭山上九眼泉》："打一罐，装一瓶，敬神取水要心诚。装一瓶，打一罐，心诚了乞巧最灵验。"

对比。如"跟上当官的官娘子，跟上杀猪的翻肠子"。对比运用最集中的是《我给巧娘娘许心愿》，篇中有十三句是对比："巧了赐个花瓣儿，不巧了赐个鞋扇儿。巧了赐个扎花针，不巧了赐个锈铁钉。巧了赐个九华灯，不巧了赐个烂葱根……"还有做比较："猴拳轻功数第一，麻利赛过孙猴子"(《草川里有个王把式》)。

《西和乞巧歌》中大量辞格的灵活使用，形成了乞巧歌周流多变、直抒胸臆的独特艺术魅力，使乞巧歌成为我国民俗民歌中的一朵奇葩。

三、对整理民俗文化资料的借鉴意义

随着社会发展的日新月异，妇女地位的极大改观，娱乐方式的日趋丰富，审美意趣的改变和新时代社会经济文化等因素的冲击等原因，传统民俗的地位和分量岌岌可危。对优秀的传统民俗如何抢救和挖掘，如何能保持原汁原味，如何能可持续的生存和有效的发展，如何能让参与者有持续的自觉和热情，如何与国家文化大政方针相结合，等等，都是值得思考和探讨的问题。

《西和乞巧歌》的搜录和整理，充分体现了子贤先生"才、学、识"[①]三者兼具的难得。他"不虚美，不隐恶"的善才良识，对时政民生的殷殷关注和担忧，对乞巧风俗的历史探源，为受尽虐待和封建礼俗残害的女性弱势群体振臂鸣不平，为被大人先生鄙夷的乞巧正名发声的精神尤值得我辈学习。《西和乞巧歌》抢救挖掘民俗文化和存史之功是不应该被忽视和忘记的。正如柯杨先生在《西和乞巧歌·序二》所说："（子贤先生）当时竟能动员学生们与他一道，广泛搜集当时长期流传的乞巧歌，并经过研究、考证、分类，编辑成册，保存至今。这在当时当地来说是一个空前的创举，在今天来说则是一笔难得的、极有价值的文化遗产。"以国学的根柢为铺垫，根植于对乡土天然的热爱，去粗取精、变伪存真的研究性整理都是《西和乞巧歌》的价值得以闪光的因素，也给民俗文化资料的整理提供了可资借鉴的经验和方向。

---

① 叶瑛校注：《文史通义校注》，中华书局1985年版，第219页。章学诚《文史通义·史德》原文是："才、学、识三者，得一不易，而兼三尤难，千古多文人而少良史，职是故也"。

浅析西和乞巧歌中的服饰民俗及其社会观念

李凤鸣[①]

从农历六月三十日晚（小月六月二十九日晚）到农历七月初七日晚，甘肃省西和县都要举行一年一度盛大的乞巧活动。在七天八夜的乞巧活动中，姑娘们都要唱大量的乞巧歌。这些乞巧歌中既有物质生产民俗中的农业生产民俗和商业民俗，也有物质生活民俗中的饮食民俗和服饰民俗，还有人生仪礼和民间信仰等等。本文就乞巧歌承载的物质生活——民俗中的服饰民俗做以考察，现分析如下。

一、西和乞巧歌中涉及的服饰类型

我国是一个多民族的国家。不同地区、不同民族的服饰民俗也因自然条件、社会经济条件、民族文化的差异呈现出不同的特点。钟敬文主编的《民俗学概论》将民间服饰分为四类：一是衣着；二是各种附加的装饰物；三是对人体自身的装饰；四是具有装饰作用的生产工具、护身武器和日常用品。西和乞巧歌中涉及的民间服饰类型与此略有不同，主要有以下三类。

（一）衣着

衣着，"包括用不同质料如棉、麻、丝绸、毛纺、化纤、皮革制作的衣、

[①] 李凤鸣，甘肃省民间文艺家协会会员。

袍、裤、裙、帽、袜、鞋等"[1]。在西和乞巧歌中，衣着主要包括女性上身穿的"花花袄""桃红衣裳""裹肚子"，下身穿的"水罗裙""绿绸膝裤""红短裤"，以及脚上穿的"绣花鞋""云子鞋""偏带鞋""高底鞋"等。为了叙述方便，笔者从巧娘娘的衣着打扮和乞巧姑娘的衣着打扮两个方面来分别叙述。

先说巧娘娘的衣着打扮。在西和乞巧歌中，姑娘们是这样唱巧娘娘的衣着打扮的：

巧娘娘的好云肩，云肩背后织牡丹，走路活像李翠莲。巧娘娘的好罗裙，罗裙背后织朵云，走路活像鹞翻身。巧娘娘的好衣裳，四角子折起包麝香，人又年轻话有腔。(《外貌歌》)

左手拿的是蝇刷，右手拿的牡丹花。上身穿的大红袄，下身穿的龙凤裙。龙凤裙上绣牡丹，三寸金莲站得端。(《外貌歌》)

上穿一身花花袄，下穿一身水罗裙。水罗裙迎风摆开，月白膝裤露出来。月白膝裤绣牡丹，十二个飘带扫地边。(《外貌歌》)

上身穿的是蓝衫，金边子亮出一点点。下身穿的水罗裙，绿绸膝裤绣两只龙。绿绸裤儿露出来，三寸金莲咯载载。(《外貌歌》)

上身穿的十样锦，下身穿的水罗裙。水罗裙儿一摆开，月牙带子露出来。(《外貌歌》)

从这些乞巧歌来看，巧娘娘衣着一般是上身穿花花袄，或大红袄，或蓝衫，或绣着十样锦的袄；下身穿水罗裙，或龙凤裙。水罗裙里面以月白膝裤或绿绸膝裤作为衬裤。其中"袄"是指棉袄，一般分为三层，中间棉花保暖，外层常用颜色鲜艳厚实的布料做面（红色布料做成大红袄，碎花的布料做成花花袄），内层常用白色布料做衬里；"衫"是指单衣服；"膝裤"是指妇女缠在小腿上的

---

[1] 钟敬文：《民俗学概论》，上海文艺出版社1998年版，第84页。

两块既约束裤管，又做装饰用的织物，方形，双层，有里有面。棉袄是西和冬季御寒的重要衣物。如果在寒冷的冬季没有棉袄御寒，百姓的生命可能会受到威胁，因此西和有"六月里穿皮袄——有的（富有）人"这样的歇后语。可见，棉袄并不是普通人家能轻易拥有的。因此，炎炎夏日，巧娘娘却穿上冬季御寒衣物，除了说明了巧娘娘身份的尊贵之外，还反映了西和自然环境的恶劣，以及民众对衣着保暖功能的重视。

此外，西和乞巧活动中尊崇的巧娘娘是天上的织女。织女的原型是秦人的始祖女修。女修为"帝颛顼之苗裔孙"，与后来传说中为天帝之女或王母娘娘外孙女的身份一致。西和民众因天上织女（女修）善织，且织女是他们心中最尊敬的女性神灵，故尊她为"巧娘娘"。在西和乞巧歌中，因巧娘娘的身份尊贵，故而巧娘娘衣着的布料采用与身份相配的丝绸。巧娘娘的衣着就是用丝绸制成的花花袄、蓝衫、水罗裙、膝裤等，样式繁多。为了突出巧娘娘高贵的地位，巧娘娘的这些衣着做工精致，上面或绣着牡丹，或绣两只龙，或是十样锦的花纹。"十二个飘带扫地边"更是唱出了作为神仙的巧娘娘衣着的飘逸情形。

巧娘娘的衣着不仅讲究，而且巧娘娘脚上穿的鞋子也很讲究。在西和乞巧歌中，有"巧娘娘穿的绸子鞋""巧娘娘穿的缎子鞋""巧娘娘穿的绣花鞋""巧娘娘穿的云子鞋""巧娘娘穿的高底鞋""巧娘娘穿的偏带鞋""巧娘娘穿的绑带鞋"等唱词。这些唱词虽然是为了起兴，引起下文，但我们仍能看出巧娘娘穿鞋的讲究。从鞋子的布料来看，有绸子做的绸子鞋，也有缎子做的缎子鞋；从鞋子的图案来看，有绣各种花草的绣花鞋，也有绣云纹图案的云子鞋；从鞋底子的高低来看，有鞋底子很高的高底鞋；从鞋子的样式来看，有鞋带系在鞋侧面的偏带鞋，也有鞋带系在鞋正面的绑带鞋。由此看来，巧娘娘穿的鞋子仍然采用绸缎等贵重材料，其做工之精致，样式之繁多，令人眼花缭乱。巧娘娘穿起来自然是艳丽美观。这些同样与巧娘娘高贵的地位与尊贵的身份是分不开的。

再看乞巧姑娘们的衣着打扮。在乞巧期间，相邻的巧点之间要开展你来我往的相互走访的拜巧活动。在外出拜巧时，姑娘们不仅要涂胭脂抹粉，还要把自己平时舍不得穿的衣服、花鞋拿出来穿上，着意打扮，穿戴一新。如《今儿个坝里去行情》：

> 今儿个坝里去行情，老娘早早有叮咛。衣裳裤子要齐整，脸上打扮要心疼。姐姐给我来搽粉，嫂子教我抹口红。花鞋一双样样儿俊，上面的花儿随风动。大路上走到张庄里，都看我的鞋帮哩。问我鞋是谁纳的，上面的花儿谁扎的？你问不好不言喘，全是我的瞎手段。我嫂子画的花样子，我娘教我配花线。

在这首乞巧歌中，行情的姑娘不仅让嫂嫂给她搽粉、抹口红，而且还穿上整齐的衣裳裤子，以及自己做的绣花鞋。在这里，行情已经成为姑娘们展现服饰之美、容颜之美的平台。可见，姑娘们不仅追求美，而且把对美的追求付诸自身的行动。

又如《姊妹几个打秋千》："手把麻绳往上站，露出点点小金莲""三姐轻飘鹰点水，四姐长裙龙摆尾。长裙飘起风呼呼，四姐娃露出了红短裤"。从这些唱词，我们看到当时的姑娘们穿长裙、红短裤，以及裹脚的情形。再如"裹肚子，绣花鞋，心上巧了样样儿来。样样儿给我教会了，这一辈子算对了"（《三刀表纸一对蜡》），虽然是说巧娘娘教会了姑娘们绣花鞋、绣裹肚子，但我们仍能看出裹肚子和绣花鞋是当地姑娘们刺绣的主要穿着之一。"山又大来沟又深，木底鞋垫得脚腰疼"（《一样的戥子十样的银》），唱出当地妇女仍有穿木底鞋的情形。其他如"扯布要扯桃红哩，桃红衣裳绿裤子。逢集进城转一转，走到路上人人看"（《罐罐里煮的白胡麻》），唱出姑娘们扯布做桃红衣裳和绿裤子。红绿搭配，格外惹人，姑娘们穿上之后，靓丽的衣着吸引了大家的目光。由此看来，姑娘们的衣着缝制虽然有嫂嫂、老娘等人的帮忙，但主要的缝制工作仍由姑娘们自己动手完成。她们的衣着一般是上身里面穿裹肚子，外面穿桃红衣裳；下身里面穿红短裤，外面穿绿裤子，或长裙；脚上穿绣花鞋，或木底鞋。这些衣着虽然没有说明采用了何种布料，但我们还是能想象到应该是平常人家常用的棉、麻等之类的布料。在西和乞巧歌中，就有"七月里秋风凉，记起大布子衣裳了"的唱词。其中，"大布子"是当地手工土布，比较粗糙，多用来缝制衣服。

总之，从衣着的布料和样式来看，姑娘们的衣着采用普通的布料，样式相对单一。这与姑娘们平凡的地位与普通的身份是一致的，它也反映了姑娘们与巧娘娘身份、地位的差距。正如钟敬文主编的《民俗学概论》中所说："随着家族制度、社会制度的变化和社会等级的变化，身份的尊卑，地位的高低，都在服饰上有所显示，'锦衣'与'布衣'成了等级的标志，'丝绸'与'葛麻'成了贫富的标志。"[①]由此看来，社会整体对女性社会角色的定位，决定着女性的服饰行为，即穿什么，怎么穿。在西和乞巧歌中，女性化的服饰行为正体现了西和女性的这种社会性别意识。

（二）各种附加的装饰物

"各种附加的装饰物，如头发的装饰物夹、簪、钗、梳；耳部装饰物耳环、耳坠；颈部装饰物如项圈、项链；胸腰部装饰物为胸针、腰佩；手臂装饰物臂钏、手镯、戒指；脚部装饰物如脚铃等。"[②]在西和乞巧歌中，姑娘们通过头发上插的"银盘肠儿""金簪子带金花"，耳部的"耳坠子""耳环"，颈部的"银项圈"，手上的"花手巾""手襻"等装饰物来装扮巧娘娘和自身。

在西和乞巧歌中，"巧娘娘的好头发，梳子梳，篦子刮，戴金簪子戴金花"（《外貌歌》），唱的是头发上的装饰。"两只耳朵赛牡丹，耳坠子吊在两脸边。鸭蛋白脸真稀罕，脖子上戴着银项圈"（《一盆水，清涟涟》），"瓦眉儿它把额颅盖，八宝银环两耳戴"（《一碗油，两碗油》），唱的是巧娘娘耳部与颈部的装

---

① 钟敬文：《民俗学概论》，上海文艺出版社1998年版，第85页。
② 钟敬文：《民俗学概论》，上海文艺出版社1998年版，第84页。

饰。"瓦眉儿前头黑油油，后面狮子滚绣球。银盘肠儿上面插，两面两朵牡丹花。金耳坠子吊着哩，巧娘娘给我笑着哩。花手巾儿只抖哩，巧娘娘给我招手哩"（《一碗油，两碗油》），唱的是巧娘娘头发上、耳部和手上的装饰。其中，"银盘肠儿"是妇女头上插的一种银制首饰。由此看来，巧娘娘头上的发簪不仅有银制的银盘肠儿，而且还有带金花的金簪子；耳部的装饰不仅有银制的耳坠子，还有金制的耳坠子。这些装饰物正好与巧娘娘的衣着搭配得恰当、得体，体现了巧娘娘独特的个性魅力。"正如一位研究服装史的美国学者所说，'一个人在穿衣服和装扮自己时，就是在填一张调查表，写上了自己的性别、年龄、民族、宗教信仰、职业、社会地位、经济条件、婚姻状况、为人是否忠实可靠、在家庭中的地位以及心理状况等'。"[①]

相比较而言，姑娘们的各种附加装饰物大多也是银制的，样式相对简单。有时，她们甚至自己跑到银匠铺里，按照自己的需要和审美情趣打银花，如《银匠铺里打银花》：

四月里四月八，银匠铺里打银花。今年的银子价大，三两银子打不下。打簪子，分三支，随带一束耳环子。再打一双麦穗花，你看齐茬不齐茬？

在这首乞巧歌中，我们可以看出姑娘们不仅打了银花、银簪子，还打了两副银耳环，其中一副是麦穗花的样式。由此看来，一方面因为"今年的银子价大"，手头窘迫，不能按实际需要打银花。与巧娘娘的首饰相比，姑娘们的首饰无论材质，还是种类都要稍逊一筹。另一方面，这也从侧面表现了姑娘们按照自己的财力大小打制首饰，巧做安排的聪明与伶俐。

---

① 支田田、齐德金：《浅谈服饰配色中的服饰美》，《艺术教育》2010年第4期。

（三）对人体自身的装饰

对人体自身的装饰，"如梳各种发式、画眉、描唇、染指甲、束胸、缠足、文面、文身等"[①]。在西和乞巧歌中，姑娘们通过"梳油头""画眼眉""挦脸毛""洗白脸""染指甲""洗白手""缠脚"等方式对人体自身进行装饰。

在西和乞巧歌中，为了让自己心中"美"的化身更加美丽，姑娘们想象给心中的女神巧娘娘"梳油头""画眼眉""洗白脸""洗白手"。如《一碗油，两碗油》：

> 一碗油，两碗油，我给巧娘娘梳油头。前面梳上两条龙，后面梳上一座城。瓦眉儿它把额颅盖，八宝银环两耳戴。桃红颜色抹口唇，樱桃小嘴一点红。红脸蛋儿把粉擦，再插几支银簪花。梳子梳，箆子刮，我给巧娘娘梳头发。

在这首乞巧歌中，我们不仅看到巧娘娘的口唇涂成了桃红颜色，而且脸蛋上还擦着一层粉。姑娘们给巧娘娘梳油头时，往往是"前面梳上两条龙，后面梳上一座城"（《一碗油，两碗油》），"两面梳的凤展翅，中间梳个钟鼓楼"（《一碗油，两碗油》）。巧娘娘对姑娘们梳头的手艺很满意："金耳坠子吊着哩，巧娘娘给我笑着哩"。再如，"一点点水点五点，我给巧娘娘洗白脸。巧娘娘的脸真好看，胭脂不擦桃花绽"（《一点点水点五点》），唱的是姑娘们给巧娘娘洗白脸。"端一盆水门里走，我给巧娘娘洗白手。巧娘娘的好白手，白蜡蜡手儿翻云斗。指甲上抹的指甲油，活像树上的红石榴"（《我给巧娘娘洗白手》），唱的是姑娘们给巧娘娘洗白手，以及巧娘娘的指甲是红色的。"一锭子墨，两锭子墨，我给巧娘娘画眼眉。巧娘娘的眉毛弯又弯，杏核眼睛圆又圆"（《我给巧娘娘画眼眉》），唱的是姑娘们给巧娘娘画眼眉。总之，姑娘们在全方位打扮巧娘

[①] 钟敬文：《民俗学概论》，上海文艺出版社1998年版，第84页。

娘时，有所侧重："洗白脸"突出脸的白皙；"梳油头"突出头发的光滑；"画眼眉"突出眉毛的弯曲；"染指甲""洗白手"突出手的白皙与指甲的红艳。

与此同时，巧娘娘也教会了姑娘们"挦脸毛"。如《巧娘娘教我挦脸毛》：

> 绞绞线，线绞绞，巧娘娘教我挦脸毛。一挦两挦心脸亮，三挦四挦茶饭香。五挦六挦懂瞎好，七挦八挦手儿巧。九下十下尽兴挦，不施脂粉也体面。

这首乞巧歌唱出了西和挦脸毛的旧俗：姑娘在出嫁之前，家里人会请邻里或家中手巧的女性长辈，把细线挽成活扣，将姑娘额头或眉毛等处的杂乱毛发一一拔去，让她们的脸看起来干净、整洁。已婚的年轻媳妇也会挦脸毛。在此之前，挦脸毛不仅盛行于陇南，而且天水等地也很盛行。随着现代化妆技术的提高，姑娘们常用刮眉刀等工具来修理额头或眉毛等处的杂乱毛发。用细线挦脸毛的技术已久废不兴。这首乞巧歌，正是过去妇女爱美心态的具体反映。

在西和乞巧歌中，不仅巧娘娘缠脚，乞巧的姑娘们也缠脚。如"巧娘娘的好巧脚，巧脚只有三寸三，膝裤带子腿上缠""巧娘娘的好巧脚，十六根带子缠裹脚，三寸金莲站得端"，都唱的是巧娘娘缠脚的情况。在《泼又泼》中，姊妹几个"前一跳，后一摆，尽着身子放心载"时，"妹子的脸蛋儿跳红了，姐姐的小脚跳疼了。跳疼了呀跳酸了，一双花鞋拐偏了""跳得高兴没说了，只怨缠成小脚了。妹子赌咒再不缠，老天劝说也枉然"。这段乞巧歌唱出了姑娘们对缠脚的态度。显然，缠脚这种对人体的装饰忽略了女性作为人的生理健康和尊严，给女性身体造成的摧残、心理造成的折磨可想而知。

二、西和乞巧歌中服饰民俗反映的社会观念

在民俗领域里，服饰往往是一种具有特定意义的符号，能够体现不同地域、

不同民族的社会观念。西和乞巧歌中服饰民俗反映的社会观念，主要有以下几点。

（一）渴望美与追求美的心理

渴望美与追求美是人类的天性，正如俗话说的那样："爱美之心，人皆有之。"乞巧姑娘们无论从衣着，还是装饰物，甚至对人体自身的装饰，都反映了她们渴望美与追求美的心理。自古以来，容貌美是女性追求幸福的本钱之一，《诗经》就有"窈窕淑女，君子好逑"的诗句。在我国漫长的封建社会里，西和姑娘在出嫁前都要遵守"十一、十二不出门"的规定。长达七天八夜的乞巧活动正好为姑娘们提供了展现才艺与人格魅力的平台。在外出拜巧、祈神迎水和送巧活动中，姑娘们出众的模样与靓丽的打扮都会引起看热闹观众的评论。有些小伙子和成人也往往评头论足，说谁家的姑娘长相如何，穿着如何。乞巧活动间接地为未婚青年寻找配偶提供了很好的机会。正因为这样，一个女子的打扮与外貌都有可能影响她未来的婚姻。西和乞巧歌曾这样唱道："乞手巧，乞命好，乞心通，乞容颜"（《乞手巧，乞命好》）。其中"乞容颜"就是乞求有一个光彩照人的姿容。姑娘们一方面通过对巧娘娘衣着、装饰物、外貌的赞美来表达自己渴望美的心理，另一方面通过对自身的打扮表达追求美的心理，同时也展现了姑娘们的自信，如前文提到的《今儿个坝里去行情》《巧娘娘教我拃脸毛》等。

（二）求吉避邪的心理

"求福趋吉是一种最普遍的心理趋向。这种趋向反映在许多方面，衣服图案和装饰是其中重要方面"，其中"汉族妇女有簪发、插花的习惯，认为簪发可以避邪，插茉莉花能驱鬼，戴菊花可以长寿"[①]。在西和乞巧歌中，我们同样看到女性有在头上插簪子、插花的习惯，如"戴金簪子戴金花""再插几根银簪花"。这些乞巧歌中的"金簪子""金花""银簪花"，除了有装饰作用之外，还有避邪的作用。当然，西和女性还在脖子上戴银项圈，这也是求吉避邪的心理反应。西和风俗，小孩满月办满月酒时，小孩外婆都会给小孩买一个长命锁，上面刻着"长命百岁"的字样，目的是保佑小孩在未来的日子平平安安，健康成长。巧娘娘"脖子上戴着银项圈"，实际上是对现实生活中西和民众求吉避邪心理的反映。这与当下佩戴玉时，讲究的"男戴观音，女戴佛"一样，目的都是保人平安，求吉避邪。

再如，前文提到的"月白膝裤绣牡丹""右手拿的牡丹花""龙凤裙上绣牡丹""绿绸膝裤绣两只龙"等唱词，都是以"牡丹""龙"作为衣着的装饰图案。这里除了绣出的"牡丹""龙"具有立体感、空间感之外，姑娘们看重的还是"牡丹""龙"代表了吉祥、富贵的寓意。此外，在西和乞巧活动中，各乡镇在送巧时都会出现手襻搭桥的环节，部分乡镇在迎巧时也会出现手襻搭桥的环节。乞巧歌中就有"三刀黄表，一对蜡，解开手襻把桥搭。大河两岸宽又宽，手襻的红绳穿两边"（《我给巧娘娘搭桥子》）的唱词。这里的手襻就是农历五月五日姑娘们手腕上所戴的彩色丝线。为了求吉避邪，农历五月五日，西和的小孩子、姑娘们都要在手腕上绑上手襻。七月七夜里，乞巧的姑娘们才能将手襻从手腕处剪下来，连起，搓成一股绳，送巧时用来给巧娘娘搭桥。在这里，手襻不仅有求吉避邪的作用，还有为巧娘娘搭桥的作用。

（三）某种观念的载体

一个时代会有一个时代的服饰，服饰往往会打下时代风尚和审美观念的烙印。以缠足为例，"在民国之前，汉族各地妇女几乎都有缠足的风俗，尤其在城

[①] 钟敬文：《民俗学概论》，上海文艺出版社1998年版，第89页。

镇更为普遍，成为女孩子成长中必过的一关"①。西和乞巧歌中就有"七岁八岁把脚缠"的唱词。在"女子无才便是德"的时代，西和人娶媳妇不是看一个人的长相与针线茶饭怎么样，而是先看她的脚缠得如何。如果脚缠得小，那这个媳妇就漂亮，否则就丑陋，"三寸金莲"也因此成为好媳妇的标准之一。西和乞巧歌中就有"巧脚只有三寸三""三寸金莲站得端"的唱词。显然，这些唱词是以赞美的口吻来说"三寸金莲"。正因为有这样的婚嫁习俗，有些姑娘为了缠脚甚至搭上自己的性命。也有些姑娘对缠脚这件事情也有小小的埋怨，甚至反感。她们在《泼又泼》中，"跳得高兴没说了，只怨缠成小脚了。妹子赌咒再不缠，老天劝说也枉然"。从某种意义上来说，缠脚承载着西和当地落后的婚嫁习俗。

此外，缠脚还反映着政治观念的变化。如《蒋旅长进了西和县》：

蒋旅长进了西和县，男人不叫留长辫。……妇人家小脚要放开，过河涑水能脱鞋。女子家不再缠脚了，走路轻巧得没说了。

从这首乞巧歌中，我们看到正因为蒋旅长在西和施行了"妇人家小脚要放开""女子家不再缠脚了"的社会变革措施，才出现了妇女"过河涑水能脱鞋""走路轻巧得没说了"的生活场景。

再如"七月里秋凉了，不发布证着忙了。不发布证着了忙，买手绢儿缝衣裳。手绢还要鸡蛋换，没鸡蛋的往过站。布证它是四尺半，八两棉花没处干"，唱出了20世纪60年代经济困难时期人们对棉布、棉花等的渴盼。其他如"七月里来开红花，红花开在社员家。商量打扮女儿娃，女儿娃打扮衣裳花。涤纶裤，锦纶袜，头上都把花儿插"（《红花开在社员家》），其中"涤纶裤，锦纶袜"是20世纪七八十年代流行的一种布料。由此看来，姑娘们自觉地或不自觉地遵从了当地婚嫁习俗、政治观念、时代潮流对服饰的要求，这反映了她们与

---

① 董锦：《陕西民间刺绣中云纹纹样的载体及文化意蕴》，《太原学院学报（社会科学版）》2009年第3期。

时俱进的从俗心理。

(四) 对自然的崇拜

"民间艺术的创造是在民间传统文化的基础上产生的，而民间传统文化和信仰观念是在继承原始自然崇拜观念的基础之上，融合宫廷或者上层文化，道德伦理以及民间巫术与宗教信仰等多元化发展而成的。"[1] 在西和乞巧歌中，服饰的刺绣纹样表现了姑娘们对自然的崇拜。西和服饰的刺绣纹样大都来自大自然，由动植物组成。植物以牡丹、梅花、莲花、菊花为常见。如"龙凤裙上绣牡丹"(《外貌歌》)，"留下膝裤自己扎，上面还要绣梅花"(《罐罐里煮的白胡麻》)，"巧娘娘请来了点黄蜡，天天教我绣梅花"(《七月初一天门开》)，"扎花要扎老金黄，菊花落了一衣裳。扎花就要麻霞哩，要扎十朵莲花哩"(《头上的豆儿脚下的瓜》)，唱的是在膝裤、龙凤裙、鞋、衣裳等处绣牡丹、梅花、菊花和莲花的情形。动物以鸳鸯、蜻蜓为常见。如"油灯架在窗台上，灯盏底下绣鸳鸯"(《热头出来落四方》)，"巧娘娘教我绣二针，两朵莲花在水中，莲花瓣上落蜻蜓"(《巧娘娘教我绣一针》)，唱的是绣鸳鸯、蜻蜓的情形。其他如：

> 黄瓜熟了蔓搭蔓，巧娘娘给我教针线。针线学会了没人见，绣一些花草给你看。一绣百草坡上生，二绣麦苗儿地里青。三绣菜子满山黄，四绣艾蒿闹端阳。五绣葡萄搭上架，六绣西瓜弯月牙。……(《绣一些花草给你看》)
>
> 青天云里的咕噜雁，巧娘娘给我教针线。针线学会了没人见，绣一些禽兽给你看。一绣锦鸡窜牡丹，二绣鸳鸯戏水边。三绣天鹅飞青天，四绣鹁鸽绕长安。五绣兔儿草中卧，六绣大雁空中过。……(《绣一些禽兽给

---

[1] 董锦：《陕西民间刺绣中云纹纹样的载体及文化意蕴》，《太原学院学报（社会科学版）》2009年第3期。

你看》)

  这两首乞巧歌虽然没明确说明将花草、禽兽纹样绣在服饰的哪个部位,但我们还是能猜测出这些纹样会出现在龙凤裙、绣鞋、膝裤等处。此外,西和服饰上还出现了云纹图案。如"巧娘娘的好云肩,云肩背后织牡丹""巧娘娘穿的云子鞋"等唱词提到了"云子鞋"和"云肩"。"云子鞋"是指绣有云纹图案的鞋;"云肩",又叫披肩,是指绣有云纹图案的置于肩部的装饰织物。云纹图案是西和当地女性根据自己对天空中云朵形状的观察而创造出的刺绣纹样。"民间刺绣中的云纹图案是自然信仰崇拜观念下的产物,是对天地、宇宙、阴阳、世界最原始的本质反映,是人与自然关系的物化形式。"① 这些云纹纹样象征了西和地区民众对自然界的崇拜,表达了民众热爱大自然的思想情感。

  此外,巧娘娘和姑娘们的装饰物也体现了对自然的崇拜。从西和乞巧歌中,我们看到巧娘娘和姑娘们的装饰物材质大多为银,如银盘肠儿、银耳坠子、银项圈等。"银,色泽皎洁,象征月亮。人们认为佩戴银饰可以吸收月亮的光芒,使佩戴者从早到晚均能受到月亮的保护。先民们还将银饰与自然现象中雷鸣电闪、云雾、星辰中的白色联系起来,通过银饰将自己与天地联系起来,展现人们对光的崇拜和敬仰。"②

  综上所述,通过对西和乞巧歌中反映的服饰民俗及其社会观念的考察,我们可以得出以下结论:第一,从服饰的类型来看,西和乞巧歌中的服饰民俗反映了社会对女性服饰行为的规范,体现了女性的社会性别意识与等级身份。第二,从服饰承载的观念来看,西和乞巧歌中的服饰民俗反映了政治、经济、文化等社会因素为妇女服饰打扮打下了深深的烙印。第三,从服饰的功能来看,西和乞巧歌中的服饰民俗反映了服饰对自然环境的适应。由于西

---

① 董锦:《陕西民间刺绣中云纹纹样的载体及文化意蕴》,《太原学院学报(社会科学版)》2009 年第 3 期。

② 文平:《鲁迅小说中服饰描写的民俗文化内涵》,《兰台世界》2010 年第 1 期。

和地区气候干旱，早晚温差大，冬季漫长，当地民众更看重服饰的保暖功能，因而棉袄成为歌咏的主要对象之一。总之，通过对西和乞巧歌的研究，我们大略了解到西和普通民众的服饰习惯，这为我们了解西和地区的服饰文化提供了有益的材料。

从乞巧之演变看秦人自强不息的奋斗精神

赵文博[①]

西汉水上游地区,是秦人崛起和建国的地方,也是中国乞巧文化之乡。

从和仲测日"宅西"开始,秦人在这一地区曾历经了中潏"在西戎,保西垂"、非子蓄马封秦、秦仲陇上始大、襄公救周封侯、文公迁汧图强等不同的历史发展阶段,走过了一段漫长而又艰难曲折的图强之路,创造出了灿烂辉煌的早秦文化,为华夏文明的繁荣发展做出了巨大贡献。

乞巧节,就是秦早期文化百花园地里一朵引人入胜的绚丽奇葩。

据《史记·秦本纪》记载:"秦之先,帝颛顼之苗裔孙曰女修。女修织,玄鸟陨卵,女修吞之,生子大业。……"从这段历史文字记载中,我们至少可以了解到以下六个方面的历史文化信息:一、女修是秦人的老祖母,也就是秦人的始祖;二、玄鸟是秦人的图腾;三、大业是女修的儿子、颛顼的外孙、秦国君主的嫡系先祖;四、女修是纺织能手;五、嬴秦是嬴姓族人中奉命西迁的一支,乞巧节是嬴姓族人西迁时带到西汉水流域的一种民俗文化活动;六、乞巧节是秦人的节日。

女修因吞食玄鸟(燕子)蛋而孕育繁衍了秦人,故女修既是秦人的始祖,更是秦人心目中至高无上的始祖神;燕子在秦人心目中享有和女修一样尊贵的崇高地位,是秦人世世代代顶礼膜拜的图腾。

[①] 赵文博,甘肃陇南市文艺评论家协会主席。本文参考文献有:司马迁:《史记·秦本纪》;祝中熹:《嬴秦的崛起》;李开元:《秦崩:从秦始皇到刘邦》;夏青:《陇南情梦》。

因为女修不仅是秦人的始祖，而且在纺织事业上为人类做出了巨大贡献，人们就忘不了她，不仅要怀念她、赞美她、歌唱她，还要将她请上神坛。女修就是历史神话传说中织女的原型，巧娘娘就是女修的化身。千百年来，西汉水上游地区人们心目中的巧娘娘就是织女，就是女修。在西汉水流域，人们至今把燕子视为神鸟，把燕子在家里垒窝栖息认为是喜庆祥瑞的征兆。从古到今，从来就没有伤害燕子的事情。

秦人一年一度的乞巧节，就是为了纪念女修和燕子而举行的盛大祭祀祈福活动。因为"祈""乞"同音，而西汉水上游地区的人们一直把"鸟儿"叫作"巧儿"，所以，现在的"乞巧节"实为当时的"祈鸟（qiao）节"。

起初的"祈鸟节"只是纪念性质的祭祀祈福活动，但是随着时代的变迁和秦人处境的变化，"祈鸟"活动不断地被赋予"乞巧"的文化内涵，慢慢地，女修和玄鸟的记忆在后人的脑海中就模糊了起来，而巧娘娘的形象却在人们的心目中越来越丰满、越来越生动了，乞巧的程式和内容也就越来越接近老百姓的生产生活实际，乞巧的唱词也就越来越生活化、越来越接近女孩子们的心思与想法了。时日一久，女修和燕子的形象就演变成了织女的形象，而织女的形象又被人们具体化为集智慧和灵巧于一身的巧娘娘了。

其实，在历朝历代秦人女子的心目中，巧娘娘就是她们远嫁他乡的一位知心大姐姐，过乞巧节就是她们把这位知心姐姐接回娘家的一次亲人大团聚，在团聚的过程中她们可以无拘无束地向知心姐姐请教各种各样的生产生活知识，可以毫无保留地告诉知心姐姐她们心中的各种秘密。

千百年来，凡是在乞巧节期间为供奉巧娘娘提供厅堂和院落的人家就被叫作"鸟（qiao）窝子"，这个叫法生动形象地说清了乞巧活动的起源，也反映出了举行乞巧活动时的嘈杂与热闹。因为祭祀祈福的对象是女修与玄鸟，而参加祭祀祈福活动的人是一大群天真烂漫的小女孩，这就如同一窝快乐的小鸟，成天到晚围着大鸟叽叽喳喳地叫个不停、唱个不停、说个不停、笑个不停，把这样的地方叫作"鸟窝子"，是何等的生动形象，又是何等的准确贴切啊！

从秦人奉周王室之命"在西戎，保西垂"，到秦国的建立，再从齐、楚、燕、韩、赵、魏六国联手灭秦，到秦始皇横扫六合、一统天下的漫长岁月里，一代又一代的秦国男人们都要去当兵打仗，浴血疆场，留守在家里的女人们，不仅要承担起女人的全部职责，更要肩负起男人们的全部职责，家里面离不开她们直接的辛勤劳作，战场上离不开她们间接的后勤保障，她们深知自己肩上责任的重大，所以每一个人都有搞好生产生活的高度自觉，每一个人都有把日子过好的本事与能力。她们除了要把眼前的日子经营好，还要把长远的生活谋划好，她们不仅要把自己家里的事情打理好，而且还要把国家的任务完成好。在长年累月无休无止的辛勤劳作中，她们无时无刻不在挂念着奋战在腥风血雨中生死未卜的亲人，她们无时无刻不在渴望着战争能够早点结束，渴望着自己的亲人能够早日平安归来，渴望着一家人能够在一起和和美美地过日子。

她们需要倾诉，她们需要交流，她们要哭，她们要唱，她们要把自己的心酸说出来，她们要把自己对美好生活的想法说出来，然而战争却越打越惨烈，从前线传来的消息越来越叫人揪心，停战的日子遥遥无期。于是，一年一度的乞巧节就成了她们最为渴望与期盼的美好时刻；于是，乞巧节的内容便在不知不觉中发生了深刻的变化；于是，对爱情的渴望出现在了唱词中，对美好生活的向往出现在了唱词中，对通过自己的能力创造幸福美好新生活的期望和要求也出现在了唱词中……

随着战争的不断升级和常态化，乞巧节还不可避免地肩负起了及时唤醒女孩子们自我认知能力、增强由少女向少妇角色转换的自觉性的重大历史任务。

在华夏大地响彻"六国联盟、合纵灭秦"的喧嚣声中，偏居一隅的秦国大地上"黑云压城城欲摧"！灭顶之灾到来之前排山倒海般的巨大压力，给秦国的每一个人都带来了前所未有的考验与挑战。摆在秦人面前的出路只有两条，要么举手投降，要么迎战出击。投降意味着亡国，亡国就是死路一条，覆巢之下，焉有完卵。唯有抵抗才有生的希望，唯有抵抗才能拼出一条活路！

"民不畏死，奈何以死惧之！"

六国联手灭秦的巨大压力，不仅没有吓倒秦国，反倒激发了秦人的斗志，促成了秦人横扫天下如卷席的雄心壮志；六国联手灭秦的奇耻大辱，不但没能动摇和阻止秦国成就霸业的决心和信心，反倒变成了秦国凝聚人心的催化剂和奋发图强的冲锋号。

为了生存，陇山左右紧急动员；为了尊严，朝野上下同仇敌忾。人人舍生忘死，个个奋勇当先；赳赳老秦，共赴国难。

在生死存亡的关键时刻，秦国把自己最优秀的男人们都毫不犹豫地输送到了保家卫国的前沿阵地，他们每天都要风餐露宿，行军打仗；他们每天都要冲锋陷阵，流血牺牲。

人口锐减，物资短缺！人口生产和粮食生产的任务，从来都没有像这时显得如此紧迫，如此重要。为了提高人口生产能力，及时补充兵源，当时秦国女孩子的法定结婚年龄被规定为14岁。但14岁的孩子毕竟还是个孩子啊，于是，乞巧节就成了指导女孩子们学习掌握生产生活技能知识的培训班，乞巧节就成了女孩子们的成人礼。

通过参与乞巧活动，首先要叫女孩子们明白自己是一个女人，而且要叫女孩子们明白怎样做一个女人，尤其要让她们懂得在结婚生子、丈夫上了前线以后，如何做一个既能主内又能主外的女人。显然，这种寓教于乐的学习培训形式，对于唤醒女孩子们对于自我的认知与关注是十分必要的，对于女孩子们及早地树立起成人观念、做好角色转换是十分必要的，而对于帮助女孩子们树立起主动学习各种生产生活知识与技能的自觉意识，就显得尤为必要、尤为及时。

正是因为乞巧文化对女孩子们这种先入为主、潜移默化的熏陶教育，使得秦国一代又一代的女人们始终能够保持一种强大的心力、健康的体魄和灵巧的双手；也正是由于一代又一代秦国女人们的自尊自强和自立自信，才使得经济落后、实力弱小的秦国能够逐渐地由弱变强，由小变大，并最终成就了大秦帝国一统天下的煌煌伟业，让六国会盟、联手灭秦的合纵之策变成了皂泡幻影。合纵灭秦的结果，不是六国灭了秦国，而是秦国灭了六国，"六王毕，四海一"，这中间乞巧文化功不可没，秦国的女人们功不可没。

乞巧节历时七天八夜，虽然内容丰富，程式繁复，但目的只有一个，那就是乞求巧娘娘对每一个女孩子都赐予聪明智慧，健康美丽；乞求巧娘娘让每一个女孩子都心灵手巧，梦想成真。

所谓心灵手巧，指的是人的思想活动能力与动手做事能力结合起来以后，所表现出来的社会实践能力。心灵指的是思想认识能力，手巧指的是动手做事能力。一般而言，心灵与手巧是互为映衬，相辅相成的，手巧要靠心灵指导，心灵要靠手巧体现，缺乏心灵的指导，手就不可能灵巧，没有手巧的配合，心灵就无法表现出来。

人只有把心灵与手巧有机地结合在一起时，才有可能把事情做好。一个能够把各种事情都做得很好的人，就是心灵手巧的人。所以，乞巧活动中女孩子们乞求的心灵手巧实际上是一个知行合一的美好愿望，这种愿望其实是需要通过长时间的勤学苦练与辛勤劳作才能达到的一种本领与能力。

秦人在求生存、求发展的过程中，经历了无以计数的挫折与磨难，他们深知人世间任何一个美好的愿望，不通过流血流汗的艰苦努力是绝对变不成现实的。世界上从来就没有什么不劳而获的好事情。要想收获，就要耕耘；要想成功，就要奋斗！每一个人的命运都掌握在自己手里。一个人要想过上有尊严的生活，不仅要有思想能力，而且还要有动手能力，只有想得好、做得好的人，才能有美好的前程。

在乞巧活动中反映出来的这些以人为本的思想认识，十分难得，非常可贵，它深刻地影响着秦人后来的发展走向。即使到了今天的信息时代，西汉水流域的人们依然非常重视生产生活技能的培养，依然非常重视孩子们做人做事能力的培养，而每一户人家对于女孩子们的女红、茶饭等居家过日子的能力培养，从古至今似乎一刻也没有放松过。

突出人的主观能动性，崇尚和尊重人的创造性劳动成果，是乞巧文化的主要思想和动因。正是这种以人为本、自强不息的奋斗精神，让乞巧文化活动具有了强大的生命力、感召力和凝聚力，让乞巧文化活动与求神拜佛的寺庙文化活动出现了本质上的区别。

求神拜佛时，人是客体；乞巧活动中，人是主体。因为参加乞巧活动的每一个人都知道，巧娘娘赐予的福气和灵巧，要靠自己的琢磨领悟与反复实践才能变为生活本领，所以在每一次乞巧活动中，姑娘们都会不失时机地互相沟通交流，一起切磋女红，探讨茶饭，一起诉说各自心里面不为人知的小秘密，从而就起到了相互学习，取长补短，共同进步的作用。秦国的女人们就这样一代一代地成长起来了，乞巧文化也就这样被一代一代地传承下来了。

综上所述，乞巧文化强大的精神力量内核，其实就是秦人知行合一的哲学思想和自强不息的奋斗精神，正是因为这种精神力量的支撑，秦人才能够创造以少胜多、以弱胜强的历史奇迹，完成华夏一统的伟大事业，正是因为这种精神力量的支撑，中华民族才能够雄起于世界民族之林，巍巍然屹立于世界东方。

现代语境下的七夕文化传承意义

王贵生[①]

目前传承国内的七夕节俗大都是在20世纪六七十年代中断后经由八九十年代重新复归重塑而成。20世纪后期到21世纪以来，中国七夕节俗扩布形成了以西北区为中心的"歌舞—乞巧"、以中北区为中心的"讲唱—娱乐"、以东部区为中心的"庙会—祈福"、以东南区为中心的"神诞—祝生"、以华南区为中心的"摆设—竞技"等为特色的几种传承模式。

这些传承模式是在传统与现代交合中，演绎古老习俗活动，折射传统文化心理，延宕了节日时间的流动，拓宽了文化活动空间，呈现出兼容性、开放性和创新性格局。各地七夕节突破"七夕""巧女"等传统苑囿，在一个更广阔的时空范围，由整个文化区域（不仅仅是狭小社区）一大群各色人等全身心投入，带动整体节日习俗价值导向、文化属性、活动结构都随之发生转型，众多参与者在时节时空中获得了在情感、道德、人格、信仰及发展意义上的象征超越，满足了相应的人生需求。

七夕节实现了传统张力下的现代精神升值，在当下文化语境中具有重要传承意义。概括为如下几点。

[①] 王贵生，西北师范大学文学院副教授。

一、情感道德：激荡爱情的本真精神

平等、纯净、持久的爱情观具有永恒的人类学意义。牵牛织女的星际神话令人神往，而人神之恋的传说更迷幻而切实。七夕节借助牵牛织女从天际婚恋神话到人神爱情传说的推演，为传统社会中被禁锢了自由天性的青年男女构设了追求纯真爱情的理想路线，也为现代社会中迷失真爱、缺失情感道德的庸俗人群树立了反思的航标，为青年一代人生旅途提供了勃发爱意、抚慰心灵、创新爱情的空间和机遇。

牛女传说以"讲唱—娱乐"的形式，普遍流传于全国各地，在华北、华中一带尤为突出。七夕期间展现的有关戏剧、曲艺、小调、民歌、故事，是七夕节俗传承的辅助形式，又是节俗的本源性解释和象征性记忆。节日的"每一次重复都使记忆以及一种有关起源叙事的年度标记得以恢复"，又"被一种新的周期性的时刻及其记忆重新证实或验证"，使节日中的个体成员对此文化情境"予以认同"[①]。很多地方依托当地的山水形态和人文景观，渲染出独具地方风情的牛郎织女传说。这些传说对七夕节的起源叙事，通过年复一年的节日重复，获得大众记忆验证和文化认同。人际社会青年的爱恋往往遭遇现实的无奈和悲苦，却能在七夕节日中通过虚拟幻境和象征回忆得到自由释放。在传说记忆驱动下，七夕时节的拜星、祭星、看星、探星、听星、问星、祈星等人与神之相通，都使七月七日之夜的现实人生获得瞬时的安慰和调剂，同时更得到新的激荡和升华。

七夕节俗中进行的种种展演性活动，如"歌舞—乞巧""庙会—祈福""摆设—竞技"中的祷祝、歌舞、摆巧、赛巧等，无论在传统社会还是现代社会，都可能为旧的婚恋重续了缘分，也为新的爱情创设了条件。甘肃省西和县未婚女子在七夕节期间穿着盛装，穿行于家庭、村落、街道、水边，载歌载舞，赢

---

① ［英］王斯福：《帝国的隐喻——中国民间宗教》，赵旭东译，江苏人民出版社2008年版，第3页。

得了未婚男子的青睐，收到的是男子们的热烈目光和心理期许。浙江省杭州市萧山区地藏寺的宿山、东阳东白山的靠山与观日出等庙会活动，吸引众多善男信女入山拜祭神灵，也为青年男女的爱情生活创设了氛围和机遇。政府、媒体高扬各类七夕文化节、旅游节大旗，都市商业表演推陈出新，各类新型牛女文化艺术的璀璨绚烂，更为这种精神回归和升华推波助澜。所以，传统七夕节凭依爱情传说，在现代语境中更启迪和拓展了爱情精神的传扬，产生广远的人类意义。

二、人生成长：实现人格的圆满过渡

七夕节在以闽台为中心的东南区域被视为织女之神诞日，与人生成长的心理认知层面相吻合，进而将传统礼制下的男女成人礼嫁接其中，使七夕节包含了与每个家庭、每个人生均相契合的现实关联。在仪式象征层面，七夕节更被赋予一重新型人生成长意义：传统成人礼的节日复现，对年轻一代担当意识的强化，以及对社会道德疾病的文化疗救。

传统七夕节是神会之日，男女相会又引发繁衍生子理念，子女长成则面临婚嫁和家庭。这种潜在的感性逻辑关系，就是闽台浙粤等地七夕节"神诞—祝生"形式习俗，即为七娘妈庆生和为少男少女"做十六岁"的生成依据。东南沿海地区人群闯荡世界、四海为家，对成人的期盼天经地义。所以，当七夕来临，家家户户在家中或庙宇中，将孩子命运交付织女化身——七娘妈、七星娘娘等，为未成年子女祈求庇佑，为十六岁孩子做成人礼，象征"男孩开始分担家计及负起社会责任的意义"[①]。表面看，这是在世俗无奈中对神灵力量的一种依附；深度考究，则是人性中对美丽善良的尊崇和对成熟聪慧的期盼。潮汕一带旧称"出花园"，浙江温岭石塘、温州洞头称"小人节"均系同源。台南开隆

---

① 林金田：《台南市开隆宫与"做十六岁"成人礼之浅探》，《台湾文献》(41)，台湾省文献委员会1990年，第82页。

宫的七夕活动，在庆诞和成人礼仪式中，通过三次艰难穿越低矮的供桌和七娘妈亭，直到完成各种复杂程序后方能圆满成人，获得"证书"，足以显现成人之路曲折，人生不易，也是对孩子成长的象征教育。经此成人礼，孩子实现了"从一种社会界限向另一种社会界限的跨越"[1]，每个人生得到升华，仪式意义获得象征实现。

这是在尊崇与期盼子女健康平安、长大成人、博取功名的文化心理基础上，将对孩子未来人生的祈愿融入女性主导的七夕活动中，赋予七夕节以母性大爱和人生大道的节俗主题，超越了七夕节固有的女红心理苑囿，人生意义获得顺延和深化。近年来在大中学生中颇受青睐的学校成人礼，在一定程度上就是源自这种七夕神诞的力量。青年一代的成人意识，值得关注和认真引导。七夕成人礼，不失为一种现实的选择。

三、个体发展：引导提高生存发展技能

勤快、贤惠、手巧是传统女子的理想人生标尺，也是现代女性人生奋斗的基准。七夕节以牛耕文化和纺织文化为基调，在传承中逐渐倾向于对女性技艺的考量，通过种种乞巧仪式折射出来，成为一种目标性精神追求。这是传统社会女性教化和人生成长中的一条美丽而现实的途径，也是现代人个体发展可资参照的习俗模板。

在男耕女织为中轴的古代社会人生中，女子高超过硬的女红厨艺是其实现"主内"角色价值的重要凭依。女子之生，注定未来人生就是在家纺纱织布，所以"载衣之裼，载弄之瓦"（《诗经·斯干》），与男子人生截然不同。在传统女子的成长中，缺失学校教育和社会激励机制，一年一度的七夕节乞巧活动无疑是闺阁女子最佳也最适宜的"社会化"成长行为。在西北区西和、礼县一带盛传的"歌舞—乞巧"形式，南部区珠三角一带广州、东莞、佛山等地广布的

---

[1] ［英］埃德蒙·利奇：《文化与交流》，郭凡译，上海人民出版社2000年版，第36页。

"摆设—竞技"活动,其中最彰显传统意义的几个环节,如秧豆苗、做巧果、缝巧衣、穿巧针、制工艺、摆贡案等,无不显现出对青年女子聪明智慧、心灵手巧甚至耐心毅力、心细程度的全方位检测与评定。数度参与七夕活动,就意味着青少年女子手艺能力获得不断的激励和提高。所以,七夕节"既是女性的精神和观念活动内容,也是她们对文化身份、人格和人生价值观的认同,这种精神意蕴通过仪式中的女红制作得以充分表达"[①]。这也是七夕节从汉魏开始就延续一个永恒主题——乞巧,随着时代变化,手段形式千变万化,而基本宗旨亘古不变的深度理由。

一代女子的技术成长,业经乞巧形式检测和完善,这种文化图式经过不断复制和再现,又自然顺延到下一代,实现了每一女性个体对成长环境的"促结构化"过程。这不是虚假的预期,而可理解为是"在对最'真实'的诚意的幻想中生成的策略"[②]。至今,珠江三角洲一带的七夕节完全演绎成展现制作工艺技巧的形式,大量不同年龄、不同身份的女性不厌其烦、不辞辛苦并不计功利地承担和付出,都是这种心理的深厚积淀。巧女们将美好的人生愿望融入精美的手工技艺制作,以琳琅满目的、令人眼花缭乱的大台摆贡,吸引众多村民、游客流连忘返,评头论足,人生意义与价值得到预设和肯定,人生发展技能和水平获得了检测、督促和刺激、提升,同时引导更多巧女(巧男)参与其中,实践巧手夺天工、巧手装点未来的美丽人生。

四、愉悦精神:演绎生命的狂放和热情

七夕节在传统社会中是一个相对封闭的文化系统,是女孩们自身相互结盟聚会并借助节日平台进行自娱自乐的一种"专利性"的活动,为女孩们带来了"放松"和"狂欢"的幸福时空,理性地实践了女性精神的自主和自信,具有伸

---

① 胡平:《遮蔽的美丽——中国女红文化》,南京大学出版社2006年版,第105页。
② [法]皮埃尔·布迪厄:《实践感》,蒋梓骅译,译林出版社2003年版,第95页。

张人性的超越意义。这是汉魏唐宋宫廷采女和明清荆楚民间闺阁女子共同拥有和一直倾心的文化取向，这种意义至今犹存。在"歌舞—乞巧"的七夕活动中，人神同乐，载歌载舞，释放自我，成为现代心灵解压和精神脱困的有效手段。

西北区"歌舞—乞巧"活动，就是女孩们的狂欢节。七天八夜的欢乐聚会，延续时间之长、覆盖区域之广、歌舞形式之丰富，在全国无出其右者。节日之前的期盼、准备，是全身心的预备进入；节日期间的一系列繁复的祭拜、祈愿，伴随着欢快忘我的载歌载舞，令女孩们心醉神迷，乐不自禁；至七夕结束，狂欢过后，女孩们的快乐时光圆满闭合，在满足中释然，在回味中自得。七夕节活动对女孩们来说，不仅是一种人神共享的娱乐过程，也是一段意味深长的自我释放、自我净化的自由心灵旅程。

这种七夕习俗中的"狂欢化"，不是对传统主流秩序和权威进行颠覆性的嘲弄反抗，而是在神人交会的理性光照下，在遵从传统赋予的规范和义务的前提下，在众人艳羡的闺阁世界和自主王国中，暂时摈除了繁杂的家务与等级的约束，按照传统既定的礼仪秩序和禁忌要求举行文化大联欢。歌名、曲调、旋律、舞步、时辰、节奏是固定的，而一些唱词和参与者的数量、规模、服饰、年龄结构以及欢乐的方式与情境是不断更新的，严肃的神境装载的是欢快的人事。称其狂欢，绝不雷同于异域民族酒神式的野性张扬和伦理叛逆，而是华夏女性内敛矜持而贤淑温良品格的变相展现。七夕女性这种自由精神的有限超越性，将伴随七夕传统的保持，在今世和未来，不断绵延发展。

除此而外，在古老的吴越大地滋生的七夕"庙会—祈福"活动，遍布不少城镇村落，如浙江缙云县胡源乡招序村的张山寨七七会、东阳市虎鹿镇仙姑殿庙会、嘉兴市油车港镇古窦泾村永昌寺（一担庙）香桥会、杭州萧山区坎山镇地藏寺七夕宿山等。庙会中，十里八乡的香客信众以"靠殿""宿山"和争烧头炷香的方式为节日带来热闹气氛，邻近村落各种民间歌舞、曲艺、大戏班子赶来助兴竞演，鼓乐齐鸣，欢天喜地，带动了整个庙场前来礼神和游览的人群，共同沉浸在狂欢热闹的氛围中，沉闷而世俗的心境获得调剂和释然。

五、宗教境界：体悟纯正信仰的幸福感

七夕节以迎请和拜祭神灵的方式搭建了天人感应的桥梁，虚拟性地完成了种种现实人生与理想目标之间的连接，为民间社会人群淳朴善良的文化心性创设了可供投注的指向和空间，为民众世俗满足和幸福体验注入了良好的内动力。传统七夕节中的接七夕水（圣水）、拜魁星、供摩睺罗等，都是祈拜神灵、祈求平安的朴素信仰反映。近世以来颇为兴盛的宗教化的庙会形态，更促发了这种心理追求的升值。这种祈愿神灵、感念恩德、焚香叩拜，表面上是传统人性的被动无奈和盲目寄托，实际上是现代人性的主动向善和自觉完善，是文明人以成熟心性走向大彻大悟。

世俗的节日演化成宗教性仪式，正如"一种全新的历史化可以造成秩序的颠倒以及一种明显的新秩序的到来"，"并区分成有着不同成员以及它们自身意义的不同的秩序"，"历史的隐喻及其节庆被神圣化"[1]。七夕节在陕西省西安市的石婆庙、石爷庙，在河北内丘玉皇庙，在江苏太仓织女庙，在浙江省的嘉兴一担庙、萧山地藏寺、缙云献山庙（陈十四娘庙）等，都演化成种种神圣而闲适的人神聚会。庙会期间，四方香客信众云集，车水马龙，为平日孤寂冷静的庙宇平添一份热闹和人气，也为信众亲人获求了一份感念和平安。显然，这不仅是互为因果的"闲暇娱乐活动"与"宗教性活动"的适时性反应[2]，更是富有情韵的人神交会与自我净化。

在庙会活动中，人们祭神如神在，尊崇善良灵巧之神，便是引领自我人格趋向如神一般完善；为织女神张红挂彩、巡游开光、敬香还愿，无一不是民间社会质朴诚信的人格精神的投射。在高尚的道德之尊神的瞩目和保护下，每一个体的安全、成长与每一群体的繁衍、壮大达到了异常同构。这种与神的深度

---

[1] ［英］王斯福：《帝国的隐喻——中国民间宗教》，赵旭东译，江苏人民出版社2008年版，第9、235页。

[2] 赵世瑜：《明清以来妇女的宗教活动、闲暇生活与女性亚文化》，载郑振满、陈春声主编《民间信仰与社会空间》，福建人民出版社2003年版，第149页。

沟通方式，在引领人际社会的良性发展过程中，常常能够产生特殊而神秘的暗示效应。幸福是什么？宗教性体验背后的幸福就是会心释然的微笑。这也是中国老百姓在朴素的民间信仰中所期盼和领悟的永恒的人生真意。这也是为何在物质水平高度发达的现代社会，犹有难以估量的人群委身神庙、焚膏继晷、诵经焚香而乐此不疲的文化根源。

总之，中国七夕节作为一种延续两千年的传统节日，在20世纪后期开放时代到来的复归和重现，以及在21世纪非遗保护背景下的高涨和强化，都是其深厚文化底蕴的潜在涌动和迷幻张力的时代震荡，是华夏民族美丽理想和纯正人格的交响互动。七夕节业已完成传统节日向现代背景的融入，成为现代社会人生的瑰丽一环，在模塑道德情感、促成人生过渡、引导个体发展、愉悦生命精神和享受宗教境界等方面，发挥不同功用。同时，也在打造地方品牌、发展旅游经济、实现和谐效应、建设地方文化等方面，产生了积极意义。尽管七夕传承中也滋生了一些偏离主流意识的转向、脱轨现象（如一些城市开展强刺激的情人节活动，一些地方凭空打造传说风物等），但并不影响七夕节传统习俗精神在现代社会的整体扩布和深化。七夕节充满正能量的传承航道上，依然云帆高挂、旌旗招展。

陇南本土对乞巧文化研究的反思与展望

蒲向明[①]

一、"陇南本土"含义回溯

"陇南"初名，实属于一个历史文化名词。清同治十一年（1872）山西洪洞县董文涣授甘肃巩秦阶道兵备道年余，拟筹资创办书院。光绪元年（1875）三月始建，次年五月竣工，名陇南书院[②]。光绪三年（1877）七月董文涣病逝官邸，创办陇南书院是他留给秦州的重要历史文化遗产，但其名称中的"陇南"一词令人费解。董文涣《创建陇南书院碑记》称："文昌书院久圮废，陇南文教遂替。文涣悯之，请括各州县叛回遗产，佑充经费，营建陇南书院，视文昌加广。"由此看来，他所言书院之"陇南"，就是巩秦阶道辖区范围，比秦州大（包括巩州、阶州辖地），但又比之前陇右道范围小，地理位置在陇坂（陇山）之南。他稍后所作《陇南书院落成示同舍诸生诗》，表达了一致的"陇南"含义。光绪十一年（1885）时任巩秦阶道的姚协赞撰《谕陇南书院诸生示》，从学习态度、读经、读史、读诗赋等四方面向诸生提出要求与希望[③]，沿袭董氏"陇南"之称，含义并同。陇南书院以治经与治事并举的实学为宗旨，加上有"陇南文宗"之称的秦州鸿儒任其昌主持，使之成为甘肃著名学府，对以秦州为中

[①] 蒲向明，陇南师范高等专科学校文学与传媒学院教授。
[②] 天水市地方志编纂委员会：《天水市志》（下卷），方志出版社2004年版，第1789页。
[③] 吴枫、宋一夫主编：《中华儒学通典》，南海出版公司1992年版，第1636页。

心的陇东南地区文化教育的繁荣和发展产生了积极的影响：一是以书院为导源形成了不少地方名校；二是培养了一大批人才；三是倡导了一种经世致用的学风，意义深远。

"陇南"再名，就是一个历史地理名词了。民国初，袁世凯令各州废府设道，清巩秦阶道于民国二年（1913）四月改称陇南道，治天水县（原秦州改，今天水市）[①]，属甘肃省。辖天水、秦安、清水、徽、两当、礼、通渭、宁远（武山）、伏羌（甘谷）、西和、武都、西固、文、成十四县[②]。一年过后的民国三年（1914）六月，陇南道改置渭川道。由于这个历史地理名词的存在、持续，在民国初至新中国成立的一段较长时间里，有"陇南十四县"之说并长期沿用。此"陇南"一名，显然要比现行陇南市地理范围大很多。

"陇南"今名，是一个行政区划名。1985年武都地区（阶州）更名为陇南地区，辖9县：武都、成县、徽县、两当、礼县、西和、文县、康县、宕昌。2004年1月撤销陇南地区，设立地级陇南市，原武都县改为武都区，下辖8县一区。从西汉水流域留存乞巧民俗文化的现实情况看，本文所指陇南，即今名所指范围。"陇南本土"，即指当今陇南市辖区。

二、国内对陇南乞巧文化的推介、宣传取得了显著成绩

自2007年西和县举办首届"中国乞巧文化旅游节"以来的11年间，国内对西汉水上游地区乞巧民俗文化有组织、有规模的推介、宣传，取得了巨大的成功，获得了显著成绩，特别是西和县在这方面所做的工作，功不可没。我们仅从"数字超星"数据库以"西和乞巧""陇南乞巧""西和礼县乞巧"（包括单独字段"礼县乞巧"）和"西汉水乞巧"字段获得的检索结果，可见一斑（见表一）。

---

① 天水市地方志编纂委员会：《天水市志》（上卷），方志出版社2004年版，第250页。
② 段木干主编：《中外地名大辞典》（一至五册），人文出版社1981年版，第3680页。

表一 国内宣传研究陇南西汉水上游地区乞巧民俗文化情况调查表（数据来源：数字超星）

类别	报纸文章	图书章节	图书全文	学术期刊论文	博硕士论文	学术会议论文
西和乞巧	101	245	303	41	4	2
陇南乞巧	108	14	44	10	1	0
西和礼县乞巧	2	19	11	5	2	0
西汉水乞巧	2	3	8	1	0	0

数据表明，经过十余年有组织、有规模的推介、宣传，"西和乞巧""陇南乞巧"已经成为文化品牌，形成了广泛的社会影响和认知。比较而言，由于对"西和乞巧"的推介宣传起步早，受重视程度高，影响力更甚。当然这四个字段之间并不是单独割裂的，在推介、宣传和研究的实际运行层面，还有交互、混融和联系的情况。

就报纸文章看，也不全是宣传和推介，有的文章也带有一定的研究深度。如西和县委宣传部的《悠悠乞巧情 千年女儿梦——西和乞巧文化发展综述》一文，用相当长的篇幅对传承数千年、保留很完整的西和乞巧做了深层次探讨，不仅记述了连续七天八夜的乞巧民俗文化活动，历经坐巧、迎巧、祭巧、拜巧、娱巧、卜巧、送巧七个环节，还揭示了乞求"巧娘娘"赐给姑娘们聪慧、灵巧和好运的文化意义，使读者感受到了这一民俗特有的文化魅力和精神内涵，达到让西和乞巧节备受各界关注、吸引众多游客纷至沓来的客观效果。[①]

一些图书章节从田野调查的所得入手，真实科学地反映了西和乞巧流传至今的渊源历程。华杰的《七月七日西和乞巧节》，是在改革开放后不久最早系统介绍西和乞巧节（也称"巧娘娘"节）的图书专章，他把七夕和乞巧联系起来，借助方志（《西和县志》）的记载，挖掘乞巧节的历史文化涵蕴，以说明这

---

① 西和县委宣传部：《悠悠乞巧情 千年女儿梦——西和乞巧文化发展综述》，《中国艺术报》2013年8月7日。

是一个情趣横生、独具风采的民俗节日①。徐凤的《甘肃非物质文化遗产概论》专列"西和乞巧节"一节指出:"西和乞巧节是一种集仪式、诗歌、舞蹈、工艺美术于一体的综合性民俗活动,在前后历时约一个月的时间里,崇拜的对象是'巧娘娘',即传说中的织女,主要参加者是未婚女子,主题是向'巧娘娘'乞'巧',其仪式程式化,有固定的场所,2008年被列入第一批国家级非遗名录。"②

一些图书列专题全文,有侧重地探讨乞巧的某一个方面,宣传带有研究深度。张昉的《陇南民俗文化·歌舞谣谚卷》专列"陇南乞巧舞",指出:"陇南乞巧舞是女性舞,流传于西和、礼县一带,具有陇南浓郁的乡土气息。属于带唱的秧歌式舞蹈,主要是以秧歌的舞步为基本动作。表演者两人以上或更多,她们手拿扇子、纱巾,穿插变化队形来表达真挚的感情和虔诚的心灵。"③

实际上,陇南乞巧文化的推介、宣传一直和研究密切相关,其中存在着较为复杂的牵连和互相作用的肌理,此非本文重点,权且略过。另外,国内对陇南乞巧文化推荐宣传的成绩,还有大量的网帖文献未纳入本调查,限于篇幅,拟不展开讨论,但成就巨大、效果显著已经是一种客观事实,需要提及。

三、陇南本土以外的国内专家在西汉水流域乞巧文化研究上的创获

陇南本土以外的国内专家研究西汉水流域乞巧文化的,有华杰的《采花谣——陇上采风录》(2003),对20世纪80年代西和乞巧民俗做了整理及记录,而且对唱腔有记谱,这是收集者首次以曲、词、乞巧过程全面记录乞巧节的创举。理论研究起步最早、起点最高者当属赵逵夫先生。他说:"20世纪80年代末礼县大堡子山秦先王陵墓被发现以后,我想到了西和、礼县这个历史悠

---

① 华杰:《七月七日西和乞巧节》,载中国民间文艺研究会甘肃分会、甘肃省群众艺术馆编《甘肃传统节日》,1985年(内刊本),第155—161页。
② 徐凤:《甘肃非物质文化遗产概论》,甘肃人民出版社2014年版,第283页。
③ 张昉主编:《陇南民俗文化:歌舞谣谚卷》,甘肃文化出版社2012年版,第269页。

久的节俗同早秦文化的关系,才从探讨其源头的方面写了《连接神话与现实的桥梁——论牛女故事中乌鹊架桥情节的形成及其美学意义》(《北京社会科学》1990年第1期),《论牛郎织女故事的产生与主题》(《西北师大学报》1990年第4期)两篇论文……2004年9月,母校西和一中六十周年校庆,我为全校老师同学做了一次《汉水与西礼两县的乞巧风俗》的学术报告,自己也重拾了这个放置了12年的大课题。此后西和一中老师组织学生开展的课外科研学习活动,也便将目标转到了这个方面,县上有的文化人也开始关注乞巧风俗与乞巧歌的采录与研究。"[1]他的研究不仅试图解决陇南乞巧文化的起源和七夕与乞巧的关系问题,而且还对西汉水上游地区处于黄河、长江流域毗连区的文明起源、民俗文化演变做了更扎实的基础性探讨。稍后杨洪林先生对汉水、天汉之间的联系进行了文化考察,并对《牛郎织女》民间神话故事做了理论探源,他从先民宇宙观、故事主角与农耕文化及故事的文化土壤方面,论及"牛女"的"根"在中国得出新的结论[2]。

赵逵夫先生早期的乞巧文化研究,有一个较为集中的观点:甘肃西和、礼县七夕节盛行乞巧活动,此风俗由来已久,应同秦人的传说有关,织女是由秦人始祖女修而来,牵牛则由周人之祖叔均而来;同秦人发祥于汉水(西汉水)上游,周人也去汉水不远有关;目前所见最早反映牛郎织女故事情节的材料,也都同秦文化有关。进入封建社会之后,牵牛织女的故事才发展为表现占我国人口绝大多数的农民男耕女织生活的故事。[3]今所见20余篇赵逵夫先生研究陇南乞巧民俗文化的专文,涉及了西汉水流域西、礼两县乞巧文化的方方面面,新见迭出,不一而足,加之他出版的著作《西和乞巧节》(2014)、《西和乞巧

---

[1] 赵逵夫:《西和乞巧民俗研究序》,载李凤鸣、韩宗坡、王亚红《西和乞巧民俗研究》,甘肃人民出版社2013年版,第3页。

[2] 杨洪林:《汉水、天汉文化考——兼论〈牛郎织女〉神话故事的源流》,《武当学刊》1993年第4期。

[3] 赵逵夫:《汉水与西、礼两县的乞巧风俗》,《西北师大学报(社会科学版)》2005年第6期。

歌》(2014)、《中国女儿节：西和乞巧文化》(2015)等，使他在陇南乞巧文化研究方面的深广度无人能及，也是推动西和地方政府加强文化名片建设的主要动力之一。

从时间断限看，自2007年8月在西和宾馆举办了首届"中国乞巧文化论坛"以来，陇南本土以外学者对西汉水流域乞巧民俗文化的研究，经历了两三年的起步过程。大量陇南乞巧文化研究的论文出现在2010年后，研究路径呈多维放射状。主要特点可以作如下四个阶段性的归纳：

（1）2010—2011年（包括2009年1篇），以博硕士论文和学者专文为主，涉及田野考察、地域特点、女性文化、乞巧歌思想艺术等研究点，有向面上扩展的趋势。如：韩宗坡《"非遗"保护的自主性、本真性、整体性研究——以甘肃西和乞巧民俗考察为例》（中央民族大学2009年硕士论文）、郭昭第《西和乞巧习俗的地域表征与文化精神》（《沈阳师范大学学报（社会科学版）》2010年第6期）、陈宇菲《乞巧中的女性文化研究——以甘肃西和乞巧民俗为例》（西北民族大学2011年硕士论文）、郭昭第《西和乞巧节的地域表征及乞巧歌的文化精神》（《兰州学刊》2011年第4期）、薛世昌《原生态言说与西和乞巧歌的赋比兴研究》（《兰州学刊》2011年第4期）、陈斐《读赵子贤先生〈西和乞巧歌〉》（《社科纵横》2011年第7期）、张银《西和乞巧歌辞探析》（《社科纵横》2011年第9期）等。

（2）2012—2013年，以著名民俗研究专家论文为主体，涉及乞巧节俗文化的科学保护、西和乞巧节的原初性、陇南乞巧的秦风余响、乞巧节文化空间变迁、"跳麻姐姐"民俗事象等方面的研究，深度有所增加，研究视野也显开阔。如：李雄飞《〈西和乞巧歌〉的价值研究》（《青海社会科学》2012年第1期）、乌丙安《西和乞巧节的依法保护与科学保护》（《中国艺术报》2013年8月7日）、柯杨《西和乞巧节的原初性及地域性特征》（《中国艺术报》2013年8月7日）、刘锡诚《西和乞巧节的秦风余响》（《中国艺术报》2013年8月7日）、刘宪《从传统到当下——甘肃西和乞巧节文化空间变迁研究》（《天水师范学院学报》2013年第6期)、柯杨《浅谈西和乞巧节的原初性及其地域性特征》(《民间文化论坛》2013年第5期)、剡自勉《陇南乞巧中的"跳麻姐姐"民俗事项再探》(《牡丹江大学学报》2013年第8期)等。

（3）2014—2015年，以中青年学者为主体，在陇南乞巧民俗的集体情感、古俗唱词、情感表达、女性智慧、传承与展演、民间宗教仪式、文化艺术特征等方面，开拓了较新的研究领域，但基础性的研究似乎重视不够，研究广度有收窄的趋势。如：宋红娟《非定向性情感及其表达——以西和乞巧歌为例兼论涂尔干的集体情感》(《西南边疆民族研究》2014年第1期)，马丽娜、马向阳《西和乞巧古俗唱词中的女性意识探析》(《阴山学刊》2014年第5期)，宋红娟《"心上"的日子——一项西和乞巧的情感人类学研究》(北京论坛国际会议专场论文2014年)，郭昭第《东方智慧女神：西和乞巧歌巧娘娘崇拜的基本主题》(《文艺争鸣》2014年第9期)，韩雷、刘宪《从本真性视阈看甘肃西和乞巧节的传承与展演》(《温州大学学报（社会科学版）》2014年第2期)，刘宪《"代理论"视阈下甘肃西和乞巧节的传承与变迁研究——以姜席镇姜窑村为例》(温州大学2014年硕士论文)，宋红娟《迈向情感自觉的民间宗教仪式研究——以西和乞巧节俗为例》(《民族艺术》2015年第6期)，付乔《彰幽抉微、精博允当的区域文化研究大著——评赵逵夫主编的〈西和乞巧节〉》(《天水师范学院学报》2015年第6期)，李旭峰《浅析甘肃陇南乞巧文化艺术特征》(《戏剧之家》2015年第6期)，叶俏华《西和乞巧舞蹈的特征与社会功能浅析》(《节日研究》2015年第2期)，等。

（4）2016—2018年，以陇南乞巧舞蹈、民俗音乐、乞巧歌演唱、非遗保护、历史反映等为主要研究点，研究队伍出现收缩的情况，整个研究从数量到质量似乎走向式微，影响也渐弱。较有代表性的论文有：彭金山《西和乞巧歌〉及西、礼乞巧习俗散论》(《甘肃广播电视大学学报》2016年第1期)，王艳艳《西和"乞巧节"及其民俗音乐乞巧歌之研究》(西北民族大学2017年硕士论文)，赵逵夫《西和乞巧歌中对新中国历史的反映》(《甘肃农业》2018年第2

期），李少惠、赵军义、于浩《文化治理视域下非物质文化遗产保护研究——以中国陇南乞巧节为例》（《西北民族研究》2018年第2期）。

四、陇南本土研究西汉水流域乞巧文化的回顾

陇南本土研究西汉水流域乞巧文化，溯源应该在明清方志载录。康熙二十六年（1687）抄本《西和县志》内容简练，在民俗部分未提及乞巧。乾隆三十九年（1774）刻本《西和县志》（全四卷）卷二"礼仪民俗"载七月节俗云：七月，"七夕"，人家室女陈瓜果，拜献织女星，以"乞巧"。十五日，"中元节"，居人祀先荐亡。[1]这个记载虽简略，但清楚说明民家女献织女以乞巧的当时风俗状况。

相比周边西汉水——渭水流域诸县方志，此记载最详细的。如清乾隆六十年（1795）刻本《清水县志》（十六卷）"岁时民俗"载：七月，七日，"乞巧"，十五日，祀先，荐麦蝉；清康熙四十九年（1710）刻本《宁远县志》（六卷）岁时民俗载：七月，"七夕"，小儿女"乞巧"。[2]记载乞巧民俗就极省笔墨，也说明了这一代地史官对"乞巧"的漠视。还有一些清本、民国本方志如《岷州志》《漳县志》《文县志》《徽县志》均无乞巧民俗流传的记载。令人不解的是王榆善纂修康熙本《礼县新志》、董兴国纂修雍正本《礼县志》、方嘉发纂修乾隆本《礼县志略》均未载礼县乞巧流传情况，即使最晚的民国铅印本孙文俊纂《重纂礼县新志》在卷二"风俗"中载："七月十五日中元节，士庶家祀先荐亡，用冥钱"[3]，并未提及七夕和乞巧。

实际上，至迟在20世纪七八十年代就有人记录过礼县乞巧民俗。赵逵夫先

---

[1] （清）邱大英等纂辑：《西和县志》（全抄本影印本），成文出版社1970年版，第215页。
[2] 丁世良等主编：《中国地方志民俗资料汇编·西北卷》，北京图书馆出版社1989年版，第202—203页。
[3] 孙文俊纂：《重纂礼县新志》（卷二），民国二十二年（1933）（四卷）铅印本，礼县县志办公室1995年复印本，第18页。

生提到，他见过那时礼县农民诗人刘志清搜集的几首乞巧歌，说明随着新中国成立，社会关系发生变化，乞巧风俗在礼县的存留引起更多注意。20世纪末出版的《礼县志》在书前彩页收录《县东少女"乞巧"习俗》80年代彩照，而且在第七编"社会"第二章方言谣谚"歌谣"类收录了"巧娘娘"条，详细记录了西汉水上游盐关、祁山、永坪、永兴等乡镇流传七天巧娘娘"乞巧"演出的情况，并且收录了流传于永兴乡的一首《巧娘娘歌》[①]。

比较而言，西和县对于乞巧民俗文化的研究，在民间更有雄厚基础。民国赵子贤先生的《西和乞巧歌》（2010年由赵逵夫先生整理出版），首次以文字的形式记录了乞巧的歌词和现状，并按《诗经》的"风""雅""颂"为其分类，在西和乞巧的保存整理以及文字记录方面做了开创性的工作。子贤先生对乞巧民歌的文化意义和史料意义给予了高度评价，他在"题记"中写出一诗云："莫谓诗亡无正声，秦风余响正回萦。千年乞巧千年唱，一样求生一样鸣。水旱兵荒多苦难，节候耕播富风情。真诗自古随风没，悠远江河此一罌。"[②]此诗深刻地反映了他的民间文学观：认为乞巧之声是秦风之余声，并且"西和如此普遍、隆重、持久的乞巧活动其他地方没有，这给女孩子一个走出闺门、接触社会的机会，在古代是冲破封建礼教束缚的表现，在今天是一种对社会、一些问题发表看法的方式，既反映老百姓之心声，也是存史，同《诗经》中的诗有同样的价值。"体现了他文学思想的新见和如何正确对待民间文学的深刻见解。如此等等早就酝酿的高见，也就潜移默化到了修志者的思想中。20世纪后期撰定的《西和县志》在第六编社会的"风俗"一章"节日"中就录有"乞巧节"，对节俗的情况作了全面概述[③]。赵子贤先生之女赵兰馥（1934—　）著文《〈乞巧歌〉与我所经历的乞巧》，对民国以来西和乞巧的流变提供了很好的背景材料[④]。

---

① 礼县志编纂委员会编：《礼县志》，陕西人民出版社1999年版，第755—758页。
② 赵子贤：《西和乞巧歌》，香港银河出版社2010年版，第2页。
③ 西和县地方志编纂委员会：《西和县志》，陕西人民出版社1997年版，第697页。
④ 赵子贤搜集整理，赵逵夫注：《西和乞巧歌》，上海远东出版社2014年版，第150—155页。

陇南本土研究西汉水流域乞巧文化的主要力量，来自西和、礼县和陇南师专，时间上从2006年起渐趋强劲。余永红探讨了乞巧风俗活动过程及其"巧娘娘"纸偶造像问题，指出其具有的浓郁地方特色。[①]张芳以研究西和、礼县一带乞巧歌音乐、舞蹈为切入点，对乞巧乐舞独特的形态特点，以及乞巧音乐在仪式中表现出自己独特的功能性做了探讨，指出了音乐、乞巧仪式和信仰对象之间存在的必然联系。[②]李凤鸣研究《西和乞巧歌》，对反映西和女性主体意识的歌给予特别关注。[③]高应军通过对乞巧民俗的历史渊源、基本内容以及特点价值等的探究，对西和乞巧文化的保护与开发提出了一系列意见建议，认为西和乞巧文化在开发工程中需要避免纯商业化操作，要做到文化保护先于经济效益，采取保护性开发方式，同时要注意处理好社会各方的利益关系。[④]余永红还对乞巧风俗的文化生态与世代传承，以及在经济和文化全球化、工业文明快速发展的大环境下，如何有效、科学地保护乞巧民俗文化进行了深入思考。[⑤]张芳通过一次在西和历时4年多的调查，比较真实、全面地记录了西和、礼县境内的乞巧节的原貌和节日歌舞的状态。[⑥]蒲向明把唐宋诗文反映陇南（陇右）乞巧的作品与其对陇南乞巧民俗流传的影响联系起来，揭示西汉水流域今存乞巧民俗文化的奇特性。[⑦]温虎林认为西和、礼县的乞巧民俗属秦人遗风，完整地保存了古老的民间乞巧活动范式，以原生态方式流传，在乞巧文化中具有原型价值，兼容伏羲文化、炎黄文化、秦文化、氐羌文化等文化渊源。[⑧]

陇南本土研究西汉水流域乞巧文化，在2015—2016年的时段里，出现了

---

① 余永红：《陇南的"乞巧"风俗与"巧娘娘"造像探析》，《文化学刊》2010年第4期。
② 张芳：《西和、礼县乞巧仪式的歌舞特征研究》，《歌海》2011年第2期。
③ 李凤鸣：《浅析〈西和乞巧歌〉中的女性主体意识》，《西北民族研究》2011年第3期。
④ 高应军：《陇南西和乞巧民俗旅游的深度开发》，《甘肃高师学报》2012年第1期。
⑤ 余永红：《文化生态视阈中陇南"乞巧"风俗的传承状态》，《齐鲁艺苑》2012年第4期。
⑥ 张芳：《西和、礼县乞巧节乞巧仪式歌舞专题调查报告》，《音乐时空》2014年第9期。
⑦ 蒲向明：《从唐宋七夕诗文看乞巧在陇南的流传》，《重庆三峡学院学报》2014年第4期。
⑧ 温虎林：《西和、礼县乞巧民俗原型考察》，《兰州文理学院学报（社会科学版）》2014年第6期。

"高原现象",研究水平有了整体提升。温虎林认为陇南乞巧民俗有明显的古代求生育祭祀遗风,乞巧活动中的特殊祭品"巧芽"就是体现生命力的象征,乞巧活动中的取水与拜巧过程,带有古代郊祭与履迹遗风,与秦人关系密切。① 余永红认为乞巧文化的图像系列是紧紧围绕乞巧活动的偶像、仪式、结果等三个方面而形成的。这些图像虽然不是乞巧民俗的主体,但通过这些系列图像,不仅可以窥探历代乞巧民俗的基本状况,同时也形成了乞巧文化的视觉艺术化呈现形式。② 王晓静从田野调查出发,对西和乞巧节中"跳麻姐姐"舞蹈的动作、结构、歌舞等形态方面进行了初步考察与研究。③ 潘江艳认为陇南西和县、礼县乞巧活动具有歌舞性、娱神性及功利性特征,研究乞巧民俗的文化形式及其价值,对传承民族文化具有重要意义。④ 蒲向明以在西汉水上游祁山乡西汉村七天八夜完整乞巧民俗过程的田野调查中,发现陇南乞巧民俗所包含的地域文化蕴涵,诸如与三国文化、民间传说和地方小戏"陇南影子腔""陇南花灯戏"等,存在种种联系和相互影响。⑤ 蒲向明认为西汉水上游西汉村(属甘肃省礼县祁山乡)的乞巧民俗,具有古朴文化孑遗的特征,它还是一个女神(巧娘娘)崇拜祭仪活动的完整存留。通过田野调查发现陇南乞巧民俗最大的特点是它的原初性,有着重要的研究价值。陇南乞巧祀典、礼仪和习俗的动作以及舞蹈、演唱,具有深广的表现力,展示了远古遗风(特别是早秦文化)的一些活态,并随着环境、时代和风尚的变化而发生着演进。⑥

2017年至今,陇南本土对西汉水流域乞巧文化研究,势头似有放缓迹象,

---

① 温虎林:《秦人故里巧芽"种生"的生育文化意蕴》,《甘肃高师学报》2015年第1期。
② 余永红:《乞巧文化传承的图像形式》,《民俗研究》2015年第4期。
③ 王晓静:《西和乞巧节中"跳麻姐姐"舞蹈的形态探析》,《甘肃高师学报》2015年第4期。
④ 潘江艳:《西和礼县乞巧民俗特征及传承价值》,《天水师范学院学报》2015年第4期。
⑤ 蒲向明:《西汉水上游乞巧民俗的地域文化蕴涵初论——以礼县祁山镇西汉村的调查为支点》,《兰州文理学院学报(社会科学版)》2015年第5期。
⑥ 蒲向明:《从一个村庄解读中国乞巧民俗——关于西汉村完整乞巧活动的考察研究(下)》,《兰州文理学院学报(社会科学版)》2016年第2期。

数量与质量整体思维如前,但同时研究的深入化情况有所加深。李凤鸣认为赵逵夫教授整理出版《西和乞巧歌》,反映20世纪40年代以前西和历史的时政新闻类乞巧歌状况,为我们了解20世纪40年代以前的西和历史,甚至陇南历史提供了宝贵的资料。[1] 赵淑莲研究认为,在乞巧歌中,能真真切切地感受到乞巧妇女们崇尚忠贞的爱情,聪慧美丽、多才多艺、淳朴善良、坚强能干,巾帼不让须眉的人格魅力。[2] 余永红研究指出,西汉水上游地域乞巧风俗中的巧娘娘崇拜,体现出十分鲜明的地方特色:崇拜者的纯女性化、崇拜方式的巫傩化和偶像造型的民艺化。与西汉水上游地域深厚悠久的历史文化密切相关,也与当地相对封闭的自然条件和经济发展水平有关。[3] 余永红认为陇南乞巧民俗的"麻姐姐"可能都与"寿麻"有关,是随着远古西北地域氐羌文化向中原地区的渗透而融入中原文化之中,在不同的地区以不同的方式表现出来,最终演变为不同的地方神灵。[4] 赵淑莲、赵菊莲认为陇南西和"乞巧歌"中,大量方言俗语的运用,给人以鲜活的生命感、浓郁的生活气息和陇南山乡的泥土味儿,传承了上古民歌常用的"重章叠句、一唱三叹"的表现形式和美感价值,以声调和旋律来感染人的情感。[5]

相比于上述纳入国家社科基金项目、国家艺术学基金项目、教育部人文社科研究项目、省社科规划项目、甘肃省高校科研项目等研究计划的论文,陇南本土研究西汉水流域乞巧民俗文化的著作寥若晨星。重点的有两部:其一是李凤鸣、韩宗坡、王亚红著《西和乞巧民俗研究》,该著由三编组成,以西和乞巧风俗与乞巧歌为考察对象,理清乞巧歌在民俗学与民间文学方面的关系,以西和乞巧民俗为例阐释非物质文化遗产保护的自主性、本真性、整体性原则,进

---

[1] 李凤鸣:《20世纪40年代以前西和历史的写照:〈西和乞巧歌〉》,《档案》2017年第3期。
[2] 赵淑莲:《西和乞巧歌中女性的独特人格魅力》,《甘肃高师学报》2017年第5期。
[3] 余永红:《试论西汉水上游"巧娘娘"崇拜的地域特色》,《湖北民族学院学报(哲学社会科学版)》2017年第6期。
[4] 余永红:《"寿麻"新考——兼谈与麻姑、麻姐姐的关系》,《民族艺林》2018年第1期。
[5] 赵淑莲、赵菊莲:《陇南乞巧歌的语言特色》,《民族艺林》2018年第2期。

而探索乞巧风俗千古流传的原因。①其二是张芳《西汉水上游乞巧及乐舞研究》，该书采用音乐人类学的方法，在对甘肃省西和县、礼县一带乞巧仪式现存事象陈述的基础上，描述乞巧音乐、舞蹈之基本形态及特点，剖析音乐在乞巧中的作用和功能，进而探讨音乐、舞蹈和乞巧仪式及信仰对象之间的关系。②另有西和县教育局编《西和地域文化》学生读本第四部分"多姿多彩夸民俗"专节：传承千年的乞巧节，有一定的普及性价值。③许彤主编《第六届中国（陇南）乞巧女儿节·女儿梦中国梦：全国百名女性书画作品集》以书法作品展示西汉水流域乞巧风貌。④西和县推出《中国女儿节：画说乞巧》连环画，对乞巧文化旅游开发具有现实意义⑤。

五、陇南本土研究西汉水流域乞巧文化的反思与展望

陇南本土研究西汉水流域乞巧文化溯源悠远，至迟可以追及明清方志记载，但真正关涉学术研究，最早是在2006年举办首次乞巧文化论坛以后，十余年间此消彼长。2013年乞巧节上升为省级节会，并在北京举办高层论坛，成为标志性事件，本土研究也逐步走向深入，后续陇南文联创办《中国乞巧》杂志（内部刊物），为本土各界搭建研究陇南乞巧的平台、展开深入研究乞巧的抓手创造了条件，因此取得了一定的成果。研究在广度上已有可观，涉及诸多方面，聚焦点多在乞巧仪轨、歌曲舞蹈、民俗文化、语言文学、艺术与审美等几个角度，其中与秦文化的关系研究成为局部热点。总体而言，陇南本土研究西汉水流域乞巧文化涉及面广而深度不足，是其最显著的特点。

---

① 李凤鸣、韩宗坡、王亚红：《西和乞巧民俗研究》，甘肃人民出版社2013年版。
② 张芳：《西汉水上游乞巧及乐舞研究》，敦煌文艺出版社2013年版。
③ 西和县教育局编：《西和地域文化》，甘肃人民出版社2012年版，第35—44页。
④ 许彤主编：《第六届中国（陇南）乞巧女儿节·女儿梦 中国梦：全国百名女性书画作品集》，甘肃人民美术出版社2014年版，第1—120页。
⑤ 高天佑撰文，刘恺绘画：《中国女儿节：画说乞巧》，甘肃人民美术出版社2013年版，第1—86页。

应该看到，在现有陇南本土八县一区，仅有西和、礼县存在薄弱的研究力量，陇南师专作为地方高校承担起了重要研究职责，做出了一些成绩，但仍然是差强人意。究其原因，主要是研究队伍建设无支撑点，研究机构或平台没有发挥功能，研究的人力和资金投入不足，分学科研究未能深入，形成了一定的悬浮现象，工作并未落地。后续要搞好本项工作，要加强陇南师专与西和、礼县的联系，充分发挥校地各自具有的优势，加强研究队伍建设，发挥研究机构职能，想方设法筹措经费，增加研究投入，引导开展分学科方向的研究，动用研究力量注意分合机制建立，就会走向持续研究、推进学术发展的新境地。

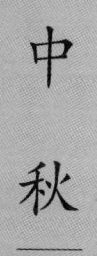

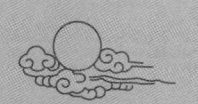

中秋

中秋节的团圆和丰收意蕴

张 勃[①]

中国人具有十分浓厚的团圆意识，这种意识深刻地影响生活起居、文学创作、审美心态等诸多方面，王国维评论戏曲小说"始于悲者终于欢，始于离者终于合，始于困者终于亨"，就是这种意识的典型表现。传统节日作为中华民族的标志性文化，同样蕴含着团圆的主题，春节、元宵节都讲究阖家团圆，中秋节的团圆意蕴就更加突出。

首先，从节日名称上看，中秋节有不少别名，如月夕、玩月节、秋节、八月节等，还有一个便是"团圆节"。比如民国二十八年（1939）《广平县志》载"女妇归宁，是日必返其夫家，曰'团圆节'"。节日以"团圆"命名，足见团圆之于中秋节的重要性。

其次，从节日时间上看，中秋节时处八月十五的月圆之夜。十五的月亮本以圆满为特征，八月十五的月亮与其他月份的相比则更甚，恰如栖白《八月十五夜玩月》诗中所云："寻常三五夜，不是不婵娟。及至中秋满，还胜别夜圆。"皎洁圆满的月轮成为人世团圆的最佳象征，也因此，中秋节的诸多习俗活动都与月亮有关，如拜月、玩月、走月、跳月等等，其中多有以天上月圆寄托人间团圆、世事圆满的美好意愿。

再次，从习俗活动上看。通过为节令食品命名、赋形以体现对团圆的追求，是我国传统节日中常见的做法，比如将元宵称为圆子、团子、浮圆子等，都寓

[①] 张勃，北京联合大学北京学研究所研究员。本文发表于《光明日报》2018年9月25日。

意"一碗汤圆圆又圆,吃了汤圆好团圆"。月饼则是中秋节的节令用品,其形取圆,其名有"团圆饼"的说法,无论用作祭月的供品,还是馈赠亲朋的礼品,抑或分享的食品,都包含团圆之意。明代《西湖游览志余》中说:"八月十五日谓之中秋,民间以月饼相遗,取团圆之义。"清光绪十年(1894)《大同县志》记载当地"供月之饼大至三、二尺许,名'团圆饼'",供过月亮之后,一定要全家分食。

全家人相聚一堂、共度良宵是中秋节的重要活动,这一习俗至少在宋代已经形成。吴自牧《梦粱录》记载:"王孙公子,富家巨室,莫不登危楼,临轩玩月,或开广榭,玳筵罗列,琴瑟铿锵,酌酒高歌,以卜竟夕之欢。至如铺席之家,亦登小小月台,安排家宴,团圞子女,以酬佳节。""安排家宴,团圞子女",这种一家人面对面的团聚相守无疑最能体现团圆的真义。以至很多地方就将"合家团坐饮食"称为"团圆会""吃团圆饭"。为了保证阖家团圆的实现,一些地方还出现了出嫁女必须回到夫家的习俗规定,所谓:"宁留女一秋,不许过中秋。"而在山东微山湖地区,兄弟中有外出未归者,餐桌上也必要给他摆置碗筷,以示对游子的思念与祝福。今天我们过中秋,仍然将阖家团圆视为最大的人生幸福。

再次,从节日情感上看,渴望团圆,是中秋节萦绕难去的情怀。若亲友相聚把酒邀月则高兴欢喜,若远走家乡亲友分离则忧思从中而来。白居易《八月十五日夜禁中独直对月忆元九》写道:"银台金阙夕沈沈,独宿相思在翰林。三五夜中新月色,二千里外故人心。"李群玉《中秋广江驿示韦益》写道:"泪逐金波满,魂随夜鹊惊。支颐乡思断,无语到鸡鸣。"都表达了中秋节怀念朋友家乡的深切情感。张祜有《中秋月》诗云"人间系情事,何处不相思",更鲜明揭示出中秋节在其初兴之时的唐代就已经具有深深的团圆内涵。

特别值得一提的是,面对月有阴晴圆缺、人有悲欢离合的现实,中国人仍然拥有乐观的心态,总是用共享一轮明月弥补现实的缺憾,慰藉相思的心灵,创造出一种新的团圆方式。无论是"海上生明月,天涯共此时",还是"但愿人长久，千里共婵娟"，抑或"明年佳景在，相约向神州"，都是如此。它们和戏曲中的梁山伯与祝英台化蝶双飞、焦仲卿与刘兰芝鸳鸯共鸣异曲同工，鲜明地反映了中国人积极乐观的大团圆意识。

历时地看，中秋节渴望团圆的情感开始主要集中在亲友和家人之间，但至迟到宋代，已从一人一家的悲欢离合上升到国家的层面，如刘辰翁《水调歌头》词即"想见凄然北望，欲说明年何处，衣露为君零。同此大圆镜，握手认环瀛。"便抒发了强烈的故国之思。如今这种情感依然在延续。

中秋节是团圆节，渴望团圆的情感使它为亲人团聚提供时机，而团聚进一步强化人们的团圆意识，培养人们的家国情怀。由团圆而团聚而团结，中秋节让人们从内心生长对亲人、乡土和国家、民族的爱，并凝聚成强大的精神力量。

中秋节时值瓜果飘香、鱼蟹肥美、庄稼成熟的金秋季节，因此也有庆祝丰收的意蕴。"八月十五月儿圆，西瓜月饼供神前。"用新鲜的时令果品祭月并在祭后食用是常见做法，既是对月亮表达敬意，也是尝新，同时也寄寓着对未来美好生活的祝福。山西一带，人们精选嫩黄豆角连皮煮熟作为供品，以其色金黄喻金秋，祈望丰收。上海人家多供菱、藕、石榴、柿子等四色鲜果，寓意"前留后嗣"，还有煮熟的毛豆荚、芋艿，称为"毛一千，芋一万"，以讨吉利。人们也用时鲜的瓜果馈赠亲朋好友，包含分享劳动果实、共庆丰收之意。

四川、福建、台湾等一些地方有中秋节祭祀土谷神的做法，称为"闹土地""秋报福"，过去山东微山湖湖区则有隆重的祭湖仪式，都是丰收之后酬神报谢的意思。我国南方还有中秋舞龙的习俗，比如在浙江开化县苏庄镇，人们用新鲜稻草扎制草龙，在田间舞动，既是对一年好收成的庆祝，也是对来年获得更大丰收的祈愿。

依靠天时地利，用辛勤的汗水获得好收成，无疑是值得庆贺的事情。中秋节在恰当的时机让劳动得到回报。玉露生凉、丹桂飘香的宜人时节，于花好月圆之中，享用劳动果实，感受人情和美，大概就是我们想要的理想生活吧。

从中秋兔爷看消费需求对民俗文化的推动作用

施爱东[①]

消失于20世纪50年代的北京兔儿爷,直到80年代才复活。自从1985年北京恢复春节庙会以后,兔儿爷茁壮成长,逐渐成为春节庙会的一大亮点。大大小小的兔儿爷,像拍集体照似的,齐整整地立在货架上,排成一座座兔儿爷山。

2011兔年的北京新春庙会上,到处都是兔儿爷山。东岳庙庙会上最受游客青睐的300多个兔儿爷于正月初六下山,前来恭请兔儿爷的市民排成了S形,其中属兔市民最为踊跃,不少市民一次请走2到5个兔儿爷,大家都把兔儿爷当成兔年生肖的吉祥物。

一、节前兔是爷,节后兔成泥

老北京的兔儿爷本是中秋庙会的宠儿,每年一进八月初十,北京的热闹街市中,最抢眼的总是兔儿爷山。老舍1938年写过一篇题为《兔儿爷》的杂文,其中提到:"北平,天津,济南,和青岛。在这四个名城里,一到中秋,街上便摆出兔儿爷来——就是山东人称为兔子王的泥人。兔儿爷或兔子王都是泥作的。兔脸人身,有的背后还插上纸旗,头上罩着纸伞。种类多,做工细,要算北平。山东的兔子王样式既少,手工也很糙。"

[①] 施爱东,中国社会科学院文学研究所研究员。

老舍说："桂花一开，兔子王便上市。"人们把兔儿爷买回家，是在中秋夜里给小孩拜月用的。拜了兔儿爷，能保一家老少团圆，还能保佑儿童百病不生。具有神圣性的兔儿爷，往往依托庙会进行销售，陈鸿年在《故都风物》中说："皂君庙开庙之期，唯一特色，大小摊子，除了吃食以外，净是卖兔儿爷的，因为它离中秋节近了。这种摊儿，摆起来上下分三四层，兔儿爷有大的，有小的。大的摆在最高层，一枚一个地放在最下层，远看像'兔儿爷山'似的！"民国时期的兔儿爷跟月饼一样，都是中秋节前走亲戚的首选礼物。

民国时期的兔儿爷在北平地区的流行程度，可以用"独领风骚"来形容。天津《大公报》有位叫老A的作者写了篇文章说："穿过小巷，街头巷尾，多有兔儿爷的尊容，我于是深深感觉到在这中秋时候，偌大的北平，俨然为兔儿爷所占据了。"作者为此感慨道："想当年革命初成，雷厉风行。打倒马褂，以其为封建时代的遗物。反对封建思想，连带其遗物，自在打倒之例，虽孔二之圣，城隍之尊，皆不免游街示惩，独兔儿爷仍若大将军八面威风，屹然莫之谁何，然则，兔儿爷之威灵，又乌可侮耶？"（《大公报·小公园》1933年10月1日）

不过，兔儿爷的神圣地位只能保持一个晚上。中秋节一过，兔儿爷就成了孩童手中的玩偶，过了不多久就会被弄脏、摔碎。北京人常常把有身份的男人叫"爷"，而在一些乖巧的小玩意后面拖个"儿"音。中秋节前，兔儿爷是兔儿"爷"，得好好供着；中秋节后，兔儿爷的神圣地位一落千丈，最终免不了受着小儿玩弄，身遭破碎的命运。北京话"没有接年的兔儿爷"说的就这事。

1929年北平市政府为了破除迷信，曾经发过一纸布告，严禁商民生产和销售兔儿爷。到了1930年，禁卖之令废除，结果厂家来不及赶货，有些商家存着些往年没卖完的旧兔子，略加修饰，得以高价售卖。结果距离中秋节还有十几天，市面上就断货了。据说兔儿爷的泥胎春天就得做好，到了七月十五以后开始上色售卖，没法临时赶工出货。

老北京的兔儿爷花样多，有布扎的，纸糊的，但主要还是泥塑的。至今北京还流传着一些关于兔儿爷的歇后语，都是嘲笑其泥质和空腔：兔儿爷掏耳朵——崴泥，兔儿爷洗澡——泥了，兔儿爷拍心口——没心没肺，兔儿爷打架——散摊子。

二、兔儿爷的百变造型

兔儿爷的造型是相对固定的，大致有以下五个基本特征：

一是体貌特征。首先是白色，无论兔儿爷穿红穿绿，底色一定是白。其次是长耳朵，兔身和耳朵一般是分开制作的，兔身用模具压成，上好颜色之后，才将预先做好的耳朵插上。所以兔儿爷不能倒着拿，担心一翻个儿，耳朵掉下来。再次是兔唇，上唇中间是个"人"字，将兔唇一分为三。

二是月宫捣药者身份。这一身份至迟在东汉即已确立，山东出土的许多汉代画像石中，西王母座下都有只玉兔在捣药。明清以来的兔儿爷无疑承袭了这种身份，其右手总是握着一根黑漆漆的捣药杵，如今捣药杵多以金色为主（杵短的时候，看起来像个金元宝，大约取其双关之意）。兔儿爷是要给儿童保平安的，至今山东儿歌还唱"天蒙蒙，云蒙蒙，玉兔捣药出月宫，瘟魔入户驱赶走，布医施药显神通"。北京的《嫦娥奔月》《唐王游月宫》等月宫戏，玉兔以捣药杵为兵器，总是鞍前马后地围着嫦娥姐姐上蹿下跳。

三是华丽衣着。兔儿做了爷，自然得顶戴花翎，可头上两只耳朵太大了，清朝官帽是扣不上的，只好将那爷味往下整，把衣服给整气派了。总之是身穿金甲，或者紫金色大袍，有时还弄个披风，脚蹬朝靴，怎么威风怎么整。最后把兔儿爷整成一个文官兼武官的舞台戏子。到了民国，兔儿爷形象更加多样，甚至派生出了小货郎、剃头匠、缝鞋匠、算命先生、卖油郎之类的平民兔儿爷。

四是以神兽为坐骑。是领导，就得坐台上；兔儿成了爷，自然也得有个高高的底座，才能把他的领导地位从各色月饼瓜果中凸显出来。早期的底座就是个单纯的坐桶，后来开始在桶上加些花饰，变身为莲花座、牡丹座、芙蓉座之类，再后来，人们又把坐桶换成了坐骑，于是，小小兔儿一成爷，就骑上了老虎、狮子、麒麟、神鹿、大象之类，20世纪30年代的北平市面上，兔儿爷就已经与时俱进地坐上了飞机和汽车。一句话，这些威风的坐骑，都是用来衬托兔儿"爷"身份的。尽管如此，市面上却很少有骑龙或骑马的兔儿爷，据说还是因为级别不够，暂时不能享受龙马待遇。

五是背插靠旗。越到后期，兔儿爷周身的饰物越多，基本照着戏曲舞台的"爷"形象来装扮。开始只在左后侧插一面小靠旗，后来增加到左右各一面，再后来，左右各两面，俨然雄赳赳的舞台急先锋。形式日益多样和繁复，大概也是艺术发展的自然规律吧。

接下来，就得给这身古怪装扮编个民间故事，以便对那些满腹疑团的孩童们有个交代。

据说有一年北京闹瘟疫，月光菩萨（王母或嫦娥也行）派玉兔下凡行医。可是，由于玉兔一身素白，人们认为不吉利，谁都不敢让她进家门。玉兔郁闷地来到一座小庙，看见庙里神像穿着一身将官铠甲，就借来穿上。玉兔不辞辛劳为人治病，为了加快行程，不断更换坐骑，一会儿奔驰一会儿宝马，直到跑遍全城。后人感其恩德，每到八月十五，家家给她摆上美味瓜果，感谢她给人间带来吉祥安康。

当然，故事也可以编成这样：玉兔姐姐送药到人间，为了让大家抓紧用药，她就变成一个唱戏的，不停地更换舞台服装，用唱戏的方式招徕大家前来领药；为了让那些不能领药的病人用上药，她就骑着神兽走街串巷送货上门；为了哄小孩吃药，她有时扮成小货郎，有时扮成剃头匠，有时扮成小姑娘。市面上找不到笑着的兔儿爷，就是因为心忧疫情。

三、民国时期有关兔儿爷的软文广告

民国时期天津《大公报》（1932年9月9日）上有一篇《中秋的儿童玩具首

推兔儿爷,杨张两姓独得秘传,除此以外粗鄙不堪》的文章,重点介绍了两家兔儿爷生产商,一家兔儿爷杨,一家泥人张。

(一)兔儿爷杨。系住在广渠门外沙子口地方,专以制造兔儿爷为业。家中积存制作之黏土,竟有十数年以前者,盖其家人有秘法将土焙制,而能使制成之兔儿爷泥胎,永不破裂。且其彩绘,亦甚精细,故所制作者,均属上好之品,售价亦贵。全家无论男女老幼、均能制造,终年操此业,以供中秋之销售,因此人咸呼之为"兔儿爷杨"。闻杨姓先辈,独得焙制黏土秘法,绝不传授他人,成为无形中的专利。

(二)泥人张。住在齐化门外大街,全家以制作泥人玩具为业。其所制泥人,无论男女老幼,均能惟妙惟肖。据称其先人乃塑佛像而享盛名之刘蓝塑高足,故有此家传精巧技能。其制作法亦不宣示于人,每年中秋节兼营制造兔儿爷,约可获利数百元。

(三)普通手工制作泥人模型者。此类人系专制作各项小儿玩具泥人等物,中秋节前,兼制兔儿爷。惟比较杨张两家出品,显然粗劣。惟此类兔儿爷,均销于较贫人家之子女,盖其价极低廉也。

不过,这种文章很可能是商业软文,同是天津《大公报》,两年之后又登了一篇题为《兔儿爷以祖传泥人刘所制者最著》的文章,着力推介的是"泥人刘"。

北平兔儿爷的产地,在东郊广渠门外垂杨柳地方,全村居民,多以制造泥人为专门职业,该处所以又叫泥人村。兔儿爷就是该村著名出产之一,外间人是不易仿拟制造。据说该村泥土性黏,制成泥人物品后不易迸裂的,现在该村以泥人为业的很多,其中以所谓"东刘"者三家为著,亦称之为"泥人刘"家。泥人刘是比较有历史渊源的一家,其自称此业前祖已五辈于兹，名闻故都。

泥人的制作先有一定的模型，取泥土和水细捣而捏，经过半日工程，然后再掺加棉花少许入泥中再捣再捏。待棉花与泥土混合一块时，再以模型制作之，干后涂些颜色。涂颜色不能马马虎虎，要有经验及特别技巧才可。兔儿爷也是如此制作法，但是普通泥人一年到头可以销出，兔儿爷是有时间性的营业，所以制造以估计销路及市面而定。因为兔儿爷的制作有地域性、祖传性的关系，是独占性质的营业产品，故无其他人制造侵占，所以泥人制造，及各种儿童玩艺手具，每年销路颇佳，获利颇丰。

七月十五日以后，兔儿爷才动手制造，这一季全村可出货大小五万件以上，价值二三千元，因为历史悠久的关系，以刘家独占大宗。北平小商人等集资由彼处贩来，即在街头、市场、庙会中设摊零售，每只二三角不等，依大小而分定价之高低。据说兔儿爷在前清时代最盛一时，因为官廷提倡，民间风行，各旗族人家的销路尤其广大，并且有加料的大货，能售价一元以上。

"九一八"事变之后，日本人也开始进入兔儿爷市场，借助商业营销实施文化侵略。市面上出现了大量日本制造的兔儿爷，这些兔儿爷加入了现代工业技艺，形态多样，制作精美，有的还会拉小提琴，座下有转盘，上弦之后能够动起来。有一位化名"英"的汉奸文人写了篇《晓市访问记》(《大公报》1935年2月15日)，极力地夸奖日货，贬损中国传统商业文化。

这都是日本货，价钱贱——小件只用三两个大枚，大件只用四五角便可买得——货色高，所以人们像抢似的，争先恐后地购买。日本远在重洋，他把货物用船用车，辗转运输，过关进口，来到中国，曲曲折折，最后送到小商人手里来，卖给小贩，这末本利核计起来，该很是一个数目了吧？谁想，他的卖价是那末低廉，听了他们的吆喝价钱声，直使我咋舌。

再有那货物制造的精美，意识方面的注重，更使得我们敬佩！转过眼，看旁的摊上，摆着什么升官图、骰子、骨牌、大铁饼……这是我们自己作的儿童玩具，真有点冷水淋头的难受！还有日本铅笔卖二十四枚一打，第一次听见这样价钱。糖果摊上日本货则是金花花银花花，鲜艳艳的色纸包裹着，中国货则是大盒子二盒子，接风迎土的在那直冲天排列着。还有用木匣子装着桃干、杏干、苹果皮、红果……和糖汁和好的东西，脏油油的用铁勺舀着卖。这幸亏不是夏天，真有些大碍卫生呢！糖果也是日本货利市好！甚至连卖包东西用的废纸，也都是日本货，我连看了五六个卖废报纸、废杂志、废书……的摊子，净是些日本东西。据说好多人都愿意买日本废纸包东西，因为日本纸特别厚。

抗战胜利之后，日本制造的兔儿爷迅速退出了中秋市场，兔市虽然恢复不到战前的兴旺，但是，造型和工艺却基本回归传统。一位笔名叫"雨人"的作者写了一篇《兔儿爷与月光码儿》(《现代知识》1947年第11期)，简单介绍了兔儿爷的制作和销售情况。

兔儿爷制造人多居平市沙锅门外（即广渠门外），于阴历四五月即开始制造，迨至七月中旬，运往耍货市场销售。其制法分纸绘者、布扎者、泥塑者三种，通常以泥塑者为最多。主要材料为黄泥，用砖模刻塑，间有用手工捏塑者，粗细不同，大小亦异，身量大者高可三四尺，小者不及寸。

四、女拜月光马，童拜兔儿爷

中秋拜兔儿爷的习俗大概形成于晚明时期。有个叫纪坤的诗人于1630年写了首中秋诗，诗序说道："京师中秋节，多以泥抟兔形，衣冠踞坐如人状，儿女祀而拜之。"(《花王阁剩稿》）我们能找到的明代记录就这一条。

晚明的"儿女拜兔儿爷"习俗应该还在形成之中，同期甚至稍后的明代文人著述中，说到中秋拜月，均未提及兔儿爷。刊于1635年的《帝京景物略》记载："八月十五日祭月……纸肆市月光纸，缋满月像，趺坐莲华者，月光遍照菩萨也。华下月轮桂殿，有兔杵而人立，捣药臼中。"人们祭拜的主要对象是月光菩萨，玉兔只是菩萨殿下一名普通员工，这与汉代以来的玉兔身份是一致的。

成书于明亡之年1644年的《北京岁华记》也说："中秋，人家各置月宫符像，陈供瓜果于庭，男女肃拜烧香，旦而焚之。符上兔如人立，饼面咸绘月中蟾兔。"可见明末的玉兔主要还是平面形象（月光纸），其立体形象（泥抟兔形）还没有成为主流。男女都要肃拜烧香，第二天早上再把月光纸烧掉。

纸马兔子与泥兔子大概长期共存了好长时间，而且都被称作"兔儿爷"。清末有人写了篇《戒拜兔说》，提倡移风易俗，文中说道："我们中国人，每到中秋节，家家必拜月亮。摆上些月饼鲜果，对着月光磕头，当中供的纸马，也是画个月光，光内画个兔子，还有甚么娑罗树、广寒宫。兔子也不叫兔子，称呼他为'兔儿爷'，至于那大月饼模上，也必刻上个兔子，哎呀，我们中国人，怎么愚到这个地步呢？实在可笑。"（天津《大公报》1902年9月19日）

再可笑的事情，都会有它自身的逻辑。所以黑格尔会说出"存在即合理"这样的话来。明清以来，随着社会分工的细化，市民阶层的信仰需求也在不断分化，相应地，神灵体系也在发生着相应的变化。兔儿爷的日渐盛行是与祭月仪式中的性别分流、年龄分层相应变化着的。

首先是男人从祭月仪式中退出。月亮属阴性，月亮神是太阴星君，男人拜月，易致阴阳不谐。到了清末已经形成"惟供月时男子多不叩拜，故京师谚曰'男不拜月，女不祭灶'"的习俗。（《燕京岁时记》）据说八国联军打进北京城的时候，慈禧太后在逃亡路上也没忘记拜月祭兔。慈禧逃到忻州，恰逢中秋，就在当地贡院举行了拜月仪式。据《宫女谈往录》："晚饭后，按着宫里的习惯，要由皇后去祭祀太阴君。在庭院的东南角上，摆上供桌，请出神马（一张纸上印一个大兔子在月宫里捣药），插在香坛里。由皇后带着妃子、格格和我们大家行礼。"

其次是儿童分流。清代妇女继续拜月光神马，儿童则另拜兔儿爷。正如方元鹍《都门杂咏》所写："儿女先时争礼拜，担边买得兔儿爷。"这样，在儿童世界中，玉兔就从月光纸上的次要角色转变成独角戏中的唯一神偶，作为主神的月光菩萨从兔儿爷身边退隐了。很显然，这是一次"神职下放"的政治体制改革。

从一些清代年画中，我们可以看到儿童祭拜兔儿爷的情景：兔儿爷背着月光方向，高坐案中，前面摆着月饼、西瓜、石榴、桃子、莲藕、鸡冠花等物什，儿童焚香燃烛，对着月亮和兔儿爷的方向屈膝行跪拜礼。"那对鸡冠花儿，算是月亮的婆罗树；那两枝子白花藕，是兔儿爷的剔牙杖儿。"（《儿女英雄传》）还有儿歌唱道："自来白，自来红（月饼），兔儿爷，摆当中。毛豆枝儿乱哄哄，鸡冠花儿红里个红。圆月的西瓜皮儿青，月亮爷吃得哈哈笑，今夜的月光分外明。"

玉兔与月亮同属太阴，代表女性。这一点，从民间婚俗中的"蛇盘兔"，以及色色婚联"喜对良宵玩玉兔，笑同佳婿赏金龟"就可以看出来。可是，兔儿一变"爷"，其阴阳属性就发生了微妙的变化。就像凤一旦配给龙，就只能雄性变雌性一样，好事者给兔儿爷配上一个兔儿奶奶，兔儿爷就俨然雄性神了。对于那些纸马店来说，多个兔儿奶奶，等于将兔儿爷的销量翻了个番。

清中叶以后，北平的拜兔儿爷习俗非常兴旺，道光年间杨静亭的《都门纪略·中秋》说："莫提旧债万愁删，忘却时光心自闲，瞥眼忽惊佳节近，满街争摆兔儿山。"这股兴旺劲一直持续到了民国时期。随着商业文化的不断发展，商家产品不断花样翻新，不但有兔儿爷、兔儿奶奶，甚至衍生出一个庞大的兔儿家族。1935年的一则《兔儿爷上市》新闻中说："现距中秋节，不过半月，在十余日前，市上即已发现兔儿爷上市。如茶食店、鲜果局所制之兔子，商场玩艺摊及街上小贩所卖之泥兔子、蜡皮兔子、纸糊兔子。卧者、立者、单个者、成双者、两兔作捣状者、群兔争食月饼者，五颜六色，充斥市面。"（《大公报》1935年8月28日）当时还有许多花样翻新的兔儿爷，如："另有括打嘴兔儿爷，制以空腔，上唇活动，中系以线，下扯其线，则唇乱捣，儿童极喜之。"（《现代知识》1947年第11期）

  如今，拜月习俗消失了，兔儿爷跌下神坛，沦落成为空有华丽外表的工艺品，虽有"爷"名而无"爷"实。没有了信仰支撑的兔儿爷，只是一件花哨的、可有可无的工艺品，中看，没用。热闹的春节庙会就像一个大箩筐，把各节各会的各种玩意儿，一股脑都装进自己筐里，虽然展出了其外在的物，却丢失了其内在的魂。

重阳

九九重阳　孝亲敬老

黄　涛[1]

如今，重阳节通常以敬老节的形式为人所知。其中的敬老习俗有何来历？它在整个重阳节习俗中占有怎样的位置呢？

考察重阳节起源与发展的历史可知，敬老求寿自古以来就是重阳节核心的习俗之一。

东汉崔寔的《四民月令》说，"九月九日可采菊花"，这是关于重阳节的最早文字记载。另有文献记载，汉末已有朝廷九月九日赐宴于公卿近臣的做法，说明此时九月九日已是较为显著的节日。

其实，重阳节的来历与文化内涵更多地在于我国古人的数字观念，在于对"九九"相重的文化认知。按古人的阴阳观念，奇数为阳数，九九相重，故为重阳，又称"重九"。古人认为，"三、五、七、九"这些阳数为灾厄之数，因为人间灾厄是上天降予的，天为阳，天降灾祸就降于阳数之时。"九"为阳数之极，九九相重，就更是灾厄数字之最，令人恐惧，认为此日易生灾祸，必须采取若干方式避祸消灾，这些方式就成为节日习俗，于是重阳节就产生了。这跟"三月三"（上巳节）、"五月五"（端午节）形成的道理是一致的。西晋周处《风土记》记载："汉俗九日饮菊花酒，以祓除不祥。九月九日，律中无射而数九，俗尚此日折茱萸以插头，言辟除恶气，而御初寒。"这是对重阳节源于辟邪的明确表述。重阳节的主要习俗都可以用辟邪来解释。食用菊花酒、插茱萸皆可被

---

[1] 黄涛，中国民间文艺家协会副秘书长、温州大学教授。

除不祥、辟除恶气。登高可以避祸，因为高处是神仙所居，可以给人们以护佑；吃五色重阳糕可以辟邪，因为五色彩纹为邪祟所畏惧。

辟邪防祸的另一面就是趋吉求祥。时逢九月九，人们在避祸的同时，也自然采取一定方式求吉。避祸与求吉是一致的、相通的。"九"在术数观念里虽为灾厄之数，但按谐音民俗，"九"又与"久"谐音，是吉利之数。所以，民间也从求吉的角度，将"九九"理解为"久久"，这种从吉利谐音角度做的解释恰恰可以解除对"九"为不吉利数的忌惮。有意思的是，同一时代就同时存在这两种解释。曹丕在《九日与钟繇书》中说："岁往月来，忽复九月九日。九为阳数，而日月并应，俗嘉其名，以为宜于长久，故以享宴高会。是月律中无射，言群木庶草，无有射而生。至于芳菊，纷然独荣，非夫含乾坤之纯和，体芬芳之淑气，孰能如此？故屈平悲冉冉之将老，思餐秋菊之落英。辅体延年，莫斯之贵。谨奉一束，以助彭祖之术。"曹丕这段话，完全是从求吉角度对重阳节习俗加以解释。"九九"就成了吉利数，有"宜于长久"的吉利意义，而且菊花不是被解释为辟邪，而是可以"辅体延年"，有助于长寿。他送钟繇菊花一束，可以表达祝福老者长寿的意愿。从曹丕书信，可以看到当时重阳节的另一种重要习俗：求寿敬老。经查，钟繇生于151年，曹丕生于187年，钟繇长曹丕36岁。曹丕送钟繇菊花显示出三国时期重阳节的敬老求寿习俗。因为重阳节就是形成于东汉时期，与钟繇曹丕所处的汉末三国时期接近，可以说敬老求寿是重阳节形成初期就有的重要习俗，是与辟邪防祸习俗并行不悖的。

后世，随着巫术术数观念的淡化，"九九"为灾厄之数的观念也逐渐消失，而"九九"表示"长久长寿"意义的吉利数字的观念逐渐增强。敬老祈寿习俗逐渐强化乃至成为最显著的主题，近年来重阳节基本成为敬老节。

自古以来，敬老求寿就是重阳节的题中之义。

敬老孝亲是中华民族的传统美德，秋季敬老也是我国传承久远的习俗。据《礼记·月令》，周代朝廷在仲秋时节赠予坐几、手杖和糜粥。据《后汉书·礼仪志》，汉代县府在仲秋八月送给70岁以上的老人以鸠杖、糜粥。东汉重阳节兴起之后，我国各个时期在九月九日前后都有隆重的敬老活动。

重阳节传承到后世，除了敬老求寿的主题，也有丰富多彩的其他习俗：登高秋游、赏用菊花、配饰茱萸、吃重阳糕、射箭狩猎、放风筝等。各地还有许多特色习俗，如山西、河北、四川的一些地方在重阳节礼敬老师，陕西黄陵县祭祀轩辕黄帝，湖南株洲祭祀神农炎帝，浙江德清县则在重阳节举办祭奠"忠勇之神"樊哙的盛大庙会"舞阳侯会"。东南沿海及台湾地区则传说重阳节是妈祖升天成仙的日子，祭拜妈祖。

当今社会，敬老孝亲仍是传统美德。重阳时节，各级政府举办系列敬老尊老活动，在全社会宣扬敬老孝亲的传统美德，倡导、支持、繁荣各种重阳习俗活动，将重阳节重建为名副其实的我国六大传统节日之一，具有重要意义。

重阳节的起源与孝文化的弘扬

侯仰军[①]

重阳节又称重九节、茱萸节、登高节、女儿节、菊花节、老年节等，在我国起源很早，节日活动也非常丰富，比如登高赏菊、喝菊花酒、吃重阳糕、做菊花枕、戴茱萸囊等等。那么，重阳节到底起源于何时？为什么还是一个老年节？它与尧舜有什么关系？新的时代下我们如何过好重阳节？

一、重阳节的起源

重阳节在先秦初露端倪，到了两汉已正式成为一个节日。西汉末年的学者刘歆在其所著《西京杂记》中说，汉高祖刘邦的宠妃戚夫人被害后，其身前侍女贾佩兰被逐出皇宫，嫁为民妻。贾氏对人说：皇宫里，每年九月九日，都要佩茱萸、食蓬饵、饮菊花酒，说可以让人长寿。民间纷纷仿效。从此过重阳节的风俗在民间就传开了。虽然《西京杂记》有浓厚的传说成分，但在刘歆生活的西汉末年，重阳节肯定是一个节日，因为作家创作也要有现实生活做参考。也有人对《西京杂记》是否是刘歆的作品产生疑问，认为是东晋葛洪的作品，那么，东汉崔寔的《四民月令》说，"九月九日可采菊花"，可以作为重阳节在东汉时期已经出现的文献证明。更有文献记载，汉末已有朝廷九月九日赐宴于公卿近臣的做法，证明重阳节已成为官方的节日。

[①] 侯仰军，中国民间文艺家协会分党组成员、副秘书长。本文系作者在"重阳节与中华孝文化研讨会"上的发言。

有关重阳节的传说,东汉桓景的故事也很有代表性。桓景跟随费长房游学多年,有一天,费长房对桓景说:"九月九日你家中有灾,你得赶快回去。回家后,让家人各做一个红布袋,里面装上茱萸,系在胳膊上,然后登高,饮菊花酒,此祸可除。"桓景遵照师父的话,在九月九日这天全家登山。晚上回家后,看到家中鸡犬牛羊全都死了。从此以后,重阳节登高、戴茱萸、喝菊花酒以避灾的习俗就流传了下来。魏文帝曹丕在《九日与钟繇书》中说:"岁往月来,忽复九月九日。九为阳数,而日月并应,俗嘉其名,以为宜于长久,故以享宴高会。"又是"享宴"又是"高会",表明在东汉末年、至迟三国初年,重阳节已经成了一个成熟的节日。

二、重阳节与尊老孝亲

重阳节是九月九日,"九九"与"久久"同音,正如曹丕所说"宜于长久",与人们希望生命长久、健康长寿的人生追求相一致,自然与敬老孝亲的传统美德相契合。"老吾老以及人之老",中华民族自古以来就有尊老敬老的传统。早在周代,朝廷就有敬养老人的制度。楚国人则有九月登高拜谒先祖的习俗,每到九月,民间都举办祭祀天地和祖先的仪式。西汉初年,汉高祖刘邦颁布了敬老养老诏令,凡八十岁以上老人均可享受"养衰老、授几杖,行糜粥饮食"的待遇。《后汉书·礼仪志》还记载,每年仲秋八月,汉政府都要命各县挨家挨户统计人口,年龄达到七十岁以上的,由朝廷授予王杖,送上糜粥,八九十岁的老人则授予"鸠杖",可以享受各种优待。在重阳节作为一个节日后,人们把重阳节作为表达敬老孝亲感情的节日,自在情理之中。至今在陕西不少地方,重阳节这一天有吃长寿面的习俗,还要把第一碗长寿面给家中的老人先吃,又细又长的长寿面表达了人们祝福老人健康长寿的美好愿望。重阳庙会上,还有给家里老人、长辈买过冬衣物的传统。在山西,有的地方在重阳节还要请戏班子连唱五天大戏,内容多为敬老、孝亲,以愉悦老人。正因为此,2012年,我国政府规定，每年的农历九月初九为老年节，把重阳节的敬老孝亲习俗再次凸显出来，大力弘扬。

三、尧舜传说与孝文化

"孝"的提出、坚守和弘扬，是中华民族优秀文化的代表和特色。我国自有文字以来，在各类文学作品中都有反复吟咏对父母感激、怀念之情的内容。最早的诗歌总集《诗经》中，有一篇《蓼莪》可为代表："哀哀父母，生我劬劳！""哀哀父母，生我劳瘁！""父兮生我，母兮鞠我，拊我畜我，长我育我，顾我复我，出入腹我。"唐代诗人孟郊的《游子吟》更唱出了千百年来所有子女的共同心声："谁言寸草心，报得三春晖。"与此同时，历代王朝无不提倡孝道、鼓励孝行、推崇孝子。尧、舜作为我国历史上最早的圣君，自然要成为"孝"的表率和典型。

据《史记·五帝本纪》记载，尧年老了，要寻找接班人，大臣们一致推举舜，其理由便是舜这个人很孝顺父母，尽管舜当时还是一介平民。舜的父亲瞽叟是个盲人，舜的母亲去世后，瞽叟又娶了个妻子，生了个儿子叫象。象因为父母的溺爱，比较狂傲。瞽叟爱后妻子，常欲杀舜，舜都设法逃脱了；如果是小小的责罚，舜就忍受。一次，瞽叟让舜爬上谷仓修补谷仓顶，象却从下面纵火，企图烧死舜，舜手持两个斗笠乘风跳下，得以逃脱。尽管如此，舜对父母的敬爱之心却没有丝毫改变。舜做到了孝子的最高要求："顺事父及后母与弟，日以笃谨，匪有解。""欲杀，不可得；即求，尝在侧。"与孔子孝的理念高度吻合。《二十四孝》故事里，第一个就是舜的故事，作者题其名为"孝感动天"。

那么，尧舜传说与菏泽有什么关系呢？

史书记载，舜在登上帝位之前，其主要活动区域大体上有这几个地方：历山、雷泽、河滨、寿邱、负夏。《史记·五帝本纪》说："舜耕历山，渔雷泽，陶河滨，作什器于寿邱，就时于负夏。"历山在今何处，说法不一，较著名的说法有：（1）在山东省菏泽市东北。（2）在山东省济南市东南。又名舜耕山、千佛山。（3）在山西省垣曲县东北，为中条山主峰之一。据笔者实地考察，参考古代文献，再与近年出土的战国楚简相印证，今菏泽市牡丹区东北、鄄城县西南的阎什镇历山庙村西之历山遗址，才是舜耕之历山。"耕""渔""陶"等等，皆舜发迹前所为，在当时的交通条件下，这些地方相距不会太远。再说，舜有什么必要非得一会儿去山西，一会儿到浙江，一会儿来山东，东奔西跑地去"耕""渔""陶"呢？因此，雷泽、河滨、寿邱、负夏也应该距历山不远。据《孟子》说：舜，东夷之人。古代东夷包括今天的山东省和江苏北部、河南东部一带。大多数学者认为，雷泽在今菏泽境内。雷泽又名雷夏泽，《史记集解》引徐广曰：雷泽"在成阳"。《史记正义》说，雷泽"在雷泽县西北也"。至于个别学者说今山西永济南的雷水为"舜耕历山，渔雷泽"之雷泽，实因水有雷名，强为牵合。"陶河滨"，即在今定陶西南的济水岸边做陶器。《史记集解》引皇甫谧说："济阴定陶西南陶丘亭是也。"《史记正义》说："于曹州滨河作瓦器也。"寿邱，一般认为在今山东曲阜城附近，《史记集解》引皇甫谧说，寿丘"在鲁东门之北"。负夏，又作负瑕，在今河南濮阳。《史记集解》引郑玄曰："负夏，卫地。"就时于负夏，即在今河南濮阳一带做过买卖。五处皆东方之地，与《孟子》相符合，也与近年来的考古成果相符合。

根据学术界对于尧舜文化的考察，我们基本可以确认由大汶口文化发展而来的海岱龙山文化就是帝舜等东夷部落创造的物质文化。大汶口文化尉迟寺类型分布于鲁西南、豫东和皖北地区，过去亦有人称其为"段寨类型"。关于这一类型的来源，学界一般认为是由于东方大汶口文化居民的向西迁徙而形成的。去向亦比较明确，为龙山文化王油坊类型所继承。王油坊类型文化，应该就是有虞氏文化即帝舜的文化。①王油坊类型的分布范围，主要在今鲁西南的菏泽、豫东的商丘和皖西北一带。如此，帝舜山西说、浙江说、湖南说甚至山东济南说也就难以成立了。关于这一地区龙山文化的绝对年代，根据已经测定的碳-14年代数据推定，在公元前2600至公元前2000年之间，正处于文明社会的形成时期，尧舜生活的年代正在其中。

舜"孝感动天"，孔子大力提倡"孝道"，并不意味着儒家提倡绝对服从、愚忠愚孝。实际上，儒家提倡父慈子孝，即父母对子女慈爱、子女对父母孝顺，两者相辅相成、缺一不可。《礼记》说："何谓人义？父慈，子孝，兄良，弟悌，夫义，妇听，长惠，幼顺，君仁，臣忠。"孔子还说，在大义面前，"子不可以不争于父，臣不可以不争于君"②，不能一味顺从，陷亲于不义。人们经常讲"不孝有三，无后为大"，说是"不孝"的事情有很多种，没有后代（主要指没有儿子）是最大的不孝。真相如何呢？"不孝有三，无后为大"出自《孟子·离娄上》，是孟子在评价舜娶妻这件事情时说的。原话是："不孝有三，无后为大。舜不告而娶，为无后也，君子以为犹告也。"意思是："娶妻本应先告诉父母，舜没告诉父母而娶尧帝的二女为妻，但在明理的君子看来，舜虽然没有禀告父母，就和禀告了父母是一样的。"讲的是权变的道理，即特殊情况特殊处理。后来东汉学者赵岐注释《孟子》这段话时，说："于礼有不孝者三事，谓：阿意曲从，陷亲不义，一也；家贫亲老，不为禄仕，二也；不娶无子，绝先祖祀，三也。三者之中，无后为大。"③他认为第一不孝，是"阿意曲从，陷亲不义"。

孔子还认为，子女在父母发怒的时候，要"小杖则受，大杖则走"，不能一

---

① 李伯谦：《论造律台类型》，《文物》1983年第4期。李伯谦先生后来还说道："传说中的有虞氏舜，文献上记载其部落主要活动在豫东、鲁西南地区。文献上说，夏初后羿代夏时，少康曾投奔有虞，周初把传为舜的后裔的胡公满封于此地，从考古学上看，豫东、鲁西南地区在龙山时代是河南龙山文化造律台类型（又称王油坊类型）的分布范围。我们曾引文献有关记载，推测它可能就是有虞氏的遗存。"参见李伯谦：《考古学对中国上古史建设的重大贡献》，《北大讲座》（第四辑），北京大学出版社2003年版。
② 《孝经·谏诤章第十五》。
③ （宋）朱熹：《孟子集注·离娄上》。

味承受。弟子曾参侍奉父母，尽心尽力。有一次，曾参的父亲曾点叫他去瓜地锄草，曾参不小心将一棵瓜苗锄掉了。曾点很生气，就用棍子责打他。由于出手太重，曾参昏了过去。当曾参苏醒后，并没有怨恨父亲。孔子知道后，批评他说："小杖则受，大杖则走，今参委身待暴怒，以陷父不义，安得孝乎！"所谓"君叫臣死，臣不得不死；父叫子亡，子不得不亡"，只是后世小说、戏文里面的话，不是儒家的思想，更不能把污水泼到孔子身上。

作为民间的孝文化，二十四孝故事妇孺皆知，其中不少故事在近代以后备受挞伐，成为儒家和传统文化的罪状。事实上，"卖身葬父""为母埋儿""刻木事亲"，这些备受争议的故事，与孔孟儒家孝道的初衷有相当大的距离，它只是体现了某些宋元理学家的价值取向，而且从元代产生《二十四孝》开始，就遭到历代儒家学者的激烈批评。而在流传至今的山东省嘉祥县（与菏泽同属于鲁西南）东汉武梁祠画像中，有十六位孝子的故事，可以称为"十六孝"，孝子主要是在父母生前奉养尽孝，既没有"为母埋儿"，丁兰也没有因为木人休妻。在表现董永的画像中，董永的父亲坐在树荫下的独轮车上，手持鸠杖，董永本人站在父亲面前耕作，父子相向而视，表现的是一个带着老父下地劳动的董孝子[1]，就像当今时代表彰带着爸爸或妈妈上学的孝子一样。对此，三国时期的曹植在其五言诗《灵芝篇》中也作了描述："董永遭家贫，父老财无遗。举假以供养，佣作致甘肥。责家填门至，不知何用归。天灵感至德，神女为秉机。"即董永家贫，不惜借钱尽孝，为了父亲吃得好些，甘愿为别人做佣工，从而感动了神女。后世的二十四孝故事，董永家贫，"卖身葬父""孝感动天庭"，才获得仙女的芳心，违背了儒家孝道的本质：奉养尽孝。武梁祠画像中的十六孝，不是"挟泰山以超北海"的高大上，只是"为长者折枝"[2]，做了人们都可以做却没有

---

[1] ［美］巫鸿：《武梁祠——中国古代画像艺术的思想性》，柳扬、岑河译，生活·读书·新知三联书店2006年版。

[2] 《孟子·梁惠王上》："挟太山以超北海，语人曰'我不能'，是诚不能也。为长者折枝，语人曰'我不能'，是不为也，非不能也。"

做的孝行。后世的夸张与演绎，才使一个个易学易效法的孝子变成一个个高不可攀的典型。

四、新的时代下我们如何过好重阳节？

党的十九大报告指出，要发展社会主义先进文化，不忘本来、吸收外来、面向未来，更好构筑中国精神、中国价值、中国力量，为人民提供精神指引。落实在重阳节的文化传承上，我们就要紧紧抓住重阳节的文化内核，挖掘其时代价值，特别是敬老孝亲、祈寿延年、拥抱自然、愉悦身心的时代价值，让重阳节真正成为与时代合拍共振、全民共同喜爱、一起欢度的佳节。

重阳节期间，我们可以与老人一起登高、插茱萸、做菊花枕，让老人放松身心，高高兴兴地过节；地方政府、社会组织可以出面搞各种文艺活动，宣传敬老孝亲理念，礼敬寿星，表彰孝星，培育孝心，提倡孝行，让年轻一代内化于心，外践于行。

中华优秀传统文化源远流长、博大精深，我们要真正践行它，就要继承与弘扬相结合，结合新时代、新需求进行创造性转化、创新性发展。近代以来，我们在批判旧文化的同时，对孝文化进行了过多的挞伐，这样做的危害性也是显而易见的。因此，从民国初年开始，就有学者建议把忠孝观念进行现实性的改造，提出"为国家尽忠，为民族尽孝"。从古至今，千千万万的普通老百姓是弘扬"孝道"的主体。国家、民族有难，他们义无反顾；家里老人七灾八难、吃喝拉撒睡，他们都要身体力行地照顾，无可推诿。这些年，我们在宣传教育上走了两个极端，或者食古不化，只会用《弟子规》《二十四孝》之类的故事教育民众，让人产生抵触情绪；或者大肆批判，把孝文化批得一钱不值，给某些人以口实，恶化了社会风气，遗弃、虐待老人的现象层出不穷，所以，我们现在弘扬孝文化的任务还很艰巨，道路还很漫长。弘扬孝道，既要从制度方面、法律方面来约束，还要从道德方面、舆论方面来提倡、弘扬。如果子女没有孝心，不肯赡养老人，即使老人把子女告上法庭，打赢了官司，判子女每个月给老人赡养费，子女心里不服，掏出钱一扔，一走了之，老人能快乐吗？能安度晚年吗？

关于孝的几个境界，孔子说的已经非常到位："始于事亲，中于事君，终于立身。"[①] 最高境界还是修身养性，把敬老孝亲、报效祖国作为生命自觉，真正做到知行合一。孝心是内在动力，核心是"敬"；孝行为外在表现，核心是"养"。只有心中有"孝"，才能做出各种孝行。

按说，子女幼年时与父母肌肤相亲，备受疼爱，成人后孝敬父母、回报父母天经地义，现实中为什么还有那么多的不孝子女呢？这是因为，好逸恶劳是人的本性，子女行孝就得委屈自己、压抑自己，没有孝心、没有利他之心，是很难做到的。父母疼爱子女是人的本能，是天性；子女孝敬父母则是"人性"，这个"人性"包含爱与善良，需要培养，需要教育。培养孩子的孝心，不仅要孩子敬爱父母，还要善良，还要"向善利他"——自私心太重的人很难成为孝子，孩子成年后才会"不独亲其亲，不独子其子"[②]，才会"老吾老以及人之老，幼吾幼以及人之幼"[③]，才能大爱、博爱。

通过弘扬孝道，推己及人，由近及远，可以实现整个社会的和谐。

---

① 《孝经·开宗明义章第一》。
② 《礼记·礼运》："人不独亲其亲，不独子其子。使老有所终，壮有所用，幼有所长，鳏寡孤独废疾者，皆有所养。"
③ 《孟子·梁惠王上》。

中国传统村落孝文化空间重构

唐孝祥　孙振亚　唐封强[①]

前　言

实施乡村振兴战略，是党的十九大作出的重大决策部署，是新时代做好"三农"工作的总抓手。乡风文明是乡村振兴的精神和灵魂，是社会主义美丽乡村建设的重要内容，其中尤以传统村落孝文化作为乡风文明的重要组成部分。2016年5月27日，习近平总书记在中共中央政治局第三十二次集体学习时强调，要把弘扬孝亲敬老纳入社会主义核心价值观宣传教育，建设具有民族特色、时代特征的孝亲敬老文化。孝文化作为中国优秀传统文化的重要基础，其蕴含的自律精神、孝爱之道、价值追求与社会主义核心价值观相契合，为进一步推进社会主义文明乡风建设和美丽乡村建设提供精神源泉，彰显出中国优秀传统文化的当代价值和世界意义。

在已有文献资料中，中国传统村落研究成果丰硕，主要集中在村落空间形态、地域分布和价值评价等方面，对中国传统村落孝文化空间的研究多从物质要素层面或单学科视域展开，缺乏跨学科交叉综合的研究视角，对中国传统村落孝文化空间内涵的整体性与系统性认识有待深化。本文从中国传统孝文化空间的视角切入，阐明传统村落孝文化空间在景观环境、风貌样式、功能内涵、

[①] 唐孝祥，华南理工大学教授；孙振亚，华南理工大学建筑学院硕士研究生；唐封强，华南理工大学建筑学院硕士研究生。

续存机制四个方面的现状问题，结合中国传统村落的地域文化特色，挖掘传统村落孝文化的当代价值，探析中国传统村落孝文化空间的深厚内涵和本质特征，并将四者有机结合，探索中国传统村落孝文化空间的重构策略。

一、中国传统村落孝文化的核心内容及其当代价值

中国传统村落作为中国文化的"根"，是中国传统文化的重要"载体"，也是中国传统孝文化活动发生的主要场所。中国传统村落孝文化的核心内容可概括为：

（1）敬宗崇祖，慎终追远。

（2）忠孝传家，善行仁义。

（3）孝悌忠信，推己及人。

（4）诚心正念，修齐治平。

（5）承前启后，继往开来。

中国传统村落孝文化在历史传承中发展为晚辈对长辈赡养孝敬的复合文化，作为一种以村民为主体、以村落社会生产方式为基础的文化范式，浓缩了中华民族的伦理思想、道德实践、风俗礼仪以及行为规范等。

当代中国社会正处于全面深化改革和社会经济发展的关键时期，社会利益诉求呈现多元化的趋势。伴随着中国传统村落人口流失、人口老龄化加剧、亲情淡化、家庭伦理道德失范等现象的出现，传统村落空间破坏、环境衰败、价值观失落、文化断裂等问题日益凸显。孝文化作为中国优秀传统文化的根基，蕴含有严己宽人的自律精神、推己及人的孝爱之道与合作和谐的价值追求。研究与发掘中国传统村落孝文化中的积极要素，有利于促进中国传统村落孝情感的发扬和孝文化空间的重构，进一步推进社会主义文明乡风建设和美丽乡村建设。

二、中国传统村落孝文化空间类型

中国传统村落将孝文化放在重要地位，体现在家庭伦理、学校教育、社会生活的方方面面。而中国传统村落孝文化的载体除了各种家训文献外，还有祠堂、书塾、戏台、古井、村前广场、巷道、绿道、牌坊、鼓楼、风雨亭等空间载体。

中国传统村落孝文化空间按空间开放程度可分为私密型、半私密型、开放型，按尺度规模可分为物质要素类、单体建筑类、群体建筑类，按空间形式可分为点式空间、线性空间、面状空间。其中以祠堂为核心的中国传统村落孝文化空间，类型最丰富、地域分布最广泛、承载孝文化历史最悠久。祠堂按等级可分为祖祠、大宗祠、分祠、家庙、私伙厅等，按"路"可分为一路祠堂、二路祠堂、三路祠堂等，按"进"可分为一进祠堂、二进祠堂、三进祠堂、四进祠堂、五进祠堂、七进祠堂等，按"开间"可分为单开间祠堂、三开间祠堂、五开间祠堂等。

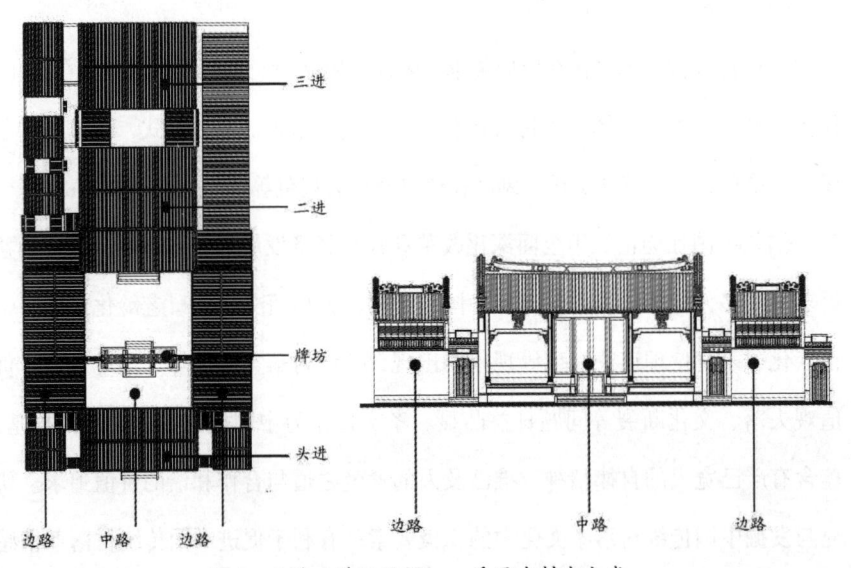

图1 三路三进三开间——番禺南村光大堂

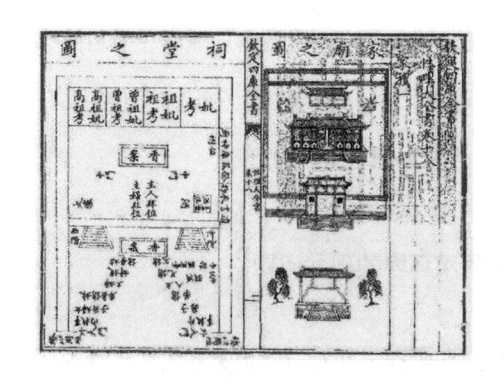

图2 家礼祠堂图（来源：《钦定四库全书》） 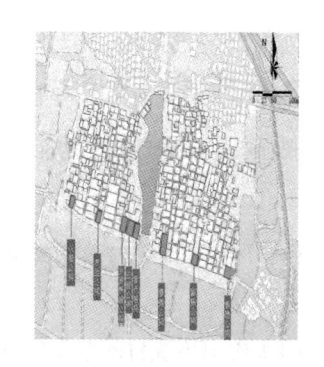　　图3 广州市花都区塱头村布局

综合祠堂在传统社会日常生活中具有特殊地位，名门望族往往倾注家族力量来建造，作为团结宗亲、教化族人的重要场所，其建筑规模和装饰雕琢比普通民居宏大考究，具有很高的建筑艺术成就。综合祠堂按"路""进""开间"划分，典型形制有：两进一开间，以私伙厅为例；两进三开间，以东莞寮步横坑易斋公祠为例；三进三开间，以东莞南社谢氏大宗祠为例；三进五开间，以顺德碧江尊明祠为例；四进三开间，以新安上合村黄氏宗祠为例；四进五开间，以东城余屋村余氏宗祠为例；五进三开间，以陈白沙祠堂为例；一路七进三开间，以增城派潭镇腊圃村熊氏祠堂为例；三路两进三开间，以顺德大墩村梁氏家庙为例；三路三进三开间，以番禺南村光大堂为例（图1）；三路三进五开间，以顺德乐从沙滘陈氏大宗祠为例。

祠堂作为中国传统村落孝文化的核心空间，在位置布局、空间营造、装饰题材等方面具有鲜明特征。以广东省广州市花都区塱头村总体布局为例，祠堂一般位于村落前排，并且处在村落中轴线上，起到统领全村或者各房支的作用，强调了孝文化空间在村落布局中的核心地位（图2、图3）。

三、中国传统村落孝文化空间现状问题

由于城镇化速度不协调、城乡发展不平衡、乡村人口外流等客观原因和人

们对于孝文化空间保护意识缺乏、孝文化传承意识不足的主观原因，中国传统村落孝文化空间正面临着空间破坏、环境衰败、价值观失落、文化断裂等困境，在景观环境、风貌样式、功能内涵、续存机制四方面问题严重。

（一）中国传统村落孝文化空间景观环境的现状问题

（1）中国传统村落孝文化空间景观环境资源开发与保护关系失调，景观环境要素层次单调、分布破碎化，景观环境质量低下。

（2）中国传统村落孝文化空间景观环境缺乏相应评估机制，评价标准模糊。

（3）中国传统村落孝文化空间景观环境保护长效机制缺乏，孝文化空间景观环境保护法规不完善，对孝文化空间景观环境保护法规的执行情况与景观环境保护实际要求之间存在较大差距。

（二）中国传统村落孝文化空间风貌样式的现状问题

（1）祠堂等传统建筑老化严重。村民保护意识不强、保护力度不足、保护技术低下等原因导致祠堂等传统建筑老化速度加快、破损情况加剧。

（2）传统村落承载孝文化活动的街巷空间衰败，公共空间空心化严重。空间规划视角单一、建设方式粗放等原因导致街巷肌理受损，公共空间失去原有活力。

（3）新旧建筑缺乏联系，整体风貌不协调。村民生产生活方式的转变、对建筑风貌认识存在偏差以及缺乏相应的建筑风貌引导管控法规，使得新建建筑与传统村落中祠堂等核心孝文化空间缺乏文脉呼应，新旧建筑在建筑造型、建筑立面、空间比例、空间尺度、建筑材料、建筑色彩等方面缺乏联系。

（三）中国传统村落孝文化空间功能内涵的现状问题

（1）中国传统村落孝文化空间资源闲置，空间分布散落，空间组织失序。现代化的营建方式打破了原有孝文化空间的规划格局，完整的孝文化空间功能被逐步分割，空间高度破碎，出现"孤岛效应"，使其功能失效。

（2）中国传统村落祠堂等孝文化空间功能结构单一，以祭祀、议事、施教、看戏等为主，难以满足展示村情村史、乡风民俗、乡土文化、道德实践以及举办宴会、文艺演出等多样化需求。

（3）中国传统村落孝文化空间功能形式化、同质化严重，文化内涵缺失。

（四）中国传统村落孝文化空间续存机制的现状问题

（1）传统孝文化空间保护与利用理解认识片面，研究视角单一，缺乏跨学科交叉综合的研究视角，研究思路受限。

（2）传统村落人口外流严重，代际情感淡化，青年人养老孝老观念薄弱，传统仪式、节庆等孝文化活动中青年人参与不足，孝文化活动管理缺位，孝文化传承乏力。

（3）传统孝文化生活与现代文化生活脱节，孝文化延续缺乏整体意识与全局观念，缺乏与"乡村振兴"国家重大战略需求和"特色小镇建设"社会发展需求的良好对接。

四、中国传统村落孝文化空间重构策略

社会主义文明乡风建设和美丽乡村建设背景下，中国传统村落孝文化空间重构的重点为孝文化物质空间与孝文化生活形态的重构。针对中国传统村落孝文化空间中景观环境、风貌样式、功能内涵、续存机制的现状问题，探索中国传统村落孝文化空间的重构策略。

（一）中国传统村落孝文化空间景观环境的重构策略

（1）建立系统、整体的中国传统村落孝文化空间景观环境保护与利用体系，协调景观环境资源开发与保护关系，丰富景观环境要素层次，优化景观环境质量。

（2）建立中国传统村落孝文化空间景观环境的敏感度评价标准，完善景观环境评估机制。

（3）建立规范—监控—管理相结合的中国传统村落孝文化空间景观环境的保护机制，完善景观环境保护法律法规体系，提高监管力度与执法力度。

（二）中国传统村落孝文化空间风貌样式的重构策略

（1）加强中国传统村落古建保护与修复方向人才的培训，加大对祠堂等传统村落孝文化空间的保护管理力度，提升村民自觉保护祠堂等传统建筑的意识，确保传统建筑保护与修复工作的科学高效开展。

（2）从遵循历史、清理现状、延续载体三方面开展传统村落空间肌理的修复工作，坚持政府组织、专家领衔、公众参与的规划原则，实现建设方式从粗放式向集约化转变，营造有活力的公共空间，恢复中国传统村落孝文化空间的特色风貌与街巷活力。

（3）从建筑造型、建筑立面、空间比例、空间尺度、建筑材料、建筑色彩等方面探索延续中国传统村落、传统建筑风貌的思路和手法，制定相应的风貌引导和管控准则，在续旧的基础上有节制地纳新，在共生相融中维系与发展建筑文脉，实现新旧建筑风貌的整体和谐。

（三）中国传统村落孝文化空间功能内涵的重构策略

（1）整合中国传统村落中闲置的孝文化空间资源，完善公共文化基础设施建设，构建从构筑物及建筑单体—街巷空间—孝文化活动片区的点—线—面三位一体的中国传统村落孝文化空间体系。

（2）调整中国传统村落中传统建筑的平面布局，将建筑布局形式、空间结构与中国传统村落人群结构及文化活动相关联，使其满足展示村情村史、乡风民俗、乡土文化、道德实践以及举办宴会、文艺演出等多样化需求，实现中国传统村落孝文化空间的活化利用。

（3）从物质层面、制度层面、精神层面分析中国传统村落孝文化空间的文化特性，从地域技术特征、社会时代精神、人文艺术品格三方面阐述中国传统村落孝文化空间的独特内涵，保护中国传统村落孝文化空间的差异性、多样性与丰富性。

（四）中国传统村落孝文化空间续存机制的重构策略

（1）基于建筑学、美学、文化学、生态学、社会学等学科交叉综合的研究方法，从地域特色与绿色技术融合的角度，探讨中国传统村落孝文化空间的现状问题，构建地域文化特色与绿色建筑技术相融合的中国传统村落孝文化空间保护与利用的理论与方法，以提升中国传统村落孝文化空间活力。

（2）建立中国传统村落孝文化活动的分类体系，创建中国传统村落孝文化活动数据采集技术标准，构建中国传统村落孝文化活动新技术综合运用体系，完善中国传统村落孝文化活动管理机制，构建中国传统村落孝文化活动保护与传承体系。

（3）树立整体意识和全局观念，对传统孝文化和现代文化资源进行整合优化，将中国传统村落孝文化活动传承与社会主义文明乡风宣传教育、特色小镇旅游空间打造相结合，搭建中国传统村落孝文化活动多媒体交互平台，提高孝文化活动参与度，延续中国传统村落孝文化生活形态。

结　语

中国传统村落孝文化空间重构应以跨学科交叉综合的研究视角，拓展研究视野和创新思路，突破单一学科视野和思路的局限，深化认识中国传统村落孝文化空间内涵的整体性与系统性，着眼于实现孝文化空间景观环境质量的优化、孝文化空间风貌样式的修复、孝文化空间功能内涵的丰富、孝文化空间生活形态的延续，以推进社会主义文明乡风建设和美丽乡村建设，展现中国传统村落孝文化空间的地域文化特色，彰显中国传统村落的文化地域性格，为人类文明的丰富性和多样性展现中国农耕文化的成功案例和典型范本。

孝道传说与中华民族核心价值观的传承

邹明华 [1]

"孝道"是中华民族的传统价值观的核心内容,正如《孝经·开宗明义章第一》中所说:"夫孝,德之本也,教之所由生也。"孝道是一切德行的根本,所有的教化都是从孝道衍生的,从孝顺父母的事亲,到忠君爱国,到个人的修身养性,立足点都是"孝"。孝道对于人们伦理道德的培养、社会公序良俗的建立,无疑都起到了积极的作用。

在中国传统社会中,个体孝道的养成以及孝道伦理和价值观在民众中的广泛传承,应该是有多种多样的途径,其中,有关孝道的传说和口头叙事发挥了尤其显著的作用和影响。从近世以来,孝道在价值层面和行为层面经受了冲击,但是在近些年又重新赢得了社会的普遍肯定,许多地方大力举办节会、积极通过非物质文化遗产进校园等活动传播具有本地特色的孝文化,使孝道传说重新成为中华民族优秀价值观建构的要素。

民间文学的特定体裁及其特定题材的作品在社会变迁中的兴衰消长是非常有意思的研究课题。传说是与社会变迁联系比较紧密的体裁,通过传说的传承来看社会以及社会价值观的承续,对于我们从细部更好地认识中国社会的民俗复兴乃至文化复兴,是一种独具特色的视角。孝道传说在中国的形成与中国社会的核心价值观的变迁息息相关,其在近代以来的消长更是我们认识中国社会变迁与传说的传承的极好案例。

---

[1] 邹明华,中国社会科学院文学所民俗文化研究中心研究员。

一、孝道伦理和"孝"价值观的建构

中国传统社会实行的是宗法家族制度,其道德和价值观念也以家庭、家族、宗族为重。早在西周,中国就确立了"有孝有德"的伦理思想和以孝为主的宗法道德规范。中国最早的一部文字学专著《尔雅》将"孝"解释为"善事父母为孝";东汉许慎《说文解字》的解释也是"善事父母者,从老省、从子,子承老也"。"孝"作为一个伦理观念正式提出是在西周。《尚书》中编选的周公十一篇诰词是其价值观的集中展示,也反映了中国传统社会价值在其萌芽阶段所具备的特征。中国的伦理价值观在其萌芽阶段就非常重视人伦关系,经过以孔子为代表的儒家学者整理定型,逐渐形成了一套以"君君、臣臣、父父、子子"为核心内容的等级制度,逐步完善了伦理关系的制度化建设。

在儒家典籍中有不少关于孝道的论述。《论语·学而》中说:"孝悌也者,其为仁之本欤!"提出孝悌是仁的根本。《论语·学而》中说:"子曰:'弟子入则孝,出则悌,谨而信,泛爱众,而亲仁。'"认为孝悌是仁的基础,需要落实在具体的生活之中。"子游问孝,子曰:'今之孝者,是谓能养。至于犬马,皆能有养;不敬,何以别乎?'""子曰:'生,事之以礼;死,葬之以礼,祭之以礼。'"(《论语·为政》)生而能养是所有动物都具备的天性,人之区别于动物之处在于不仅能养,而且要态度恭敬;无论是生养、死葬还是祭祀,都要符合礼仪,这就是孔子所倡导的"孝"!"孝"是与"敬"、与"礼"连接在一起的、高于动物本能和人的自然情感的"能养",是把自然情感升华为以理性为基础的道德情感——内在的孝心,而不仅仅是外在的孝行。孔子的"入则孝,出则悌,谨而信,泛爱众,而亲仁"是用作为儒家伦理思想核心的"仁"来引导人的自然情感,使"仁""信""孝悌"成为中华民族传统价值观中最高的道德标准和伦理规范。

孟子是孝道观念建构的关键人物,他继承并发扬光大了孔子的学说,《孟子》中关于孝的论述很多。《离娄上》认为:"事孰为大,事亲为大。""不得乎亲，不可以为人；不顺乎亲，不可以为子。""仁之实，事亲是也；义之实，从兄是也；智之实，知斯二者弗去是也。"不能施行孝悌，根本不能称为"人"。《万章上》中也说："孝子之至，莫大乎尊亲。"孟子推崇的圣人是尧舜，而"尧舜之道，孝悌而已矣"(《孟子·告子下》)。孟子在《滕文公上》中提出了著名的"五伦"观念："父子有亲，君臣有义，夫妇有别，长幼有序，朋友有信。"对"孝"的内涵和外延作了延伸，由子女对父母的孝推广到朝廷中的臣子对君主的忠诚、社会上人与人交往的诚信，如《大戴礼记·曾子大孝》中所言："事君不忠，非孝也，莅官不敬，非孝也！"五伦观念对中国文化的影响深远。

《孝经》是儒家关于孝道的专著，标志着儒家孝道理论创建的完成。《孝经·开宗明义章第一》中指出："夫孝，始于事亲，中于事君，终于立身。"明确地将"事亲—事君—立身"作为"孝"的主体内涵，从家庭的日常行为准则上升到国家责任、人格完善的高度，完成了价值链的建构。《孝经》还有一些独特的内容，如用刑罚来维护孝道，"五刑之属三千，而罪莫大于不孝；要君者无上，非圣人者无法，非孝者无亲，此大乱之道也"(《孝经·五刑》)，认为不孝之人与要挟君主者和非议圣人者一样，都是大乱的祸根。

"孝"从纯粹的道德角度而言，是一种权利与义务关系的反映。父母生养子女，赋予了子女生存的权利；于是子女相应地就有尊敬、顺从父母的义务。在中国农耕社会和宗法制度的语境中，这种关系由于与需求的契合度高，功能作用显著，因此得到了上自统治者下至普通民众的普遍认同，正如《孝经·感应章第十六》中所说："昔者明王事父孝，故事天明；事母孝，故事地察；长幼顺，故上下治。天地明察，神明彰矣。故虽天子，必有尊也，言有父也；必有先也，言有兄也。宗庙致敬，不忘亲也；修身慎行，恐辱先也。宗庙致敬，鬼神著矣。孝悌之至，通于神明，光于四海，无所不通。"在这样的认识高度上，"孝道"伦理就逐渐成为一种被全社会普遍认同的价值观。

二、孝道的演绎：以孝道传说为中心的叙事

汉代尊崇儒术，推崇孝道，是孝的观念兴盛的时代，也是孝道传说被大量传讲、记录的时期。由于孝道传说既能通俗地演绎孝道观念，符合儒家的伦理和皇权统治的需要，同时又符合生活于农耕社会、宗法家族制度下民众的道德观念，因此在汉代就有各种类型的孝道传说的记录、引用。

（一）尧舜传说

尧舜传说在中国历史上是影响深远的孝道传说，尧之所以选中舜为帝位继承人，就是因为舜以德孝兼具著称。顾颉刚在《虞初小说回目考释》中说："舜的故事，是我国古代最大的一件故事，从东周、秦、汉直到晋、唐，不知有多少万人在讲说和传播，也不知经过多少次的发展和变化，才成为一个广大的体系；其中时地的参差，毁誉的杂异，人情的变化，区域的广远，都令人目眩心乱，捉摸不定。"[1] 可以想象，尧舜传说的演变过程必然充满各种异说，在先秦时期也可以说是百家言尧舜。尧舜传说始于春秋，成长、成熟于秦汉时期。最早记录尧舜传说的典籍除《左传》《国语》等先秦史书外就是先秦诸子之书。据《汉书·艺文志·诸子略》载，诸子10家，目前可考的有儒、墨、道、法、纵横、杂六家有尧舜传说的记述。《尚书·尧典》《史记·五帝本纪》可以说是整合春秋以来尧舜传说的集成之作。儒家视修身、齐家、治国、平天下为理想的人生历程和追求目标，舜由微庶人而大臣而为帝正好与儒家这一理想契合。

屈原《天问》中说："舜服厥弟，终然为害；何肆犬体，而厥身不危败？"[2]《孟子·万章上》中记载：

---

[1] 顾颉刚：《顾颉刚古史论文集》第二册，中华书局1993年版，第5页。
[2] 马茂元注：舜处处顺从他的弟弟，而象终于还要谋害舜；为什么那狗东西这样放肆，而舜竟没有被害死呢？见马茂元等《楚辞注释》，湖北人民出版社1985年版，第251页。

父母使舜完廪，捐阶，瞽叟焚廪。使浚井，出，从而掩之。象曰："谟盖都君咸我绩。牛羊父母，仓廪父母，干戈朕，琴朕，弤朕，二嫂使治朕栖。"象往入舜宫，舜在床琴。象曰："郁陶思君尔。"忸怩。舜曰："唯兹臣庶，汝其于予治。"不识舜不知象之将杀己与？

《史记·五帝本纪》中记载：

　　尧乃赐舜绨衣，与琴，为筑仓廪，予牛羊。瞽叟尚复欲杀之，使舜上涂廪，瞽叟从下纵火焚廪。舜乃以两笠自扞而下，去，得不死。后瞽叟又使舜穿井，舜穿井为匿空旁出。舜既入深，瞽叟与象共下土实井，舜从匿空出，去。瞽叟、象喜，以舜为已死。象曰："本谋者象。"象与其父母分，于是曰："舜妻尧二女，与琴，象取之。牛羊仓廪予父母。"象乃止舜宫居，鼓其琴。舜往见之。象鄂不怿，曰："我思舜正郁陶！"舜曰："然，尔其庶矣！"舜复事瞽叟爱弟弥谨。

虽然这三则传说记载的时间相距甚远，但核心内容基本一致，很显然是在社会上广为流传的传说。舜是传说中的远古帝王，也是后世人们的道德楷模，其孝行是作为最崇高的美德而加以褒扬的。

（二）董永传说

舜是"高山仰止、景行行止"的伟人，他的行为也是让人仰慕、不可企及的，那么孝道如何深入人心、孝行怎样也能人人可行呢？董永"卖身葬父"，孝感动天的传说就和普通百姓更易沟通。董永的身份只是普通人，而且穷得连父亲去世了也无钱安葬，何以能载入史册并千百年来被人们传颂呢？

董永形象最早见于东汉山东嘉祥县武梁祠的画像石。相传西汉刘向著《孝子传》，其中有董永行孝传说。目前可见的董永传说文本最早见于晋代干宝《搜神记》卷一：

> 汉董永，千乘人。少偏孤，与父居，肆力田亩，鹿车载自随。父亡，无以葬，乃自卖为奴，以供丧事。主人知其贤，与钱一万，遣之。永行三年丧毕，欲还主人，供其奴职。道逢一妇人曰："愿为子妻。"遂与之俱。主人谓永曰："以钱与君矣。"永曰："蒙君之惠，父丧收藏。永虽小人，必欲服勤致力，以报厚德。"主曰："妇人何能？"永曰："能织。"主曰："必尔者，但令君妇为我织缣百匹。"于是永妻为主人家织，十日而毕。女出门，谓永曰："我，天之织女也。缘君至孝，天帝令我助君偿债耳。"语毕，凌空而去，不知所在。

唐代释道世《法苑珠林》卷第六十二、五代句道兴《搜神记》、宋代李昉《太平御览》卷第八百二十六均注明引自刘向《孝子传》，如《太平御览》卷第八百二十六：

> 董永性至孝而家贫，父死，卖身以备棺殓。既葬，即诣主人，将偿其直。路逢一女子云能织，愿为永妻。永不得已，与同诣。主人问其故，永具以对。主人曰："必尔者，但令尔妇为我织缣百匹。"于是妻为主人织十日，百匹具焉。主人大惊，即遣永夫妻。妻出门，谓永曰："我天之织女也，卿笃孝，卖身葬父，故天使我为卿偿债耳。"言终，忽然不见。

所有这些记载情节大同小异，都是讲述董永"卖身葬父"、孝行感动上天、派遣天女相助的传说。

东汉至魏晋南北朝时期，董永传说处于起源和初步定型阶段，情节较为简单，但其核心"孝感动天"正符合普通民众的期待，穷困潦倒的董永仅仅因为

"卖身葬父"这一行为，而获得了天助，摆脱了困境。这是一种贴近日常生活、普通人可为的孝行，显示了"孝"在平凡中的不凡。

正因为如此，董永传说广为流传，传说的情节越来越丰富，同时也成为各种文体演绎的题材。有历代文人诗文的题咏，如叶清臣《董永》：

> 董生少失母，老父癯且贫。无田事耕稼，客作奉晨昏。
> 朝推鹿车去，大树为庭藩。农家乏甘旨，糠籺苟自存。
> 父死不得葬，鬻身奉九原。人道孝为本，畎亩知所尊。
> 伤嗟世教薄，至行岂足论。廪禄厚妻子，楄柎遗其亲。
> 靳吝一抔土，因循三尺坟。空令丘壑闲，凛凛惭英魂。
> （宋吕祖谦《皇朝文鉴》卷第十五收录）

而各种通俗文艺对董永传说的改编展演对民间产生巨大的影响，如明代洪楩《清平山堂话本》（明嘉靖刻本）中有《董永遇仙传》：

> 典身因葬父，不愧业为佣。孝感天仙至，滔滔福自洪。话说东汉中和年间，去至淮安润州府丹阳市董槐村，有一人，姓董名永，字延平，年二十五岁……

这种在说书场中绘声绘色的讲述，对于受众孝的观念的养成作用既是潜移默化的，也是巨大的。董永传说也是戏曲的重要题材，初步统计全国100多个地方剧种有董永戏。

董永的传说从东汉一直传承至今，由一个地方性的传说演化为全国性的家喻户晓、妇孺皆知的传说，到当今成为载入国家级名录的非物质文化遗产，可以说正是因为董永传说与中华民族传统价值观相契合的缘故，虽然历经世事变化，它现在又参与到社会价值观的建构过程之中。

（三）不断积淀的孝道传说

自汉代以来，民间各时期各地域的孝子传说不断生发、流播，对于孝道传说的记录也很多，其中流传最广的有《二十四孝》。对《二十四孝》一书最早的撰辑人，一直存在着不同的说法：第一种说法是郭居业所撰辑，第二种说法是郭守正所撰辑，第三种说法是郭居敬所撰辑。历代学者对此还有诸多考据。现在看来，《二十四孝》并不是某人一时之作，而是长期以来积淀的孝道传说的汇集。敦煌藏经洞发现的佛教变文《二十四孝押座文》就是较早的"二十四孝"文本，宋代墓穴中也已有"二十四孝"图文等，至元及元以后社会上流传《二十四孝》的版本更多，可知类似《二十四孝》早已有之，而且有诸多版本，在民间更是广为流传。

《二十四孝》的故事大都来源于据说是汉代刘向编辑的《孝子传》，部分来源于《艺文类聚》《太平御览》等书籍。元代郭居敬将二十四孝故事进行增删，以诗配画的形式编辑成《全相二十四孝诗选》一书，以诗配画的形式也是其广泛流传的重要因素。

元代郭居敬的《二十四孝》可以说囊括了各种类型的行孝行为：时间跨度从上古的虞舜到北宋的黄庭坚；人物身份既有皇帝如汉文帝，也有王公大臣、知识精英、平民百姓；行孝的方式也多种多样，如郭巨的"埋儿奉母"，朱寿昌的"弃官寻母"、王祥的"卧冰求鲤"等等。《二十四孝》是经典的通俗化，是孝道实践的案例，对后世的孝文化影响深远。清咸丰年间，荆州人黄小坪在二十四孝基础上增加七十六孝编辑了《百孝图诗传》；1937年，陈寿清重编《百孝图说》，共收一百篇传记故事，二百幅白描图画："由上海陈寿清主持筹划，由陕中郭莲青执笔，依据清咸丰年间黄小坪所著《百孝图诗传》一书增扩改编的，绘图则出自孟泽民，吴一舸之手。"《百孝图说》所收孝行人物，正传一百人，另有附传二十三人；正传是咸丰年间黄小坪《百孝图诗传》的原文，附传则掺入了咸丰以后的人物故事。《百孝图说》所收的人物，上自舜，下至清光绪年间的王梦惺。光绪年间胡文炳又编辑了《二百四十孝》。

孝道传说作为核心叙事基因，不断向其他文艺样式扩展。在文人创作的诗词歌赋、散文中，演绎孝道传说的作品数不胜数。在民间，各类绘画雕刻（如汉画石像、年画、剪纸、木雕、砖雕、石雕）作品中，行孝图是常见的题材，孝子画像、绘图比孝子文本流传更广，二十四孝画像已广泛见于宋元时期墓葬之中，及至明清时代二十四孝图常见于祠庙、年画。说唱艺术（如说书、宣卷、相声、评弹、道情等）、地方戏曲中，孝道故事也是最常见的曲目。不同的文艺样式共同演绎孝道传说，形成了一个巨大的叙事网络，通过不同的知识传授管道，不断强化人们对孝道的认知，从而形成共同的价值观。

三、孝道传说与传统价值观的消长

以"百善孝为先"为代表的孝道文化，在五四新文化运动中受到了猛烈抨击，新知识分子批判封建社会统治者出于社会治理的需要过分强化"孝"的单向性，把"孝"作为维护统治和封建纲常的工具，以致宣扬愚"孝"、愚"忠"，戕害"国民性"。以陈独秀、周氏兄弟为代表的"五四"学者对孝道的批判都是从"二十四孝"开始的。其中鲁迅的《二十四孝图》[①]的影响最为深远。

鲁迅的《二十四孝图》（收入《朝花夕拾》）通过对"二十四孝图"中部分传说的分析，指出这类封建孝道或是愚不可信如"卧冰求鲤"，或是装模作样如"老莱娱亲"，或是不顾儿童的性命如"郭巨埋儿"，以此揭示封建孝道的虚伪和残酷，认为这样的教育"诬蔑了古人，教坏了后人"。

自五四新文化运动以来提倡的崇尚科学、反对封建迷信的思想革命和社会革命，在中国社会造就了反传统的主流。新中国成立以后，社会主义改造在思想上进一步冲击了以孝道为中心的旧风俗、旧道德，在社会上因为单位制和社

---

① 鲁迅《二十四孝图》的内容，引自《鲁迅全集》第2卷，人民文学出版社1981年版，第251—257页。

队集体的作用也客观上降低了个人对孝道的预期与依赖。但是，养老依然是家庭的责任，孝道的缺失必然埋下家庭不幸的隐患。等到20世纪80年代农村社队解体，家庭重新成为自主的生产和生活单元，老百姓又重新需要传统家庭伦理的回归。可是，道德观念是破坏易，建立难。延续千年的孝道，在新式教育中长大的一代已经非常陌生；人人耳熟能详的孝道传说，也已经濒临失传。

中国社会的问题不是孝道传说逐渐淡出百姓生活的问题，而是与此密切相关的养老危机和伦理悲剧的问题。家庭重新成为社会的核心单元以来，由于没有与此匹配的价值体系，家庭代际的责任、情感依赖没有道德支撑，造成了全国大量弃养老人、虐待老人以致老人自杀的社会问题。孝道，重新成为中国社会最急需的价值。为了重新养成这个我们曾经广泛拥有的价值，知识界和政府以多种方式进行倡导，其中，孝道传说的传承与传播是最为行之有效的途径。

正是基于此，进入21世纪以来，各级政府以多种方式从总体上或专项上宣示对于包括孝道在内的传统文化的重视。2006年颁布的《国家"十一五"时期文化发展规划纲要》中指出："五千年悠久灿烂的中华文化，为人类文明进步作出了巨大贡献，是中华民族生生不息、国脉传承的精神纽带，是中华民族面临严峻挑战以及各种复杂环境屹立不倒、历经劫难而百折不挠的力量源泉。"作为具有中华民族传统价值观基础地位的孝道文化也在此背景下得以复兴和重构。特别是在非物质文化遗产保护工作的推动下，孝道传说大受重视。"董永传说"于2006年列入第一批国家级非物质文化遗产代表作名录，传说的代表性流传地点有山西省万荣县、江苏省东台市、河南省武陟县、湖北省孝感市四地。流传于山西省洪洞县、临汾市尧都区的包含尧舜和娥皇女英传说的"接姑姑迎娘娘——山西洪洞走亲习俗"也列入了山西省第一批、国家级第二批非物质文化遗产代表作名录。

自2007年以来，中央宣传部、中央文明办、解放军原总政治部、全国总工会、共青团中央、全国妇联每两年评选一届全国道德模范，其中"孝老爱亲"位列5种类型之一，每届有10—11人当选。全国道德模范评选活动是以政府为主导的层次最高的道德奖项，当选的道德模范成为当代中国的道德标杆。在此项活动中，以"孝老爱亲"取代了以往"尊老爱幼"的说法，"孝"字登堂入室，"孝子"成为官方和民间都认可的道德标杆。在这种氛围下，许多地方政府在辖区内相继开展了包括"孝老爱亲"为内容之一的道德模范评选表彰工作。例如，在董永传说的发源地湖北孝感，不仅将二十四孝中的孝子董永、黄香、孟宗的事迹进行了系统整理和研究，而且自1996年起就由市委宣传部、老龄办牵头组织举办了孝感市"十大孝子"评选表彰活动，到2013年为止已经开展了7届，树立了一批孝老爱亲的模范群体，发挥了良好的宣传和示范作用，弘扬了孝敬老人的良好风尚。并将古代孝子董永、黄香、孟宗以及现代孝子董练武、况孝蓉的事迹编入思想品德类教材《可爱的孝感》，作为全市中小学生的课外读物，使学生从小就受到良好的孝德教育。

在新时期孝道文化的重构过程中，孝道传说能够也应该发挥其应有的作用。因为传说是一种人们喜闻乐见的口头叙事，它通过具体生动的情节，让人们在潜移默化中受到教育。但在这过程中需要注意几个问题：

一是我们今天需要怎样的孝道？今天倡导的孝道，应是继承与扬弃的结合，我们要站在历史的高度反思传统孝道、理解传统孝道，用现代眼光审视传统孝道、鉴别传统孝道，剔除其糟粕，吸收其精华。因此，"二十四孝"传说中如"哭竹生笋""卧冰求鲤"等不符合人们日常生活常识的说教故事，像"老莱娱亲"等让人反感的张扬虚伪的故事，像"郭巨埋儿"这样不顾儿童性命的极端和残酷的故事，既不符合社会主义的核心价值观，也不符合人们今天的思想观念，不宜在社会上宣扬。

二是怎样的孝道传说才能被今天的人们所接受？政府和媒体宣传的"孝子事迹"属于广义的孝道传说，或者称之为新孝道传说。但目前"孝子事迹"情节过于简单、人物形象单一、题材狭隘，缺乏活生生的细节描绘。在这方面，"二十四孝"传说的"奇节"手法是有一定借鉴意义的。这种富有想象的、推至极致的"奇节"(清末学者石韫玉:"今夫孝也者,庸行也,非奇节也。"①)正是发挥传说独特作用的因素,行孝固然是人们日常生活中的"庸行",但如果孝道传说中的情节仅仅是"庸行",是无法打动人心的,二十四孝传说之所以能产生如此巨大的影响,正在于情节的"奇节"。也就是说,新孝道传说需要挖掘能引起人们共鸣的情节。

就个体而言,"孝"可以分为孝行、孝心两个层面,孝心也就是儒家孝道观中的"敬",是发自内心地对父母、长辈的尊敬和顺从,孝行则是体现在日常生活中的行为,孝心必然会呈现为孝行。通过孝道传说的孝行,以及其中隐含的价值判断,培育人的孝心,从而形成全社会良好的慈孝风气。

四、结语:孝道传说与传统价值观的传承

中华民族的传统价值观是中国各族民众在长期的生存实践过程中逐渐形成的,通过口耳相传、言传身教、书面教育等各种方式代代相传,模塑着每个中国人的人格,成为每个人为人处世的准则,维系人与人之间的良好关系,促使中华民族几千年来虽然历经风风雨雨但因强大的内聚力而依然屹立于世界民族之林。孝道是中华民族特有的传统美德和价值观的重要组成部分,是中国传统社会重要的道德和伦理规范,其中以孝道传说为表现形式的大量内容至今已经成为中国体制承认的文化遗产。

但作为社会个体而言,传统价值观不是天生的,而是在日常生活中逐渐养成的。正如本尼迪克特所说:

> 个人生活史的主轴是对社会所遗留下来的传统模式和准则的顺应。每

---

① 石韫玉:《独学庐四稿》卷五《徐孝子墓表》,道光间刊本,第18a—18b页,转引自余新忠《明清时期孝行的文本解读——以江南方志记载为中心》,载《中国社会历史评论》(第7卷),天津古籍出版社2006年版,第48页。

一个人，从他诞生的那刻起，他所面临的那些风俗便塑造了他的经验和行为。到了孩子能说话的时候，他已成了他所从属的那种文化的小小造物了。待到孩子长大成人，能参与各种活动时，该社会的习惯就成了他的习惯，该社会的信仰就成了他的信仰，该社会的禁忌就成了他的禁忌。①

而以孝道传说为中心的叙事正是在这过程中对每个个性产生潜移默化的作用，逐渐形成个人的孝道，同时也保证了中华民族孝道文化的代代传承，因为社会是由众多个体组成的。

首先是在观念层面上，孝道传说往往通过具体生动的描述，褒奖守孝道者，最后获得好的结局；鞭笞不守孝者，最后受到惩罚。孝道传说观点鲜明，使听众在不知不觉中受到教育和启迪，明晰什么是该做的，什么是不能做的，逐渐形成遵守孝道的观念。

其次是在心理层面上，如前所述孝道传说已形成一个立体的叙事网络，在人们的日常生活中不断受到来自不同文艺样式的熏陶，重复接受相同内容，强化个体对孝道的认知。如居家墙上有董永行孝砖雕，经常听到董永的传说，经常看董永的戏，"董永因行孝而得到天女帮助"的观念就深入人心了。通过反复"刺激"，其观念便逐渐积淀于人的心灵深处，形成一种个体的自觉意识，作为一个群体来说，就逐渐形成一种价值认同。

最后是在行为层面上，观念和意识必然会外化在人们的日常生活之中，体现为人的言行。于是在孝道观念的支配下，遵守孝道便成为人们的自觉行为。古代"事亲—事君—立身"的孝道价值链若经过改造，在今天也具有现实意义。"事亲"即在家孝顺父母并且推己及人，在社会上形成尊老敬老的风气；"事君"可以改造成尊敬领袖、尊敬长官、尊敬师长，对自己承担的职位敬职敬业；"立身"则是要不断地加强内在和外在的修养，成就完整的人格。

---

① ［美］本尼迪克特：《文化模式》，张燕、傅铿译，浙江人民出版社1987年版，第2页。

从传说学的角度而论，孝道传说随孝道重新受到主流社会的重视而活跃起来，古老的孝子传说又流行起来了，新的孝子传说也在许多地方形成、扩散。无论是对不同人物的叙事文本的收集，还是对同一个人物的叙事异文的收集，都有大量的工作可做，还需要我们进一步地开展田野作业，以丰富的资料对传说与时代的复杂关系做深入的研究。

传统乡规民约丰富文明乡风建设的底蕴

万建中[①]

在远古社会，人们常常在公共场所祭祀、集会、歌舞、庆贺，举行公共仪式，人人都是仪式的参加者。此时，所有的能量在瞬间聚集、释放，人们在刹那融为一体。这种高度的集体性使得民俗的规范功能得到极大的发挥，似乎威力也更为强大。相对于古代社会的公共性而言，近代形成的社会规范主要不是展示性的，而是感染性和监视性的。因某种契机和社会需求，形成了某种乡规民约，并逐渐产生共同感，内化于当地人的身体。同时，作为一种传统，其本身就是生活的寄托、情感、准则和参照，所有的人都会竭力加以维护，并且通过教化和互相监视促进乡规民约的延续。

我国最早辑录的乡规民约出现在北宋时期，名为《吕氏乡约》，可谓"以道德建设为中心的全面构筑乡村自治秩序的蓝图"。约规涵盖四个方面：德业相劝、过失相规、礼俗相交、患难相恤。其中"德业相劝"定为首目，意为"见善必行，闻过必改""能决是非，能兴利除害"。而患难相恤意指乡民自发的互助行为。所谓"官为民计，不若民之自为计"，植根于乡民思想意识的"乡规民约"成为他们个体之间的一种共识和默契，也是他们各种言行的基本遵循和指南。

乡规民约对乡民的影响，一般不具有命令式的强行指派，它也要求一致，

[①] 万建中，中国民间文艺家协会副主席、北京师范大学教授。本文刊发于《光明日报》2018年4月14日。

但这一致，是潜移默化，循循诱导式的。正如费孝通先生所说："乡土社会的信用并不是对契约的重视，而是发生于对一种行为的规矩熟悉到不假思索时的可靠性。"作为熟人社会，不遵奉乡规民约，有时会受到宗法式的制裁，但其所代表的仅仅是一个宗族或大家庭的意愿，更多的还是民俗惯制的力量，即传统使然。村民依循乡规民约一般并非迫于民俗的威慑，或由这种威慑产生的恐惧，而是民俗给人一种社会安定感和相互亲近感，给乡民的生活带来秩序和意义，在很大程度上满足了乡民对传统的依恋。

如今，乡规民约的规范功能由民间进入到国家行政机关。不过，乡村社会生活的特殊性和复杂性又使相关的机构难于胜任所有的规范责任。也就是说，乡民生活以及传统习惯不可能完全进入"机构"。机构的四周是更为广阔的生活空间，生活空间里的准则、模式及意义主要来自于传统的乡规民约，受制于传统的民俗。

文明乡风建设在于营造一个民俗传统得以传承和不断发扬光大的生活场域。传统的乡规民约在很大程度上与文明乡风具有一致性，对于乡村社会治理和精神文明建设具有重要的意义。乡风文明建设要在尊重原有乡村自治文化体系的基础上，吸纳新时代的法制思想与发展理念，而不是以颠覆传统的乡规民约为代价，更不能抛弃原有的民俗文化基础另起炉灶。

壮族神圣形式的"乡约"
——《布洛陀经诗》里的家国观念

刘亚虎[1]

陕西蓝田有北宋诸吕创立的《吕氏乡约》，广西壮族先民差不多同时期形成《布洛陀经诗》。《布洛陀经诗》借引用传说中创世神、族群始祖布洛陀教导的名义，汇集了许多传统文化里有价值的东西，其中一部分阐述壮族先民心目中的国家、家庭、社会观念，千百年来在壮族社会影响广泛而深刻，可谓神圣形式的"乡约"。

谈到"神圣"，自然就涉及民间信仰的问题。我有一位曾经当过国外旅游团导游的学生告诉我，他们到国外去对方常常问他们信仰是什么，他们往往不知道怎样回答，对方会很惊奇，因为在对方看来有信仰是一件很平常的事，没有倒不正常。我开始没把这事放在心里，没什么啊，我们都是无神论者！但后来，我渐渐有点困惑，无神论问题不大，但如果把它上升到没有任何神圣的东西可以敬畏，我不知道这到底是坏事还是好事！

现代一些中国人常常把诸多民间信仰称为"迷信"，但自古以来就是一些不"迷信"的人，也常常敬畏某些神圣的东西。"头顶三尺有神明，不畏人知畏己知""举头三尺有神明，常怀敬畏一生平""善恶到头终有报，举头三尺有神明"，我觉得，这些人很难说他们真的相信"头顶三尺有神明"，这不过是他们的人生信条而已。同时，我还觉得这些观念是古来神灵观积淀的延伸，从历史来看，

---

[1] 刘亚虎，中国社会科学院民族文学研究所研究员。

这种"敬畏"应该属于优秀传统文化的一部分！而且，以神圣形式传承下来的传统文化，不少还是很具有"正能量"的。这种情况同样适合许多信奉布洛陀文化的人以及布洛陀文化的核心。

2018年8月21日至22日，全国宣传思想工作会议在北京召开，习总书记发表重要讲话。习总书记说：

> 要把优秀传统文化的精神标识提炼出来、展示出来，把优秀传统文化中具有当代价值、世界意义的文化精髓提炼出来、展示出来。

遵循习总书记的指示，这里把《布洛陀经诗》里关于国家、家庭、社会意识的具有当代价值的阐述提炼出来，并简要回顾一下它在历史上的一些影响。

一、国家观念

首先列举《布洛陀经诗·造土官皇帝》里的一段，这一段因为历史的局限有一些敏感的词，多年来人们较少引用。经诗这一段叙述：

> 篱笆无桩又无门，篱笆就会歪斜。天下没有首领和土司，没有土司来作主，没有皇帝管天下，世间就乱纷纷，……造一个人来作主，造一个人做君王，造一个人来掌印，造出土司管江山，造出皇帝管国家，统管一万二千个山谷国，……造了官又造府，造了州又建县，天下从此才有主，众人的事才有人管。

这一段意思是，创世神布洛陀造了天、地、人及万物以后，世间乱纷纷，于是布洛陀又造出"皇帝管国家""土司管江山""天下从此才有主"。这一段如果放在汉族的语境里，可能会被认为是维护封建统治；但如果放在边疆少数民族语境里，可以从多种角度进行解读。其中一种解读是：这一段体现了壮族古代以中原王朝为正统、壮族先民与汉族等各民族同属于一个国家的观念。正是这样的"正统观念"，造就了作为百越系统骆越后裔的壮族布洛陀文化的核心价值之一——大中华情怀。

关于百越系统，人们一般引用《汉书·地理志》颜师古注：

自交趾至会稽七八千里，百粤（越）杂处，各有种姓。

这里会稽应为汉时的会稽郡，今太湖流域。由此，百越系统明确为今江苏、浙江、福建沿海往西至云南西南部广大地区的各"种姓"，他们可能有共同的族源，以"文身断发"为共同特征，主要部落有句吴（在今江苏太湖流域）、于越（在今浙江杭嘉湖平原一带）、东瓯（在今浙江南部瓯江流域）、闽越（在今福建）、南越（在今广州一带）、西瓯（在今广西）、骆越（在今广西、贵州一带以及越南北部红河流域）、滇越（在今云南西南部）。另外，一部分越人与濮人逐渐交融，史称"濮僚"。

百越各种姓中，发展最快、春秋中晚叶在长江下游兴起的，是句吴和于越。由于地理位置以及文化交流、民族迁徙等原因，句吴、于越较早地向中原和楚学习、吸收。战国时期及以后，句吴已基本上随楚华化；于越以及百越其他各支，东部诸越逐渐华化，西部诸越则按照原有传统继续发展，逐渐形成如今壮侗语族各民族。

从秦汉逐渐融入中华大家庭以后，整个百越系统除分裂出去的红河三角洲以外，无论东部诸越还是西部诸越，对中华民族的认同感都是历史悠久、根深蒂固。尤其是壮族，这样的情怀还孕育了田阳的瓦氏夫人、岑毓英等报国英雄。

在中国民间传奇和戏剧舞台上，从来不乏巾帼英雄的身影：花木兰代父从军，佘太君百岁挂帅……但是，她们或许只是艺术形象，或者经过多少代的塑形加工，而瓦氏夫人，是壮族历史上乃至中国古代历史上少有的实际存在，而不是意象中的巾帼英雄。在明朝那冷兵器的时代，瓦氏夫人以花甲之躯替担任田州土司的重孙应朝廷之召率壮族"狼兵"出征，赴江浙海疆策马挥刀砍破倭阵，在实际生活中演绎了传奇里花木兰、佘太君式的动人故事。

瓦氏夫人，原名岑花，生于明弘治九年（1496），归顺直隶州（今广西靖西县旧州村）土官岑璋之女。长大成人以后，按照壮族土司时代官族与官族通婚以及婚姻不避同姓的习俗，嫁给田州（今广西田阳县）土官岑猛为妻，改称为"瓦氏"。瓦氏夫人是明代抗倭女英雄，瓦氏夫人的兵丁英勇善战，江浙沿海百姓广为传颂一首民谣："花瓦家，能杀倭……"这些描述形象、生动，凸显出一位爱国的少数民族女首领的英雄气概与智慧。

瓦氏夫人的壮举，还为中国文学史增添了一段佳话。中国文学史上著名的叙事诗《木兰辞》叙述了一个叫木兰的女子女扮男装替父从军的故事，赞扬了这位女子保家卫国的热情和英勇无畏的精神。一千多年来，她几乎成了各个时代巾帼英雄的代名词。然而，这位女子姓什么？辞中没有标示。直到明代，曾担任浙江巡按胡宗宪幕僚、目睹过瓦氏夫人抗倭业绩的剧作家徐文长的杂剧《雌木兰》问世，才渗入瓦氏夫人的原型，依江浙人民昵称瓦氏夫人为"花瓦"，给她安上姓："花"。从此，"花木兰"才叫响了，叫到现在！

壮族爱国抗外侮的典型还有岑毓英。岑毓英，清代原上林长官司岑氏土司的后裔（上林长官司1666年清政府改土归流时已改归西林县），依靠自己奋斗官至云贵总督，在中法战争中立了功，而中法战争也是中国近代史上唯一完胜的对外战争。中法战争结束后，岑毓英参与中越边界云南段的勘划工作，与法方代表反复辩论，争回了曾沦入越南的部分土地，捍卫了祖国南疆的神圣领土。相传岑毓英晚年在昆明一次欢迎朝廷大臣的宴会上，有人认为他不过一介武夫，不沾文墨，故意提出作诗助兴，还推"岑总督领先"。于是岑毓英信笔成诗：

素习干戈未习诗，诸君席上命留题。

琼林宴会君先到，塞外烽烟我独知。

割发结缰牵战马,撕衣抽线补旌旗。

貔貅百万临城下,谁问先生一首诗?

诗中凝练地概括了自己的戎马一生,洋溢一股豪气!

1957年,毛主席在《关于正确处理人民内部矛盾的问题》中曾经说过这样一段话:"国家的统一,人民的团结,国内各民族的团结,这是我们的事业必定要胜利的基本保证。"

我以为,毛主席这一段话也可以作为我们回顾历史、评价人物的标准,回过头历史地来看《布洛陀经诗·造土官皇帝》,会感觉满满的正能量,会感到我们当代的"正统观念"多么重要,我们优秀的传统文化多么珍贵!

二、家庭观念

这方面观念突出体现在《解婆媳冤经》《解父子冤经》《解母女冤经》三篇里,中心思想是提倡家庭和睦,特别强调儿媳要尊重婆婆,儿子要尊重父亲,女儿要尊重母亲。分别阐释如下:

(一)《解婆媳冤经》

这是婆媳积怨过深吵闹不宁时,请巫师来念的经诗。经诗叙述,婆媳之间存在感情隔阂,经常为吃穿等日常生活问题闹矛盾纠纷。一次,媳妇把打得的大鱼挑回娘家,父母回赠糯米饭,可是女儿不把糯米饭分送家公家婆,而是锁进柜子独享。家公家婆趁媳妇下地干活,撬开柜子吃了一些,媳妇回来后大发雷霆,肆意辱骂。公婆于是对天诅咒,结果三年后咒语应验:媳妇无生育,样样不顺意,当不了妈妈,自然也当不了奶奶、婆婆:

没有血染脚跟的福分,没有背带缠腰的喜悦……下田没人陪,下地没人跟，走亲戚无人送，杀鸡无人吃鸡腿，背痒无人抓，虱咬无人捡，……媳妇成了单身婆，媳妇成了孤独婆。

后来，长老引用布洛陀教诲为媳妇指点迷津：

是你的思想还幼稚，你的话语未成理，错讲蠢话伤公公，错把婆婆当外人，错把生姜当野姜，错把生姜当枣果。

媳妇才幡然悔悟，立志以后要孝顺公婆，结果换回报答：

王家就变得好端端，王家和顺如糍粑软和，王家好如初，女孩就兴旺，男孩也发达。

(二)《解父子冤经》

这是因家务事父子争吵积怨，巫师来祈禳所念的经诗。经诗叙述，儿子不孝，不听劝还常打骂父亲：

父亲叫儿子干活，儿子动手打父亲；父亲吃了饭去筑坝，儿子吃了饭在村里玩耍；父亲吃了饭去挖水沟，儿子拉琴在村里作乐……父亲在家里训诫儿子，儿子用凳子连甩打父亲；打得父亲倒下地，打得父亲昏在地。

父亲怨悔加以诅咒，结果灵验，儿子"成不了父亲"：

抱别人的孩子来养，未曾长大就逃跑；（后来有了自己的孩子）独子也欺负父亲，得肉在田里偷吃，得鱼在野外自己煨。

后来，儿子经布洛陀的指点，尊重父亲，才得以解救：

膝上又有儿女抱，做成了父亲……王家的日子红似火，王家的日子火样红。

（三）《解母女冤经》

这是巫师为解女儿和娘家之间的冤灾所念的经诗。叙说女儿嫁后多年不回来看望父母，回来只知道要这要那，不孝敬父母，还与母亲争吵打架，因而受到祖神的惩罚。后经布洛陀的指点才得到禳解。

老实说，我看了这三篇也深受感动，都照布洛陀的指点去做，婆媳、父子、母女之间该多和睦，家庭该多幸福！经诗晓以大义，举以生动的事例，深刻的教育作用不言而喻，其意义跨越古今，至今仍有相当的针对性。它是具有壮族特色的"忏悔录"。

三、社会观念

《布洛陀经诗》关于社会观念的阐述，突出三点：长老议事，布麽理事，群体协作。

（一）长老议事

《造火经》叙述："村里有王便问王，地方有长老便问长老。"
《唱罕王》叙述："请村里的长老来斟酌，请本地的长老来商量。"

（二）布麽理事

布麽理事有其特殊的方式，即以神圣的名义、以麽经的教诲处理各种事情。《序歌》（一）叙述：

> 布洛陀的经诗给我读，布洛陀的宝刀归我接，我嘴巴会念巫（麽）经，我心里记住经诗的教导……上边的人都来请，远处的人赶来找我，请我去念经做巫（麽）。

按照《布洛陀经诗》各篇章，布麽以特殊的方式主要处理这些事情：人事纠纷、规矩阐释、祭祀祈祷、病疫丧葬等等。

当然，随着时代的发展，布麽这一角色必然逐渐式微，但其历史上的作用还是会给后人诸多启发。

（三）群体协作

《布洛陀造方》叙述，布洛陀造天造地时，"七兄弟同合作"，砍树"拿来和成船"，还在河面架起一座桥，方便人们来往。

布洛陀兄弟作出榜样，后人遵循，壮族社会逐渐形成人人自觉遵守的相互敬重相互帮助的社会伦理道德。《伦理道德》叙述：

> 人敬人十分，才成恩和谊，我们爱弟爱兄，还走访别人才成，这样做才好。

似乎可以想象一下，这样一种理想的村屯社会人们的精神世界该多么充实，秩序该多么良好。《布洛陀经诗》的这些阐述至今仍显示出其生命力。

回过头来看我们当下的大多数农村，我感觉似乎有点"空"。我接触过一些传统文化保存得比较好的村屯，看到了当地某某榜样、某某传统的力量有多大，与这些传统文化相关的老人以及某种传统组织威望有多高。尤其是扎根于优秀传统文化底蕴的村风或精神氛围，更以"润物细无声"的方式影响人们思想，"不给祖宗丢脸"成为人们自觉的选择。孩子们从小就受优秀传统文化的熏陶，其效果并不比学校教育逊色。我这样想，我们当下的农村除了党的领导，是不是还可以加入正确引导下的某种形式的民间参与？发挥优秀传统文化、传统组织的作用？让人们从根上、从心底里乐于向善，耻于作恶，我们中国特色的社会主义新农村会建设得更好。

商山四皓与汉孝文化

傅功振[1]

人们都熟知汉武帝的"独尊儒术，罢黜百家"，而对汉孝惠帝倡导"仁孝"文化，却议论不多，尤其是汉的"仁孝"的确立就更是众说纷纭。笔者以为，汉孝文化的奠基人就是商山四皓，关注并研究汉"仁孝"文化及"商山四皓"不仅有重要的现实意义，也是我们文化界义不容辞的责任。

一、汉以孝治天下

汉代以"仁孝"治天下，并以"仁孝"传国。从史籍的记载来看，汉初的皇帝基本做到了尊奉父母，爱弟敬兄，符合《孝经·天子章》对帝王孝行的要求。汉初皇帝以身作则，践履孝悌，为天下楷模，对于孝道伦理的社会化具有至关重要的作用。汉代除却两个开国皇帝西汉高祖刘邦、东汉光武帝刘秀外，每个皇帝的谥号前都加孝，汉代统治者不断完善了有关"孝治"的立法，如《孝经》是汉代的必读经。就连司马迁的父亲司马谈，在临终前嘱咐司马迁要继承他的事业写《史记·太史公自序》时曾说："余死，汝必为太史；为太史，无忘吾所欲论著矣。且夫孝始于事亲，中于事君，终于立身。扬名于后世，以显父母，此孝之大者。"[2] 汉的"仁孝"完全继承了周的礼乐思想，正如孔子在

---

[1] 傅功振，陕西师范大学教授。
[2] （西汉）司马迁：《史记》卷一百三十，中华书局2006年版，第758页。

《论语·八佾》所说："人而不仁，如礼何？人而不仁，如乐何？"①足见汉孝文化传承的是周"礼乐文化"。

首先，以孝作谥，始于以孝著称的汉惠帝。汉惠帝不但在父亲刘邦生前非常孝顺，刘邦去世以后，更是一即位就"令郡诸侯王立高庙"，以表死后尽孝，《汉书》记载：惠帝四年，"春正月，举民孝悌、力田者复其身。"褒奖孝悌、力田者，免除其徭赋。汉初即开始提倡"孝悌力田"。"初置孝弟力田二千石者一人。"确立了孝悌、力田的乡官制度，史载"三老、孝弟、力田皆乡官之名……所以劝导乡里，助成风化"。汉惠帝去世以后，礼官根据他生前的作为，议定谥号为"孝惠"。颜师古注曰："孝子善述父之志，故汉家之谥，自惠帝已下皆称孝也。"惠帝还是爱敬兄弟的表率，因其母吕后意欲加害其异母弟赵王如意，惠帝多次佑护，使其屡屡脱险。齐王因年长于惠帝，故每当齐王入朝觐见，惠帝"以为齐王兄，置上坐，如家人礼"。刘盈在公元前191年，将秦始皇在进行焚书时实行的一项法令"挟书律"废除。"挟书律"是除了允许官府可以藏书外，民间一律禁止私自藏书。西汉王朝初期，制度基本上是继承秦朝，刘盈废除了这一法令，使长期受到压抑的儒家及其他思想都活跃起来，为汉武帝确定儒家为国家的统治思想提供了前提条件。故班固评价："孝惠内修亲亲，外礼宰相，优宠齐悼、赵隐，恩敬笃矣。闻叔孙通之谏则惧然，纳曹相国之对而心说，可谓宽仁之主。曹吕太后亏损至德，悲夫！"②

当然，汉代开国皇帝刘邦虽未提及孝，但也对他老父尽孝，为天下人树立了孝的楷模。汉高祖封父为太上皇，去世后，为之立庙，岁时致祭，并在尊父为太上皇的诏书里说："父有天下传归于子，子有天下，尊归于父，此人道之极也。"开一代崇孝之风。

汉孝文帝时还发布诏书曰："孝悌，天下之大顺也；……三老，众民之师也……其遣谒者劳赐三老、孝者帛，人五匹；悌者、力田二匹……而以户口率置

---

① 杨伯峻译注：《论语译注》，上海古籍出版社1958年版，第26页。
② （汉）班固：《汉书》卷二《惠帝纪》，中华书局1962年版，第26页。

三老、孝、悌、力田常员，令各率其意以道民焉。"①文帝在未央宫去世时还留有遗诏，遗诏曰："赐诸侯王以下至孝悌、力田金、钱、帛各有数。"

汉景帝时基本继承了文帝的统治理念。即位初，景帝"为孝文立太宗庙"，同时要求"天子宜世世献祖宗之庙。郡国诸侯宜各为孝文皇帝立太宗之庙……"其母"窦太后好黄帝、老子言，景帝及诸窦不得不读老子尊其术"，以尽孝于母亲。对其弟梁孝王亦关爱有加。景帝还开"惩不孝"之先河。景帝三年冬十二月，诏曰："襄平侯嘉子恢说不孝，谋反，欲以杀嘉，大逆无道。其赦嘉为襄平侯，及妻子当坐者复故爵。论恢说及妻子如法。"②

"文景之治"不能不提窦太后，文景二帝受窦太后影响至深。窦太后是西汉时期的一代女政治家，由民女到宫女，最后成为辅佐文、景、武三位帝王治理大汉江山的杰出女性。出身贫寒的她备受命运垂青。由于窦氏出身贫苦，同情百姓的悲苦，与文帝同节俭，减轻百姓的负担，文帝"即位二十三年，宫室苑囿车骑服御无所增益"③。

其次，吸取秦代二世而亡的教训，倡导"父子之道，天性也"。汉初，积极思考探索秦亡汉兴的思想家们，以各种形式向朝廷提出谏戒和忠告，希望统治者弃霸道而重王道，行仁义，取无为，其代表人物不能不提陆贾。陆贾曾向高祖建议"夫道莫大于无为"，是汉初思想家、政治家，"清静无为"和"休生养息"国策的倡导者。他针对汉初特定的时代和政治需要，以儒家为本、融汇黄老道家及法家思想，提出"行仁义、法先圣，礼法结合、无为而治"，为西汉前期的统治思想奠定了一个基本模式。在探索过程中，发现"父子之道，天性也"，于是用"孝"这种人的自然情感来稳定人心，把家庭之"孝"提高到国家政治生活中来，以孝治天下。认为孝悌是天下之大顺也，就是用孝顺巩固其统治基础。文景时期由于抓住以孝为核心的伦理规范，通过身体力行的提倡和

---

① （汉）班固：《汉书》卷四《文帝纪》，中华书局1962年版，第135页。
② （汉）班固：《汉书》卷五《景帝纪》，中华书局1962年版，第144页。
③ （汉）班固：《汉书》卷四《文帝纪》，中华书局1962年版，第134页。

发挥，辅之以法律规定和政权强制性推行，终于完成了孝秩序的社会化和政治化，使整个社会趋于和谐和完整，为中国历史上第一个盛世"文景之治"奠定了基础。

汉"传谥用孝""以孝治天下"，武帝之后儒学日益兴旺，且"罢黜百家，独尊儒术"，成为巩固汉朝统治的精神支柱之一。

二、 商山四皓为汉治天下奠定了坚实的思想基础。

汉孝文化是商山四皓为之确立的治国理念。尽管陆贾提出了"行仁义"的治国理念，而"仁孝"却是四皓提出的。可以从少有的史料看四皓与汉孝的确立。四皓为太子治天下提供了治国理政的思想——仁孝天下，恭敬爱士。

《史记·留侯世家》载：公元前195年，刘邦胜利归来，在宫中设宴，看到太子身后由四皓跟从，非常惊讶。

> 汉十二年，上从击破布军归，疾益甚，愈欲易太子。留侯谏，不听，因疾不视事。叔孙太傅称说引古今，以死争太子。上详许之，犹欲易之。及燕，置酒，太子侍。四人从太子，年皆八十有余，须眉皓白，衣冠甚伟。上怪之，问曰："彼何为者？"四人前对，各言名姓。……上乃大惊，曰："吾求公数岁，公辟逃我，今公何自从吾儿游乎？"四人皆曰："陛下轻士善骂，臣等义不受辱，故恐而亡匿。窃闻太子为人仁孝，恭敬爱士，天下莫不延颈欲为太子死者，故臣等来耳。"上曰："烦公幸卒调护太子。"
>
> 四人为寿已毕，趋去。上目送之，召戚夫人指示四人者曰："我欲易之，彼四人辅之，羽翼已成，难动矣。吕氏真而主矣。"戚夫人泣，上曰："为我楚舞，吾为若楚歌。"歌曰："鸿鹄高飞，一举千里，羽翮已就，横绝四海。横绝四海，当可奈何！虽有矰缴，尚安所施！"歌数阕，戚夫人嘘唏

流涕。上起去，罢酒。竟不易太子者，留侯本招此四人之力也。①

这确实是张良又一次为汉的稳定立了大功，且从四皓的言行中奠定"仁孝"的思想理念。孔子在《论语·学而篇》中说：

其为人也孝弟，而好犯上者，鲜矣；不好犯上，而好作乱者，未之有也。君子务本，本立而道生。孝弟也者，其为仁之本与！②

孝为仁之本。"仁孝"的思想四皓说得再清楚不过了。

汉高祖刘邦多次邀请四皓出山，均被拒绝，汉惠帝却请了出来，这里不能不认真思考其缘由。四皓尚谦让，行中庸，薄名利，鄙财富，能进能退，能官能民，退不言功，功不受赏。对此，不需笔者妄言，古人早有定论。宋人王禹偁有极高的评价。他在《四皓庙碑》中写道：

先生避秦，知亡也；安刘，知存也；应孝惠王之聘知进也；拒高祖之命，知退也。四者俱备，而正在其中矣。先生危则助之，安则去之，其来也，致公于万民；其往也，无私乎一身。此所谓进退存亡不失其正者，千古四贤而已！③

汉初有影响的政治家贾谊，其《过秦论》《论积贮疏》《治安策》等对后世影响很大，但也未能明确提出仁孝的高度。孝惠帝实施成熟的仁孝思想，应该是源自商山四皓。商山四皓，秦时隐士，汉代逸民。是居住在陕西商山深处的四

---

① （西汉）司马迁：《史记》卷五十五，中华书局2006年版，第363页。
② 杨伯峻译注：《论语译注》，上海古籍出版社1958年版，第2页。
③ 曾枣庄、刘琳主编：《全宋文》卷一百五十九，上海辞书出版社、安徽教育出版社2006年版，第123页。

位白发皓须、德高望重、品行高洁的老者。他们四位分别是苏州太湖甪里先生周术[①]、河南商丘东园公唐秉、湖北通城绮里季吴实、浙江宁波夏黄公崔广。四皓本来为秦代官员，古称秦博士。秦人重耕战，用贤能奠定了霸业。到秦始皇嬴政时，废井田，毁学校，焚烧经籍，坑杀儒生。四皓见时政日非，危乱将至，逃离咸阳，隐居商山。相较"避世"，"避秦"似乎更准确些。刘邦久闻四皓的大名，曾请他们出山为官，而被拒绝。还写了一首《紫芝歌》以明志向，歌曰："莫莫高山，深谷逶迤。晔晔紫芝，可以疗饥。唐虞世远，吾将何归？驷马高盖，其忧甚大。富贵之畏人兮，贫贱之肆志。"

据《史记·留侯世家》载：

> 上欲废太子，立戚夫人子赵王如意。大臣多谏争，未能得坚决者也。吕后恐，不知所为。人或谓吕后曰："留侯善画计策，上信用之。"吕后乃使建成侯吕泽劫留侯，曰："君常为上谋臣，今上欲易太子，君安得高枕而卧乎？"留侯曰："始上数在困急之中，幸用臣策。今天下安定，以爱欲易太子，骨肉之间，虽臣等百余人何益。"吕泽强要曰："为我画计。"留侯曰："此难以口舌争也。顾上有所不能致者，天下有四人。四人者年老矣，皆以为上慢侮人，故逃匿山中，义不为汉臣。然上高此四人。今公诚能无爱金玉璧帛，令太子为书，卑辞安车，因使辩士固请，宜来。来，以为客，时时从入朝，令上见之，则必异而问之。问之，上知此四人贤，则一助也。"于是吕后令吕泽使人奉太子书，卑辞厚礼，迎此四人。四人至，客建成侯所。[②]

可以看出，四皓是冲着高祖废太子才出山，这就显示了四皓人在山中心怀社稷的胸襟。从某种程度上讲，这是关乎汉王朝命运的关键时期。而且四皓在太子每一关键时期都为其出谋划策，化险为夷。如谋平黥布。

---

① 甪里先生周术：Lù li 复姓，地名在今中国江苏省吴中西南。
② （西汉）司马迁：《史记》卷五十五，中华书局 2006 年版，第 363 页。

汉十一年，刘邦旧部黥布造反，刘邦打算派太子刘盈带兵打仗，四皓力劝，让吕后告诉刘邦，一定要亲自出征方可大胜。因刘邦的部将不服刘盈，黥布深知此道理，出征队伍必败无疑，所以刘邦亲自出征，大获全胜。

《史记·留侯世家》载：

> 汉十一年，黥布反，上病，欲使太子将，往击之。四人相谓曰："凡来者，将以存太子。太子将兵，事危矣。"乃说建成侯曰："太子将兵，有功则位不益太子，无功还，则从此受祸矣。且太子所与俱诸将，皆尝与上定天下枭将也，今使太子将之，此无异使羊将狼也，皆不肯为尽力，其无功必矣。臣闻'母爱者子抱'，今戚夫人日夜侍御，赵王如意常抱居前，上曰'终不使不肖子居爱子上'，明乎其代太子位必矣。君何不急请吕后承间为上泣言：'黥布，天下猛将也，善用兵，今诸将皆陛下故等夷，乃令太子将此属，无异使羊将狼，莫肯为用，且使布闻之，则鼓行而西耳。上虽病，强载辎车，卧而护之，诸将不敢不尽力。上虽苦，为妻子自强。'"于是吕泽立夜见吕后，吕后承间为上泣涕而言，如四人意。上曰："吾惟，竖子固不足遣，而公自行耳。"于是上自将兵而东，群臣居守，皆送至灞上。①

足见四皓为太子吕后计而又一次保住了太子位。后世文人诗文赞美四皓对汉的贡献很多。

白居易《答四皓庙》"暗定天下本，遂安刘氏危"。一个"暗"字，点明了让后世政治、史学、文学各界治国理政都忽略的四皓与张良的良苦用心，这当然也是他们高人一等的体现。对商山四皓记载最翔实权威的数司马迁的《史记》和东汉班固的《汉书》。四皓的故事在《史记·留侯世家》内比较生动全面。四皓这一称呼最早叫出来的是西汉扬雄，他曾在《自嘲》诗文中写道："四皓采荣

---

① （西汉）司马迁：《史记》卷五十五，中华书局2006年版，第364页。

于南山,仆诚不能与此数公并。"曹植、李白、白居易等历代诗人都写过商山四皓,其中最知名的晋代陶渊明的《桃花源记》,正是取材于商山四皓的故事而创作的,他说:"嬴氏乱天纪,贤者避其世。黄绮之商山,伊人亦云逝。"著名史学家陈寅恪先生在《桃花源记旁证》一文中引用了此句。

当代作家贾平凹以"自省此身非达者,今朝羞拜四先生"来赞美四皓的高风亮节。商洛博物馆的《商山四皓石画像》,河南博物院的《商山四皓砖画像》,宋李公麟纸本水墨工笔画《商山四皓会昌九老图卷》,王元恽款国画《四皓图》,北京故宫博物院的元设色绢本工笔画《商山四皓图》,北京颐和园长廊(清)彩绘《商山四皓图》,日本东京国立博物馆收藏的我国唐代《商山四皓六扇屏》,韩国画报《商山四皓弈棋图》,今人王家民画出的四皓系列图,使四皓文化在新时代绽放光彩。

三、孝与忠是中华民族永久的传统美德

"孝"是中国人特有的一种文化表现,从某种意义上讲,传统中国文化可称为孝的文化,中国是以"孝"为文化核心的社会,它虽然不是宗教,但其宗教功能和价值甚至超乎宗教,孝道乃是使中华文明区别于其他文明的重大文化现象之一。"孝"是中国人心中道德的最低标准,孝与忠是中华民族优秀的传统美德。汉孝是以"敬"为前提的,对内心的"敬"的最好表达就是"顺",所以孝的本质是"顺从""孝顺""孝敬"。孝对处理和睦家庭、和谐社会、发扬爱国主义,增强民族凝聚力,振兴中华均具有积极价值,是中华民族精神和凝聚力的核心。

历代王朝无不标榜"以孝治天下",兼容并包、恢宏大气的大唐帝国,也非常看重孝亲,讲究孝道。唐太宗李世民认为:"孝者,善事父母,自家刑国,忠于其君,战陈勇,朋友信,扬名显亲,此之为孝。"[1] 唐玄宗曾亲自为《孝经》

---

[1] (五代)刘昫等:《旧唐书》卷二十四,中华书局1975年版,第917页。

作注。《孝经》还把道德规范与法律（刑律）联系起来，认为"五刑之属三千，而罪莫大于不孝"；提出要借用国家法律的权威，维护其宗法等级关系和道德秩序。宋、明、清，孝道又开始受世人推崇。中国明代时期编写的以道家思想为主，融入儒家及其他思想，集结中国从古到今的各种格言、谚语，后经明、清两代文人的不断增补形成的《增广贤文》，又名《昔时贤文》《古今贤文》，笔者以为此书是民间创作的结晶。书虽成于明代，其大量故事传说却很早了，如"羊有跪乳之恩，鸦有反哺之义"。这句话就源于一个非常动人的故事，该故事早在民间流行。宣传孝道的通俗读物《二十四孝》，家喻户晓，是《孝经》的具体化。《二十四孝》的故事大都取材于西汉经学家刘向编辑的《孝子传》，也有一些故事取材《艺文类聚》《太平御览》等书籍。孝道对于维护家庭、社会生活的基本秩序具有十分重要的现实意义。而立足于孝道教化的根本目的就是为了追求一种优良的生活秩序。周王朝的孝悌之道完全建立在尊敬长辈、关爱体恤兄弟姊妹、友善睦邻的基础上，进而忠于家与国，为国家社稷竭尽全力，这也是孔子最为向往推崇的社会。及宋明以后，孝忠思想发展到君叫臣死、父叫子亡的地步，逐步走向了极端。"百善孝为先"，至今应该是我们倡导的传统美德，对于构建和谐社会具有非常重要的意义。在家奉孝、为国尽忠、修己正身，这也正是习近平总书记多次强调的传承弘扬中华优秀传统文化的主要内容。

"孝"字最早出现在3300多年前殷墟甲骨文中，《说文解字》解释篆体孝字云："善事父母者。从老省，从子，子承老也。"孝字写的就是老人与子女的关系。孝字是一个会意字，会意者由人解读：上部可理解为"老"字，下部是一个"子"字，说明老人需要子女撑持；也可理解为孝字头上是一个土字加上人字，左边一撇意味着一个身体已有一半入土的老人，急需子女扶持和照顾。

总之，孝道实际上讲的是父母与子女、长辈与晚辈、老年人与年轻人的依存关系，即晚辈对长辈要尊敬顺从，也强调了老年人的未竟事业需要年轻人去继承和发扬。正如《孝经·开宗明义章》所说：

>夫孝，德之本也。教之所由生也。身体发肤，受之父母，不敢毁伤，孝之始也。立身行道，扬名于后世，以显父母，孝之终也。夫孝，始于事亲，中于事君，终于立身。①

西方文化是以个体为基础，先个人，后夫妻，再家庭，基本以爱情支配人际关系；中国是以家庭为基础，家国同构，以亲情支配人际关系。先孝顺，以此促忠君或者更确切说忠国，以孝亲支配爱情、友情、乡情甚至国情、民族之情。家国同构决定了孝与忠的同构关系。中国儒家的理论基础建立在尊尊、亲亲基础之上，由尊尊、亲亲引申出一套仁义礼智信的标准理论。忠是孝的自然发展结果。三纲五常，先有三纲，后讲五常。三纲五常可以叫作忠孝一元化，这是一套完整的理论，当然其中也有内在矛盾。所谓忠孝不能两全，强调要忠，是强调大气正气，道义。在中国传统社会，家国同质，父子关系与君臣关系有一定的相似性。祖宗崇拜文化为华夏文化奠定了基础，祖宗崇拜从历史上讲是纵向的稳定。孝顺讲顺从，忠心讲服从。可以说忠孝结合是等级制度的产物，与等级制度互为因果。等级制度催生了忠孝合一，忠孝合一巩固了等级制度。孝有自然性，结合中国文化的天人合一的特征，忠从孝来，使忠也具有了自然基础。这样的理论体系相对严密。我们用现代语言方式表达就是：爱父母自然爱家乡，爱家乡自然爱国家。所谓家国天下，步步扩展，不过是一个自然引申过程。

中华优秀传统文化讲求的是：传家孝和忠，兴家文和德，持家勤和俭，安家让和忍。这里最基础的还是"传家孝和忠"，以家庭建设为安家、安国第一要素，以孝忠为处事的前提，以"和"为核心，家庭和睦、社会和谐、世界和平。

---

① 汪受宽译注：《孝经译注》，上海古籍出版社1998年版，第2页。

社会儒学视域下的《吕氏乡约》

刘学智[①]

第一，从社会儒学角度研究《吕氏乡约》，更合乎乡约的特质，更有意义。

有学者提出"社会儒学"这一概念，是很重要和有意义的。他注意到美国汉学家狄百瑞的一个重要发现，儒学在"齐家"与"治国"之间有一个断裂，也就是说，儒学缺少了非常重要的一环，即处于家庭与国家之间的"社会"这一环节。在周代的宗法的封建制度下，"家国同构"的现状或许可以保证"齐家"与"治国"之间的内在一致性。即使如此，家国之间的张力还是很难消解的。他也注意到梁启超早在清末就指出儒学重视私德而忽视公德，我们仔细回想，儒学之所以忽视公德，就是因为社会这一场域薄弱。也有人认为儒家伦理难以妥善处理陌生人之间的关系的问题，这也是儒学的理论视野有所不足的体现。不过，也不能说儒学一点没有注意到对家国之间的"社会"这个环节的关注，传统的"礼"文化就与"社会"有较大的关联性，如《吕氏乡约》的制定和实践，就具有较强的社会的特性。我的学生谢晓东注意到这一点，也指出乡约重视实践层面，尚没有提升到理论层面，这一点我很赞同。所以，从这个意义上说，我认为从社会儒学视角研究《吕氏乡约》，也许更合乎乡约的本质特征。

之所以这样说，其理由有：

其一，《吕氏乡约》既是于宋代关中乡村出现的一种社会现象，也是儒学史上一次重要的儒家思想的社会实践。乡约的功能，如梁漱溟所说，是一个"地

---

① 刘学智，陕西师范大学教授。

方自治团体"，一个"很好的地方自治组织"。从这个意义上说，从社会儒学的视角对其进行研究也许更能切近它的本质。事实上目前流行的几种关于乡约研究的专著，就多是从社会这个视角切入的。如对《吕氏乡约》较早进行研究的，是 20 世纪 20 年代留学美国的博士杨开道先生，他是一位社会学家，他 20 年代留学美国并获得博士学位。他写了两本关于《吕氏乡约》的书，一本是《中国乡约制度》，一本是《乡约制度的研究》，两本书内容有诸多相似之处，其研究基本上是从社会学入手的。他们多把乡约与当时乡村就有的保甲、社仓、社学等相联系进行研究的。杨开道等人的研究注意到社会这个层面，但其弱点是没有把它与儒学联系起来，所以还不能说是社会儒学视域的研究。然而《吕氏乡约》无论就其作者、思想渊源、内容特征及其演化的过程看，都与传统儒学有着密切的关联。其本身是以儒家思想进行乡村教化和社会管理的。乡约所具有的社会儒学的特性在于：一是具有以儒家伦理进行道德教化的一种组织形式；二是具有以儒家的核心价值（礼）进行乡村社会管理的一种组织形式。所以，从一定的意义上说，从社会儒学角度研究《吕氏乡约》，可能更贴近乡约的本质特征。

其二，乡约不同于乡规民约，它是儒学在乡村基层建立的社会组织形式，具有社会儒学的特征。许多人把乡约理解为乡规民约，如《辞海》释："同乡人共同遵守的规约"，其实这是不准确的。乡约不同于乡规民约，它是在规约之上发展出的一套较为完整的乡村组织管理体系，是一种民间的社会基层组织。表现在：首先，乡约有一套组织机构，如《吕氏乡约》中规定，同约的人推举约正一人，主导乡约的实施；五月一人，负责相关杂务。朱熹《增损吕氏乡约》有所增损，规定约正一人，副约 2 人，五月一人。王阳明的《南赣乡约》其组织机构更为复杂。其次，有定期的聚会，有的一月一会，有的一月两会。聚会的内容大多是或进行读约之礼，或进行奖惩以举善纠恶，或宣布相关同约的事务。再次，乡约一般都有比较固定的活动场所，称"约所"或"乡约所"。我们知道，宗教有其活动的场所，佛教有寺庙，道教有道观。儒学当然也有孔庙，但是孔庙难以深入到民间基层的日常生活中去，开展日常的教化活动，而乡约则可以通过这些基层组织和相应的奖惩制度，把儒家的道德教化常态化、生活化。这样儒家也有了更接地气的基层的组织形式和场所，有了儒家自己的精神家园。所以可以说，乡约是儒家学者把儒家价值观深入到乡村的一次重要社会实践。

其三，乡约本身起源于《周礼》的"读法"和"乡饮酒礼"，既体现出其社会性，又把儒家思想贯穿其中。

《吕氏乡约》不是凭空产生的，它有其儒家传统思想的深厚根基。李鸿林说："乡约的道德性，正和《周礼》的教化主义治民政策是一脉相承的。"

首先，它与周代曾有过的"读法"有着渊源关系。学界一般把乡约教化追溯到《周礼》的"读法"。这里所说的"读法"本指宣读法令，即地方官员在履行行政职责之外，还负有教化民众的职责。古人主张通过考察乡民的德行和道艺以劝勉，纠正过错和恶行以惩戒，说明"读法"具有道德指引和"防邪"之堤的双重意义，这就为乡村提供了一种可资借鉴的社会治理模式。

其次，乡约与古礼中的"乡饮酒礼"有密切的渊源关系。《礼记·经解》说："乡饮酒之礼者，所以明长幼之序也。"古代重视礼文化，其礼的重要内容就是明长幼之序，并以饮酒之礼等仪式加以贯彻。可见饮酒之礼是古代和谐社会关系的重要礼仪。《礼记》有专论"乡饮酒义"一篇，旨论乡饮酒礼与伦理的关系，指出"教之乡饮酒之礼，而孝弟之行立矣"。《礼记》将此"乡饮酒义"视为"政教之本"。《近思录集注》卷八谓"读法如今州县官讲乡约之类"，视乡约与古之"读法"相类。关于《吕氏乡约》与古礼特别是乡饮酒礼的关系，杨开道先生早在20世纪30年代的研究就注意到这一点。他说："乡约制度是脱胎于古代的乡饮酒礼，而乡饮酒礼为乡约制度的前驱，是的确可靠的。"[①] 他得出这一结论的一个重要理由，就是"《周礼》乡饮酒礼和和叔（吕大钧）的《乡

---

① 杨开道：《乡约制度的研究》，载《社会学界》第五卷，燕京大学社会学丛书委员会1931年版，第13页。

约》根本的原理是相同的，他们都是以礼教民，用精神的感化而不是法律的制裁，甚至和叔所采的乡仪，也是根据《仪礼》和《礼记》所载的乡饮礼，而有许多相似的地方"。

其四，乡约创设是儒家学者进行乡村社会实践的产物。

《吕氏乡约》的渊源是儒家十分推崇的古礼，而其内容和实施也充分体现了重礼的精神，这正与张载关学"躬行礼教、笃行践履"的特点密切相关。它是由乡贤、乡绅主导的，基于地缘和血缘关系而形成的，以劝勉和道德教化为主的乡村基层组织形式。《吕氏乡约》是由张载弟子吕大钧于北宋熙宁九年（1076）制定和推动实施的。吕大钧为人质厚刚正，与张载同为嘉祐二年进士，当他感受到张载的深邃学识时，"遂执弟子礼"，是张载的第一位入室弟子。时张载"以礼教为学者倡"，张载躬行礼教，推崇古礼，喜讲明井田制，大钧亦如之，且能付诸实践，这对关中民风发生了较大影响。其所以动意制《乡约》，其愿望既要以礼化俗，以德化民，同时也试图在乡间建立一种能推行礼制的基层组织，以促使儒家之德润泽民心。吕大钧正是基于乡村安定、乡邻和睦而制定了《吕氏乡约》，其旨趣在于去恶扬善、彰显正义、淳化风俗、培养道德，这是我国农村历史上第一部成文的乡约。应该说，它是儒家学者在乡村进行的以儒学道德教化和乡村治理为中心的社会儒学实践。

其五，乡约的内容更合乎社会儒学的特征。

《吕氏乡约》的主旨内容和纲要是"德业相劝，过失相规，礼俗相交，患难相恤"这十六个字。另外还有关于这四句纲要的解释性细目。从其内容看，乡约结合农村的实际情况，具体体现和阐发了儒家以德性伦理、正义原则、礼教秩序、和睦乡邻、内省修养为核心的价值观，且有很强的社会引导性。具体表现在：

首先，《乡约》贯彻了儒家道德理性的精神，把培养乡民的道德意识放在首位。《乡约》首先提出村民之间应该"德业相劝"，这是传统儒家德性伦理的集中体现。主张村民首先要做到"见善必行，闻过必改"，认为德的核心是向善、求善，要求每个人都要充分扩充天赋于己的善的本性，做一个好人，做一个有利于社会的人，强调发现非善的行为就一定要改正。这显然是把孔孟的仁爱观通过制度化的建设加以贯彻的具体体现。乡约在一定程度上弥补了从修身、齐家到治国之间的"社会"这一缺失环节。

其次，《乡约》贯穿了关学重儒家礼教的传统，主张"以礼化俗"，把乡村社会秩序的建构放在重要的地位。黄宗羲称"横渠之教，以礼为先"，说明重礼教是关学的一个重要特点。作为张载高弟，吕氏兄弟在《乡约》中尽力把礼贯穿到乡村生活的方方面面，如婚嫁、丧葬、交往、接济等，他们希望通过礼的实行，对村民发生潜移默化、润物无声的影响，使儒家的价值观念、礼仪制度逐渐为乡民所接受和认同，最终收到移风易俗之效。所以黄宗羲在《宋元学案》中对此高度称赞："（吕大钧）先生条为乡约，关中风俗为之一变。"

最后，"患难相恤"，贯彻了儒家惠民、济贫、相互帮助以及"民胞物与""天下一家"的精神，这具有很强的社会儒学的特性。吕大忠在《乡约》中特别指出，每一村民与乡党之间，其关系犹如"身有手足、家有兄弟，善恶利害皆与之同"，故"不可一日而无之"，这充分体现了儒家有难同当、有福同享、村民一家的仁爱精神。也就是把儒家的仁爱精神通过一定的社会组织形式加以制度化、常态化，使村民互助共济有章法可循，有制度可依。这既体现了儒家的价值观，也努力将其贯穿到社会生活实践中。所以说它是社会儒学的一次重要的实践，也是比较成功的尝试。

第二，从社会儒学视角研究《吕氏乡约》，更有利于对其进行现代转化，使之更好地服务于当今的乡村和谐社会的建设。

《吕氏乡约》中有诸多与我们今天倡导的社会主义核心价值观相合之处。社会主义核心价值观有24字，涉及国家层面、社会层面和个人修身层面。《乡约》的内容，主要涉及社会层面和个人修身层面，与核心价值观中的文明、和谐、公正、法治、敬业、诚信、友善等观念相吻合。这些相吻合之处，通过一定的转化，可以成为今天农村进行精神文明建设的重要文化资源。

笔者新近对河南登封市大冶镇周山村、山东省泗水县一些村庄、陕西省蓝田县五里头村和三里头村以及《吕氏乡约》的创始人"蓝田三吕"诞生地乔村、蓝田县白鹿原小寨镇董岭村进行了专题考察，切实地感受到儒学在当今融入农村的可能性路径。

我们在蓝田进行的《蓝田新乡约》的制定和实践，已经初步证明儒学以社会儒学的形式可以融入当代乡村的生活。我们制定新乡约的原则是：

（1）承继传统乡约的基本精神，以"德业相劝，过失相规，礼俗相交，患难相恤"为基本内容架构，革除过时的内容（宗法、家族、血缘、私德），结合现代生活，增加时代气息。如：增强法制观念、权利意识、公德意识、平等意识、民主意识等。尤其突出"法治""平等""民主"三个主要的精神原则，有了鲜明的时代意识。

（2）虽组织形式有了变化，但依托村民委员会，更具有可行性、权威性。

（3）使乡约内容更多融入社会主义核心价值观。

目前《蓝田新乡约》已经在全县推开，县委制订了"立约—传约—践约"三个步骤，开始在全县范围内推广新乡约，并进行具体的乡约实践。以便总结经验，在更大的范围推行。

蓝田《吕氏乡约》的文化渊源与传承创新思考

卞寿堂[①]

《吕氏乡约》即北宋时期蓝田吕大忠、吕大防、吕大钧、吕大临四兄弟共同参与,由吕大钧执笔主创的中国第一部乡约文本,为影响和支撑中国近千年农村基层社会的乡村自治组织形式,在中国历史上传承广泛,作用明显,影响深远,从而被历代学者、史学家,乃至政府推重,称之为《吕氏乡约》,或《蓝田吕氏乡约》。

一、《吕氏乡约》的历史文化渊源

《吕氏乡约》是中国传统文化在几千年演进完善过程中一种新的优秀成分,是在一定文化源流的基础上形成的。

蓝田县是中华民族重要发祥之地和文化源脉之地,不仅发现有212万年前人类活动遗址,也是史载的"三皇旧居之地",至今仍保留有伏羲、女娲之母华胥氏陵。伏羲是中国远古最早的帝王,也是中国文化的奠基人。清代理学家王心敬在《伏羲传》中援引孔子系《周易》追述曰:"昔者包羲氏之王天下也,仰则观象于天,俯则观法于地,观鸟兽之文与地之宜;近取诸身,远取诸物,于是始作八卦,以通神明之德,以类万物之情。"清末关中大儒牛兆濂在《圣学渊源》中亦曰:

[①] 卞寿堂,陕西省西安白鹿原文化研究院院长。

宇宙文字之始则始于八卦，八卦则画自伏羲，是则自开辟以来，虽神圣代作，皆有纲维，世道之弘功而伏羲，其开天明道之第一人乎！其六十四卦之一奇一隅，虽谓之代天而言，以垂是宇宙可也。又谓此后一切阐道之典谟训诰、经史论述皆自此推而衍之，统而贯之可也。而原其所生则于我关中，故今溯关学渊源，断当以伏羲为鼻祖，而论伏羲所自出，断当以蓝田为母国。

人者天地之心，而圣贤又为代天教化之人，中国文化之祖开于羲圣，而文周两圣人实产吾秦，衍羲圣之绪而光大之，此固他邑所未有也。后越千余年，程张再起，一开洛学，一恢关学，宗仰师法，四献实两先生之大宗嫡嗣也，一脉递传，下逮明季之秦关，涓涓不息，斯固天心之寄，而人道之赖以常存者，三辅之琳琅，邑乘之精华也！

归纳以上所论，自伏羲创立中国文化并奠定中国文化灵魂，从此中国文化皆以这种宇宙观为源流世代延衍，并经文王、周公、孔子、孟子诸圣发展，成型以儒家文化为主，吸收佛道诸家文化成分的中国传统文化格局。后越千年至北宋，"二程"、张载把儒家思想文化推至极致，创立理学，继又在理学渊源上创立关洛学派。而《吕氏乡约》则是在践行和发展关学（理学）基础上，进一步衍生的新的文化类型和形式，这就是上面牛兆濂所说"四献（四吕兄弟）实两先生之大宗嫡嗣""一脉递传"的中国传统文化之新的结晶。

二、《吕氏乡约》产生的社会基础和基本内容

中国历史自先秦设立郡县制以后很长时间，县级政权机构基本稳定沿袭，而县以下基本未设立政权机构。唐以后虽然也曾在县以下设立乡的机构，但基本只是一个征缴"皇粮"的机构，人员很少而且松散，故而有"政不下县"的说法。正因为县以下政权机构的空虚，造成基层民众管理空档，这便为乡约这

种民间自治组织创造了发挥作用和存在的空间条件。

另外，自秦汉起，历代朝廷为使中央圣谕能够通达民间，大多在县以下设立里的机构。里设"三老"，分别为里尹、里正、里胥，均由民间人士充任，所谓"择其贤民，使为里君"。"三老"主掌教化，宣讲谕令，弘扬儒家道德思想，调化争讼，协助官方推行政务，其性质为民间行为，其功能亦为《吕氏乡约》提供了实践性借鉴。

其次，《吕氏乡约》的产生还必须有一个相应的社会文化环境，这就是北宋时兴起的理学文化环境。几乎在吕氏四兄弟同时的略早时期，便有周敦颐（号濂溪）在儒学基础上提出以天理为核心的性理之学，成为儒家理学的开山之祖。接着周的弟子"二程"和张载，分别创立源于理学的洛学和关学，被同时代学人广泛接受，蔚成风气。而从小就醉心周礼之学的吕氏四兄弟，也都成为这时期研习理学的重要人物，并在张载创立关学时给予有力配合。吕氏兄弟中的吕大钧曾先后求学于张载和"二程"，尤其与张载达到"朝夕相处"的密切程度，对张载提出的"为天地立心，为生民立命，为往圣继绝学，为万世开太平"等道学要义参悟极深，以至于以"道不明，学不优，不足以事禄位"而弃官不做，专门居家研学讲道，养性修身，精求突破。他开始悟考一个问题，那就是如何才能把深奥玄秘的关学思想从少数学者普及到广大民众之中？如何把严密的儒家经典和圣贤的修身理论具体化、行为化？如何使关学的核心要旨在广大民众中得到贯彻实施而成为人们的行为规范？吕大钧的这个想法得到大忠、大防等兄弟的赞同支持，不但对文本提出修订意见，还经常率乡人实施推演，终于诞生出中国历史上第一部成文乡约——蓝田《吕氏乡约》。

现存明版《吕氏乡约》署名为"宋吕大钧和叔著"，原文约2300字，共分为四大部分，各部分要旨分别为：德业相劝，过失相规，礼俗相交，患难相恤。每个部分下面又各分若干条，均提出非常具体的要求和操作办法。文后附有罚式、聚会、主事等项，为落实乡约的组织和方法。文后制订时间署为熙宁九年十二月初五，即公元1076年，距今940余年。

《吕氏乡约》是把儒家理学思想具体化的一个文本，他的最大功绩是把极难推广的关学理论从少数学者普及到广大民众中，成为一种结合乡间实际，上合政意，下贴民意，并具有可操作性、可实施性的一种制度性应用条文，在推行初期即使"关中风俗为之一变"，被当时的张载称颂为"秦俗之道，和叔有力"。程正公亦赞之："任道担当，风力甚劲"，不但对此后近千年中国农村社会起到重大影响，直至今天仍具有重要的意义。

三、《吕氏乡约》在蓝田的传承

　　蓝田是中国文化始祖伏羲的故乡，也是宋明清三代理（关）学传人的故乡和《吕氏乡约》的故乡。北宋时《吕氏乡约》在蓝田成功创立，又推演成熟推及全县，继而遍及关中及中国北方地区。后经南宋朱熹大力推行和朝廷重视，从此影响全国，代代传承，涓涓不息，所谓"邑乘之精华也"！

　　牛兆濂在《圣学渊源》中所说的"下逮明季之秦关"，是指明代的蓝田大学者王之士。王之士号秦关，取意志在秦地关学。王之士嘉靖举人而放弃仕途，致力孔孟之学，以修身养性定气为"座右铭"，九年闭门不出，蒿草为床，俭约为尚，被喻为蓝田吕氏复出。王之士把推行《吕氏乡约》作为践行关学的首务，在此基础上订立《乡约》12条，亲自宣讲，规劝履行，率宗族先行立模，各地效行，蓝田风俗巨变。曾游学讲道于孔孟故里，京师都门，浙水武昌，著有《理学续言》《道学考源录》《易传》《正俗乡约》《关洛集》等十多部论著，使关学传播和《吕氏乡约》的推行达到新的高潮。这里试举一例：在王之士倡行乡约期间，到处效仿，有蓝田东乡邵寨村邵公自充约正，率乡人习乡约，并铸约钟一口置于约亭，以示约民。后邵公殁，钟毁约废，其子邵自道又挺身任道，于万历二十七年，率乡人重恤约钟，再倡约事，并铭其事于钟，乡人见钟闻声如沐其德，如束其约，潜移默化，至今数百年，该钟保存完好，参观者络绎，无不感慨其德其举，可见当年蓝田乡约之盛。

"横渠后一人"的清末关中大儒蓝田牛兆濂被公认为关学的最后传人。牛兆濂在青少年时已经是远近闻名的神童、才子,然而他和之前许多著名道学人士一样,醉心关学,厌弃禄位,乃至中举后以丁父忧为名而不赴公车。后来朝廷曾两次授官均辞而不就,一心做学问,"学为好人"。牛兆濂曾游学半个中国,宣扬关学,推行约,倡导风化,演习礼仪;改"四献祠"为"芸阁学舍",培养出大批关学人才,弟子遍及全国十余省及日本、朝鲜等国。有个朝鲜弟子把关学带回彼国大力宣扬,只可惜早亡,牛兆濂闻之曾作诗痛悼。其他弟子多在各地办学,从家族宗族开始,践行乡约。如他的大弟子王海珊就致力本族乡约推行,从扶弱济贫、倡行孝道、大兴善举入手,用自己家资奖励行孝行善者,修桥补路,助贫扶弱,人称"善人"。他济人无数,临终无积财,仅留下一册手书《家训》示儿孙。明清来蓝田任职的知事县令,因受蓝田环境影响,在推行乡约方面也做了不少事,有的亲自手书乡约条文,印发乡民,这种情况直至民国中期仍不鲜见。蓝田作为中国文化发端之地,宋明清三代理(关)学核心人物故乡和《吕氏乡约》诞生地,传统文化的根基非常深厚。

四、新时期《吕氏乡约》创新发展的思考

《吕氏乡约》是宋至民国中国农村有效的民间自治形式,在稳定社会、维护和谐、优化礼俗、互恤共济等方面起到不可替代的作用,显示了强有力的生命力。在全面实现中华民族伟大复兴的新时期,继续弘扬《吕氏乡约》优秀传统文化,使之为现实服务已成为重要课题。然而由于时过境迁,历史上乡约时代的社会结构、生产形态、行政体制、政治基础等各方面均已发生了重大的,甚至是根本性的变化。这就要求我们必须根据已发生变化的客观实际,与时俱进,转换思想,创新发展,使《吕氏乡约》在新形势下焕发新的生命力。主要有以下几个方面的思考:

其一,从《吕氏乡约》产生时"政不下县"的空间模式向现代镇、村、组

三级行政管理体系转变。也就是说,要从过去乡约时代几乎没有行政干预的村民自治状态转换为现在镇、村、组三级管理的空间形式,寻求相适应的位置和机制,找准位子,发挥作用。

其二,从过去以宗族为主体实施乡约教化的模式向村民委员会自治教育转变。历史上的村落大多以户族形成,而执掌乡约的基本都是本宗族内的乡绅或耆老,在宗族内部具有一定的威望和影响。这种把宗族治理和乡约教化相结合的方式,一般来说较易实施,利于推行。现在这种情况已发生变化,应该充分发挥本身就是自治性质的村民委员会的作用,可以在村委会下设的调解委员会中设立乡约机构,吸收各组调解员为乡约机构成员,结合调解,推行乡约。

其三,从农耕文明时代"不离乡土"的小农经济模式向现代化、商品化大生产体制转变。过去小农生产环境下,经济单一,村民基本一年四季在家守土而作,代代不变。现在村民从事各种经济活动,大部分人常年离家在外,实施乡约的人群基础不能保证,推行乡约必然落空。针对这个问题,解决的办法首先是跟进,其次是灵活的措施:(1)把乡约教化跟进到村民相对集中稳定的实体中去,如在旅游景区、大型农家乐、工业园、商贸城或其他民营企业中设立乡约机构,制定相应条约和实施办法以落实之;(2)对零散外出人群,可以借鉴过去对计划生育流动人员管理、流动党员管理的办法,送乡约到人,落实乡约教育;(3)把推行乡约、村务政务与传统节日会日结合起来。比如利用春节、清明、中秋、寒食节祭祖及传统庙会日等多数人都会回村的习惯,约定时间集中办理村务,兑现惠农政策,处理公益事情。同时把这个时机作为宣讲乡约、兑现奖惩的时间,每年数次,利于落实。

其四,从以宗法的族权为主管模式向人性化、法制化转变。这里主要是指落实乡约奖惩的办法和效果问题。过去那种带有族权的处罚方式现在已多不适用,比如像《白鹿原》中族长白嘉轩用刺刷抽打犯规者的做法,虽然震慑效果大,但在今天就是侵犯人权。所以要在法律许可的范围内,寻求以教育为主的最有效办法落实奖罚,促使转化。

其五，针对《吕氏乡约》因时代变化所致部分内容不适应，在内容和实施形式上跟进。《吕氏乡约》毕竟是封建社会和农耕时代条件下的产物，部分条文现在已不复存在或不相适用，这就要根据客观变化而创新修订。蓝田县在近几年的探索中，汲取《吕氏乡约》的优秀主旨精神，制定《蓝田新乡约》，编制《吕氏乡约精简版》结合宣传推行。同时把《吕氏乡约》的推行与精神文明建设、与弘扬优秀传统文化的宣传教育结合起来，通过新农村建设、文化广场、文化墙、旅游景区等，宣传倡导和体现《吕氏乡约》核心价值的传统美德，灌输优秀传统道德思想文化，收到较好效果。

乡村社会的礼俗传统
——以家风家训与乡规民约为例

王素珍[①]

一、乡村社会与礼俗传统

我国乡村社会有着悠久的礼俗传统。内容丰富、形式多样的家风家训、乡规民约是人们在长期的生活实践中总结出来的重要经验，是乡村社会礼俗传统的重要内容，也是乡村社会结构的重要组成部分。在一定意义上，中国传统乡村社会的结构可以概括为"礼俗社会"[②]。礼俗传统不仅是乡村社会日常交往的秩序准则，也是民众应对现实生活的重要话语表达方式；同时，礼俗传统也成为乡村自治的重要机制、乡村社会运行的文化逻辑。"礼象征的是社会的文化规范，俗代表的是人的生物本性，中国古人对礼俗关系的认识和把握，其实是对于如何调解、处置文化规范与生物本性之间的矛盾，在历史的过程中做出的选择。"[③]

中国的礼俗概念以及礼俗传统等问题一直是学者们关注和讨论的重要话

---

① 王素珍，中国文联出版社编辑。
② 费孝通《乡土中国》一书中沿用滕尼斯的观点，将中国传统的社会结构概括为"礼俗社会"。乡土社会是"礼治"的社会。礼是社会公认合式的行为规范。……维持礼这种规范的是传统。传统是社会所积累的经验。在乡土社会中，传统的重要性比现代社会更甚。那是因为在乡土社会里传统的效力更大。（参见费孝通《乡土中国》，北京出版社2004年版，第70—72页）
③ 杨志刚：《礼俗与中国文化》，《复旦学报（社会科学版）》1990年第3期。

题。有学者认为,"礼源于俗",礼俗不分。他们认为,"礼"的概念及内涵是从"俗"脱胎而来,俗先于礼,礼本于俗,"礼"是对"俗"的某种发展,是对"俗"的规范化、制度化,是"文明"的标志。当然,"礼"虽来自"俗",但毕竟有别于"俗",在其获得独立的内涵和意义之后,与"俗"之间更多的是互动。①"礼""俗"有别,但在实际中,"礼"的实施与"俗"的存在并行不悖,即所谓"君子行礼,不求变俗"②。总之,在中国,特别是"礼"这一术语被普及使用后,礼的内涵也被不断拓延,变得丰富而驳杂,"礼为之言理也,治身、治事、治国之道,有制而不可越者,皆得谓之礼。举凡治身之仪文,治事之纲纪,治国之制度,古人皆以礼统之"③。礼和俗连用,形成了"礼俗"这一新的概念与术语。"礼俗并称,始自《周官》。"④"六曰礼俗,以驭其民。"⑤"礼俗"的出现与"礼""俗"的概念及内涵无疑是有着密不可分的联系,但它不同于礼,也有别于俗。"礼俗"这一术语在历史中,不断被丰富和诠释,演绎出颇具特色的"礼俗"传统。⑥

乡村社会的礼俗传统渗透到乡村生活的方方面面,包括乡村独具特色的民居样式,各地民居多就地取材,依势而建,既环保又宜居。此外也包括饮食习俗、劳作方式、人生礼仪等等,这些乡土文化、地方性知识的传承,是人们在乡村长期生存和生活过程中经验的总结和沉淀,呈现地方特色,充满情感,更

---

① 可以说,礼与俗之间,既有张力,也有互动。此观点可以参见彭林《从俗到礼——中国上古文明的演进》,《寻根》1998年第5期。
② (清)阮元校刻:《十三经注疏》,中华书局1980年版,第1257页中栏。
③ 张舜徽:《四库提要叙讲疏·礼类叙》,台湾学生书局2002年版,第27页。
④ 柳诒徵:《中国礼俗史发凡》,见《柳诒徵说文化》,上海古籍出版社1999年版,第257页。
⑤ (清)阮元校刻:《十三经注疏》,中华书局1980年版,第646页上栏。
⑥ "礼则上之所以制民也,俗则上之所以因乎民也。因乎民也无所制乎民,则政废而家殊俗;无所因乎民,则民愉而礼不行也。……礼俗以驭其民者,其民所履唯礼俗之从也。"(王安石《周官新义》)"五方之民皆有性,其安居、和味、宜服、利用、备器,不可推移。先王修礼以节其性,因之以达其志,通其欲为之节文,道之使成俗也。以是驭之故无殊俗,离而二之则非矣。"(杨时注《周礼》,见台湾商务印书馆《景印文渊阁四库全书》本,转引自杨志刚《礼俗与中国文化》,《复旦学报(社会科学版)》1990年第3期。)

重要的是体现了当地民众真正的生活智慧。

在城镇化进程中，乡村社会无论是村落结构还是日常生活都发生了巨大变革。当今的乡村社会，我们又该如何对待礼俗传统，如何认识和把握礼俗关系呢？

概括而言，乡村社会的礼俗传统内容丰富，最重要的内容就是家风家训和乡规民约。传统社会中，家风家训、乡规民约等为代表的礼俗传统在维护乡村社会秩序、促进乡村社会发展方面发挥了重要的作用。

二、家风家训

中国文化是建立在家族之上的，家教、家训、家风源远流长，是最古老的学问。"家，居也。"（《说文解字》）"其内谓之家，引申之天子诸侯曰国，大夫曰家。"有了家，逐渐就衍生出"家人""家长""家门""家族""家计""家道""家教""家训""家风"等概念和内容。

我国传统社会，修身、齐家、治国、平天下通常被作为家风家训的基本内容和重要意归。《大学》明确提倡"修身齐家治国平天下"之说，也即"格物、致知、诚意、正心、修身、齐家、治国、平天下"。

> 古之欲明明德于天下者，先治其国。欲治其国者，先齐其家。欲齐其家者，先修其身。欲修其身者，先正其心。欲正其心者，先诚其意。欲诚其意者，先致其知。致知在格物。
>
> 物格而后知至，知至而后意诚，意诚而后心正，心正而后身修，身修而后家齐，家齐而后国治，国治而后天下平。[①]

中国古代的家风家训，其核心思想就是修身。《大学》提出修身为本："自

[①] 颜炳罡主编：《四书五经·现代版》，天津古籍出版社1996年版，第4页。

天子以至于庶人，壹是皆以修身为本。其本乱而末治者，否矣。"①《中庸》："子曰：'知所以修身，则知所以治人；知所以治人，则知所以治天下国家矣。'"②修身然后才可以齐家治国平天下。此观点在《孟子·离娄上》进一步得到强调："人有恒言，皆曰'天下国家'。天下之本在国，国之本在家，家之本在身。"③如何修身？《大学》已经明确为我们解答了这一问题："欲修其身者，先正其心。欲正其心者，先诚其意。欲诚其意者，先致其知。致知在格物。"④修身的内容不仅包括格物、致知，也包含诚意和正心。"知"在《大学》里包括"知本"和"知止"。"知本"即认识到道德为本，修身为本。"知止"包括"为人君止于仁，为人臣止于敬，为人子止于孝，为人父止于慈，与国人交止于信"。关于诚意和正心，《大学》有明确的阐述，即对自身情绪、情感和心性的培养、修炼。

家风家训在个人修身上主要强调立志、养德、勤读书三个方面。首先，无志无以为学，无志无以为功。欲修身先立志，西汉孔臧《诫子书》认为："人之进退，唯问其志趣，必以渐勤则得多矣。"颜之推提出："有志尚者，遂能磨砺，以就素业；无履立者，自兹堕慢，便为凡人。"三国时期，诸葛亮《诫外生书》提出君子当"志存高远"。

> 夫志当存高远。慕先贤，绝情欲，弃凝滞。使庶几之志，揭然有所存，恻然有所感。忍屈伸，去细碎，广咨问，除嫌吝，虽有淹留，何损于美趣？何患于不济？若志不强毅，意不慷慨，徒碌碌滞于俗，默默束于情，永窜伏于凡庸，不免于下流矣！⑤

其次，我国传统社会将德行的修养作为修身的重要内容，提倡修身养德、

---

① 颜炳罡主编：《四书五经·现代版》，天津古籍出版社1996年版，第4页。
② 同上，第37页。
③ （清）阮元校刻：《十三经注疏》，中华书局1980年版，第2718页。
④ 颜炳罡主编：《四书五经·现代版》，天津古籍出版社1996年版，第4页。
⑤ 王人恩编著：《古代家训精华》，甘肃教育出版社1997年版，第47页。

立德立言，以德立世，以德成人。在传统家训作者看来，修身的根本就是修德。道德对个人来说是立身之本，为人之基，"教家立范，品行为先"[①]。《戒子通录》指出："夫孝敬仁义，百行之首，行之乃立身之本也。""教在修德，德在修身，""德者，事业之基，未有基不固而栋宇坚久者。"明代思想家薛瑄《戒子》，强调伦理道德，认为道德是人的本质中最重要的构成部分，是人区别于动物的根本标志之一。

再次，修身需勤读书，不学无以修身。"勤勉"最直接的要求就是教子勤奋读书。古代关于教子劝学的格言、传说、故事、家书、家训不可胜数，仅从流传甚广、影响颇大的《三字经》看，其中就列举了20多个劝学、勤学、励学的故事，如"昔孟母，择邻处，子不学，断机杼""头悬梁，锥刺股，彼不教，自勤苦。如囊萤，如映雪，家虽贫，学不辍"。

家风家训在家庭层面，强调齐家、治家、传家，讲究父慈子孝、耕读传家、子承父业。我国传统家风家训的内容分为两大部分，一为正本，一为制用。如果说修身为的是正本，治家则是为了制用。君子欲实现自己的抱负、成就治国平天下的事业，必须有一个和睦、勤俭、向善、好学的家庭为依托。因此，我国传统家风家训中重视子弟的教育，强调家庭内外关系的和谐，主张齐家治家，形成良好的家风、家范。

由于家人之间特殊的亲情关系，齐家治家并非易事，有时甚至比治国更难。

> 论治者常大天下，而小一家，然政行乎天下者，世未尝乏，而教治乎家人者，自昔以为难。岂小者固难，而大者反易哉？盖骨肉之间，恩胜而礼不行，势近而法莫举，自非有德而躬化，发言制行有以信服乎人，则其

[①] 《孝友堂家训》，转引自周秀才等编选《中国历代家训大观》，大连出版社1997年版，第525—540页。

难诚有甚于治民者。①

我国传统家风家训在处理家庭人际关系方面，主要强调父慈子孝、兄友弟恭、夫义妇顺的基本家庭伦理关系。《礼记·礼运》中载："父子笃，兄弟睦，夫妇和，家之肥也。"②一个家庭只有父慈子孝，兄友弟恭，夫义妇顺，才能家庭和美，家道长盛不衰。反之，如果父不慈，子不孝，兄不友，弟不恭，夫不义，妇不顺，家人不和睦，这个家庭必然家道衰败。我国自古以来，就非常注重家庭关系的处理，"家和万事兴"，家人的和睦相处对于家庭的稳定、国家的安宁乃至社会的安定都起到至关重要的作用。

齐家治家除了处理家庭成员的关系，对家庭事务的处理，特别是家庭的生计来源、营生之道的思考，也是我国传统家训中齐家治家思想的重要组成部分。比如，在家庭事务方面，要求勤劳持家、节俭治家，所谓"家勤则兴，人勤则健；能勤能俭，永不贫贱"；而营生方面，一耕一读是传统家庭最崇尚的理想，所谓"耕读传家久，诗书继世长"。

关于我国传统社会的家风与家学，现代学者钱穆做了最精彩的论述："当时门第传统的共同理想，所期望于门第中人，上自贤父兄，下至佳子弟，不外两大要目：一则希望其能具孝友之内行，一则希望其能有经籍文史学业之修养。此两种希望，并合成为当时共同之家教。其前一项之表现，则成为家风；后一项之表现，则成为家学。"③我国传统社会以血缘为基础的宗族关系非常之强大，在家风、家学方面的积累和实践也最引人注目，我国传统家训即以家风、家学作为其教育子孙后代的重要内容，在一定意义上，也是对家风、家学的另一种呈现。

---

① （明）方孝孺著，徐光大校点：《逊志斋集·家人箴十五首·序》，宁波出版社2000年版，第28页。
② （清）阮元校刻：《十三经注疏》，中华书局1980年版，第1427页。
③ 钱穆：《略论魏晋南北朝学术文化与当时门第之关系》，台湾东大图书公司1977年版。

我国古代家风家训以修身、齐家、治国平天下为主要内容，而治国平天下不仅是家风家训的重要内容，而且是我国传统社会家风家训欲达成的最高理想。

"家国一体"是我国传统社会的基本政治体制，也是我国传统家风家训产生的重要基础，更是推动其发展的动力源泉。传统中国社会，以家庭为本位，建构了"家国一体"的社会结构模式，国家是家庭的合法性基础，家庭是国家的缩影。家是最小的国，国是千千万万家，家国两相依。一玉口中国，一瓦顶成家。"治天下之国若治一家"，治国以齐家为先，治家之法可移至治国，也即传统家风家训中强调的"国有国法，乡有乡约，家有家训"。

家风家训在我国传统社会具有极大的普遍性，上至天子圣贤，下至庶民百姓。家风家训的载体丰富多样，既有专门的家训著作，也有片纸短章；有的保存在族谱中，有的流传在民族史诗、家族故事中，也有铭刻在牌坊、门楣、墓碑、神龛上的。

家风家训基本以人为本，以家庭、家族为基本单位，讲究的是家族成员之间在日常生活的基础上，通过耳濡目染、口传身教的形式，倡导良好的家庭生活氛围，传承丰富的生活经验和生活智慧，实现积极、健康、向上的幸福美满生活。

家风家训从一家一族，不断延展至乡规乡约，讲求忠孝爱国，尊祖睦族，守望相助，其教化功能在维护家内族内秩序，和睦乡邻的同时，也强化了国家法律，维护了地方和社会秩序的安定团结。同时，家风家训这一形式的乡村礼俗传统具有社会教化功能，特别是对社会风气的倡导，为整个社会的正风俗、厚人伦、和家室起到了积极的作用。

三、乡规民约

乡规民约是乡村社会人们根据本土文化传统、自然条件和现实利益制定的、大家共同遵循的一种行为规范。《中国大百科全书》将乡规民约定义为："中国基层社会组织中社会成员共同制定的一种社会行为规范。又称乡约。在城市称街规民约。"① 乡规民约不能等同于最早的乡约，但二者有着割舍不断的关联。我国古代较早出现"乡约"一词，乡约的内涵非常丰富，可以指基层组织，也用指基层管理人员，此外，也有乡村社会中的规则、约定，即"乡规民约"之义。所以，在某种意义上，乡规民约与传统乡村社会的乡约有着某种承继发展关系。乡规民约，也作"乡约""乡规""村规民约""民间法""习惯法"等。目前可见的较早的成文乡规民约发轫于宋代，与我国乡村社会的乡约、保甲制度一起，同时与我国传统的家风家训也有一定的渊源。

唐后期，特别是宋代开始，家风家训不再局限于一家之内，不再局限于私家领域，而是在内容和形式上有所扩展。特别是家风家训的规训范畴不再局限于家庭内部，而是向家族、乡邻延伸，家风家训入族谱，家风家训成为一乡一地之民共同遵守的乡约古训。宋代朱熹、吕大忠等人，编撰《家礼》《吕氏乡约》②等适合庶民家族实行的民间礼教书籍，开启了"礼下庶人"家训、家礼民间化、社会化的进程。明太祖朱元璋推崇"为政之要，教化为先"，提出在民间倡导"孝顺父母，尊敬长上，和睦乡里，教训子孙，各安生理，毋作非为"。明太祖此圣谕六言，成为明代乡约的重要内容。圣谕、乡约进一步普及为平常百姓人家的家礼、家规、家训内容。家礼、乡约进一步成为民间社会的礼教秩序、礼俗传统。明代的《南赣乡约》，又称《阳明先生乡约法》，是明代王守仁为教化乡民、重建秩序颁行的，对南赣社会的风俗和社会治安产生了积极影响。清嘉庆年间，出现了《宁国府乡约训语》《里仁乡约训语》等乡约训语。

我国古代乡村社会的乡贤撰写俗训、乡约，其目的是正人伦、厚风俗，具有地方普及意义。乡规民约以弘扬正气为原则，倡导邻里乡亲守望相助。宋代以来，乡规民约成为乡村社会基层治理的基本礼法。乡约乡规成为一种共识和

---

① 《中国大百科全书·社会学》，中国大百科全书出版社1991年版，第424页。
② 《吕氏乡约》也称《蓝田乡约》，是北宋京兆蓝田人吕大忠所订的一篇乡约。其约定有四条：德业相劝，过失相规，礼俗相交，患难相恤。

默契，其对乡里民众对道德观念、思想意识、生活方式、人际关系等都具有潜移默化的影响。

四、结语

在城镇化进程中，乡村社会无论是村落结构还是日常生活都发生了巨大变革。乡村社会的礼俗传统遭遇现代化、城镇化进程，将会是怎样的一番景象？它的未来走向成为最为重要的问题。当今的乡村社会，我们又该如何对待礼俗传统，如何认识和把握礼俗传统，才能更好地发展和振兴我们的乡村社会？

（一）礼俗传统应对现代社会的变革

礼俗传统作为乡村社会的主体部分，有着特殊的价值和意义。乡村社会是人类历史上最早的家园，是我们民族最重要的精神文化财富之一，是民族历史和精神情感之根。传统社会的"入境问俗""辩风正俗""以俗安民""以礼化俗""移风易俗"以及家风家训、乡规民约等等都是人们在长期的生活实践中总结出来的重要经验，是乡村社会礼俗传统的重要内容，也是乡村社会结构的重要组成部分。

乡村社会的传统礼俗，特别是传统的家风家训、乡规民约在现代社会的继承与发展，成为我们现时代迫切需要面对和解决的问题。总体而言，新的乡规民约、家风家训在继承和发扬礼俗传统的基础上，更富有时代气息。家风家训、乡规民约不再局限在家庭内部，而成为家庭、学校、社区以及整个社会的公民道德建设的重要组成部分。

（二）乡村生命力：礼俗传统

乡村礼俗传统如何在乡村振兴中发挥效应，我们可以从国家与地方关系的视角来考察。乡村社会的礼俗传统，集中体现了国家与乡村（地方）的关系，乡村礼俗传统在国家传统文化中的位置及其与优秀先进文化之间的层级关系，不仅反映了地方与国家的行政层级关系，同样反映了地方乡村社会与国家社会之间的复杂博弈过程。在乡村礼俗传统中，我们可以找到不同时期国家对地方社会的干预及影响痕迹，同时，也可以找到地方社会应对这些干预的策略与智慧。

乡村要建设、乡村要振兴，离不开国家的政策与方针。国家关于乡村社会的政策经历了一个由乡村治理到乡村自治再到乡村建设的重大转变。

乡村治理是以国家精英的视角去看乡村社会，乡村社会被视为野蛮、文明未开化之地，需要外来的力量去管理和治理。乡村自治则相信乡村社会有一套有别于城镇和国家的运行体系，可以实现"无为而治"。乡村建设的理论认为，乡村振兴的主体是乡村社会内部的人，尤其是以乡贤为代表的乡村公民，乡村的振兴可以通过激活乡村社会内部的力量，而不是靠国家或其他外部力量的强制推行。

总体而言，礼俗传统是乡村振兴的内在生命力，传承和发展礼俗传统不仅可以摸索出乡村振兴的有效路径，而且将为乡村发展提供最直接、最原生的力量。传承乡村社会的礼俗传统，培育新乡贤和"乡村社会的新公民"，成为新时代乡村社会的共识。当代意义上的"新乡贤""新乡民"无疑是礼俗传统的传承者和创新者，也是乡村建设和乡村振兴的倡导者和主导力量。

其他

炎帝神农神话母题类型与代表性母题

王宪昭[①]

目前学术界关于神话的概念并没有精准厘定,甚至有的把神话与传说、神话与故事混为一谈。炎帝、神农的神话的基本类型属于人文始祖神话。尽管在历史文献中多有记载,但是在后世的解读特别是民间口头传承中并没有形成相对稳定的文本,其中既有记录在古籍、图书等各种出版物中的文献神话,也有完全依靠口耳形式世代相传的口头神话,还有保留在遗物、遗迹中的文物神话以及当今生产生活中仍然在应用的民俗神话。这些神话关于炎帝或神农的记载与描述,表现出不同时间、不同地区差别较大。如何看待神农与炎帝的关系及其文化意义,通过母题的比较可以算是一种方法。所谓神话"母题",主要是指"神话叙事过程中的最自然的基本元素,这些元素可以在神话的各种传承渠道中独立存在,也能在其他文类或文化产品中得以再现或重新组合。母题具有客观性、直观性、流动性、可组合性等特点"[②]。我们通过对神农、炎帝神话母题的提取与梳理,可以较系统地分析二者的异同。

本文的神农、炎帝神话母题,是在《中国神话母题W编目》中的"神农母题"和"炎帝母题"基础上修订而成的。其中"炎帝"原母题代码为"W0742-W0746","神农"原母题代码为"W0731-W0737"。本文为了便于比较重新母题编号,将"炎帝"母题代码变为"WY01-WY04";"神农"母题代码为

---

① 王宪昭,中国社会科学院民族文学研究所研究员。
② 王宪昭:《中国神话母题W编目》,中国社会科学出版社2013年版。

"WS01-WS06"。每个类型的各级母题层级用小数点的方式加以区分。

表一 炎帝神话母题类型与代表性母题①

母题类型与代码	一、二级母题描述	三级及以下母题比较描述	参考与关联项
WY01	炎帝的产生		
WY01.1	炎帝天降		
WY01.1.1		炎帝神农氏从天而降	【汉族】
WY01.2	炎帝是生育产生的		
WY01.2.1		炎帝是女娲之女	【汉族】*［W0710］女娲
WY01.3	炎帝是感生的（感生炎帝）		
WY01.3.1		炎帝为感龙所生	【汉族】
WY01.3.1.1		少典感神龙生炎帝	【汉族】
WY01.3.1.2		少典妃女登感神龙生炎帝	【汉族】
WY01.3.1.3		神龙附少女之身生炎帝	【汉族】
WY01.4	炎帝是婚生的		
WY01.5	与炎帝的产生有关的其他母题		
WY01.5.0		炎帝的生日	
WY01.5.0.1		炎帝的生日四月初八	【汉族】*［WY04.5.1］每年四月初八祭祀炎帝
WY01.5.1		炎帝生于上古时代	【汉族】
WY01.5.2		炎帝出生三天能说话	【汉族】

① 本表资料来源为目前正式出版的汉文典籍、《中国民间故事集成》、不同地区民族的地方性民间故事出版物等。具体神话文本内容及出版物信息可参见王宪昭《中国人类起源神话母题实例与索引》，中国社会科学出版社2016年版。

(续表)

母题类型与代码	一、二级母题描述	三级及以下母题比较描述	参考与关联项
WY02	炎帝的特征		
WY02.1	炎帝有奇特的体征		
WY02.1.1		炎帝身体透明	【汉族】*［WS02.1］神农身体通透（透明）
WY02.1.1.1		炎帝的肚子像透明水晶能看到五脏六腑	【汉族】*［W0485.2.5.1］医病之神能从外面能看到五脏六腑
WY02.1.1.2		炎帝天庭饱满，头生两角，相貌奇特	【汉族】
WY02.2	炎帝人身牛首		【汉族】*［WS02.3.2］神农人身牛首
WY02.2.1		炎帝神农氏人身牛首	【汉族】
WY02.3	炎帝是女性		【汉族】*［WY03b.1.1］炎帝是女娲之女
WY02a	炎帝的身份		
WY02a.1	炎帝是神		【汉族】*［W0493.6.1b］灶神炎帝神农
WY02a.1.1		炎帝是火神（火神炎帝）	【汉族】
WY02a.1.2		炎帝神农氏是灶神	【汉族】*［W0767.3.1.4］祝融是灶神；［WS03.1.3］神农是灶神
WY02a.1.2.1		炎帝于火，死而为灶	【汉族】
WY02a.1.2.2		炎帝作火，死而为灶	【汉族】
WY02a.1.3		炎帝是大神	【汉族】
WY02a.1.4		炎帝是太阳神	【汉族】
WY02a.1.5		炎帝是时令神	【汉族】

（续表）

母题类型与代码	一、二级母题描述	三级及以下母题比较描述	参考与关联项
WY02a.1.6		炎帝是村寨神	【白族】*［W0782.2.1.2］炎帝是本主
WY02a.1.7		炎帝是南方神	
WY02a.1.7.1		炎帝战败后逃到南方成为南方神	【汉族】
WY02a.2	炎帝是太阳		【汉族】
WY02a.3	炎帝是天帝		
WY02a.3.1		天帝炎帝管南方	【汉族】
WY02a.4	炎帝是地皇		
WY02a.4.1		地皇氏炎帝神农氏	【汉族】
WY02a.5	炎帝是神仙		
WY02a.5.1		炎帝神农氏是神仙	【汉族】
WY02a.6	炎帝是首领		
WY02a.6.1		炎帝带部族离开有熊氏部落到南方游牧	【汉族】
WY02a.6.2		炎帝是上古姜姓部落的首领	【汉族】
WY02a.7	炎帝是人		
WY02a.7.1		炎帝是天生的奇人	【汉族】
WY03	炎帝的能力（炎帝的职能、炎帝的事迹）		【关联】①
WY03.1	炎帝尝百草		［WS04.2］神农尝百草
WY03.1.1		炎帝在太行山尝百草	【汉族】
WY03.1a	炎帝最早发明使用针灸		【汉族】

① ［W0253.3］炎帝主南方；［W8806.2］炎黄战蚩尤。

(续表)

母题类型与代码	一、二级母题描述	三级及以下母题比较描述	参考与关联项
WY03.2	炎帝发明祭祀		【汉族】
WY03.3	炎帝主南方		【汉族】
WY03.3.1		赤帝司南方之极万二千里	【汉族】
WY03.4	炎帝能拯救太阳		【白族】
WY03.4.1		炎帝能使太阳发光	【汉族】
WY03.5	炎帝能使万物生长		【汉族】
WY03.6	炎帝发现作物		
WY03.6.1		炎帝神农氏羊头山得到嘉禾	【汉族】
WY03.6.2		炎帝神农氏羊头山谷关得到嘉谷	【汉族】
WY03.6.3		神农炎帝赐人珍珠小米	【汉族】
WY03.7	炎帝建国		
WY03.7.1		炎帝在上党黎岭村一带建耆国	【汉族】
WY03.8	炎帝建都		
WY03.8.1		炎帝建都山东曲阜	【汉族】
WY03a	炎帝的生活（炎帝的经历）		
WY03a.1	炎帝的服饰		
WY03a.2	炎帝的食物		
WY03a.2.1		炎帝出生后饭量特大	

（续表）

母题类型与代码	一、二级母题描述	三级及以下母题比较描述	参考与关联项
WY03a.2.1.1		炎帝出生后比平常的婴儿要多吃3倍的奶	【汉族】
WY03a.3	炎帝的居所		
WY03a.3.1		炎帝居黄河一带	【汉族】
WY03a.3.2		炎帝居山东	【汉族】
WY03a.3.3		炎帝居淮阳	【汉族】
WY03a.3.4		炎帝居南方	【汉族】［WY04.1.5.1］赤帝即南方火德之帝
WY03a.3.5		炎帝居东方	【汉族】
WY03a.3.5.1		炎帝住东方山上	【白族】
WY03a.3.6		炎帝最早居住在姜水	【汉族】
WY03a.4	炎帝的出行		
WY03a.4.1		炎帝乘五色鸟	【汉族】
WY03a.5	炎帝的工具		
WY03a.5.1		炎帝的石斧	【汉族】
WY03a.5.2		炎帝手持弓箭	【白族】
WY03a.6	炎帝的成长		
WY03a.6.1		炎帝神农氏长于姜水	【汉族】
WY03a.6.2		炎帝年幼时神鹰为他遮日，神鹿为他哺乳	【汉族】
WY03b	炎帝的关系		
WY03b.1	炎帝的父母		
WY03b.1.0		炎帝与黄帝的父母是伏羲女娲兄妹	【汉族】【关联】①

① ［W0680.2.2］伏羲女娲是兄妹（伏羲女娲兄妹）；［W0680.4a.1］伏羲的妻子女娲（伏羲女娲是夫妻）。

(续表)

母题类型与代码	一、二级母题描述	三级及以下母题比较描述	参考与关联项
WY03b.1.1		炎帝的父亲	
WY03b.1.1.1		炎帝的父亲少典	【汉族】
WY03b.1.2		炎帝的母亲	
WY03b.1.2.1		炎帝是女娲之女	【汉族】
WY03b.1.2.2		炎帝的母亲女登	【汉族】
WY03b.1.2.3		炎帝的母亲任姒	【汉族】
WY03b.1.2.3.1		炎帝的母亲任姒，有蟜氏女登之女，名女登	【汉族】
WY03b.2	炎帝的兄弟		
WY03b.2.1		炎黄是兄弟	
WY03b.2.1.1		少典先娶有蟜氏生炎帝，后娶附宝生黄帝	【汉族】
WY03b.2.1.2		炎帝与黄帝是异父同母兄弟	【汉族】
WY03b.2.1.2a		炎帝与黄帝是同父异母兄弟	【汉族】
WY03b.2.1.3		炎帝与黄帝是亲兄弟	【汉族】
WY03b.3	炎帝的妻子		
WY03b.3.1		炎帝的妻子听訞	【汉族】
WY03b.4	炎帝的子女		
WY03b.4.1		炎帝的儿子	
WY03b.4.1.1		炎帝的儿子炎居	【汉族】
WY03b.4.2		炎帝的女儿	【汉族】
WY03b.4.2.1		炎帝的小女儿精卫	【汉族】

（续表）

母题类型与代码	一、二级母题描述	三级及以下母题比较描述	参考与关联项
WY03b.4.2.1.1		精卫化鸟	【汉族】【关联】①
WY03b.4.2.2		炎帝的少女女娃	【汉族】［W0700.1.2.1］炎帝的少女女娃溺于东海化为精卫
WY03b.4.2.2.1		炎帝的女儿女娃死后成为漳水之神	【汉族】
WY03b.4.2.2a		皇帝的女儿女娃	【汉族】
WY03b.4.2.3		炎帝的女儿瑶姬	【汉族】
WY03b.4.2.4		炎帝少女成仙	【汉族】
WY03b.4.2.4.1		南方赤帝女学道得仙	【汉族】［W0598.1.3］文化英雄学艺结果
WY03b.4.2.4.1.1		南方赤帝女学道得仙后居南阳愕山桑树上	【汉族】
WY03b.4.3		炎帝的子孙	
WY03b.4.4		炎帝有81个孩子	【汉族】
WY03b.4.5		炎帝的孙子	【汉族】
WY03b.4.5.1		炎帝之孙灵恝	
WY03b.4.5.1.1		灵恝生互人，能上下于天	【汉族】
WY03b.4.5.2		炎帝之孙伯陵	
WY03b.4.5.2.1		伯陵同吴权之妻阿女缘妇，缘妇孕生鼓、延、殳	【汉族】
WY03b.4.5.2.2		炎帝的孙子伯陵被吴刚杀死	【汉族】
WY03b.5	炎帝的朋友		
WY03b.5.1		炎帝与黄帝	

---

① ［W0700.1.2］炎帝之女化为精卫；［W0916.4.2］冤魂化为鸟。

(续表)

母题类型与代码	一、二级母题描述	三级及以下母题比较描述	参考与关联项
WY03b.6	炎帝的对手		
WY03b.6.1		炎帝与黄帝是对手	［W8806.1］炎黄之争
WY03b.7	炎帝的臣属		
WY03b.7.1		炎帝的部将祝融、刑天	【汉族】
WY03b.7.2		炎帝有良将数十人	【汉族】
WY03b.7.3		朱明佐炎帝	【汉族】
WY03c	炎帝的寿命与死亡		
WY03c.1	炎帝的寿命		
WY03c.2	炎帝的死亡		
WY03c.2.1		炎帝被虫咬而死	【汉族】［WS05.1.2］神农被虫咬而死
WY03c.2.1.1		炎帝食百足虫死亡	【汉族】
WY03c.2.2		炎帝死于羊头山	【汉族】
WY03c.3	炎帝的丧葬		
WY03c.3.1		炎帝安葬卧龙湾	【汉族】
WY04	与炎帝有关的其他母题		［W0695.2.1］黄帝炎帝是亲兄弟
WY04.1	炎帝的名字（炎帝的姓氏、炎帝的名号）		
WY04.1.1		炎帝姓姜	【汉族】
WY04.1.1.1		炎帝神农氏姜姓	【汉族】
WY04.1.1.2		炎帝姓姜，名炎帝	【汉族】
WY04.1.1.3		炎帝长于姜水，因以为姓	【汉族】［WY03a.6.1］炎帝神农氏长于姜水

(续表)

母题类型与代码	一、二级母题描述	三级及以下母题比较描述	参考与关联项
WY04.1.2		炎帝又称神农	【汉族】［W0731］神农
WY04.1.2.1		炎帝号神农	【汉族】
WY04.1.3		炎帝神农氏	【汉族】
WY04.1.3.1		炎帝因种五谷被称为神农氏	【汉族】
WY04.1.4		炎帝又称烈山氏	【汉族】
WY04.1.4.1		炎帝神农氏起烈山，故称烈山氏	【汉族】
WY04.1.5		炎帝又称赤帝	［W0767.3.6.1］祝融是赤帝
WY04.1.5.1		赤帝即南方火德之帝	【汉族】
WY04.1.6		炎帝别号朱襄氏	
WY04.1.6.1		朱襄氏，吉天子	【汉族】
WY04.1.7		炎帝又称先医	
WY04.1.7.1		炎帝因尝百草开创医疗的先河故称先医	【汉族】
WY04.1.8		炎帝又称农皇	
WY04.1.8.1		炎帝因发明耕播农业被称为农皇	【汉族】
WY04.1.9		炎帝又称火师	
WY04.1.9.1		炎帝因把火用于生产和生活被称为火师	【汉族】
WY04.2	炎帝的代表动物是朱鸟		【汉族】
WY04.3	炎帝属夏季		【汉族】
WY04.4	炎帝的遗迹		
WY04.4.1		炎帝庙	
WY04.4.1.1		炎帝三庙	【汉族】

(续表)

母题类型与代码	一、二级母题描述	三级及以下母题比较描述	参考与关联项
WY04.4.1.1.1		炎帝上庙	【汉族】
WY04.4.1.1.2		炎帝中庙	【汉族】
WY04.4.1.1.3		炎帝下庙	【汉族】
WY04.4.1.2		炎帝庙称"五谷庙"	
WY04.4.1.3		色头村炎庙	【汉族】
WY04.4.2		炎帝陵	【汉族】
WY04.4.2.1		炎帝陵在山西高平县庄里村	【汉族】
WY04.4.2.2		炎帝陵在高平县换马镇	【汉族】
WY04.4.2.3		炎帝陵在羊台山上	【汉族】
WY04.4.2.4		炎帝陵称"皇坟"	【汉族】
WY04.4.3		炎帝故里	
WY04.4.3.1		炎帝故里在山西长治县黎都	【汉族】
WY04.4.4		炎帝的行宫	
WY04.4.4.1		炎帝的行宫在山西长治高平县故关村	【汉族】
WY04.5	祭祀炎帝（祭炎帝）		
WY04.5.1		每年四月初八祭祀炎帝	【汉族】［WY01.5.0.1］炎帝的生日四月初八
WY04.5.2		腊月二十三祭炎帝	［W0466.10.3.1］敬火神时间腊月二十三日
WY04.5.2.1		腊月二十三过小年祭灶神即祭祀先帝炎帝	【汉族】
WY04.6	炎帝米		

(续表)

母题类型与代码	一、二级母题描述	三级及以下母题比较描述	参考与关联项
WY04.6.1		屯留炎帝米	【汉族】

有不少地区认为炎帝、神农是同一个神话形象，塑造人文始祖的过程中，不同文化祖先事迹相同，或者不同文化祖先名称通用的现象非常普遍。这一情形可以从表一中一睹端倪。

表二　神农神话母题类型与代表性母题

母题类型与代码	一、二级母题描述	三级及以下母题比较描述	参考与关联项
WS01	神农的产生		
WS01.1	神农源于特定的地方		［ＷＳ04.6.7］神农下凡
WS01.2	神农是造出来的		
WS01.3	神农是生育产生的（生神农）		
WS01.3.1		神农是投胎到人间的神	【汉族】*［W9376］神与神性人物投胎
WS01.3.2		洞生神农	
WS01.3.2.1		隋郡北界厉乡村的重山洞穴中生神农	【汉族】
WS01.4	神农是变化产生的		
WS01.4.1		龙成变神农	【汉族】
WS01.4.1.1		白龙变成神农	【汉族】
WS01.5	神农是婚生的（婚生神农）		
WS01.5.1		盘古兄妹生神农氏	【汉族】
WS01.6	神农是感生的（感生神农）		

（续表）

母题类型与代码	一、二级母题描述	三级及以下母题比较描述	参考与关联项
WS01.6.1		女子感龙生神农	【汉族】
WS01.6.1.1		感神龙首生神农	
WS01.6.1.1.1		少典妃感神龙首生炎帝神农	【汉族】
WS01.6.1.1.2		少典妃安登游华阳时，有神龙首感之于常羊，生神农	【汉族】［W0765.6.1］刑天葬常羊山
WS01.6.2		女子感龙的神光生神农	
WS01.6.2.1		一位姑娘的目光相接应龙的神光孕生炎帝神农	【汉族】
WS01.7	与神农的产生有关的其他母题		
WS01.7.1		神农的生日（神农氏的生日）	
WS01.7.1.1		神农生日是三月初三	【汉族】【关联】①
WS01.7.1.2		神农生日是四月廿八	【汉族】
WS01.7.2		神农生活于太古	【汉族】
WS01.7.2.1		炎帝神农氏诞生在5200年前	【汉族】
WS01.7.3		神农的出生地	
WS01.7.3.1		神农生于厉乡山	【汉族】
WS01.7.3.2		神农生于九圣泉边	【汉族】
WS01.7.3.3		神农生于九井	【汉族】

---

① ［W0721.5.3.1］盘古生日是农历三月初三；［W0756.6.1.2］王母娘娘生日三月初三。

（续表）

母题类型与代码	一、二级母题描述	三级及以下母题比较描述	参考与关联项
WS01.7.3.4		神农生于陕西宝鸡礞峪	【汉族】
WS02	神农的特征		
WS02.1	神农身体通透（神农身体透明）		【汉族】［WY02.1］炎帝身体透明
WS02.1.1		神农能看清自己的心肝肠肺	【汉族】
WS02.1.2		神农氏肚皮是透明的	【汉族】
WS02.1.3		神农是水晶肚	【汉族】
WS02.1.3.1		神农的水晶肚子光亮透明，肝脏肠肺都能够看得一清二楚	【汉族】
WS02.1.4		神农玲珑玉体	【汉族】
WS02.2	神农牛头		
WS02.2.1		神农氏牛头无角	【汉族】
WS02.2.2		神农人身牛首	【汉族】
WS02.2.3		神农牛头人身，龙颜大唇，手持一株药草	【彝族（撒尼）】
WS02.3	神农头上长角		【汉族】【关联】①
WS02.3.1		神农头上长肉角	
WS02.3.1.1		神农中间凹的头上长着两只大肉角	【汉族】
WS02.3.2		神农氏头顶长带眼的犄角	

---

① ［W0073.8］神头上长角；［W0485.8］药神头上长角；［W0838.4.11］妖魔头上长角。

（续表）

母题类型与代码	一、二级母题描述	三级及以下母题比较描述	参考与关联项
WS02.3.2.1		神农氏头顶上带眼的犄角一直通到肚子里	【汉族】
WS02.4	神农身体像龙		【汉族】［WS01.3］龙变神农
WS02.5	神农身材高大		【汉族】
WS02.5.1		神农氏个子比一般人高	【汉族】
WS02.6	神农红脸		
WS02.6.1		神农是红脸老人	【布依族】
WS02.7	神农氏力大无穷		
WS02.7.1		神农氏能手拔大树	【汉族】
WS02.8	神农的性情		
WS02.8.1		神农爱人	【汉族】
WS02.8.2		神农大公无私	
WS03	神农的身份		【关联】①
WS03.1	神农是神		［W0485.9.1］药神神农
WS03.1.1		神农是土地神	
WS03.1.1.1		神农是主管作物的土神	【汉族】
WS03.1.2		神农是农神	【汉族】【关联】②
WS03.1.2.1		神农是农业的始祖神	【汉族】
WS03.1.3		神农是灶神	【汉族】【关联】③

---

① ［W0485.9.1］神农是医药的祖师爷（药神、药仙）。
② ［W0462］农神；［W0734.6.2］神农氏是农业的老祖宗。
③ ［W0744a.1.2］炎帝神农氏是灶神；［W0767.3.1.4］祝融是灶神。

(续表)

母题类型与代码	一、二级母题描述	三级及以下母题比较描述	参考与关联项
WS03.2	神农是神性人物		
WS03.2.1		神农不是凡人	【汉族】
WS03.2.1.1		神农能见到神	【汉族】
WS03.2.2		神农是药王菩萨	【汉族】
WS03.2.2.1		神农因采药救人而死被称为药王菩萨	【汉族】
WS03.2.3		神农是始祖	【汉族】
WS03.3	神农是地皇		
WS03.3.1		玉皇大帝封神农为地皇	【汉族】
WS03.4	神农是帝王（神农是首领）		［W0255.8.1］神农伏羲二帝在中央
WS03.4.1		神农皇帝	【土家族】
WS03.4.1.1		神农皇帝和老百姓也差不多	【土家族】
WS03.4.2		神农到人间为王	【汉族】
WS03.4.3		神农是远古苗众的帝王	【苗族】
WS03.4.4		神农是众神仙的统帅	【汉族】
WS03.4.5		神农号田主大帝	
WS03.5	神农是牛郎		【汉族】
WS03.6	神农是祖师		［W0658a.8.29.1］碾磨、面粉业等行业将神农奉为祖师
WS03.6.1		神农氏是中药的祖师	【汉族】【关联】[①]

---

① ［W0485.9.1］药神神农；［W0735.5.1］神农传给人间药。

(续表)

母题类型与代码	一、二级母题描述	三级及以下母题比较描述	参考与关联项
WS03.6.1.1		神农氏是中医的祖师爷	【汉族】
WS03.6.1.2		神农是药王爷	【汉族】
WS03.6.2		神农氏是农业的老祖宗	【汉族】
WS03.6.3		神农是种田人的祖师爷	【汉族】
WS03.7	神农是仙		
WS03.7.1		神农是药仙	
WS03.7.1.1		神农尝百草治百病被称为药仙	【汉族】
WS03.7.2		神农是农业方面的神仙	［WS03.2］神农是农神
WS03.7.2.1		神农因教农桑被尊为农业方面的神仙	【汉族】
WS03.7.3		神农是草仙	
WS03.7.3.1		天帝派草仙神农氏下凡为人治病	【汉族】
WS03.8	神农是人		
WS03.8.1		神农是会做谷、粟的人	【苗族】
WS04	神农的能力（神农的职能，神农的事迹）		【关联】①

---

① ［W3611.1］神农造花草树木；［W3753.3］神农找到茶。

（续表）

母题类型与代码	一、二级母题描述	三级及以下母题比较描述	参考与关联项
WS04.1	神农是会做庄稼的人		【苗族】
WS04.1.1		神农教稼穑（神农教人种庄稼）	【汉族】［WS03.6.3］神农是种田人的祖师爷
WS04.1.2		先穑神农	【白族】
WS04.1.3		神农氏发明九井相通的灌溉法	【汉族】
WS04.1.4		神农氏发明放火烧山开田火种法	【汉族】
WS04.2	神农尝百草		【汉族】【关联】①
WS04.2.1		神农受天神指点尝百草找到治病的药	【羌族】
WS04.2.2		神农听信民间智慧尝百草	【汉族】
WS04.2.3		神农尝百草前举行仪式	
WS04.2.3.1		神农尝百草前拜告天地	【汉族】
WS04.2.4		神农尝百草辨药性	［WS04.6.4.2］神农辨经脉
WS04.2.4.1		神农通过小鸟辨草药	【汉族】
WS04.2.5		神农在特定地方尝百草	
WS04.2.5.1		神农在神农架尝百草	【汉族】

---

① ［W0745.1］炎帝尝百草；［W0733.8.1］神农舍己为人；［W0735.6.1.2］神农为给人消灾祛病尝百草。

(续表)

母题类型与代码	一、二级母题描述	三级及以下母题比较描述	参考与关联项
WS04.2.5.2		神农炎帝在羊台山尝百草	【汉族】
WS04.2.5.3		神农山西长治县城东南羊头岭尝百草	【汉族】
WS04.2.6		神农尝百草的方法	
WS04.2.6.1		神农氏以赭鞭鞭草木尝百草,始有医药	【汉族】
WS04.2a	神农尝百谷		
WS04.2a.1		神农尝百谷于百谷山	【汉族】
WS04.3	神农善射		【汉族】*〔W2924.10〕善射的人
WS04.3.1		神农箭法很好	【汉族】
WS04.4	神农斩龙		〔W8893.1〕屠龙
WS04.4.1		神农氏斗龙王	【汉族】
WS04.5	神农安置药材和作物		【土家族】
WS04.5.1		神农传给人间药	【汉族】
WS04.5.2		神农分五谷	【汉族】
WS04.6	与神农事迹有关的其他母题（与神农能力有关的其他母题）		
WS04.6.1		神农舍己为人	
WS04.6.1.1		神农为找药一日而遇七十毒	【汉族】
WS04.6.1.2		神农为给人消灾祛病尝百草	【汉族】〔WS04.2〕神农尝百草

（续表）

母题类型与代码	一、二级母题描述	三级及以下母题比较描述	参考与关联项
WS04.6.1.3		神农放弃安逸生活为人找药材	
WS04.6.2		神农氏会法术	
WS04.6.2.1		神农能将珍珠化为乌有	【汉族】
WS04.6.2.2		神农以杖画地成涧	【汉族】
WS04.6.2.3		神农用法术把荒地变良田	【汉族】
WS04.6.3		神农会命名	
WS04.6.3.1		神农为山命名	
WS04.6.3.1.1		神农命名桐柏山	【汉族】
WS04.6.4		神农会看病	
WS04.6.4.1		神农会看病是因为观音给了他宝瓶和神鞭	【汉族】
WS04.6.4.2		神农辨经脉	
WS04.6.4.2.1		神农通过透明小鸟发现人的12经脉	【汉族】
WS04.6.5		神农访民情	
WS04.6.5.1		神农查看民间疫情	【汉族】
WS04.6.6		神农会变形	
WS04.6.6.1		神农化作一股白气	【汉族】［WS04.6.2］神农氏会法术
WS04.6.7		神农下凡	
WS04.6.7.1		神农氏下凡	【畲族】
WS04.6.8		神农建都	
WS04.6.8.1		炎帝神农在山西长治建黎都耆国	【汉族】

(续表)

母题类型与代码	一、二级母题描述	三级及以下母题比较描述	参考与关联项
WS04.6.9		神农建房	
WS04.6.9.1		神农教化人在平原上建房屋	【汉族】
WS04a	神农的工具		
WS04a.1	神农的坐骑		
WS04a.1.1		神农乘红云	【布依族】
WS04a.1.2		皇神农驾六龙	【汉族】
WS04a.2	神农的鞭子		
WS04a.2.1		神农的赭鞭	［WS04.2.6.1］神农氏以赭鞭鞭草木尝百草，始有医药
WS04a.2.1.1		神农的赭鞭是神鞭	【汉族】
WS04a.2.2		神农的神鞭	
WS04a.2.2.1		神农的神鞭能戳地出水	【汉族】
WS04a.2.3		神农的鞭子是观音给的	【汉族】［WS04.6.4.1］神农会看病是因为观音给了他宝瓶和神鞭
WS04a.3	神农的宝剑		
WS04a.3.1		神农的宝剑能划出深涧	【汉族】
WS04b	神农的关系		［WY04.2］炎帝被称为"神农"
WS04b.1	神农的祖辈（神农是特定人物的后代）		
WS04b.1.1		神农是盘古的后裔	［W0725.5.2.1］盘古的后裔神农、祝融
WS04b.1.2		神农是人火的后裔	【苗族】

(续表)

母题类型与代码	一、二级母题描述	三级及以下母题比较描述	参考与关联项
WS04b.1.3		神农是伏羲的第三代孙儿	【汉族】
WS04b.2	神农的父母		
WS04b.2.1		神农的父母盘古兄妹	【汉族】
WS04b.2.1.1		神农是盘古的儿子	【汉族】
WS04b.2.2		神农的父亲是老天爷	
WS04b.2.2.1		神农、伏羲是老天爷的儿子	【汉族】
WS04b.2.3		神农的母亲	
WS04b.2.3.1		神农60多岁的老娘洒奶浆润五谷	【土家族】
WS04b.2.3.2		神农的母亲安登（神农的母亲女登）	
WS04b.2.3.2.1		神农的母亲安登是少典妃	【汉族】
WS04b.3	神农的兄弟		
WS04b.3.1		神农、伏羲是兄弟	【汉族】
WS04b.3.2		神农与大庭氏、庖羲、祝融、五龙氏是兄弟	【汉族】
WS04b.4	神农的妻子		
WS04b.4.1		神农氏姬赵女	【汉族】
WS04b.4.2		农神的妻子衣神是夫妻	【汉族】
WS04b.4.3		农神的妻子长毛姑娘	【汉族】

(续表)

母题类型与代码	一、二级母题描述	三级及以下母题比较描述	参考与关联项
WS04b.5	神农的子女		
WS04b.5.1		神农有很多子女	
WS04b.5.2		神农的儿子	
WS04b.5.2.1		神农有9个儿子	【汉族】
WS04b.5.3		神农的女儿	
WS04b.5.3.1		神农的女儿黄花	【汉族】
WS04b.5.3.2		神农的女儿花蕊	【汉族】
WS04b.5.3.2.1		神农的女儿花蕊公主	【汉族】
WS04b.5.3.3		神农的女儿伽价公主	
WS04b.5.3.3.1		伽价公主是神农7个女儿中最美的一个	【苗族】
WS04b.5.4		农神的长红毛的孩子	【汉族】
WS04b.5.4.1		农神与长毛姑娘婚生长红毛的孩子	【汉族】
WS04b.6	神农的后代		［W0730a.3.6.2.1.1.1］赤帝是神农之后
WS04b.6.1		神农之孙榆冈	【汉族】
WS04b.7	神农的朋友		
WS04b.8	神农的对手		
WS04b.9	神农的上司		
WS04b.9.1		在神农玉皇大帝那里听差	【汉族】
WS04b.9.1.1		神农就职于玉帝灵霄殿	【汉族】
WS04b.10	神农的从属		

(续表)

母题类型与代码	一、二级母题描述	三级及以下母题比较描述	参考与关联项
WS04b.11	神农的同乡		
WS04b.11.1		神农与老子同乡	【汉族】
WS04b.12	神农的老师		
WS04b.12.1		雨师赤松子服水玉以教神农	【汉族】［W0768.1.6.7］帝喾的老师赤松子
WS04c	神农的生活		
WS04c.1	神农的饮食		［WS04b.1.1］神农是盘古的后裔
WS04c.2	神农的服饰		
WS04c.2.1		皇神农戴玉理	【汉族】
WS04c.3	神农的出行		
WS04c.3.1		神农爷见老天爷	【汉族】
WS04c.3.2		神农见南海观音	【汉族】
WS04c.4	神农的成长地		
WS04c.4.1		神农氏在屯留度过童年	【汉族】
WS05	神农的寿命与死亡		
WS05.1	神农的死亡		
WS05.1.1		神农中毒而死	
WS05.1.1.1		神农尝断肠草后中毒而死	【汉族】
WS05.1.1.2		神农氏吞试信石（砒霜）中毒而死	【汉族】
WS05.1.2		神农被虫咬而死	
WS05.1.2.1		神农氏被百步虫咬死	【汉族】

(续表)

母题类型与代码	一、二级母题描述	三级及以下母题比较描述	参考与关联项
WS06	与神农有关的其他母题		［W1246.4.16.2］神农窟（神农穴）
WS06.1	神农的居所		
WS06.1.1		神农住天上	
WS06.1.1.1		神农大帝居天上	【布依族】
WS06.1.2		神农住山上	
WS06.1.2.1		神农居天马山	【汉族】
WS06.1.2.2		神农爷住在桐柏山南麓	【汉族】
WS06.1.3		神农住洞中	
WS06.1.3.1		神农住岩洞	【土家族】
WS06.1.3.2		神农在发鸠山筑洞而居	【汉族】
WS06.1.4		神农氏是张茅黎山人	【汉族】
WS06.1.5		神农居淮阳	【汉族】
WS06.2	神农名字的来历（神农的名称）		
WS06.2.0		神农号神农氏	
WS06.2.0.1		神农因播百谷故号神农氏	【汉族】
WS06.2.0.2		神农又称神农氏	【汉族】
WS06.2.1		"神龙"流传中说成"神农"	【汉族】
WS06.2.1.1		神农是白龙变的，故称神龙，传久了就叫成"神农"	【汉族】
WS06.2.2		神农姓姜	［WY04.1.1.1］炎帝神农氏姜姓

(续表)

母题类型与代码	一、二级母题描述	三级及以下母题比较描述	参考与关联项
WS06.2.2.1		神农氏因降生在绛河源故姓姜	【汉族】
WS06.2.3		神农即炎帝（神农称炎帝）	
WS06.2.3.1		因为神农身体变红被称为炎帝	【汉族】
WS06.2.4		稷被称为神农氏（女青年人稷称为神农氏）	【汉族】
WS06.2.4.1		稷后带领稻、黍、麦、菽、麻五位随从寻找到粮种，被称为神农氏	【汉族】
WS06.2.4.2		稷因发现五谷被称为神农氏	【汉族】
WS06.2.5		神农原名石年	
WS06.2.5.1		人们尊称教人种五谷的石年为"神农"	[WS04.1.1] 神农教稼穑（神农教人种庄稼）
WS06.2.6		神农爷	【汉族】
WS06.2.7		神农烈山氏	【汉族】[WY04.1.4.1] 炎帝神农氏起烈山，故称烈山氏
WS06.2.8		皇神农	
WS06.2.8.1		皇神农名石耳	【汉族】
WS06.2.9		神农氏又称伊耆氏	
WS06.2.9.1		炎帝神农氏又称伊耆氏	【汉族】
WS06.2a		神农婆	
WS06.2a.1		神农婆为人间降白面	【满族】

(续表)

母题类型与代码	一、二级母题描述	三级及以下母题比较描述	参考与关联项
WS06.3	神农的遗迹（与神农有关的风物）		
WS06.3.1		神农庙	【汉族】
WS06.3.1.1		药王庙	
WS06.3.1.1.1		药王庙祭药王菩萨神农	【汉族】［WS03.2.2］神农是药王菩萨
WS06.3.1.2		山西百谷山有3座神农庙（柏谷山有3座神农庙）	【汉族】
WS06.3.1.3		山西长子县北郭熨斗台神农庙	【汉族】
WS06.3.2		神农像	
WS06.3.2.1		神农像左手托鸟的来历	【汉族】
WS06.3.3		神农台（神农五谷台）	【汉族】
WS06.3.3.1		后人把神农种五谷的土岗叫神农台	【汉族】
WS06.3.4		神农涧	
WS06.3.4.1		神农涧在温县	【汉族】
WS06.3.5		神农洞	
WS06.3.5.1		神农洞在历山	【汉族】
WS06.3.6		神农泉	【汉族】
WS06.3.7		神农故居	
WS06.3.7.1		神农城	
WS06.3.7.1.1		神农城在羊头山	【汉族】
WS06.3.7.2		神农乡	

（续表）

母题类型与代码	一、二级母题描述	三级及以下母题比较描述	参考与关联项
WS06.3.7.2.1		山西高平市团池乡原名神农乡	【汉族】
WS06.3.8		《神农本草经》	
WS06.3.8.1		《神农本草经》记载365种中药	【汉族】
WS06.3.9		祭神农	【汉族】

综上所述，我们不难发现如下有关炎帝与神农的神话母题具有很多相似性，不仅存在大量的母题交集，而且在许多类型中是合二为一的。特别是炎帝、神农二人在与农耕文化的关系上，更是不分伯仲。这种情况反映出无论是文献记载，还是民间口头传承，似乎讲述者更加关注的是对特定历史事件的记忆，而到底是哪一位祖先做的什么事情，诸如是炎帝、神农，还是黄帝、伏羲，在不同地区不同民族往往会有很多不同，但只要是文化祖先，往往都会有相似的出生、经历以及造福子孙后代的丰功伟绩，特别是涉及农业生产的事象时也往往是大同小异。这在很大程度上也反映出人文祖先神话创作与传承的一个共性。

从《山海经》到炎帝神话

陈连山[①]

我是研究《山海经》的,所以从《山海经》开始谈起。

《山海经》分成《山经》和《海经》两大部分。《山经》讲每一个地方有什么山,山里有什么河,山里边有什么矿产,有什么植物资源,有什么动物资源;《海经》部分就讲远方有什么民族。古人对远方其实不大了解,所谓的海外、海内、海荒地区,离我们中国人距离比较远的那些民族,描述出来的外形都很奇怪。三身国是长一个脑袋仨身子的,三首国是长仨脑袋一个身子的。穿胸国是胸口有个洞的,他的贵族不走路让人抬着,前后插一根棍从胸口的洞穿进去,两边抬着就能走路了。长得奇怪,只是一个方面。远方民族他们的生活方式、文化也奇怪。有些民族是食腥膻的,就是吃生肉,这被《山海经》作者认为是比较低级的。有些民族稍微高级一点的,开始吃粮食,吃五谷,这就是文化程度高一点的,完全摆脱了野蛮的痕迹。还有更高的,是不但吃五谷,还火食(他们吃的五谷都是用火加工过的,烧过、烤过、煮过、蒸过之类的),又吃五谷又吃熟食的这个民族是高级民族。

除了饮食之外,还有一点在《山海经》里被当作衡量民族文化发展程度的标志,那就是服装。《山海经》里有些民族没有衣服。有一个远方国家叫肃慎之国,那里有一种雄常树。郭璞注他们原本没有衣服。中国出现圣帝,雄常树上

[①] 陈连山,北京大学教授。本文根据作者在首届我们的节日·首届中国农民丰收节(秋分)民俗庆典活动——中国炎帝农耕文化论坛上的发言整理而成。

就长出树皮，这里的人就穿这种树皮。穿树皮在《山海经》里当然算缺乏服装文明的。《海经》里还有一个民族——"玄股之民"，是用鱼皮做衣服，这也被看作服装文明不够高级的。《山海经》中哪种服装算高级文化？最高级的就是不光有衣服，衣服还有很多细节上的差别，比如说有个君子国是衣冠戴剑，不但有衣服，还有腰带，还戴着帽子，身上还配一把宝剑，这是服装文明最高级的。

我讲这些是为了说明炎帝的文化。炎帝神话所代表的意思是什么？神话里边说炎帝创造了农业，有了五谷，有了耕种的方法，教老百姓如何耕作，如何收获，还发明了一些工具，比如说挖地的铲子之类的都是他发明的。农业就意味着中国人吃的是五谷，那在《山海经》的人类文化谱系里边地位就比较高，我们是吃五谷的，不是吃腥膻的。我们不是游牧民族，我们是有农业文明的，这证明我们比别人优越。古人就是用炎帝的神话证明我们是正常的高级的民族，我们从事的农业生产方式比别人高级。别人是游猎民族，我们是农业民族，而且我们的饮食文化比较高级，我们是吃熟食的，用《山海经》的原话叫"火食"，是用火加工过的食品。炎帝的神话中就有一个是说他发明了火。

一般来说，在我们古代的神话传说中发明火的是燧人氏，但是炎帝神话里面包含了这部分因素。还有一个神话大家不大提起的，炎帝据说还是陶器的发明人。陶冶这个词在现代是个动词，在古代的时候是俩名词——陶瓷和冶炼。陶瓷过去的功能很多，最基本的功能实际上是烹煮。按照古代神话的逻辑，我们的饮食文化是很高级的，这一点也证明我们是高级民族，我们的文化生活方式是高级的。这是饮食方面。

服装上，炎帝的神话里边说炎帝发明衣裳。一般其他的神话里也会说黄帝制衣裳，是黄帝创造的衣服。这也是证明我们的生活方式——穿衣服是炎帝给制定的，因此穿衣服就是很神圣的、很高级的事情。

按照神话，我们的农业生产是高级的生产方式；我们的饮食方式吃熟食不吃生食，也是高级的；最后我们是有衣服的。这些都是和《山海经》里边描述最高级的"衣冠戴剑"的君子国是完全同类的。

由此可以总结以上几个方面来看，炎帝神话最终发挥的社会功能是证明中华民族是一个高级的民族，我们的生活方式是神圣的、有价值的，值得每一个人尊崇，能够保证每一个人幸福的生活方式。所以我说：炎帝神话最后证明我们是一个伟大的民族，是比别的民族高级的民族。

这种神话思想，在我们今天看来其实是有一些偏差的。因为人类包括很多的民族，各个民族的文化生活方式应该是彼此平等的，根据文化相对主义的基本原则，每一个民族的生活方式都是平等的。但是古人都是用文化自我中心主义，用神话来证明自己的生活方式是伟大的，把一个野蛮的、自然的、动物性的人变成了一个有文化的人、有信仰的人。所以这套神话在古代人的生活方式里起着非常重要的作用。

中国农民丰收节的设立依据与文化内涵

萧 放[①]

在节日研究史上，我们很少研究现代的新型节日，中国农民丰收节这三个关键词说明这个节日具有现代性，那么一个节日能够人为地去设立吗？因为清明、端午、中秋、七夕都是历史上沿袭下来的，而中国农民丰收节是通过政府设立的，有没有道理？实际上，这个节日设定之前，农业博物馆的专家受邀参与咨询，他还给我打电话来问，这个节设立有些是历史依据，从哪个文献上找到了相关的东西。所以我想，首先解释一下这个新型节日的历史文化依据。

如果政府把秋分设为中国农民丰收节，其实是比较有责任性、有技巧性、有文化内涵依托的一个新兴节日。因为秋分是二十四节气里边的一个重要节点，在春分秋分夏至冬至四大重要节气中，秋分就是一个，但是只讲春分秋分的时候，是两个重要节气之一。秋分是一年最后的总结性阶段，是历史上中国农业文化基础之上的一个重要的节气点，把这个节气点作为丰收节的节点是非常合理的。而且与秋分相关，古代有一个庆祝丰收的节日是秋社，以前有春社秋社，春祈秋报。春社日大家很重视，秋社日相对弱化，秋社就是秋天祭祀神灵庆祝丰收的日子，秋社的日子和秋分的节气有关。所以秋分有节气的依托，也是传统社会观念的体现，同时中国社会是农业社会，农是第

[①] 萧放，中国节日文化研究中心主任，北京师范大学教授。本文根据作者在首届"我们的节日·首届中国农民丰收节（秋分）民俗庆典活动——中国炎帝农耕文化论坛"上的发言整理而成。

一位的，所以重农、农本思想在历史上很有传承。在今天变化的社会里，在农民逐渐变成少数的一个时代里，为一个古老的职业设立节日，是非常有意义的事情。这是设立节日的历史文化依据。

其次是探讨这个节日的文化内涵。农民文化节和农民丰收节是党的十九大提出的乡村振兴的政策，特别重视"三农"问题，重视农村农业农民，这样一个节日的设立，第一就是对农民地位的肯定。第二，这个节日的设立是对农民、对农业文化的精神褒奖，我们的传统文化相当多的优秀部分是在农耕基础上孕育的，至今还在服务我们的社会，比如说人们经常强调的文化上的朴实，强调的一些与传统价值观相关的品德，都应该是在长期农业的基础上发展出来的。通过设立中国农民丰收节的形式，我们国家对农民文化进行了肯定，让农民有了一种文化的自信。第三是通过农民丰收节的方式，让农民的劳动成果有展示呈现的机会，让更多人通过观看、品尝、参与、欣赏来对中国农民的劳动能力、劳动成果进行肯定，这是农民文化节特别具有的文化内涵。其实在工业化的过程中，农业在萎缩，农民的精神面貌也在衰退，很多地方农村的精神瓦解，很多问题都随之出现了。农民丰收节的意义在于把农村的活动做进一步推动，把农村从以前纯粹种水稻、小麦和小米的地方，变成包含经济农业、生态农业、观光农业的多样性的农村，让全社会在农民丰收节这一天关注农村、聚焦农村，使农村获得新的发展机会。

最后是农民丰收节的未来展望。一个人为打造的节日、政府设立的节日怎么持续，其实这是我们应该关注的。大家知道有一个人为打造的节日是唐代的中和节，有一些民俗内容，但是中和节到宋代就没有了。那我们的丰收节能坚持多久？首先这与政府提倡支持有关系，但是丰收节要持续下来，一定要增强自身的文化内涵，变成一个真正的具有文化的节日。如何继续增强内涵呢？我想，通过这个节日，让农民真正享受这个节日，成为这个节日的主体，让农民自己的内生力量成为节日强盛的动力，而不仅仅是靠政府媒体社会，要真正地让农民自己认识到节日的重要性。另外，可以在技术上做一些工作，比如增强传播的方式和力度，强调农村文化在城乡融合过程中对城市的反哺功能，因为城市文化里缺少很多农村文化的优秀的东西，而农村作为东方文明的基因库恰恰有很多可传承的元素，在精神上其实有些农村文化的东西可以支持、促进、帮助城市文明。

中国农民丰收节的可持续发展

张　勃[①]

经党中央批准、国务院批复，自2018年起于每年夏历秋分日设立的"中国农民丰收节"，作为首个在国家层面专门为农民设立的节日，是典型的建构型节日。不同于清明、端午、中秋等传统节日自然形成于百姓的日常生活，它是经由精心设计并被国家以制定、颁布并实施政策的方式楔入日常生活之中的。建构型节日有其自身的发展规律，历史上不少建构型节日命运不佳，但也有的成功转化为民俗传统。一项建构型节日能不能可持续发展，从一项国家政策最终成功转化为民众自愿选择的节日传统，归根结底取决于是否能发展出相对固定的习俗活动，形成自己的文化内涵，并因此契合民众情感和社会需求。中国农民丰收节要获得可持续发展，需要在文化内涵的赋予和节日活动的设计上下功夫。

中国农民丰收节的文化内涵应紧扣丰收与感恩。中国人讲求名实相副，遵照循名责实的逻辑，"中国农民丰收节"的名称，就要求这个节日以农民为主体，以庆祝丰收为内涵。这里的丰收，是包括种植业和林、牧、副、渔业在内的大农业范畴内的丰收。春耕夏耘，一年的辛勤劳动，才换来金秋时节的硕果累累，人们需要也应该在收获季节用各种各样的形式和活动表达喜悦，庆祝丰收。与此同时，感恩也应该成为中国农民丰收节的重要内涵。返始报本，是中国的传统文化精神。农业丰收，固然离不开农民们勤劳的双手，但也离不开风

[①] 张勃，北京联合大学北京学研究所研究员。本文发表于《农民日报》2018年11月14日。

调雨顺，离不开广阔的水域和肥沃的土壤，感恩自然，是庆祝丰收时理应怀有的真挚情感。我国传统节日体系中原有春秋二社的安排，分别在仲春二月立春后第五个戊日和仲秋八月立秋后第五个戊日，春秋社日都要祭祀社稷之神，所谓"社为九土之尊，稷乃五谷之长，春祈秋报，祀典是尊"。其中秋社重在感恩。如今秋社已经式微，中国农民丰收节正可以延续其文化精神。感恩自然，会让人们更加珍惜自然，关爱自然，从而形成与自然和谐共处的良性关系。

活动是节日文化内涵的载体，同时也是节日构成的核心要素。能不能发展出深受民众欢迎的节日活动，是建构型节日能否持久的关键。中国农民丰收节的活动设计，可以从以下两个方面考虑：

一是充分运用传统文化符号和文化资源。中国农民丰收节无疑是一个新节日，但农民庆祝丰收并不是一个新现象，《诗经·豳风·七月》里"朋酒斯飨，曰杀羔羊。跻彼公堂，称彼兕觥，万寿无疆"，描述的就是先秦时期庆祝丰收的热闹景象。而秋社日"酒熟送迎便，村村庆有年"，更是古代的中国农民丰收节。民俗大节中秋节，也具有庆丰收的文化意蕴。民国三十二年（1943）《固安县志》载当地人过中秋的习俗就是"月下饮宴，坐话收成"。有鉴于此，可以细细梳理与丰收有关的传统文化符号和文化资源，并充分运用到"中国农民丰收节"的建构之中。另外，由于中国农民丰收节所在的时间为夏历二十四节气中的秋分，所以还应当考虑将各地流行的秋分习俗如剥枣、下梨、送秋牛、吃秋菜、喝秋汤、做秋福等纳入丰收节中，这样既可以丰富其活动内容，又为其奠定坚实的传统根基。

二是设计多种类型的节日活动。一般而言，历史悠久、播布广泛的节日总有着丰富多彩的习俗活动，并涉及饮食、娱乐、仪式、社交等多种类型，从而使得节日在处理人与自然、人与他者、人与自我的关系方面发挥重要作用，具有丰富生活、凝聚人心、传承文化、推动经济发展、促进社会和谐、缓释心理压力、满足情感需求等多种功能。今年中国农民丰收节推出"1+6+N"的总体活动安排，即在北京设一个主会场，在有关省份设立6个分会场，并立足体现中国农耕文明的区域特点，策划了100多个系列活动，农业农村部还推出了"5个100"，包括100个品牌农产品、100个特色村寨、100个乡村文化活动、100个乡村美食、100个乡村旅游线路，可以说在活动设计上下了许多功夫，相信对于彰显中国农民丰收节的价值、营造重农崇农的浓厚氛围、凝聚爱农支农的强大力量、传承和弘扬农耕文明具有积极意义。当然，在设计中国农民丰收节"过法"的时候，除了呈现区域特点之外，还可以加强适用于全国的活动设计，比如设计一定的仪式，表达对自然的感恩；比如开发制作"丰收糕/饼""丰收酒""丰收茶"，作为节日的标志性饮食，既可以自己享用，也可以作为亲朋好友邻居之间馈赠的礼物，蕴含对丰收的渴望与祝福。